Aglaja Przyborski
Bildkommunikation

Aglaja Przyborski
Bildkommunikation

Qualitative Bild- und Medienforschung

Zum Coverbild

Das Coverbild bringt das Anliegen des Buches, die wechselseitige Konstitution von Medien und Alltag im Rahmen von Bildkommunikation zu untersuchen, auf den Punkt: In kommerziellen Bildern findet oft insofern Bildkommunikation statt, als sie gesellschaftliche Imaginationen, Identitätsnormen und Rollenvorstellungen artikulieren. Doch erst Produkte konkreter Alltagspraxen eröffnen den Weg zur kontrollierten empirischen Analyse dieser Bildkommunikation, erst in ihnen wird die Relevanzentfaltung öffentlicher Bilder für bestimmte soziale Felder sichtbar – in ihrer bildspezifischen Form, wie in jener auf dem Cover, in der Öffentliches und Privates nahezu verschmelzen. Die Analyse des Bildes beleuchtet bestimmte Facetten aus dem Leben der beiden Männer sehr nah. Diese Facetten werden für die komparative Analyse stark abstrahiert. All dies kann einer je individuellen Persönlichkeit nicht gerecht werden, nicht zuletzt deshalb werden die Bildschöpfer nicht namentlich genannt, was ihrem eigenen Wunsch entspricht. Den beiden Männern, die in der vorliegenden Publikation als Gruppe „Schaum" bezeichnet werden, soll an dieser Stelle Dank ausgesprochen werden. Sie haben ihr Bild für die Analysen im Buch und für das Cover zur Verfügung gestellt.

ISBN 978-3-11-050169-8
e-ISBN (PDF) 978-3-11-050170-4
e-ISBN (EPUB) 978-3-11-049884-4

Library of Congress Cataloging-in-Publication Data
A CIP catalog record for this book has been applied for at the Library of Congress.

Bibliografische Information der Deutschen Nationalbibliothek
Die Deutsche Nationalbibliothek verzeichnet diese Publikation in der Deutschen Nationalbibliografie; detaillierte bibliografische Daten sind im Internet über http://dnb.dnb.de abrufbar.

© 2018 Walter de Gruyter GmbH, Berlin/Boston
Einbandabbildung: Schaum, Wien
Satz: Meta Systems Publishing & Printservices GmbH, Wustermark
Druck und Bindung: CPI books GmbH, Leck
♾ Gedruckt auf säurefreiem Papier
Printed in Germany

www.degruyter.com

Geleitwort

Mit dem für das vorliegende Buch zentralen Begriff der „Bildkommunikation", wie er von Aglaja Przyborski selbst geprägt worden ist, begibt sie sich in das Zentrum dessen, was den viel beschworenen „Pictorial" oder „Iconic Turn" ausmacht. Dieser zunächst in der kunstgeschichtlichen und geisteswissenschaftlichen Tradition diagnostizierte, zugleich aber auch geforderte Wandel im *Verständnis* des Bildes selbst und zugleich im Verständnis der Bedeutung des Bildes für unsere alltägliche *Verständigung* ist in seinen Konsequenzen für die sozialwissenschaftliche empirische Forschung noch kaum ausgelotet worden.

Dass dies möglich wird, ist vor allem auf zwei entscheidende Voraussetzungen zurückzuführen. Wenn der Kunsthistoriker Hans Belting (2001: 15) als ein zentrales Kennzeichen eines Iconic Turn fordert, „Bilder nicht mehr mit Texten zu erklären, sondern von Texten zu unterscheiden", so hat dies aus sozialwissenschaftlicher Perspektive, genauer: aus derjenigen der qualitativen empirischen Sozialforschung, vor allem eine – in der Dokumentarischen Methode respektive Praxeologischen Wissenssoziologie ansatzweise bereits realisierte – Konsequenz: Es gilt, den Bildinterpretationen den gleichen respektive einen ebenbürtigen systematischen Stellenwert zuzuerkennen, wie dies für die Textinterpretation im Bereich der qualitativen Methoden inzwischen in vielen Bereichen selbstverständlich ist. Die anspruchsvolle qualitative Methodik basiert inzwischen in zentralen Bereichen ganz allgemein auf Textinterpretationen und setzt im Zuge ihrer Fortentwicklung zunehmend Einblicke in deren formale Strukturen, in ihre *formale Pragmatik* voraus – und zwar sowohl im Hinblick auf das Verständnis dieser Texte selbst wie auch im Hinblick auf ihr Verständnis als Medium der *Verständigung*.

Aglaja Przyborski hat – beginnend mit ihrer Dissertation – zunächst wesentliche Beiträge geleistet für die Rekonstruktion formaler Strukturen der Verständigung, der Strukturen der Performanz oder auch der formalen Pragmatik, im Medium des Textes, genauer: des Gesprächs und seiner Diskursorganisation. Konsequenterweise hat sie sich nunmehr der empirischen Rekonstruktion der „formalen bzw. ästhetischen Kompetenzen" (S. 11) im Bereich des Bildes zugewandt.

Die Rekonstruktion der formalen Pragmatik ist im Bereich der Sozialwissenschaften die Voraussetzung dafür, einen Zugang zur *Eigenlogik* des Textes wie des Bildes zu gewinnen, zum Bild als „ein nach immanenten Gesetzen konstruiertes und in seiner Eigengesetzlichkeit evidentes System", wie der Kunsthistoriker Max Imdahl (1979: 190) formuliert hat. Zugleich ist, wie Aglaja Przyborski in vielen ihrer Veröffentlichungen zur qualitativen Methodik gefordert hat, die Rekonstruktion der Formalpragmatik, der formalen Strukturen alltäglicher Verständigung, wesentliche Voraussetzung für die Gültigkeit und Zuverlässigkeit qualitativer Methoden.

Erst wenn wir uns in dieser Weise ein *Verständnis* das Bildes in seiner Formalstruktur und als selbstreferenzielles System erschlossen haben, wird es – als weitere Voraussetzung für die Realisierung eines Iconic Turn – möglich, dem Bild als

Medium der *Verständigung* gerecht zu werden und zu erkennen, dass und in welcher Weise wir uns nicht allein *über*, sondern auch *durch* Bilder, also im Medium des Bildes selbst, verständigen – jenseits von Sprache und Text und auch in Konkurrenz zu diesen. Dies ist mit „Bildkommunikation" im Sinne von Aglaja Przyborski gemeint und wird mit Bezug auf zentrale Ansätze der Kultur- und Wissenssoziologie, der Kunstgeschichte wie aber auch der Luhmann'schen Systemtheorie und der Kommunikationswissenschaft begründet.

Vor allem im Hinblick auf den *empirisch-methodisch* kontrollierten Zugang zur Bildkommunikation stellt dieses Buch eine Pionierleistung dar. Aufbauend auf ihren umfangreichen empirisch-methodischen Erfahrungen und Vorarbeiten hat Aglaja Przyborski ein Design entwickelt, mit dem den Proband(inn)en (jeweils Gruppen von Freund(inn)en die Möglichkeit eröffnet wurde, ihre Antworten auf die Frage nach der Bedeutung des Bildes für ihren Alltag im Medium des Bildlichen selbst zu geben, also „nach bildlichen Antworten auf Bilder zu suchen" (S. 148). Die Proband(inn)en wurden gebeten, ein kommerzielles und ein privates Bild auszuwählen, welche beide für sie von (wie auch immer gearteter) ganz besonderer Bedeutung waren. Die Bilder vermögen somit einander wechselseitig zu kommentieren, zu ‚interpretieren' und zu ergänzen und zu steigern. Um darüber hinaus der Differenz zwischen der Logik der Verständigung im Medium des Bildes selbst und derjenigen im verbalen Medium eine unmittelbare empirische Evidenz zu verleihen, wurden auch Gesprächsanalysen (Gruppendiskussionen) durchgeführt und somit umfassende Möglichkeiten der Verständigung innerhalb des verbalen Mediums eröffnet.

Dieses Buch stellt also nicht nur einen bedeutsamen Schritt hinsichtlich der Weiterentwicklung der Dokumentarischen Methode und Praxeologischen Wissenssoziologie dar, sondern auch hinsichtlich der Realisierung dessen, was mit dem Iconic Turn gemeint ist. In diesem Sinne postuliert es den Bereich einer anspruchsvollen sozial- und kulturwissenschaftlichen Empirie.

Ralf Bohnsack

Vorwort

Als *Lehr- und Arbeitsbuch* will das vorliegende Buch vor allem der Vermittlung von Methodologie und Methoden qualitativer Bild-, Medien- und Kommunikationsanalyse dienen. Es beinhaltet zudem eine *Theorie medialer Kommunikation*, die ohne die klassische Vorstellung von ‚Sender', ‚Empfänger' und ‚Botschaft' auskommt und auf diese Weise die sogenannten neuen Medien systematisch einbindet – verdichtet zu einem praxeologischen Kommunikationsmodell. Darüber hinaus kann es als *empirische Studie im Feld von Geschlecht und Werbung* gelesen werden. In deren Fokus steht das Verhältnis von Medien und Alltag. Die Studienergebnisse, die unter anderem im Gegenstandsbereich von Geschlechternormen und Geschlechtspraxen angesiedelt sind, werden für die Entwicklung von Grundlagentheorien im Feld von Medien und Kommunikation sowie von Identität und Habitus genutzt.

Was macht das Buch zu einem Lehr- und Arbeitsbuch für Methoden? Zunächst ist die Darstellung der gegenwärtig einflussreichsten Verfahren der Bildinterpretation zu nennen. Sie werden in ihren Unterschieden, vor allem aber mit ihren gemeinsamen kunstgeschichtlichen und bildwissenschaftlichen Grundlagen diskutiert. Ausführlich wird dabei auf den Unterschied von visuellen und sprachlichen Daten in der empirischen Forschung eingegangen. Die bildliche Kommunikation erfordert ebenso wie die sprachliche, wenn auch gänzlich unterschiedliches, formales Wissen. Wie dieses Wissen für die Interpretation von Bildern genutzt wird, wird theoretisch fundiert und anhand von zahlreichen Beispielen durchgespielt. Damit gibt das Buch Antworten auf die Frage, wie man bei empirischen Arbeiten auf der Grundlage von visuellen Daten vorgehen kann.

Wozu dient die Theorie medialer Kommunikation? Sollen Bildanalysen gewinnbringend eingesetzt werden, ist neben dem forschungspraktischen Wissen um die Interpretation von Bildern eine theoretisch begründete Vorstellung davon notwendig, für welche Fragestellungen visuelle Daten genutzt werden können. Sprachliche Daten hatten in der qualitativ-rekonstruktiven Forschung lange eine Vormachtstellung. Die Frage, welche Erkenntnisinteressen mit ihnen bedient werden können, erübrigte sich daher scheinbar. Vielmehr wurde gefragt, welche Art sprachlicher Daten welchem Forschungsinteresse dient. Bilder sind ebenso wie Sprache Zeugnisse bzw. Dokumente sozialer und kultureller Praktiken und Orientierungen, die sich auf ihrer Basis erforschen lassen. Sie sind zugleich in komplexe Kommunikations- und Verständigungsstrukturen eingebettet und eignen sich daher nicht zuletzt für deren Analyse. In beiden Fällen muss es allerdings gelingen, Bildlichkeit und Sprachlichkeit in ihrer jeweiligen Unterschiedlichkeit zu erfassen. Wenn es um technisch vermittelte Kommunikation geht, wie es bei Bildern der Fall ist, müssen zudem die materialen und digitalen Dispositive Beachtung finden: Was ist das *Spezifische* am Bild? Welche sozialen Einheiten können an welchen Bildern untersucht werden? Wie bezieht man ihre medientechnische Gegebenheit ein? Es ist diese Art Fragen, auf die das Modell ‚Handlungspraxis in und mit Medien' Antworten liefert.

Was wird in der Studie behandelt? Im Kern geht es darum, wie wir uns stillschweigend, also jenseits der Sprache, in Bildern miteinander verständigen. Konkret habe ich den Kontext der klassischen Milieu- und Alltagsstudie auf der Basis von Gruppendiskussionen und privaten Bildern um den öffentlichen Diskurs in Form von kommerziellen Bildern, insbesondere Werbebildern, erweitert. Letztere artikulieren, so die Ergebnisse, weitgehend implizites Wissen auf der Ebene von Körperimagination, Erwartungsstrukturen virtueller sozialer Identitäten, normativen Anforderungen, die sich unter anderem als Herausforderung für habituelle Orientierungen, für die Köperpraxis erweisen.

Seit der Verdichtung meiner Einsichten im vorliegenden Buch kann ich das Lächeln von Marilyn Monroe nicht mehr einfach wunderschön finden. Sogleich fällt mir auf, wie präzise sich darin eine nicht lebbare, nicht alltagstaugliche Gegensätzlichkeit ausdrückt, gleichermaßen zart, scheu und üppig, lustbetont, und ich werde ein wenig traurig. Das Spiel mit virtuellen Identitäten, mit Erwartungserwartungen, der Verkörperung widersprüchlicher Anforderungen durch Geschlechtsrollen, so reizvoll es sein mag, verlangt nicht nur Künstlern und Künstlerinnen immer wieder viel ab.

Ich danke allen, die bereit waren, an der Untersuchung teilzunehmen und ihre favorisierten privaten und öffentlichen Bilder bereitzustellen und über sie zu diskutieren, sowie allen, die mich auf dem langen Weg des Forschens und Schreibens begleitet und unterstützt haben: Monika Wohlrab-Sahr, Ralf Bohnsack und Jürgen Straub, Thomas Slunecko, Maria Schreiber und Philomena Pötscher, Verena Hauser und René Salim sowie meinem Partner Gerhard Pipal und meinen Söhnen Jascha und Ilja Przyborski.

Millstatt, 06. Juni 2017   Aglaja Przyborski

Inhalt

Geleitwort —— V

Vorwort —— VII

Einleitung —— 1
    Welche Funktion kommt Bildern in der wechselseitigen Konstitution von Medien und Alltag zu? —— 2

Teil I: Zu einer praxeologischen Theorie medialer Kommunikation

1   **Sozialwissenschaftliche Bildinterpretation** —— 8
1.1   Zur Bedeutung ästhetischer Praktiken für die Methoden(-entwicklung) —— 8
1.2   Kunstgeschichtlicher Kanon —— 14
1.2.1   Ikonologie-Ikonografie-Modell (Panofsky) —— 16
1.2.2   Ikonik (Imdahl) —— 18
1.3   Simultaneität und Sequenzialität —— 21
1.4   Darstellung einzelner Verfahren der qualitativen Bildinterpretation —— 24
1.4.1   Segmentanalyse —— 24
1.4.2   Seriell-ikonografische Fotoanalyse —— 26
1.4.3   Objektive Hermeneutik in der Bildinterpretation —— 27
1.4.4   Visuelle Wissenssoziologie —— 29
1.5   Beiträge zur Methodenentwicklung —— 31
1.5.1   Einzelfallanalyse vs. komparative Analyse —— 32
1.5.2   Welcher Gegenstand wird grundsätzlich an Bildern untersucht? —— 32
1.5.3   Relevanz von Bildern im sozialen Feld —— 33
1.5.4   Relevanzentfaltung von Bildern als Medienangebote —— 34

2   **Bild als Medium** —— 37
2.1   Medium und Form —— 38
2.2   Ikonizität: Zur Selbstreferenzialität eines Mediums —— 44
2.2.1   Schärfe-Unschärfe-Relation: Immersion vs. Beobachtung —— 45
2.2.2   Linie und Erkennen —— 48
2.2.3   Linie und konjunktive Abstraktion —— 50
2.2.4   Linie und theoretisch-generalisierende Abstraktion —— 55
2.3   Methodologische Implikation: Richtige und falsche Linien? —— 58

3 Bild und massenmediale Kommunikation —— 61
- 3.1 Bild als Medienangebot —— 65
- 3.2 Bildwirkung, -rezeption oder -aneignung? —— 72
- 3.3 Konstitution von Medienkulturen – ein von beiden Seiten aktiver Prozess —— 77

4 Kommunikation durch Bilder: Dokumentarische Methode und unmittelbare Verständigung —— 82
- 4.1 Konjunktive und kommunikative Verständigung —— 84
  - 4.1.1 Konjunktives und individuelles Erkennen —— 85
  - 4.1.2 Sprache und konjunktive Verständigung —— 90
  - 4.1.3 Beispiel aus einer Gruppendiskussion —— 92
  - 4.1.4 Konjunktiver Erfahrungsraum als Basis eines relationalen Kulturbegriffs —— 96
- 4.2 Performative Wissensformen und die Performanz ihrer Darstellung —— 98
  - 4.2.1 Habitus und korporiertes Wissen —— 99
  - 4.2.2 Darstellung der Performanz im Bild —— 103
  - 4.2.3 Imaginatives und Fiktives —— 106
  - 4.2.4 Empirische Zugänge zu Performativität —— 107
  - 4.2.5 Performanz der Darstellung —— 109
- 4.3 Bild als Dokument von Handlungspraxis bzw. als empirisches Material —— 113
  - 4.3.1 Norm und Habitus im Bild —— 113
  - 4.3.2 Abbildende und abgebildete Bildproduzenten —— 117
  - 4.3.3 Autorisierung —— 119
  - 4.3.4 Komparative Analyse und Typenbildung in der Bildinterpretation —— 121
  - 4.3.5 Triangulation von Bild- und Sprachdaten —— 123
  - 4.3.6 Unmittelbare Verständigung durch Bilder – Zusammenfassung —— 124

5 Praxis in und mit Medien: Kommunikationsmodell —— 126
- 5.1 Praxis vs. Senden und Empfangen —— 128
- 5.2 Entstehungszusammenhang, Verwendungszusammenhang, Autorisierung —— 129
- 5.3 Medialität, (medientechnische) Gegenständlichkeit, Orientierungsrahmen —— 135
- 5.4 Dynamisches Verhältnis von Entstehungs- und Verwendungszusammenhang —— 142

Teil II: Empirische Studien zur Bildkommunikation

6 Anlage der Untersuchung —— 148
6.1 Erhebungsdesign und konkrete Vorgehensweise bei der Erhebung —— 149
6.2 Triangulation —— 151
6.3 Auswertung —— 152
6.3.1 Zur Interpretation der Gruppendiskussionen —— 153
6.3.2 Zur Interpretation der Bilder —— 153

7 Reflektierte Männlichkeit: Pulp Fiction —— 162
7.1 Das kommerzielle Bild: „Pulp Fiction" – das Poster —— 163
7.2 Das private Bild: Noch einmal „Pulp Fiction" —— 172
7.3 Fallinterne komparative Analyse der Bilder: Reflexion der Reflexion der ... —— 173
7.4 Die Gruppendiskussion: Reflexionsaktionismus im Alltag —— 176
7.5 Typologische Einordnung: Die Sehnsucht nach Transzendenz der Fremdidentifizierungen —— 186

8 Geschlechtsnorm Mädchenhaftigkeit: H&M —— 188
8.1 Das kommerzielle Bild: H&M-Bademode —— 189
8.2 Das private Bild: Mädchen im Pool —— 201
8.3 Fallinterne komparative Analyse der Bilder: Frauen zitieren Mädchen, Mädchen üben Weiblichkeit —— 205
8.4 Exkurs: Die Geste des Zurückstreichens der Haare in der Kunst —— 209
8.5 Die Gruppendiskussion: Herstellung der Fiktion —— 210
8.6 Fallinterne komparative Analyse Bild und Text: Der Zauber der Bikinis —— 219
8.7 Typologische, fallübergreifende Aspekte: Orientierungsdilemma vs. Habitustransformation —— 221

9 Super normal Mann: DC Shoes —— 223
9.1 Das kommerzielle Bild: DC Shoes – Dompierre. —— 223
9.2 Das private Bild: Junger Mann am Berg —— 234
9.3 Komparative Analyse der Bilder: Unaufgeregter Grenzgänger —— 238
9.4 Komparative Analyse mit den Bildvergleichen der anderen Fälle —— 239
9.5 Die Gruppendiskussion: Skateboardfahren —— 241
9.6 Zusammenfassung und typologische Einordnung —— 247

10	**Stark fluid, ostentativ Frau: Non-Format** —— 250	
10.1	Das kommerzielle Bild: „Non-Format"-Anzeige —— 250	
10.2	Komparative Analyse der Bilder Tinte A und B: Männer zeigen etwas, Frauen sich —— 258	
10.3	Privates Bild „Das Paar": Alle Bilder „Tinte" in komparativer Analyse —— 261	
10.4	Die Gruppendiskussion: Frauen sind süß, Männer stark —— 265	
10.5	Fallübergreifende, gruppenimmanente komparative Analyse —— 268	
11	**Bildkommunikation: Ergebnisse der Studie** —— 271	
11.1	Typik: Konstitution der Medienangebote durch den Alltag —— 273	
11.2	Medienangebote im Alltag: Typologische Überlegungen zum Verhältnis von Habitus und Norm —— 278	
11.2.1	Üben auf der Basis habitueller Sicherheit – zwischen Fiktion und Realität —— 278	
11.2.2	Reflexion auf der Basis habitueller Unsicherheit – Fiktion und Orientierungsdilemma —— 279	
11.2.3	Habituell sichere Integration – Spiel mit Fiktion und Realität —— 282	
11.2.4	Habituell sichere Transzendenz – Habitus als Basis für das Spiel mit der Pose (Fiktion) —— 284	
11.2.5	Zusammenfassung der typologischen Überlegungen —— 286	
11.3	Theoretische Implikationen, Kritik und Ausblick: Gender, Schönheit, Mode, Politik —— 288	

Nachwort —— 295

Bilder und Bildpraktiken verstehen: Aglaja Przyborskis praxeologische Hermeneutik ikonischer Kommunikation —— 295

Transkriptionssystem —— 299

Groß- und Kleinschreibung —— 300

Maskierung —— 300

Abbildungsverzeichnis —— 301

Tabellenverzeichnis —— 303

Transkripteverzeichnis —— 304

Literaturverzeichnis —— 305

Einleitung

> Our pursuit of the image across media seems endless and perhaps circular, beginning in the real world with concrete pictures [...], moving rapidly into the mental lives of the producers and consumers of these media, then returning to their physical existence in concrete circumstances.
> The image [...] is both the center and the circumference of the problem of media: images always appear in some medium or other, we cannot understand media without constructing images of them.
> (Mitchell 2010, S. 41)

Das Bild erhält gegenwärtig umfangreiche wissenschaftliche Aufmerksamkeit, die in Form von Forschungsbemühungen, Publikationen, Veranstaltungen und eigens eingerichteten Institutionen, wie etwa „eikones"[1] in Basel, Ausdruck findet. Begründungen für diese seit der Jahrtausendwende anhaltende Beachtung nehmen in der Regel Bezug auf die medientechnischen Entwicklungen. Tatsächlich haben Bilder eine nie gekannte Durchsatzrate erreicht. Dies hat allerdings an den Funktionsprinzipien von Bildern als Phänomene einer sozialen Welt nichts geändert, oder wie Mitchell (2010, S. 45) formuliert: „If the ones and zeros did not add up to an image that massages the familiar and traditional habits of the human sensorium, it is unlikely that the digital revolution would have gained any attraction at all." Die veränderte Mediensituation hat den Blick auf eine Form gerichtet, die nicht grundsätzlich etwas mit der sogenannten Digitalisierung zu tun hat.

Ein Schwerpunkt dieser Aufmerksamkeit kann grob mit der Frage, „[w]ie Bilder Sinn erzeugen" (Boehm 2007), umrissen werden. Aus sozialwissenschaftlicher Perspektive heißt dies: Wie können Bilder als Ausgangspunkt empirischer Analysen – methodisch kontrolliert – interpretiert werden?[2] Diese Auseinandersetzungen haben mittlerweile einen Kanon bestimmter Antworten hervorgebracht (Kapitel 1). Die Wahrnehmung des Bildes in seinen von der Sprache unterscheidbaren Möglichkeiten der Sinnerzeugung spielt dabei eine entscheidende Rolle (Kapitel 2). Kommunikationsmodelle, die sowohl an diesem Eigensinn der Bildlichkeit anschließen als auch die medientechnischen Entwicklungen und damit massenmedial und über Social Media vermittelte Kommunikation einbeziehen, finden sich nur vereinzelt, entsprechende metatheoretisch fundierte Forschung existiert praktisch nicht (Kapitel 3).

Wenn die Spezifität des Bildes als Medium der Sinnkonstitution ernst genommen wird, lässt sich mediale Kommunikation kaum mehr in Metaphern der Botschaft fassen. Denn eine Unterscheidung von Sprache und Bild findet in dieser

---

[1] https://eikones.ch/ (letzter Aufruf: 25.10.2015).
[2] Unter anderen Bohnsack (2001c und 2009), Breckner (2010), Oeverman (2014).

Idee nur schwer Platz. Angesichts populärer Bildpraxen lassen sich zudem kaum scharfe Grenzen zwischen Senden und Empfangen ziehen. Social Media und gängige medientechnische Geräte wie Smartphones und Tablets ermöglichen es jeder/jedem, Bilder, Texte, Musikstücke, Videos usw. gleichermaßen zu empfangen, zu produzieren, zu bearbeiten, zu speichern und mehr oder weniger öffentlich zugänglich zu machen. Diese neuen Medien machen Kommunikation und Verständigung in ihrem immersiven Charakter deutlich. Wir sind eingetaucht in mediale Kommunikation; das Hantieren mit medientechnischen Dingen ist nahezu so alltäglich wie der Einsatz von Sprache (siehe u. a. Keppler 2010). Diese und ähnliche Diagnosen führen u. a. zur Bezeichnung gegenwärtiger Kulturen als „Medienkulturen" (Hepp 2011a). Die vorliegende Arbeit knüpft insofern an diese Einschätzungen an, als die Auffassung vertreten wird, dass empirische Forschung in den Kultur-, Sozial- und Humanwissenschaften nicht ohne ein grundlagentheoretisch fundiertes Verständnis von einem Alltag mit Medien auskommt und dass die Eigengesetzlichkeit von Sprache, über die eine Menge bekannt ist, *und* die des Bildes dabei eine essenzielle Rolle spielen. Es wird daher an den Arbeiten zu einer methodisch kontrollierten Interpretation von Bildern angesetzt, um sie in eine Vorstellung, ein Bild, wie es Mitchell ausdrückt, oder ein Modell von medialer Kommunikation, wie es in Kapitel 5 genannt wird, einzubinden. Die erkenntnisleitende Fragestellung dieser Arbeit lautet daher:

Welche Funktion kommt Bildern in der wechselseitigen Konstitution von Medien und Alltag zu?

Damit verbunden ist einerseits die Frage nach einem grundlagentheoretisch fundierten methodischen Zugang zu dieser wechselseitigen Konstitution und andererseits die Frage, wie Bilder bzw. ein komplexer alltäglicher Bildmediengebrauch soziale Synchronisationsprozesse, die Aufrechterhaltung und Veränderung von Milieus und Kulturen sowie individuelle und kollektive Habitus- und Identitätsbildungen mitstrukturieren.

Zur Bearbeitung dieses Erkenntnisinteresses bin ich rekonstruktiv vorgegangen. Auf der Grundlage von empirischen Analysen mit vorhandenen rekonstruktiven Methoden wurden für Forschungsprobleme unter Rückgriff auf metatheoretische Konzepte Lösungen entwickelt, die am Material geprüft und in der Methodenentwicklung formuliert wurden, um sie in weiteren Fällen wieder anzuwenden. Die Methodenentwicklung wird in Teil I, schwerpunktmäßig in den Kapiteln 2.2, 3.3, 4.2, 4.3 und 5 dargestellt. In den anderen Kapiteln dieses Teiles werden die Voraussetzungen der Weiterentwicklungen diskutiert. Die empirischen Analysen selbst finden sich in Teil II, und zwar in den Kapiteln 7 bis 10. Der Ertrag der Analysen mithilfe der weiterentwickelten Methoden findet sich im letzten Kapitel (11).

Für diese Vorgehensweise war ein innovatives Forschungsdesign (Kapitel 6) notwendig. Mein Anliegen war es, Kommunikation und Verständigung *im* Medium Bild, wie sie Bohnsack (2001c) von der Verständigung *über* das Bild im Medium Sprache unterscheidet, d. h. in Bildern in ihrem Eigensinn, genauer auszuloten. Dazu habe ich ein Erhebungsdesign entworfen, als dessen Schlüsselstelle die Kombination von zwei Bildern gelten kann: einem kommerziellen und einem privaten Bild. Die Bilder, durchwegs Fotos, wurden dabei von Realgruppen ausgewählt, die um diese beiden Bildarten gebeten wurden. Um die Bilder vergleichbar zu halten, sollten sie Menschen zeigen und den Untersuchten gefallen, d. h. ähnlich „cool", „toll", „schön", „spannend" oder dergleichen sein. Um die Spezifität der Verständigung im Medium Bild im Vergleich mit jener im Medium Sprache herausarbeiten zu können, wurden zu den beiden Bildern Gruppendiskussionen geführt.

Das Projekt „Iconic Communication (Kommunikation im Medium Bild)",[3] in dessen Rahmen die empirische Basis der vorliegenden Arbeit geschaffen werden konnte, wurde vom FWF (Fonds zur Förderung wissenschaftlicher Forschung), Österreichs zentraler Einrichtung zur Förderung von Grundlagenforschung, im Rahmen des Elise-Richter-Programms für drei Jahre gefördert. Angebunden war es an das Institut für Psychologische Grundlagenforschung (Leitung Univ.-Prof. Dr. Helmut Leder) an der Psychologischen Fakultät der Universität Wien. Beteiligt waren als Doktorandinnen Maria Schreiber und Philomena Pötscher.[4] Vier Diplomandinnen – Ida Moranjkic, Ann Marie Barbara Peter, Theresa Funk und Sandra Erlebach – ordneten sich dem Projekt zu und siedelten ihre Arbeiten im Feld „Bildkommunikation" an.

Da zur Analyse des Bild- und Textmaterials erprobte Methoden eingesetzt werden konnten, lag die Herausforderung und Innovation vor allem darin – rekonstruktiv, also in der Analyse des Materials –, einen Zugang zu den Verständigungsformen im Medium Bild und damit zur wechselseitigen Konstitution von Bildern aus einem massenmedial geprägten Entstehungszusammenhang und Bildern aus dem Alltag zu entwickeln (Kapitel 11). Darüber hinaus ging es darum, den praxeologischen Begriff von Verständigung in eine Vorstellung von massenmedial mitstrukturierter Kommunikation einzubinden (Kapitel 5). Die beiden genannten Kapitel können als Ergebnisdiskussion gelesen werden.

Die Verständigung im Medium Bild wurde im internen Fallvergleich durch das Herausarbeiten der Homologien von kommerziellem und privatem Bild rekonstruiert. In diesen Homologien kommt unmittelbares Verstehen auf der Grundlage von implizitem Wissen zum Ausdruck, das als handlungsleitendes Wissen sowohl konstitutiv für die Medienangebote als auch für die Alltagspraxis ist. Dabei bieten

---

[3] Projektnummer V156, http://iconicom.univie.ac.at/home/ (letzter Aufruf: 31.10.2016).
[4] Maria Schreiber arbeitet derzeit an ihrem eigenen Projekt „Bildpraktiken", das von der ÖAW (Österreichischen Akademie der Wissenschaften) gefördert wird. Philomena Pötscher unterrichtet an der Sigmund Freud Privatuniversität Wien.

die Bilder Zugang zu korporiertem Wissen, das *nur* durch sie und nicht durch die Gruppendiskussionen zugänglich ist, und ermöglichen so die Rekonstruktion von Körperpraxen (private Bilder) und Körperimagination (kommerzielle Bilder).

Körperpraxen können als Ausdruck des Habitus verstanden werden. In den Körperimaginationen der kommerziellen Bilder dagegen manifestieren sich vor allem normative gesellschaftliche Anforderungen an geschlechtstypische Formen der Selbstpräsentation. Dem fallübergreifenden Vergleich liegt das Verhältnis von Habitus und Norm als Tertium Comparationis zugrunde. In der typologischen Abstraktion zeigen sich vielfältige Spannungsverhältnisse von Habitus und Norm. Zudem gewinnen beide Konzepte durch die Notwendigkeit, sie mit empirisch überprüfbaren Kategorien am Material zu differenzieren, theoretisches Potenzial. Die beiden Kategorien in ihrem Spannungsverhältnis bilden die Basistypik, die hinsichtlich einer Geschlechts- und einer Entwicklungstypik sowie einer Typik der habituellen Sicherheit und Verunsicherung vorsichtig ausgelotet wurde. Vorsichtig insofern, als ich mich entschieden habe, in ausführlichen Falldarstellungen die Vielschichtigkeit des Materials und die Reproduktionsgesetzlichkeit der Analyse deutlich zu machen. Die Typologie basiert daher auf nur vier Fällen. Die Ergebnisse zeigen die Richtung des wissenschaftlichen Ertrags einer Arbeit mit einem praxeologisch fundierten Modell medialer Kommunikation, dessen Tragfähigkeit sich in künftigen Forschungsbemühungen erweisen muss.

Jedem Kapitel ist eine Leseführung vorangestellt, in der die Funktion des Kapitels im Gesamtrahmen der Untersuchung durch eine Rückschau und eine Vorausschau beleuchtet wird.

Teil I: **Zu einer praxeologischen Theorie medialer Kommunikation**

Der erste Teil des Buches beinhaltet die theoretischen Voraussetzungen für eine praxeologische Betrachtung von Bildkommunikation bzw. Bildverständigung und das Ergebnis der Anwendung dieses metatheoretischen Rahmens in der Empirie.

Es zählt zu den Merkmalen rekonstruktiver Forschung, dass Theoriegenerierung, methodologische Reflexion und die Entfaltung einer innovativen Forschungspraxis ineinander integriert bzw. rekursiv erfolgen. Erkenntnisleitend ist – wie auch im zweiten, empirischen Teil – die Frage nach der Funktion von Bildern für die wechselseitige Konstitution von Medien und Alltag.

Das praxeologische Kommunikationsmodell, das den Abschluss von Teil I bildet, ist nicht allein das Ergebnis theoretischer Überlegungen, sondern gleichermaßen auch der empirischen Arbeit. Die Lektüre kann daher auch mit Teil II des Buches beginnen, jedenfalls kann es lohnen, während der Lektüre von Teil I hin und wieder in die Falldarstellungen des zweiten Teils hineinzuschmökern.

1 Sozialwissenschaftliche Bildinterpretation

Die Beschäftigung mit Bildern und Visualität gewinnt seit Beginn dieses Jahrhunderts in den Human- und Sozialwissenschaften kontinuierlich an Bedeutung, wie sich an entsprechender Publikationstätigkeit, einschlägigen Veranstaltungen und Forschungsschwerpunkten zeigt. Die Interessen sind naturgemäß vielfältig.[1] Im Rahmen der Idee der Bildkommunikation, die in diesen Forschungen verfolgt wird, versteht sich das Bild als komplexe soziale Ausdrucksform, die einen zentralen Stellenwert für Verständigungsprozesse im Alltag hat. Bilder spielen in dieser Perspektive durch ihr spezifisches Potenzial für Verdichtung und Abstraktion eine essenzielle Rolle bei der Konstitution von Sinn im Alltag.

Im Gegensatz zur Sprache kommen Bilder, es sei denn, es handelt sich um rein mentale Bilder, nicht ohne technische Mittel aus. Das Bild verfügt aus diesem Grund nicht erst durch die jüngeren technischen Entwicklungen über eine prinzipielle Nähe zu massenmedialen Strukturen, mit ihren technischen Mitteln zur Erzeugung und Verbreitung von Bildern. Dieser Aspekt wird in den entsprechenden Kapiteln zur (massen-)medialen Kommunikation behandelt. Im folgenden Kapitel liegt der Fokus auf dem Bild als Ausdrucksform von Sinn. Die qualitativ-rekonstruktiven Methoden liefern gegenwärtig die wichtigsten Beiträge zu diesem Diskurs – in intensiver Auseinandersetzung mit Ansätzen aus der Kunstgeschichte und Bildwissenschaft. Dabei zeigen sich erste Tendenzen zur Kanonisierung sowie bestimmte wiederkehrende Fragen, an denen sich Debatten entzünden. Dieses Feld wird in der Folge mit seinen wichtigsten Eckpfeilern aufgespannt, nicht zuletzt um zu zeigen, welchen Beitrag die Arbeit zu diesen Debatten leistet. Um diesen Beitrag zu verdeutlichen, wird zunächst den Fragen nachgegangen, wie die Kunstgeschichte in die Sozialwissenschaften kommt und was eine Antwort darauf für das Thema „Bildkommunikation" zu leisten vermag.

1.1 Zur Bedeutung ästhetischer Praktiken für die Methoden(-entwicklung)

Nahezu alle im deutschen Sprachraum entwickelten sozialwissenschaftlich-qualitativen Verfahren der Bildinterpretation beziehen sich auf die Kunsthistoriker Erwin Panofsky und Max Imdahl.[2] Meist kommen deren Ideen dort zum Einsatz, wo

---

1 Vgl. zusammenfassend: Przyborski/Wohlrab-Sahr (2014, S. 148 ff.).
2 Müller-Doohm (1997), Bohnsack (2001c und 2009), Pilarczyk/Mietzner (2005), Raab (u. a. 2008), Breckner (u. a. 2003 und 2010).

es um konkrete Analysetechniken für Bilder geht.³ Dem Übergang von der kunsthistorischen zur sozialwissenschaftlichen Auseinandersetzung wird dabei kaum systematisch Aufmerksamkeit geschenkt.⁴ Paradigmatisch macht es zunächst wohl einen beträchtlichen Unterschied, ob Kunst oder soziale Phänomene zum Gegenstand wissenschaftlicher Aufmerksamkeit werden.

Die Brücke zwischen den beiden Feldern liegt Bohnsack (u. a. 2009, S. 11) zufolge in lebensweltlichen *ästhetischen* Kompetenzen, über die Mitglieder kultureller Zusammenhänge prinzipiell verfügen. Das heißt, es ist Ästhetisches in uns und unser Alltagshandeln beruht u. a. auf ästhetischen Prinzipien. Damit ist nicht weniger angesprochen als eine essenzielle Voraussetzung für Sinnverstehen und (alltägliches) Erkennen: Erst die Rekonstruktion und die systematische Bezugnahme auf eben diese Voraussetzungen ermöglichen die Entwicklung gültiger und zuverlässiger qualitativer Methoden.⁵

Richtungsweisend für diese Einsichten waren u. a. die Arbeiten von Garfinkel (siehe 2004 [1967]). Er hat mit seinen berühmten Krisenexperimenten darauf aufmerksam gemacht, dass alltägliche Verständigung auf spezifischen Voraussetzungen beruht: Erst das Wissen um bestimmte Formen bzw. Standards, wie Höflichkeitsformen, erlaubt es z. B., die Frage nach dem Befinden jeweils ‚richtig' zu verstehen – einmal als erweiterte Grußformel, das andere Mal vielleicht als medizinische Frage, seltener als tiefgreifendes Interesse am anderen. Bei einem Krisenexperiment klammert ein Interaktionsteilnehmer (der Experimentator) dieses Wissen systematisch aus. Die Resultate sind Unverständnis, Missverständnis und eine kollabierende Interaktion.

Wenn qualitative Verfahren über das Erfassen bzw. Sammeln und Systematisieren von Sinn auf der Ebene des Common Sense, d. h. ein Sinnverstehen, wie man es unmittelbar gewinnen kann, hinausgehen will, müssen sie an den *Grundlagen der Verständigungsprozesse* im Alltag ansetzen, denn nur so ist es möglich, das jeweilige *Verständnis der Untersuchten* methodisch kontrolliert zu rekonstruieren. Was für die quantitativen Methoden die Standardisierungen durch den Forscher

---

3 Raab (2008, S. 63 ff.), der sich in der empirischen Analyse mit Videos beschäftigt, diskutiert beispielsweise Panofskys Position kritisch, insbesondere seine Nähe zur Wissenssoziologie Mannheims. In der Beschreibung des konkreten methodischen Vorgehens heißt es dann allerdings, dass „sich die Interpreten", wenn es um die Analyse „der im Standbild simultan gegebenen symbolischen Elemente" geht, „auf der Stufe von Ikonographie, Ikonologie und Ikonik bzw. den sozialwissenschaftlichen Ansätzen zu ihrer methodischen Weiterführung" (Raab 2008, S. 160) bewegen, mithin auf den methodisch-methodologischen Grundlagen, die als solche vor allem von Panofsky und Imdahl formuliert wurden (vgl. Kapitel 1 und 2 in dieser Arbeit).
4 Pilarczyk und Mietzner (2005) bilden hier eher eine Ausnahme. Sie lösen diese Frage in ihrer Methodologie der seriell-ikonografischen Fotoanalyse, indem sie das Foto ebenso in seinem ästhetischen wie in seinem indexikalen Charakter betrachten und die Frage der Ästhetik entsprechend breit diskutieren.
5 Vgl. Bohnsack (2005), Przyborski (2004, S. 38 ff.).

sind, sind für die qualitativen Methoden die alltäglichen Standards. Dies bedeutet mit Luhmann (1990), auch den Schritt von den *Was-* zu den *Wie-*Fragen zu gehen (vgl. Bohnsack 2001a, Mannheim 1980 [1922–1925], Przyborski/Wohlrab-Sahr 2014). Es geht in der qualitativen Forschung nicht nur darum, *was* soziale Tatsachen und Phänomene sind, sondern auch und ganz entscheidend darum, *wie* sie hervorgebracht werden.

Die Aufgabe, sich im Dienst der Methodenentwicklung der Rekonstruktion der *Alltags*methoden anzunehmen, wurde seit den 1980er-Jahren an verschiedenen Stellen immer wieder explizit formuliert. „Dieselben Strukturen, die Verständigung ermöglichen, sorgen auch für die Möglichkeit einer reflexiven Selbstkontrolle des Verständigungsvorganges", heißt es z. B. bei Habermas (1981, S. 176; vgl. auch Soeffner 1989). Nicht nur programmatisch, sondern vielmehr in Rück- und Vorausschau auf die dokumentarische Methode weist auch Bohnsack den Alltagsmethoden eine entsprechende Schlüsselstelle für die Methodenentwicklung zu: Sie müssen „Gegenstand empirischer Rekonstruktion sein", da sie „Voraussetzung für die Entfaltung wissenschaftlicher Methoden und Interpretationsverfahren und ihrer Standards" (Bohnsack 2005, S. 65) sind. Was die sprachliche Verständigung anbelangt, wissen wir in dieser Hinsicht bereits eine Menge, und es hat sich ein entsprechender Methodenkanon ausgebildet.[6]

Garfinkel hebt mit Blick auf die Arbeiten, die eben diese Methodenentwicklung ermöglicht haben und von ihm inspiriert[7] wurden, hervor, dass es mit ihnen gelungen ist, den wissenschaftlichen Blick auf die „*formalen* Eigenschaften der common sense Tätigkeiten als (handlungs-)praktische Organisationsleistungen"[8] (Garfinkel 2004 [1967], S. vii; Übersetzung und Hervorh. A. P.) zu richten und Methoden ihrer Rekonstruktion zur Verfügung zu stellen. Diese formalen Organisationsleistungen bzw. Standards, auf deren Basis die soziale Wirklichkeit hervorgebracht wird, haben auch ästhetischen Charakter und können als „‚ganz normale kunstvolle Praktiken' des ‚alltäglichen Lebens'", wie Bohnsack (2009, S. 11) Garfinkel[9] übersetzt, bezeichnet werden:

Führt man sich z. B. bestimmte Erzählkompetenzen vor Augen, sprachliche Stilmittel, mit denen im Alltag im Zuge der Darstellung von gefährlichen Begebenheiten Spannung erzeugt wird[10], ist sowohl die Bezeichnung als „kunstvolle Pra-

---

6 U. a. Schütze 1982 und 1984, Bohnsack 1989, 2005 und 2009, Przyborski 2004, Schäffer/Dörner 2012, Mey/Mruck 2007, Baur/Blasius 2014, Przyborski/Wohlrab-Sahr 2014.
7 Z. B. von „Aaron V. Cicourel, [...] Harvey Sacks, Emmanuel Schegloff, [...]" und „Don Zimmerman" (Garfinkel 2004 [1967], S. vii).
8 „the formal properties of common sense activities as a practical organizational accomplishment".
9 „[T]he objective reality of social facts as an ongoing accomplishment of concerted activities of daily life, with the ordinary, artful ways of that accomplishment being [...] by members [...] taken for granted, is, for members doing sociology, a fundamental phenomenon." (Garfinkel 2004 [1967], S. vii)
10 Vgl. dazu auch Labov (1980).

xis" als auch die essenzielle Funktion dieser Kompetenzen für das Hervorbringen von Sinn und Bedeutung leicht nachvollziehbar. Entsprechend hält Bohnsack (2009, S. 11; Hervorh. A. P.) fest, dass für die „Gültigkeit" qualitativer „Methoden [...] die empirische Rekonstruktion der Formalstruktur umgangs*sprachlicher* Kommunikation und Darstellung" von „wesentlicher Bedeutung" ist.

Boehms (1994, S. 7) Formulierung, dass sich die „Kunstgeschichte, die sich, ihrer Fachbestimmung nach, am ehesten als ‚Bildwissenschaft' verstehen könnte, [...] nur selten auf die systematische Seite ihrer Aufgabe" besinnt, ist vor diesem Hintergrund besonders interessant. Hier geht es offenbar um eben diese formalen bzw. ästhetischen Kompetenzen, denn, so Boehm weiter, ein „der Sprachwissenschaft vergleichbarer Diskurs hat sich für das Bild nicht ausbilden können". Zwar wurde diese kritische Programmatik schon vor 20 Jahren formuliert; dieses Programm steckt dennoch, gerade vor dem Vergleichshorizont der Sprache, noch in den Kinderschuhen.

Eine weitere Überlegung zeigt Parallelen der Anliegen von Boehm und Bohnsack und damit die Verbindungslinie zwischen kunsthistorischen resp. bildwissenschaftlichen und sozialwissenschaftlichen Anliegen. Es geht beiden Autoren um die „*Rekonstruktion* der Alltags-Konstruktionen bzw. der Alltagspraktiken in ihrer *Eigenlogik*" (Bohnsack 2009, S. 11; Hervorh. i. O. und A. P.). Die ästhetischen Kompetenzen als Bindeglied zwischen der wissenschaftlichen Beschäftigung mit künstlerischen Formen und alltäglichen sozialen Formen sind in der Perspektive Bohnsacks und Boehms *abhängig* vom Medium der Verständigung. Boehm geht es zwar weniger um den Alltag als um die prinzipiellen Möglichkeiten des Erkennens. Grundlagentheoretisch macht das aber letztlich wenig Unterschied. Die Abstraktionsleistungen, die Bild und Sprache bieten – darauf komme ich später genauer zu sprechen (siehe Kapitel 2.2) –, als prinzipielle Möglichkeiten des Erkennens sind gleichermaßen relevant für den Alltag wie für die Philosophie. Wenn es also nicht um sprachliche, sondern um bildliche Verständigungsformen geht, kommt man aus dieser Perspektive nicht umhin, sich die Eigengesetzlichkeit des Bildlichen zu verdeutlichen (siehe Kapitel 2). Als Konsequenz dieser Einsicht für die qualitativen Methoden schlägt Bohnsack (2009, S. 11) vor, die alltäglichen, „‚profanen' Produkte mit einem Respekt zu behandeln, wie dies bis dahin nur den Werken der Literatur und Kunst zuteil wurde."

Dieser Vorschlag ist richtungsweisend für die vorliegende Arbeit. Sie versteht sich als intensive Beschäftigung mit den „ganz normalen kunstvollen Praktiken des Alltags" (Bohnsack 2009, S. 11), die nicht nur als Brücke zwischen der Beschäftigung mit Kunst und sozialen (Alltags-)Phänomenen gelten können, sondern auch als Motor in der Entwicklung rekonstruktiver Methoden. Als solche bilden sie eine Hauptachse dieser Arbeit. Will man diese als forschungsleitende These formulieren, so lautet sie: Mitglieder kultureller Zusammenhänge verfügen über intuitive Kompetenzen (implizites Wissen) im Bereich des ästhetischen Erfassens von Formen der Darstellung und Kommunikation, die essenziell für das Sinnverstehen sind.

Es wird zu zeigen sein, inwieweit die theoretische und empirische Ausarbeitung dieser These zur Beantwortung der Frage nach der Kommunikation *durch* Bilder beiträgt. Eine erste Annäherung erfolgt über die Frage, warum diese Auseinandersetzung für das Bild erst jetzt in Angriff genommen wird, während für die Sprache schon so viele Arbeiten und Erkenntnisse vorliegen:

Die systematische methodisch-methodologische Beschäftigung mit dem Bild in der Sozialwissenschaft lässt sich gerade mit Bezug auf die alltäglichen formalen Voraussetzungen von Erkennen und Verstehen als Wechselverhältnis von Text und Bild erzählen (Bohnsack 2001c und 2009, Boehm 2004).[11] Etwa seit den 1970er-Jahren führte das Bild in der qualitativen Forschung ein Dasein im Schatten von Sprache und Text. Es setzte sich die Idee durch, dass Erkenntnis prinzipiell sprachbasiert ist, und der wissenschaftliche Diskurs konzentrierte sich auf Sprache und Text. Diese Entwicklung, oft als „linguistic turn"[12] bezeichnet, förderte nicht zuletzt einen Aufschwung qualitativer Methoden. Die impliziten Standards bzw. Grundlagen der Verständigung, die von der ethnomethodologischen Konversationsanalyse[13] und der Soziolinguistik[14] erforscht wurden, trugen wesentlich zu deren Ausarbeitung bei.[15] Mit eben dieser Erfolgsgeschichte des Textparadigmas ist allerdings auch die Auffassung verbunden, dass – pointiert formuliert – nicht nur die wissenschaftliche Welt, sondern die gesamte soziale Welt textförmig verfasst ist (vgl. u. a. Oevermann 1986, Garz/Kraimer 1994). Oevermann geht dabei auf der Grundlage eines sehr weiten Textbegriffs davon aus, dass die empirisch zugänglichen Produkte bzw. Spuren protokollierbar und lesbar sind. Diese Nähe zu Text und Sprache mag auch dazu beigetragen haben, dass Sinnkonstitution als allein sprachlich verfasst gedacht wurde (und zum Teil auch noch wird).

Und gerade die fortgeschrittene Auseinandersetzung mit Sprache hat dazu beigetragen, auch grundlagentheoretisch die Aufmerksamkeit auf das Bild zu richten: Wittgenstein, Husserl und Mannheim erkennen auf unterschiedlichen Wegen, wie untrennbar Sprache mit der Bildhaftigkeit der Alltagswelt und ihrer Handlungspraxis verbunden ist. Sprache – und das wird vor allem in den avancierten Verfahren rekonstruktiver Textinterpretation deutlich – verweist nicht erst in ihrer metaphorischen Ausprägung, sondern immer schon auf anschauliche Evidenzen (Bohnsack

---

[11] Im Folgenden werden hier nur einige methodologisch relevante Aspekte dieser Entwicklung herausgehoben. Umfassend verfolgen Pilarczyk und Mietzner (2003, S. 114 ff.) die Geschichte der Bedeutung des Bildes für Bildung und in diesem Rahmen auch des Verhältnisses von empirischen Methoden und Bildwissenschaft (insbesondere unter dem Blickwinkel der Judenverfolgung bis in die Anfänge des letzten Jahrhunderts zurück).
[12] Zuerst Rorty (1967).
[13] Insbesondere Sacks (u. a. 1995 [1964–1972], Schegloff/Sacks 1973).
[14] U. a. Labov (1980).
[15] Vgl. Labov (1980), Schütze (1984), Bohnsack (1989), Sacks (1995 [1964–1972]), Przyborski (2004), zusammenfassend: Bohnsack (2014a), Przyborski/Wohrab-Sahr (2014).

2009, Boehm 1994, Schäffer 2013[16]). Aus dieser Perspektive mündet der „linguistic turn" auch grundlagentheoretisch in den „pictorial" bzw. „iconic turn" (Boehm 1994, Mitchell 1994).

So gesehen ist die „Wiederentdeckung des Ikonischen in der philosophischen beziehungsweise wissenschaftlichen Erkenntnisbegründung auch ein [...] bemerkenswerter Vorgang" (Boehm 2004, S. 37); aus Boehms Sicht (2004, S. 37) „für die Theorie des Bildes", aus dem hier vertretenen Standpunkt darüber hinaus für die Entwicklung empirischer Methoden zur Analyse von (Bild-)Kommunikation. Vorreiter der Beschäftigung mit dem Ikonischen in der Kunstgeschichte ist im deutschsprachigen Raum die vergleichsweise junge „Bildwissenschaft". Als Begriff taucht sie schon 1925 bei Warburg auf (Hensel 2011, S. 12 f.). Eine breite Diskussion beginnt allerdings erst Mitte der 1990er-Jahre und wird – unter anderem – mit dem Label „iconic turn" (Maar/Burda 2004) versehen. Zu ihren Protagonisten zählen Boehm (1994 und 2007), Belting (2001), Bredekamp (2004), Sachs-Hombach (2003) und für den historischen Bereich auch Jäger (2000).

Im angloamerikanischen Raum findet etwa zeitgleich eine Diskussion unter dem Titel „Visual Studies" (Mirzoeff 1998, Pink 2007 [2001]) und „Visual Sociology" (Prosser 1998) statt. Ihre Wurzeln liegen in der Ethnografie, der Anthropologie und der partizipativen Forschung. Sie sind empirisch ausgerichtet, aber kaum methodisch-theoretisch, und sie nehmen traditionell die Populärkultur in den Blick. Die Frage nach einer Brücke zur Kunstgeschichte stellt sich hier also erst gar nicht. Mitchell (1994), der den Begriff „pictorial turn" diskutiert, bildet hier eine Ausnahme. Entsprechend findet sich wechselseitige Bezugnahme zwischen Mitchell und der im deutschsprachigen Raum angesiedelten Bildwissenschaft. Letztere nimmt ihren Ausgang in der Philosophie und Kunstgeschichte und ist bis heute eher theoretisch und an der sogenannten ‚Hochkultur' ausgerichtet. Sie nähert sich also von der Kunst ausgehend der Populärkultur (nach Hensel 2011 und Panofsky 1999a).

Darüber hinaus – und das ist im dargelegten Zusammenhang essenziell – sieht die gegenwärtige anglophone „Visual Culture" (u. a. Mirzoeff 1998) die Arbeit mit Bildern im Dienste der Rekonstruktion des praktischen Gebrauchs von Bildern im privaten und professionellen Umfeld, etwa in der Amateurfotografie und bei der Konzeption von Raum im urbanen Bereich (Pink 2012). Die theoretische Basis findet sich entsprechend in praxeologischen Ansätzen (u. a. Knorr-Cetina 1984, Schatzki 1996, Reckwitz 2003). Betont wird hier in der Regel die Bedeutung des sozialen und gesellschaftlichen Kontextes, in dem Bilder überhaupt Relevanz ge-

---

[16] Wissensbestände, die in die Handlungspraxis eingelassen sind und von daher nicht ohne Weiteres sprachlich zum Ausdruck gebracht werden können, sind laut Schäffer (2013, S. 231) sowohl in „Ikonizität" (Bildlichkeit) als auch in „Metaphorizität" (Sprachlichkeit) enthalten. Beide Prinzipien weisen auf „eine fundamentale Eingebundenheit in Bildlichkeit" hin (Schäffer 2013, S. 231). Sowohl das Bild als auch die Sprache partizipieren an bildlich und szenisch gegebenen Vorstellungen von Wirklichkeit.

winnen (Wolff 2012). Bildlichkeit, wie es mit Boehm und Bohnsack bereits angedeutet wurde, spielt in diesem Zusammenhang letztlich keine Rolle.

Entsprechend entzündet sich Kritik an dieser Perspektive insbesondere am methodisch unreflektierten Einsatz von Bildern. Zwar können Bilder im Alltag eine unmittelbare Erlebnisqualität entfalten, ein methodisch reflektierter Umgang kann aber nicht bei dieser stehen bleiben: „The experiential sense of an unmediated encounter with (for instance) a painting does not mean either that the encounter is unmediated (simply that the subject is unaware of what is at work) or that the observer/ethnographer cannot mobilize analytic-discoursive strategies to try to address the phenomenon." (Wolff 2012, S. 11) Hier fehlt die Beschäftigung mit den ästhetischen Prinzipien des Alltags, zu deren Rekonstruktion die Kunstgeschichte wesentliche Angebote macht. Das Spezifikum des Bildlichen wird hier methodisch außer Acht gelassen.

Burri (2008a, 2008b, 2009), die sich intensiv mit der Verwendung von Bildern in der medizinischen Praxis beschäftigt, verbindet die beiden Perspektiven und fordert, beide Fokussierungen forschungspraktisch einzulösen: Sie sollen sowohl die jeweilige Praxis im professionellen oder privaten Umgang mit Bildern als auch das Bild als *spezifisches Medium und Dokument dieser Praxis* in seiner Eigengesetzlichkeit untersuchen, wobei Burri sich explizit auf die dokumentarische Methode bezieht (Bohnsack 2001c). In der dokumentarischen Methode (siehe Kapitel 4) wurden die Arbeiten von Panofsky und Imdahl zuerst für die sozialwissenschaftliche Forschung aufgegriffen.

Kritisch diskutieren u. a. Michel und Wittpoth (2013) die Verwendung ästhetischer Prinzipien, die in der Kunstgeschichte entwickelt wurden, für das Sinnverstehen von Bildern im Alltag und in der Wissenschaft. Sie kommen zu dem Schluss, dass die jeweiligen Kontexte zu unterschiedlich sind, um die Prinzipien aus dem einen in den anderen Kontext zu übertragen. „Das gilt ausdrücklich sowohl für die wissenschaftliche Bildanalyse als auch für lebensweltlich gebundene Rezeption." (Michel/Wittpoth 2013, S. 185) Die Autoren gehen dabei davon aus, dass Sinnverstehen von Bildern letztlich darauf angewiesen ist, über den Sinn im Bild zu sprechen, und verbleiben damit auf der Ebene der Verständigung *über* das Bild im Unterschied zu derjenigen einer Verständigung *durch* das Bild (vgl. Bohnsack 2009, Kap. 3.2). Letztere Position wird in der Folge argumentiert und in der empirischen Analyse nachgewiesen.

1.2 Kunstgeschichtlicher Kanon

Die Modelle von Panofsky und Imdahl gehören mittlerweile zu einem Kanon qualitativer Bildinterpretation und wurden bereits an mehreren Stellen umfassend, z. T. kritisch gewürdigt (Bohnsack 2001c und 2009, Müller 2003, Pilarczyk/Mietzner 2005, Raab 2008, Breckner 2010 und 2014, Bohnsack/Michel/Przyborski 2015). Im

Folgenden geht es zunächst darum, die Grundzüge der Ideen der beiden Autoren zu skizzieren, die in der empirischen Analyse der meisten Ansätze – mehr oder weniger stark – Anwendung finden. Bestimmte Aspekte werden später im Rahmen der Entwicklung des hier vertretenen Ansatzes noch einmal aufgegriffen, zugespitzt und in das Modell der Bildkommunikation eingebunden.[17]

Die Arbeiten des Kunsthistorikers Panofsky entstanden in der ersten Hälfte des letzten Jahrhunderts und korrespondieren eng mit bestimmten Anliegen sozialwissenschaftlicher Forschung. Das mag ein Grund sein, warum sie in der qualitativen Bild- oder Filminterpretation breit rezipiert wurden. Panofsky gibt – nicht zuletzt in Auseinandersetzung mit Karl Mannheims dokumentarischer Methode (1964 [1921–1928] und 1980 [1922–1925]) – dem Bild als einem Fenster zur Epoche eine zentrale Bedeutung, da es „Einsichten in die Art und Weise, wie unter wechselnden historischen Bedingungen wesentliche Tendenzen des menschlichen Geistes durch bestimmte Themen und Vorstellungen ausgedrückt werden" (Panofsky 2002 [1955], S. 50), ermöglicht. Es geht ihm also um human- und sozialwissenschaftlich bedeutsame Erkenntnisgegenstände, wie den „Gehalt, der die Welt ‚symbolischer' Werte bildet" (Panofsky 2002 [1955], S. 50).

Für dieses Unterfangen sind nicht nur das Bild, sondern auch alle anderen Dokumente, „die Zeugnis ablegen über die politischen, poetischen, religiösen, philosophischen und gesellschaftlichen Tendenzen der Person, der Epoche [...], die zur Debatte stehen" (Panofsky 2002 [1955], S. 49), von Bedeutung. Damit erweist sich Panofsky eigentlich als ‚rekonstruktiver Forscher par excellence': Denn man ist sich heute einig darüber, dass die „objektivierbare Spur", wie es in der objektiven Hermeneutik heißt, der „Dokumentsinn", wie er uns in der dokumentarischen Methode begegnet, der „Habitus" bei Bourdieu oder die „Prozessstrukturen des Lebenslaufs" als Konzept der Narrationsanalyse sich an verschiedenen empirischen Evidenzen herausarbeiten lassen müssen.[18]

Aus demselben Fach kommend knüpft Imdahl (1994, 1996b) in kritischer Würdigung an die Arbeit Panofskys an. Aus Imdahls Sicht lässt Panofsky im Umgang mit dem Bild eine gewisse Willkür walten. Er vermisst die Beachtung des genuin Bildlichen im Bild, seine ikonische Struktur: „Panofskys Form- und Kompositionsbegriff ist zu kritisieren, insofern er nicht die ikonische Sinnstruktur des Bildes erfaßt. Diese ikonische Sinnstruktur erschließt sich einer entsprechenden ikonischen Betrachtungsweise [...]." (Imdahl 1996b, S. 432) Folgerichtig arbeitet er an einer Begründung der Ikonik bzw. des ikonischen Sinns und sucht diesen nicht

---

17 Dieser und die beiden folgenden Abschnitte enthalten überarbeitete Textpassagen, die in Przyborski und Wohlrab-Sahr (2014) publiziert wurden.
18 So fehlen mittlerweile in kaum einer rekonstruktiven Arbeit Hinweise auf Beobachtungen im Feld. Etliche Studien, die mit der dokumentarischen Bildinterpretation arbeiten, binden diese zugleich in eine Triangulation mit anderen empirischen Daten ein (vgl. die Studien in: Bohnsack/Michel/Przyborski 2015, Wopfner 2015).

nur theoretisch, sondern vor allem in einer empirischen Auseinandersetzung mit Bildern auszuarbeiten. Es folgt nun eine Einführung in jene Ideen von Panofsky und Imdahl, die – mehr oder weniger ausgeprägt – für die Verfahren der qualitativ-rekonstruktiven Bildanalyse Relevanz gewonnen haben.

1.2.1 Ikonologie-Ikonografie-Modell (Panofsky)

1932 stellt Erwin Panofsky der Kunstgeschichte erstmals ein Modell vor, das dazu angelegt ist, bei der Interpretation von Bildern „Korrektheit" zu erreichen (Panofsky 1979a [1932/1964], S. 214). Dabei geht er u. a. von der Beobachtung aus, dass ein „uns heute sehr harmlos erscheinende[s] [Bild eines] Mandrill[s] zur Zeit seiner Erwerbung einfach nicht erkannt wurde (die Leute suchten verzweifelt nach der Schnauze, um sich von da aus einigermaßen zurechtzufinden), weil jene expressionistische Formenweise [...] noch zu neu war" (Panofsky 1979a [1932/1964], S. 190). Schon die schlichte Beschreibung eines Bildes stellt sich als gar nicht so trivial heraus. Vielmehr muss man offenbar stilgeschichtlich bis zu einem gewissen Grad versiert sein, um zu erkennen, ‚was' auf einem Bild ‚drauf ist'. Um Prüfmöglichkeiten für den interpretativen Zugriff zu erlangen, fragt Panofsky, aus welcher Wissensquelle sich dieser speist, und entwickelt auf diese Weise ein Modell, eine Methodologie.

Panofskys Modell unterscheidet drei Sinnschichten (siehe Tabelle 1.1). Um diese zu vergegenwärtigen, ziehe ich die Darstellung von Jesus und seinen Jüngern beim letzten Abendmahl heran. Dieses Sujet wurde in der Geschichte häufig künstlerisch umgesetzt, dürfte also weitgehend bekannt sein. Für den Zweck der folgenden Argumentation ist es nicht notwendig, sich ein ganz bestimmtes Bild vorzustellen.

Die erste Sinnebene bezieht sich auf Gegenstände und Tatsachen, wie wir sie aus der unmittelbaren Erfahrung kennen. Panofsky (1979a [1932/1964], S. 203) spricht von „vitaler Daseinserfahrung". Hier können wir auf einem Bild, welches das letzte Abendmahl zeigt, Personen in bestimmter Anzahl erkennen, die Farbe und Beschaffenheit ihrer Gewänder, einen Tisch, vielleicht Stühle, Speisen usw. Es geht also um unsere Wahrnehmung eines Bildes, bevor wir narratives, anekdotisches, thematisches oder auch allegorisches Wissen an dieses herantragen; bevor wir ‚wissen', dass es sich um das letzte Abendmahl handelt, aber auch bevor wir die dargestellte Szene in einen zweckrational strukturierten Handlungszusammenhang einordnen, z. B., dass hier Menschen zu einem Essen zusammengekommen sind. Panofsky nennt diese Ebene daher vorikonografisch. Als Prüfgröße nennt er hier die Einsichten in die Stilgeschichte, also in die Art und Weise, wie Aspekte der Welt im Lauf der Geschichte durch Formen dargestellt werden.

Die zweite Sinnschicht bezieht das narrative Wissen ein, in unserem Beispiel die Passionsgeschichte. Diejenigen, die sie kennen, erkennen in dem Bild, das 13 Personen bei Brot und Wein um einen Tisch sitzend zeigt, das letzte Abendmahl.

Tab. 1.1: Vorikonografie – Ikonografie – Ikonologie: Tabelle von Panofsky (2002 [1955], S. 50).

Gegenstand der Interpretation	Akt der Interpretation	Ausrüstung für die Interpretation	Korrektivprinzip der Interpretation (Traditionsgeschichte)
primäres oder natürliches Sujet – (A) tatsachenhaft, (B) ausdruckshaft –, das die Welt künstlerischer Motive bildet	vorikonografische Beschreibung (und pseudoformale Analyse)	praktische Erfahrung (Vertrautheit mit Gegenständen und Ereignissen)	Stil-Geschichte (Einsicht in die Art und Weise, wie unter wechselnden historischen Bedingungen Gegenstände und Ereignisse durch Formen ausgedrückt wurden)
sekundäres oder konventionales Sujet, das die Welt von Bildern, Anekdoten und Allegorien bildet	ikonografische Analyse	Kenntnis literarischer Quellen (Vertrautheit mit bestimmten Themen und Vorstellungen)	Typen-Geschichte (Einsicht in die Art und Weise, wie unter wechselnden historischen Bedingungen bestimmte Themen oder Vorstellungen durch Gegenstände und Ereignisse ausgedrückt wurden)
eigentliche Bedeutung oder Gehalt, der die Welt „symbolischer" Werte bildet	ikonologische Interpretation	synthetische Intuition (Vertrautheit mit den wesentlichen Tendenzen des menschlichen Geistes), geprägt durch persönliche Psychologie und „Weltanschauung"	Geschichte kultureller Symptome oder „Symbole" allgemein (Einsicht in die Art und Weise, wie unter wechselnden historischen Bedingungen wesentliche Tendenzen des menschlichen Geistes durch bestimmte Themen und Vorstellungen ausgedrückt wurden)

Die Anwesenden stillen also nicht in erster Linie ihren Hunger, sondern vollziehen ein Abschiedsritual. Die Prüfgröße ist hier die „allgemeine Geistesgeschichte" (Panofsky 1979a [1932/1964], S. 203). Hier kann und soll das verfügbare Kontextwissen, das kulturelle, historische, das lexikalisch verfügbare Wissen in Anschlag gebracht werden. Diese Sinnschicht bezeichnet Panofsky als ikonografische Ebene. Anhand des Beispiels wird rasch deutlich, dass es meist der Kenntnis einer Fülle von Quellen bedarf, einer Vertrautheit mit Themen und Vorstellungen davon, wie diese durch Gegenstände und Ereignisse ausgedrückt werden.

Auf eine dritte Ebene, die ikonologische, richtet sich Panofskys eigentliches Engagement. Ihr Gegenstand ist der ‚Wesenssinn' oder ‚Gehalt' des Bildes. Zugänglich wird diese Sinnschicht im Rahmen einer Darstellung des letzten Abendmahls z. B. durch die Frage, ob Jesus mit Emotionalität (vielleicht in eigener Angst und Sorge wie auch zugleich seine Jünger stützend und beruhigend) ausgestattet dargestellt ist oder ob er gänzlich außerhalb von Emotion und zwischenmenschlicher Beziehung (etwa als schematisierte Figur mit einem goldenen Nimbus) gezeigt wird. Panofsky richtet sein Erkenntnisinteresse bei der Rekonstruktion dieser Sinnschicht auf die Weltanschauung einer Epoche. Es bedarf, um diese Ebene zu erschließen, laut Panofsky der „synthetischen Intuition". Er schlägt vor, möglichst viele unterschiedliche Dokumente heranzuziehen, um über ein Korrektiv zu verfügen. Der „Dokumentsinn" (Panofsky 1979a [1932/1964], S. 203) – hier einer Epoche – erschließt sich über Homologien innerhalb des Bildes und außerhalb des Bildes, über unterschiedliche Medien hinweg – von der Malerei und der Architektur über die Literatur bis zur Musik. Die Frage wäre also z. B., ob es Hinweise darauf gibt, dass auch in Darstellungen anderer heiliger Figuren, die in dieser Zeit entstanden, jene in solcher oder ähnlicher Weise mit Emotionalität versehen wurden. In der Interpretation sucht man also den gemeinsamen Sinn, der in ganz unterschiedlichen Sachverhalten zum Ausdruck kommt. Wenn sich die Facette der Emotionalität zeigenden Heiligenfiguren bestätigt, stellt sich aus der Sicht von Panofskys Ikonologie die Frage, welche Weltanschauung dadurch zum Ausdruck kommt.

Zudem setzte sich Panofsky intensiv mit der Perspektive auseinander (vgl. Panofsky 1964; Raab 2008, S. 27 ff.; Bohnsack u. a. 2009, S. 38 f.). Seine Einsichten sind für die Analyse von Malerei, Zeichnungen und auch Imaging bedeutend.[19]

1.2.2 Ikonik (Imdahl)

Imdahl fokussiert mit seinem Konzept der *Ikonik* jenen Bildsinn, der durch nichts anderes zu ersetzen ist und sich auch nicht – unmittelbar – durch Sprache einholen lässt. Aus diesem Grund „bedarf es" für ihre Erläuterung „unverzichtbar der Anschauung und der durch Anschauung zu gewinnenden Erfahrung" (Imdahl 1994, S. 617). Imdahl widmet sich auf der Basis konsequenter Anschauung den Möglichkeiten der Gestaltung von Zweidimensionalität. Die formalen Dimensionen des Bildes, die er dabei herausarbeitet, bieten eine Menge konstruktiver Anschlussmöglichkeiten für die rekonstruktive Sozialforschung.[20] Andere Aspekte von Imdahls Arbeit, z. B. hinsichtlich der Darstellung von Körpern, folgen in der vorliegenden Arbeit an entsprechender Stelle, unter anderem in der konkreten empirischen Analyse (siehe Kapitel 8.3 und 11.1). Bei den formalen Dimensionen handelt es sich um die planimetrische Komposition (bzw. auch planimetrische Ordnung oder das Feldliniensystem), die szenische Choreografie und die perspektivische Projektion, die ich in der Folge beschreibe.

Bei der planimetrischen Komposition geht es um die Organisation der Fläche. Als Mittel der Rekonstruktion setzt Imdahl die Linie ein. Anhand von Imdahls Überlegungen zu Linie und planimetrischer Komposition lässt sich ein Anliegen, das in dieser Arbeit verfolgt wird, nämlich die Autopoiesis des Bildes, besonders gut

---

19 Im empirischen Material dieser Arbeit (siehe Kapitel 7–10) sind allerdings eher Aspekte von Bedeutung, die Imdahl im Zusammenhang mit der Perspektive herausgearbeitet hat (siehe Kapitel 1.2.2).
20 U. a. Bohnsack (2001c und 2009), Pilarczyk/Mietzner (2005), Raab (2008), Przyborski (2008 und 2014), Pilarczyk (2009 und 2014), Breckner (2010), Wopfner (2012).

Abb. 1.1: Jacob von Ruisdael, Die Mühle von Wijk (um 1670).

verdeutlichen. Eine ausführliche Diskussion findet sich daher im Kapitel 2 zur Ikonizität.

Ein weiterer Aspekt der Ikonik ist die „perspektivische Projektion" (Imdahl 1996b, S. 471). Imdahl schließt hier explizit an Panofskys Arbeiten an. Dieser arbeitet die perspektivische Projektion als Dokument für unterschiedliche Weltanschauungen in den verschiedenen Epochen heraus. Dabei beschäftigt er sich intensiv mit der Einführung der Achsen- und der Zentralperspektive in der Renaissance im Unterschied zur nicht vorhandenen Perspektive im Mittelalter. Die Zentralperspektive lässt Bilder wie Fenster erscheinen. Ohne Perspektive dagegen „ist" man quasi im Bild (Panofsky 2001 [1953]; Raab 2008, S. 33 ff.; Bohnsack 2009, S. 243 ff.; Benetka 2012). Imdahl (1994, S. 313) erläutert die Perspektivität u. a. an einem Mühlenbildnis (siehe Abbildung 1.1). Die Mühle ist in Untersicht dargestellt, die Landschaft dagegen in Aufsicht. Das verleiht der Mühle einen erhabenen Charakter.

„Als das aus naher Distanz in Untersicht Gesehene erscheint die Mühle im Kontext einer weithin entbreiteten Landschaft, die aus größerer Entfernung und von einem höheren Standpunkt aus gesehen ist. In diesem landschaftlichen, weiträumigen Kontext fungiert die Mühle als normgebender Wert räumlicher Orientierung" (Imdahl 1994, S. 315). Als „Bildheld" (Imdahl 1994, S. 315) vermittelt sie quasi zwischen der Betrachtenden und der Landschaft. Diese Perspektivität macht die Mühle von Wijk „zum exemplum eines Mühlenbildes" (Imdahl 1994, S. 315). In Abgrenzung zu Panofskys Ikonologie betont Imdahl (1994, S. 315) noch einmal, dass es eben diese ikonische Gestaltungsmöglichkeit ist, die „sich in der Anschauung des Bildes ein für allemal offenbart", letztlich unabhängig davon, dass sie „wie jedwede andere Mühle damals" als „Symbol für Erlösung" gelten kann, unabhängig also vom religiösen Symbolwert als Ausdruck seiner Zeit, und damit auch unabhängig vom ikonologischen Sinn.

Die szenische Choreografie als dritte formale Dimension arbeitet Imdahl unter Zuhilfenahme experimenteller Vergleichshorizonte heraus. Er zieht dazu eine Mi-

Abb. 1.2: Codex Egberti, Der Hauptmann von Kapernaum (Imdahl 1994, S. 301).

niatur heran – den „Hauptmann von Kapernaum" (um 980 gemalt) (siehe Abbildung 1.2).

Sie zeigt Jesus und den Hauptmann einander gegenüber. Hinter dem Hauptmann, z. T. durch ihn verdeckt, befindet sich seine Gefolgschaft. Hinter Jesus, mit etwas Abstand, sieht man vier seiner Jünger. Imdahl verändert experimentell die Position von Jesus (siehe Abbildung 1.3) und kann damit Folgendes zeigen:

Abb. 1.3: Montage (Verschiebung der Figur Christi in die Mitte) (Imdahl 1994, S. 304).

Ganz in die Mitte gerückt steht Jesus in der Mitte von zwei Gruppen. Rückt man ihn näher an seine Jünger heran, stehen einander zwei Gruppen gegenüber (siehe Abbildung 1.4).

Im Originalbild findet sich eine exakte Balance dieser beiden Anmutungen. „[D]iese Durchdringung von Zweier- und Dreierstruktur macht die innere Spannung der Komposition [...] aus, und zwar erscheint Jesus in die Szene einbezogen wie ebenso über sie erhoben." (Imdahl 1994, S. 305) In einigen Fällen der empirischen Analyse wird ebenfalls mit dieser Form von „Verschiebeprobe" gearbeitet (siehe u. a. Kapitel 8.1).

Abb. 1.4: Montage (Verschiebung der Figur Christi nach links) (Imdahl 1994, S. 304).

Mit szenischer Choreografie ist die Positionierung der Figuren, der einzelnen Bildentitäten zueinander gemeint, sowie das, was in diesem Verhältnis zum Ausdruck kommt. Auf diese Weise können Zugehörigkeiten und Zusammengehörigkeiten von Personen als Gruppen (wie im Beispiel), Paar-, Dreiecks-, Viereckskonstellationen usw. rekonstruiert werden. Was Imdahl nur auf Personen im Bild bezieht, hat sich in der konkreten Interpretation auch hinsichtlich anderer Bildelemente, die sich als Sinneinheit abgrenzen lassen – Pflanzen und Dinge beispielsweise –, als sinnvoll herausgestellt. Das Verhältnis von Nähe und Distanz von Personen und Dingen, auch Gegenüberstellungen oder Herausgehobenheit können herausgearbeitet werden. Diese räumlichen Metaphern benutzen wir oft, um Beziehungskonstellationen oder soziale Gefüge zu beschreiben.

Die drei dargestellten Aspekte der Ikonik stellen den Blick auf das „sehende Sehen" ein. Imdahl unterscheidet es vom „wiedererkennenden Sehen", das uns Aspekte der dreidimensionalen Welt auf Bildern erkennen lässt. Erst im Zusammenspiel dieser Wiedererkennung mit den Möglichkeiten der Ikonik wird das Erfassen des spezifischen Bildsinns möglich. In der Ikonik wird das Bild erst im Zusammenspiel dieser beiden ‚Seh-Arten' begreifbar, die, wenn sie analytisch getrennt werden, eine über die alltägliche Bildwahrnehmung hinausgehende Sinnstruktur explizierbar machen (Imdahl 1996b, S. 432). Diese Idee, als ein wesentliches Element (einer Theorie) von Bildkommunikation und damit für das ästhetische Erfassen als Voraussetzung von Kommunikation, wird in Kapitel 2.2 noch intensiver verfolgt.

1.3 Simultaneität und Sequenzialität

Bevor die gegenwärtig vorliegenden Verfahren der qualitativen Bildinterpretation in ihren Besonderheiten skizziert werden, ist eine grundlagentheoretische Frage zu klären, die für das hier verfolgte Anliegen zentral ist und zu der sich die Verfahren jeweils in bestimmter Weise positionieren. Grob gesprochen lassen sie sich entlang einer einstweiligen Trennlinie einordnen: Auf der einen Seite orientiert man sich am Modell der Textförmigkeit des Sozialen. Die Sprache wird hier als exklusives Medium der Sinnbildung konzipiert. Auf der anderen Seite räumt man dem Bild einen eigenen Stellenwert für soziale Sinnkonstitution ein, ihm wird eine grundlegende Bedeutung für das Soziale zugesprochen.

In der gegenwärtigen qualitativen Methodik drückt sich dieser Unterschied folgendermaßen aus: Wenn der Bildlichkeit – neben der Sprache – ein grundlegender Stellenwert für das Soziale eingeräumt wird, dann setzen methodische Überlegungen bei einer Eigenlogik bzw. -gesetzlichkeit des Bildes und einer simultan gegebenen Bedeutung von Bildern an. Wenn das Soziale vorrangig textförmig angenommen wird, dann setzen methodologische Überlegungen an einer sequenziell gegebenen, sich textförmig vermittelnden Bedeutung von Bildern oder überhaupt an sprachlichen oder textförmigen Äußerungen zum Bild an.

Das Auge, das beim Lesen auf den Text gerichtet ist, das Ohr, das im Zuhören auf das Gesagte gerichtet ist – beide sind beim Wahrnehmen von Sinnverstehen auf die Reihenfolge der Äußerungen, der Laute bzw. Buchstaben, der Wörter und Sätze gerichtet: auf ihre zeitliche Ordnung, ihre Abfolge, d. h. ihre sequenzielle Struktur. Alle Methoden der rekonstruktiven Textinterpretation sind folgerichtig sequenzanalytisch aufgebaut.[21] Aus einer Perspektive, die davon ausgeht, dass sich das Gesehene erst in Sprache formen muss, um als ein spezifischer Sinn für uns Relevanz zu erlangen, ist es naheliegend, auch die Interpretation von Bildern dieser Logik folgen zu lassen.

Bei der Suche nach den Besonderheiten des Bildes ist man auf unterschiedlichem Weg zu dem Befund gekommen, dass es hier keine spezifische Reihenfolge gibt. Es ist vielmehr zu jedem Zeitpunkt alles auf einmal gegeben. Imdahl (1994) arbeitet diesen Punkt sehr differenziert aus. Wesentlich dabei ist die Linie als Wesensmerkmal der Zweidimensionalität. Sie entsteht im Handlungsablauf zwar zeitlich geordnet, gegeben ist sie aber als simultane Erscheinung (Przyborski/Slunecko 2012; siehe auch Kapitel 1.2.2 und 2.2.3). Ähnliches findet sich bei Barthes (1993 [1980]), wenn er „punctum" vom „studium" des Bildes unterscheidet. Auf der Ebene des „studium" enthält das Bild benennbare einzelne Entitäten und Aspekte: „It is by studium that I [...] participate in the figures, the faces, the gestures, the setting, the action." (Barthes 1993 [1980], S. 26) Das „punctum" resultiert aus einem unmittelbaren Erfassen des Bildes bzw. Erfasstsein durch das Bild – ausgelöst durch ein Detail im Zusammenspiel des Ganzen: „[T]he punctum could accommodate a certain latency (but never any scrutiny)." (Barthes 1993 [1980], S. 53) Es kann zwar auch eine Weile dauern, bis das punctum erfasst ist, es erschließt sich aber nicht durch die genaue Untersuchung der einzelnen, benennbaren Bildaspekte.

---

21 Labov (1980), Sacks (1995 [1964–1972]), Sacks/Schegloff/Jefferson (1974), Schütze (1976 und 1978), Oevermann (1986), Bohnsack (1989 und 2014a), Przyborski (2004), Przyborski/Wohlrab-Sahr (2014), um nur einige zu nennen.

Dovifat (1968, S. 246), ein Doyen der Kommunikationsforschung, formuliert ohne methodologische Absicht: „Das Bild ermöglicht die gleichzeitige (simultane) Aufnahme des Ganzen einheitlich und unmittelbar. [...] [D]ie Begriffe müssen angehört oder gelesen, in der Vorstellung erarbeitet werden."

Diese beiden Möglichkeiten des Umgangs mit Bildlichkeit haben – immer noch aus idealtypischer Perspektive betrachtet – zwei strukturell unterschiedliche methodische Vorgehensweisen bei der Interpretation von Bildern zur Folge: Wenn Bedeutung sequenziell gegeben ist, wird das Argument entweder dem Blick – d. h. einer sequenziellen Konstitution von Bedeutung, die der Logik von Texten entspricht – folgen oder es wird überhaupt nicht ohne das systematische Hinzuziehen sprachlicher Daten auskommen. Wenn dagegen – wie hier und in der Folge noch ausführlich erläutert wird (siehe Kapitel 2) – von einer simultan gegebenen Bedeutung ausgegangen wird, wird man vom Bild her argumentieren und seinen Eigensinn in den Vordergrund stellen. Der methodische Hebel muss, wenn man von einer eigenen – von der Sprache getrennten – ikonischen Sinnkonstitution ausgeht, also ganz anders angesetzt werden, als wenn man die Konstitution von Bedeutung der Sprache vorbehält.[22]

Prototypisch für das Verfolgen des Blicks sind Versuche mit der Blickbewegungskamera. Diese werden zwar in der Regel quantitativ ausgewertet, dennoch wird hier zunächst klar nach einem Nacheinander, nach einem sequenziellen „Lesen" des Bildes gesucht. Die Ergebnisse weisen aber paradoxerweise in eine andere Richtung: In der sequenziellen Organisation des Blicks zeigen sich keine Signifikanzen. Erst die Analyse langer Betrachtungszeiten hat Erfolge zu verzeichnen. Denn so werden die verschiedenen Wahrnehmungsknoten sichtbar, als jene Bereiche des Bildes, an denen der Blick *immer wieder* haften bleibt und die in ihrer Beziehung zueinander ausgewertet werden (Rosenberg 2011).

In Boehms (1994, 2004 und 2007) philosophisch-kunsthistorischen Analysen von Bildern und Bildlichkeit geht es nicht primär darum, das künstlerische Werk als solches zu verstehen; eher umgekehrt verwendet er Kunst, um grundsätzliche Erkenntnisprobleme und -möglichkeiten zu diskutieren. Dieses erkenntnistheoretische Anliegen teilt er bis zu einem gewissen Grad mit Imdahl, von dessen Überlegungen er im Wesentlichen ausgeht. Das mag ein Grund dafür sein, warum beide Autoren für eine sozialwissenschaftliche Bildinterpretation so interessant geworden sind. Mit der Simultanstruktur des Bildes, die die Autoren an verschiedenen Stellen auf der Grundlage konkreter Anschauung bestimmter Bilder herausarbeiteten, ist nicht allein und nicht in erster Linie Synchronizität als rein zeitliches Zusammenfallen gemeint.[23]

---

[22] Dies betrifft auch die Methodik der Filminterpretation.
[23] Das begegnet uns auch – und zwar systematisch – in der Alltagssprache, wenn zwei oder mehr Personen gleichzeitig sprechen. Dieser Formalaspekt von Gesprächen hat wichtige Implikationen für die Interpretation (Przyborski 2004, S. 196 ff.).

Vielmehr ist damit ein zeitlich und räumlich auf einmal Gegebenes angesprochen. Die Rezeption eines Bildes mag sich durchaus sukzessive vollziehen. Dabei geht es allerdings um das ganzheitliche Erfassen des Bildes im Sinn eines hermeneutischen Zirkels: Durch das Verstehen eines Teils wird das Ganze besser verstanden – und damit wieder ein spezifischer Teil. Allerdings ist das „Ganze [...] von vornherein in Totalpräsenz gegeben [...]" (Imdahl 1996a, S. 23). Hier liegt auch der springende Punkt des „ikonischen Zeigens". „Denn die sinnliche Materialität des Bildgrundes, [...], ist einer sprachlichen Prädizierung nicht, dem Zeigen aber sehr wohl zugänglich. Man darf vielleicht den Satz wagen: Simultane Realitäten lassen sich *ausschließlich* zeigen." Damit ist ein Punkt berührt, der im Zusammenhang mit der Geste noch wichtig werden wird (siehe Kapitel 8.3 und 11.1, Bohnsack 2009 und 2014a, Bohnsack/Przyborski 2015).

1.4 Darstellung einzelner Verfahren der qualitativen Bildinterpretation

Die Diskussion von Simultaneität sowie die nachfolgende Skizze der einzelnen Verfahren dienen dazu, das Anliegen der vorliegenden Arbeit ins Verhältnis zu bestehenden Modellen zu setzen. Wichtig ist dabei, ob bzw. inwieweit der Eigensinn des Bildes eine Rolle spielt, und damit die Beschäftigung mit implizitem ästhetischem Wissen als performatives Wissen der Darstellung, wie es in Kapitel 4.2 im Verhältnis zu anderen Formen des impliziten bzw. performativen Wissens genauer entfaltet wird, ebenso wie die Frage, inwiefern sie in ein Konzept von medialer Kommunikation und Verständigung eingebunden sind.

1.4.1 Segmentanalyse

Breckner argumentiert in ihren früheren Arbeiten zum Bild (Breckner 2003) stark mit dem Blick, in späteren bezieht sie auch das Argument der Simultaneität verstärkt ein (Breckner 2012). Die Eckpunkte der Segmentanalyse umreißt Breckner (2012, S. 151) folgendermaßen: „Insgesamt zielt die Methode der Segmentanalyse darauf, zu erschließen, wie aus der Beziehung und (formalen) Organisiertheit verschiedener Bildelemente in einer Gesamtkomposition [...] beim Betrachten (also wahrnehmend) eine Bildgestalt entsteht, die [...] Bedeutungs- und Sinnbezüge in diskursiven Verweisungszusammenhängen generiert." Das Bild als – simultan gegebene – Gesamtkomposition spielt also eine zentrale Rolle. Spezifisch an der Segmentanalyse ist allerdings die Konzentration auf bestimmte Bildelemente. Sie wird methodologisch damit begründet, dass Sinn im Zuge des Betrachtens auf diese Weise entsteht und damit auch der Fokussierung diskursiver Verweisungszusammenhänge Rechnung getragen wird.

1.4 Darstellung einzelner Verfahren der qualitativen Bildinterpretation

Eine Segmentanalyse beginnt folglich damit, den eigenen Wahrnehmungsprozess beim ersten Erblicken eines Bildes, unmittelbar „beim Aufdecken" (Breckner 2010, S. 287), zu beobachten und festzuhalten. Das Wandern des Blicks über die einzelnen Bildelemente wird eingezeichnet, und die ersten Eindrücke werden möglichst frei und spontan artikuliert und festgehalten, schriftlich oder elektronisch, um dieses intuitive Sinnerfassen in den nächsten Schritten zu nutzen. „Diese Aufgabe dient dazu, die sukzessive und zugleich simultane Bildwahrnehmung erfahrbar zu machen [...]." (Breckner 2012, S. 288) Das heißt, die beiden idealtypischen Formen, mit bildlich gegebenem Sinn umzugehen – Simultaneität und Sequenzialität –, sind hier ineinander gelagert und werden beide forschungspraktisch umgesetzt.

Pragmatische Ziele des ersten Schritts sind die Identifikation von Segmenten und die Entscheidung der Frage, mit welchem Segment begonnen werden soll. Dabei spielt neben der spontanen Beobachtung das Instrumentarium der Ikonik eine Rolle. Die ikonische Analyse dient einer ersten Reflexion des spontanen Eindrucks und der Auswahl des ersten Segments. Der Eigensinn des Bildes nimmt hier mithin einen zentralen Stellenwert ein.

Es folgen vier weitere Schritte (vgl. Breckner 2010; Przyborski/Wohlrab-Sahr 2014, S. 334 f.), deren Ergebnisse vor dem Hintergrund der Frage „Wie wird etwas im und durch das Bild für wen in welchen medialen und pragmatischen Kontexten sichtbar?" (Breckner 2010, S. 293) interpretiert werden. Beantwortet werden soll damit „die Frage nach dem manifesten und dem latenten Bildsinn" (Breckner 2010, S. 293), was die Nähe des Verfahrens zur objektiven Hermeneutik (Oevermann 1986 und 2000; Przyborski/Wohlrab-Sahr 2014, S. 246 ff.) widerspiegelt. Ergänzt wird die Segmentanalyse durch eine Systematisierung des Umgangs mit Bilderserien und -sammlungen[24], die letztlich immer auf einen Fall bezogen sind, in der Regel auf einen biografischen Zusammenhang. Das Bild dient in diesem Kontext dazu, korporiertes Wissen (siehe Kapitel 4.2) systematisch miteinbeziehen zu können.

Mediale Produkte werden ebenfalls mithilfe der Segmentanalyse interpretiert. Sie werden in der Regel als einzelne Fälle betrachtet. Werden als Gegenstand der Analyse die „Bildgestalt [...], Bedeutungs- und Sinnbezüge in diskursiven Verweisungszusammenhängen generiert" (Breckner 2012), bleibt in der Einzelfallanalyse letztlich offen, wofür das mediale Bild steht, welcher Untersuchungsgegenstand an ihm erforscht wird. Auch die Verweisungszusammenhänge können im Gegensatz zur dichten Eingebundenheit des Bildes in lebensgeschichtliche Zusammenhänge, wie es Breckner in der Biografieanalyse zeigt, in der Einzelfallanalyse nicht systematisch rekonstruiert werden.

---

[24] Dabei spielt die formale, thematische, segmentielle und auch gegebenenfalls die sequenzielle Gestaltungsstruktur einer Sammlung eine Rolle.

1.4.2 Seriell-ikonografische Fotoanalyse

Die „seriell-ikonografische Fotoanalyse" wurde von Ulrike Pilarczyk und Ulrike Mietzner (2005) entwickelt. Der Name des Verfahrens täuscht insofern ein wenig, als er eine Konzentration auf die Fotografie suggerieren könnte, die bild- bzw. kunstgeschichtliche Einflüsse ausklammert. Das Gegenteil ist jedoch der Fall. Pilarczyk und Mietzner konzipieren das Foto als *ästhetisches* ebenso wie als *indexikales Medium*. Durch diese Doppelpositionierung des Fotos ist die theoretische Grundlage geschaffen, um Methoden der Kunstgeschichte in Anschlag zu bringen. Konkret bedeutet dies, dass in der seriell-ikonografischen Fotoanalyse mit den methodisch-methodologischen Prinzipien der Ikonografie und der Ikonik gearbeitet wird, wie sie eben ausgeführt wurden.

Eine methodologisch und forschungspraktische Besonderheit liegt in der Konzipierung des Fotos als „historisches Dokument und Quelle" (Pilarczyk/Mietzner 2005, S. 61). Die Analyse von Fotografien bedarf aus Sicht der seriell-ikonografischen Fotoanalyse immer einiger Kenntnis des Handlungszusammenhangs, in welchem ein ‚Bestand' von Fotografien entstanden ist, sowie des Handlungszusammenhangs, in welchem er Verwendung fand. Der systematische Blick auf die handlungspraktische Einbettung in mediale Kommunikation ist methodisch verankert.

Das Konzept der „Quelle" beinhaltet neben den beiden genannten Aspekten einen dritten, nämlich den massenmedialen Gebrauch des Fotos. Für die seriell-ikonografische Fotoanalyse bedeutet dies vor allem, dass in Massenmedien entsprechende Quellen gefunden werden können *und* dass der massenhaften Verbreitungsmöglichkeit der Fotos in der Forschung Rechnung getragen werden muss.

Die Erkenntnisinteressen, die mit der seriell-ikonografischen Fotoanalyse verfolgt werden, machen die Herangehensweise noch deutlicher. Exemplarisch kann dafür eine Studie von Pilarczyk (2009, S. 10) herangezogen werden. Hier geht es „um die in ästhetischen Massenprodukten eingeschriebene kulturhistorische Situation jugendlicher Weltwahrnehmung und -gestaltung". Es handelt sich also um komplexe, theoretisch aufgeladene Forschungsfragen, die sich nicht an einem einzelnen Foto rekonstruieren lassen und die eine weitreichende komparative Analyse großer Datenkorpora beinhalten. Die Bilder dienen dabei als Dokumente der Wahrnehmungs- und Handlungspraxen derjenigen, die die Bilder erzeugt haben.

Zum Teil wird mit Beständen von 1500 und mehr Bildern geforscht (Pilarczyk 2009, S. 11 f.). Das heißt, die seriell-ikonografische Fotoanalyse stellt sich der Frage, wie mit derartig großen Datenkorpora systematisch umzugehen ist, denn „massenhafter Gebrauch" gehört „zum Wesen des Fotografischen", und „wer sich [...] ausschließlich auf das einzelne fotografische Bild bzw. auf wenige ausgewählte Fotografien konzentriert, läuft Gefahr, dieses Spezifische der Quelle zu ignorieren" (Pilarczyk/Mietzner 2005, S. 131).

Gelöst wird die Frage durch zwei unterschiedliche Auswertungsschritte (Pilarczyk/Mietzner 2005, S. 131): die Interpretation einzelner repräsentativer fotografischer Bilder durch eine ikonografisch-ikonologische Analyse und die Analyse vieler Fotografien bzw. ganzer Fotobestände, die serielle Analyse. Der erste Schritt orientiert sich im Wesentlichen an Panofskys und Imdahls Modell und damit auch am Eigensinn des Bildes, der zweite nimmt einen ganzen Bestand thematisch, motivisch, stilistisch, formalästhetisch usw. in den Blick. Im Idealfall sind die ikonografisch-ikonologisch interpretierten Bilder für einen Bestand typisch. Dies erschließt sich wiederum aus der seriellen Analyse. Es handelt sich also um ein zirkuläres Vorgehen.

Die serielle Analyse zielt auf „Typisierungen und ihre Interpretation". Voraussetzung sind „Bestände", die wiederum in zwei verschiedenen Formen vorliegen können: Sie entstammen erstens „einem gemeinsamen Bedeutungszusammenhang" (Pilarczyk/Mietzner 2005, S. 142), wie privaten Fotobeständen, Zeitschriften eines Jahrgangs, aus Archiven, aus der Hand einer Fotografin, aus einem Fotowettbewerb oder einem fotografischen Nachlass. Derartige Bestände legen aufgrund ihrer thematischen Struktur und ihres Verwendungszusammenhangs schon bestimmte Fragestellungen nahe bzw. lassen nur bestimmte Fragestellungen zu. Zweitens können Bestände auch für bestimmte Forschungsfragen zusammengestellt werden.[25] Das heißt, Bilder werden in der seriell-ikonografischen Fotoanalyse als Dokumente, als Ausdrucksgestalten für bestimmte, historisch und milieutypisch (kultur-, generations- und entwicklungstypisch) bestimmbare Erfahrungs- und Sinnzusammenhänge herangezogen (Pilarczyk 2014).

1.4.3 Objektive Hermeneutik in der Bildinterpretation

Vergleichsweise früh wurden die ersten Bildinterpretationen mit dem Verfahren der objektiven Hermeneutik vorgenommen, verbunden mit methodologischen Auseinandersetzungen. Sie entstanden bereits Anfang/Mitte der 1990er-Jahre (Englisch 1991, Ackermann 1994, Haupert 1994, Loer 1994 und 1996). Später legten insbesondere Peez (2006) und Münte (2005) entsprechende Arbeiten vor. Die Ausgangslage ist im Vergleich zu den beiden zuvor angesprochenen Verfahren ganz unterschiedlich. Die seriell-ikonologische Fotoanalyse und die Segmentanalyse wurden von *einer* Forscherin (mit ihrem Team), d. h. aus einem Guss, entwickelt. Das führt zu einem stringenten, prinzipiell widerspruchsfreien Aufbau der Verfahren mit umfassenden Darstellungsformaten. Die Anwendung des für Interaktionsanalysen bereits etablierten Verfahrens der objektiven Hermeneutik auf visuelles Material erfolgte von unterschiedlichen Forschenden. Sie arbeiteten zwar mit derselben Analyseeinstellung, setzten aber unterschiedliche Schwerpunkte. Mit Ausnahme der Monografie von Loer (1996) sind die bisherigen Veröffentlichungen im Aufsatzformat erschienen, ein Format, das es letztlich nicht erlaubt, Methodologie und Forschungspraxis im gesamten Umfang zu zeigen.

---

25 Ein etwas kleiner dimensioniertes Forschungsbeispiel findet sich bei Pilarczyk (2014).

Im Rahmen der meisten Herangehensweisen wird eingeräumt, dass das Bild simultan gegeben sei. Dennoch halten alle Autoren am Prinzip der sequenziellen Analyse fest. Englisch (1991, S. 145) formuliert diesen Aspekt folgendermaßen: „Für die Bildanalyse mit der objektiven Hermeneutik lautet nun die entscheidende Frage: Was heißt Sequenzanalyse in Bezug auf ein ruhendes Bild?" Begründet wird das Festhalten am methodischen Prinzip der Sequenzanalyse mit der sequenziellen Struktur des Textes und damit auch der wissenschaftlichen Interpretation, mit dem wahrnehmenden Blick, z. B. der „Chronologie des Wahrnehmungsprozesses" (Englisch 1991, S. 146) oder Sequenzialität der „Blickbewegungen" (Peez 2006), bzw. damit, dass „der Eindruck von Simultaneität [...] als Resultat eines [...] Schlussprozesses angesehen" (Loer 1994, S. 349) wird.

Gemeinsam ist den verschiedenen Herangehensweisen auch das Einbeziehen von Formalaspekten des Bildes. Anleihen werden nicht nur bei Imdahls Ikonik (Imdahl 1996b, Kap. 5.6.4.c) genommen. Auch die in der Gestaltpsychologie formulierten Gesetze der Wahrnehmung finden Anwendung (Englisch 1991, S. 148). Münte (2005, S. 9) stützt seine Interpretation zweier historischer Stiche zwar auf „Kompositionsprinzipien", deren theoretische Verankerung bleibt allerdings offen.

Loer (1994) tastet die Komposition als Zusammenspiel von Formen und Farben, helleren und dunkleren „Zonen" bzw. „Flächen" ab. Dabei identifiziert er „ikonische Pfade" (Loer 1996, S. 348 f.), die von einem „ikonischen Zentrum" ausgehen. Sie beschreiben Wege, die den „Blick" durch das Bild führen. Die Pfade sind also sequenziell gedacht.[26] Von einem Zentrum kommend, sind die ikonischen Pfade mehr oder weniger verzweigt organisiert. Erst nach der Rekonstruktion der Pfade auf der Ebene von formalen Aspekten der Komposition nimmt Loer die Gegenständlichkeit – das, „was" auf dem Bild zu sehen ist – hinzu. Das „Was" kann entlang des Pfades sequenziell interpretiert werden. Die Rekonstruktion von Formalstrukturen dient also der Begründung einer sequenziellen Vorgehensweise.

Die Interpretation stützt sich auf das Ineinandergreifen der Wahrnehmung von formaler Komposition und gegenständlicher Abbildung, die „Differenz von Gesehenem und Sehprozeß" (Loer 1994, S. 355). Die Einführung dieser Differenz erinnert stark an Imdahls grundlagentheoretische Konzeption der Ikonik. Was Loer als Sehprozess bezeichnet, ist bei Imdahl das „sehende Sehen", was Ersterer als Gesehenes bezeichnet, nennt Letzterer das „wiedererkennende Sehen". Auch bei Imdahl setzt das Erfassen des Bildsinns die Vermittlung der beiden Sehweisen voraus. Der große Unterschied liegt allerdings darin, dass Imdahl die simultane Gegebenheit von Sinn voraussetzt, während Loer mit den anderen Vertreterinnen der objektiven Hermeneutik für die sequenzielle Gegebenheit von Sinn argumentiert.

In der Interpretation einer Speiseeiswerbung von Englisch (1991) wird die Arbeit mit Lesarten bzw. Sehweisen als ein wesentliches Prinzip der objektiven Her-

---

[26] Die Idee der ikonischen Pfade und Zentren wird u. a. in den Arbeiten von Ackermann (1994) und Peez (2006) aufgegriffen.

meneutik besonders ausführlich für die Bildinterpretation angewandt. Durch das Gegeneinanderhalten der verschiedenen Sehweisen entsteht sukzessive ein Bild im Kopf des Lesers – allerdings lässt sich die spannende Interpretation anhand des Aufsatzes nicht direkt prüfen, da dieser völlig ohne Bilder auskommt.

Die Betrachtung der Selektivität eines Bildes vor dem Hintergrund von Normalerwartungen, ein klassisches Interpretationsprinzip der objektiven Hermeneutik (Przyborski/Wohlrab-Sahr 2014, S. 252 ff.), spielt bei Münte (2005) und Peez (2006) eine wichtige Rolle. In der Analyse von zwei Stichen aus dem 17. Jahrhundert geht es Münte (2005) beispielsweise immer wieder um die Frage, wie sich die vorliegenden Darstellungen von Darstellungskonventionen der Zeit, aus der sie stammen, unterscheiden. Bei der Analyse der Fotografie einer Unterrichtssituation verfolgt Peez (2006) entsprechend die Frage, was für eine Unterrichtssituation typisch oder weniger typisch ist. Wie generell in der objektiven Hermeneutik geht es auch in ihrer Bildinterpretation letztlich um die fallspezifische Besonderheit. Oevermann (2014, S. 31) betont „die Eigenlogik einer unmittelbar gegebenen sinnlichen Präsenz", die Bildern zukommt, und richtet seine Analyse daran aus.

1.4.4 Visuelle Wissenssoziologie

Raab (2008) geht es in seiner visuellen Wissenssoziologie um „Sehordnungen" als „Grundlagen medialer Wirklichkeitskonstruktionen und der Gemeinschaftsbildung" (Raab 2008, S. 10). Das Bild wird im Programm der visuellen Wissenssoziologie als „eigenständiges Symbolsystem neben Sprache und Text" gesehen. Die „Begründung einer wissenssoziologischen Bildhermeneutik" steht im Dienst „eines sozialwissenschaftlichen Verfahrens zur Auslegung audiovisueller Daten" (Raab 2008, S. 17). Für die Begründung des Verfahrens der visuellen Wissenssoziologie werden sowohl Panofskys Ikonologie als auch Imdahls Ikonik diskutiert. Die Frage nach dem Zusammenhang von Kunstgeschichte und Sozialwissenschaft wird zwar auch hier gestellt und mit der historischen und persönlichen Nähe von Mannheim und Panofsky beantwortet, eine inhaltliche Begründung steht allerdings aus (Raab 2008, S. 63).

Raab (2008) räumt den beiden Autoren Imdahl und Panofsky aufgrund des Umfangs ihrer Darstellungen zwar große Bedeutung ein, in der Konzeption der konkreten methodischen Vorgehensweise im Verfahren der visuellen Wissenssoziologie, d. h. in den Analysen des empirischen Materials mit dem Verfahren, finden sie sich allerdings kaum wieder. Die ausführliche und informierte theoretische Beschäftigung mit Perspektivität z. B. findet in der Beschreibung des methodischen Vorgehens der visuellen Wissenssoziologie keine systematische Beachtung, in den konkreten Analysen taucht sie da und dort auf. Das ändert sich u. a. in Raabs Arbeit aus dem Jahr 2012, in der es nicht um Videoanalysen, sondern um eine konkrete Bildanalyse geht (Raab 2012).

Die Auseinandersetzung mit der Sequenz bzw. der Sequenzialität spielt, wie es für die Videoanalyse einleuchtet, eine wichtigere Rolle. Dies ist allerdings für den vorliegenden Zusammenhang weniger relevant, da ‚unbewegte' Bilder und der Umgang mit ihnen untersucht werden. Bei der Videoanalyse gilt die Arbeit mit dem Standbild mittlerweile als gängiges Verfahren (u. a. Baltruschat/Hampl 2013, Bohnsack/Fritzsche/Wagner-Willi 2015, Fritzsche/Wagner-Willi 2015). Insofern sind methodisch-methodologische Überlegungen zur Bildanalyse interessant für die Videoanalyse, aber weniger umgekehrt.

Raab (2008, S. 318) kommt schließlich auch zu dem Ergebnis, dass im „Zentrum der Einzelfallanalysen [...] die Untersuchung des filmischen Schnitts und der Montage, die als Ästhetisierungsmittel audiovisueller Kommunikation die eigentlichen Verfahren der pragmatischen und ästhetischen Sinnkonstitution darstellen [...]", steht. Dieser Schluss deckt sich mit den Ergebnissen anderer Autoren (z. B. Hampl 2015a und 2015b).

Anders als in den angeführten Arbeiten werden Schnitt und Montage bei Raab nicht als Formen der *Darstellung* interpretiert, die z. B. Aufschluss über das handlungspraktische Wissen der Untersuchten geben können. Vielmehr schließt er von den „audiovisuellen Artefakten" direkt auf allgemeine „Sehordnungen", d. h. auf Wahrnehmung. Die Begriffe „audiovisuelle Artefakte" und „Sehordnungen" werden bisweilen auch synonym verwendet (Raab 2008, S. 318). Demgegenüber ist allerdings geltend zu machen, dass audiovisuelle Artefakte in erster Linie Darstellungsformen sind, und es gilt zunächst die Frage zu beantworten, was sich wie in den Darstellungsformen zeigt, und in einem weiteren oder vielleicht eher *anderen* Schritt, wie man einen Zugang zur alltagspraktischen Relevanz derartiger Videos finden kann; dies führt schließlich zur Annäherung an die Frage, wie diese von anderen „gesehen" werden. Wie eingangs in diesem Kapitel besprochen, beruht der Fortschritt in der Methodologie der Textinterpretation letztlich auf einer Rekonstruktion der alltäglichen sprachlichen *Verständigungs*leistungen. Voraussetzung dafür ist eine Analyse formaler Prinzipien der Darstellung in Interaktion und nicht allein einer singulären Darstellungsform. Für die Sprache wurde dies u. a. durch die Konversationsanalyse geleistet (Sacks/Schegloff/Jefferson 1974).

In Raabs Artikel „Visuelle Wissenssoziologie der Fotografie" (2012) kommen Panofskys Ikonologie und Imdahls Ikonik deutlich zum Tragen. Zudem wird Goffmans Rahmenanalyse dafür herangezogen, das Bild als analytische Einheit mit seinem „Rahmen" als Flächenbegrenzung zu definieren. Dies ist an sich eine essenzielle Voraussetzung der Bildanalyse.[27] Wichtiger gleichwohl ist, welche Implikationen diese Analysevoraussetzung in sich birgt. Imdahl entfaltet diese sehr viel

---

27 „Die hier vorgeschlagene wissenssoziologische Rahmen-Analyse der Fotografie nimmt zum Ausgang ihrer Bildinterpretation, was als einzig objektive Struktur vorausgesetzt werden kann, weil er als formale Bedingung der Möglichkeit jeglicher alltäglichen Produktion und Rezeption technischmedialer Handlungsprodukte a priori vorgelagert ist: den Rahmen." (Raab 2012, S. 129)

näher am Gegenstand als Goffman, dessen Potenzial für die Bildinterpretation m. E. eher in der Analyse von korporiertem rituellem Wissen auf der Grundlage von Bildern und seinem Konzept von virtualer sozialer Identität (siehe Kapitel 4.2, 7–10 und 11.2) zu sehen ist. Die Einzelbildanalyse selbst folgt bei Raab schließlich auch methodisch-technisch im Großen und Ganzen Panofskys und Imdahls Vorschlägen.

Im Zentrum steht die „Einzelbildanalyse", da gerade sie als geeignet eingestuft wird, die Frage zu beantworten, „wie einzelne Elemente und Details eines visuellen Handelns an ihrer spezifischen Stelle in einem Kommunikationsgeschehen dazu beitragen, einem Handlungszusammenhang ein Sinn- und Bedeutungspotenzial zu verleihen" (Raab 2012, S. 139). Darstellung, Wahrnehmung und Kommunikation werden hier allerdings verwechselt bzw. in eins gesetzt. Zudem wird das Problem der grundsätzlichen Polysemie aller kulturellen Ausdrucksgestalten ausgeblendet, indem bei Raab im Rahmen der Interpretation eines einzelnen Bildes nicht nur Sinnbezüge, die in ihm zum Ausdruck kommen, rekonstruiert werden, sondern zugleich auch, wie es vermeintlich wahrgenommen wird. Indem die Dimensionen von Darstellung und Rezeption verschmolzen werden, wird der Blick darauf, dass letztlich beide Ebenen vielschichtig und different sind, verschleiert.

Die Frage, welche Sinnzusammenhänge zum Ausdruck kommen, bleibt ausgeklammert, da der herausgearbeitete Sinnzusammenhang nicht in ein Verhältnis zu anderen Sinnzusammenhängen gesetzt werden kann. Ein Folgeproblem liegt darin, dass offen bleibt, wie es zur Auswahl eines Bildes im Rahmen eines bestimmten Erkenntnisinteresses kommt. In der seriell-ikonografischen Fotoanalyse wie in der Segmentanalyse wird dieser Punkt ganz klar behandelt (siehe Kapitel 1.4.1 und 1.4.2).

1.5 Beiträge zur Methodenentwicklung

Alle referierten Verfahren beziehen sich, wie soeben besprochen, auf einen bestimmten Kanon bildspezifischen Wissens. Das stellt eine Besonderheit des deutschsprachigen Raumes dar. Im angloamerikanischen Raum findet sich eine derartige Diskussion bisher nicht. Zudem bieten alle Verfahren einen methodisch kontrollierten Weg zu bildspezifischen Sinnstrukturen. Im Bemühen um Antworten auf die Frage nach Bildkommunikation schließe ich an das hier diskutierte kanonische Wissen an. Imdahls Ikonik und Panofskys Ikonologie spielen dabei eine zentrale Rolle: die Ikonik als dichtester Zugang zur Selbstreferenzialität des Bildes (siehe Kapitel 2) und die Ikonologie zusammen mit dem Dokumentsinn Mannheims (siehe Kapitel 4) als Zugang zum Bild als Ausdrucksgestalt definierter sozialer Zusammenhänge. In anderen Punkten unterscheidet sich die in der vorliegenden Arbeit theoretisch und empirisch ausgearbeitete Vorgehensweise von den eben diskutierten Verfahren bzw. führt sie diese weiter.

1.5.1 Einzelfallanalyse vs. komparative Analyse

Mit Ausnahme der seriell-ikonografischen Fotoanalyse stützen sich alle Verfahren primär auf den Einzelfall. Im Gegensatz zur Einzelfallanalyse findet sich in der komparativen Analyse ein forschungspraktischer Schlüssel zum Umgang mit dem Problem der Polysemie von Bildern bzw. von sämtlichen Ausdrucksgestalten, auch sprachlichen Daten und anderen Texten. In der seriell-ikonografischen Fotoanalyse werden z. B. Bilder als Quellen zur Bearbeitung eines historisch und milieutypisch gerahmten Erkenntnisinteresses herangezogen. Die Studie von Pilarczyk und Mietzner (2005, S. 167) zielt z. B. darauf, „die Körperseite der Erziehung [...] daraufhin zu untersuchen, inwieweit sie pädagogischen Logiken" folgt, und ob und wie dies wiederum historisch und/oder politisch eingebettet ist. Ein in einer Tageszeitung veröffentlichtes Bild einer Unterrichtsstunde dient, wenn es in das genannte Erkenntnisinteresse eingebettet ist, z. B. nicht in erster Linie der Rekonstruktion der Perspektive von Journalistinnen, die das Foto ja als relevant erachtet und ausgewählt haben (mehr dazu in Kapitel 4.3.3). Vielmehr müssen, wie es in der Studie auch der Fall ist, neben dem journalistischen andere Kontexte in die Analyse einbezogen werden, z. B., indem der Datenkorpus auch Bilder aus (pädagogischen) Fachzeitschriften, Schulfotos aus Archiven, Bibliotheken usw. enthält. In der Überlagerung zeigt sich das Typische, der Erkenntnisgegenstand, die Verschiedenheit mittelt sich quasi aus.

Das Sampling bzw. die systematische komparative Analyse bedingt, welche Sinnschicht am Bild abgehoben werden kann. Besteht ein Interesse an der journalistischen Perspektive im *Unterschied* zur Perspektive der Schüler, dann könnten Bilder von Schülerinnen mit Bildern aus der Presse verglichen werden. In den Gemeinsamkeiten und Unterschieden der Fotos verdichtet sich der Gegenstand und lässt Typisierung zu. Am Einzelbild sind letztlich unzählige Sinnschichten abhebbar. Das Plädoyer dieser Arbeit gilt aus diesen Gründen einer systematischen komparativen Analyse, wie sie zu den Grundprinzipien der dokumentarischen Methode gehört (siehe Kapitel 4.3.4) und wie sie in der konkreten Analyse im empirischen Teil auch gezeigt wird (siehe Kapitel 7–10, 11.1 und 11.2).

1.5.2 Welcher Gegenstand wird grundsätzlich an Bildern untersucht?

Hier unterscheiden sich die einzelnen Verfahren wahrscheinlich am deutlichsten. Der Gegenstand der seriell-ikonografischen Fotoanalyse wurde schon mehrfach besprochen. Bilder stehen hier als Quellen bzw. Dokumente für jene Erfahrungs- und Sinnzusammenhänge, in denen sie entstanden sind und zugleich Verwendung gefunden haben. In der objektiven Hermeneutik geht es, wie bei Texten auch, um die latenten Sinnstrukturen, die sich in der objektivierten Spur des Bildes (oder Textes) zeigen. Das Bild gewinnt also auch hier als Dokument Relevanz, und zwar für den „objektiven bzw. latenten Sinn" (Oevermann 2014, S. 40), der das praktische Handeln der Bildproduzenten auch im Unterschied zu ihrer Intention hervorbringt.

In der Segmentanalyse hat das Bild wohl auch Dokumentcharakter. Denn es geht hier jedenfalls auch – aber nicht nur – um den „latenten Bildsinn" (Breckner 2010, S. 293). Zudem zielt die Analyse auf die „beim Betrachten (also wahrnehmend)" entstehende „Bildgestalt" und die „Bedeutungs- und Sinnbezüge", die „in diskursiven Verweisungszusammenhängen generiert" werden (Breckner 2012, S. 151). Das heißt, das Bild ist nicht nur Dokument eines Sinn- oder Handlungszusammenhangs, sondern es soll mit der Analyse auch zugleich seine Wahrnehmung bzw. Rezeption untersucht werden. Letztlich kann aber nur die Wahrnehmung der Interpreten aufgenommen werden. Diese könnte man dann wieder analysieren. Kurzum: Hier geraten offenbar zwei Analyseebenen durcheinander.

Auch wenn das Bild dazu verleitet, es als ein bereits rezipiertes zu untersuchen, ist dafür ein eigener Schritt in der Forschung notwendig. Bildliche Formen unterscheiden sich in dieser Hinsicht nicht von sprachlichen Formen. Es besteht kaum Zweifel, dass in einer Erzählung oder einer Konversation Sinn und Bedeutung derjenigen zum Ausdruck kommen, die sie hervorbringen. Wie diese Texte dann von anderen wahrgenommen und verstanden werden, ist eine andere Fragestellung. Wenn an Einzelbildern, die von der Forscherin ausgewählt werden, „der soziale Sinn eines visuellen Handelns" (Raab 2012, S. 139) erschlossen werden soll, kann es letztlich nur um das visuelle Handeln der Forschenden selbst gehen. In der vorliegenden Arbeit werden Bilder – auch wenn es primär um die Kommunikation in Bildern geht – konsequent als Dokumente derjenigen betrachtet, die ein Bild autorisiert haben (siehe Kapitel 4.3.3), d. h., für die es in einem bestimmten Kontext alltägliche Relevanz entfaltet hat. Diese Überlegung führt unmittelbar zum nächsten Punkt.

1.5.3 Relevanz von Bildern im sozialen Feld

Bilder können viel leichter noch als Sprache und Text als Zufallsprodukte entstehen. Sie können quasi als Produkte technischer Dinge in die Welt kommen – ohne für irgendjemanden Relevanz zu entfalten. Um sich das zu vergegenwärtigen, ist kein Gedankenexperiment nötig und auch nicht das Beispiel eines so seltenen Apparats, wie er im österreichischen Gebirge installiert ist: Der Fotoapparat ist so auf eine Hängebrücke gerichtet und eingestellt, dass er, wenn Menschen an einer bestimmten Stelle auf der Brücke stehen, ein Bild erzeugt.[28] Er macht also selbstständig Bilder, egal, ob diesem Bild Aufmerksamkeit geschenkt wird oder nicht.[29]

---

28 Eine derartige Kamera steht in Bad Gastein am Stubnerkogel: Fotopoint-Automat online unter: http://www.gasteinertal.com/webcam/haengebruecke.html (letzter Aufruf: 29.11.2016).
29 Selbstverständlich dokumentiert sich auch in diesen unbeachteten Bildern etwas, nämlich das Handlungsprogramm, das – wie man in Anlehnung an Latour sagen kann – im technischen Apparat sedimentiert ist (vgl. Latour 1998, Schäffer 2001).

Es genügt nämlich, sich zu vergegenwärtigen, wie viele Bilder tagtäglich gelöscht, weggeworfen oder einfach nicht mehr angesehen werden. Viel mehr als bei Texten ist es also bei Bildern von Bedeutung, für wen sie welche Relevanz entfalten bzw. ob sie überhaupt Relevanz entfaltet haben, um sie als Träger bestimmter Sinnzusammenhänge analysieren zu können.

Das Cover eines Magazins hat jedenfalls für die Bildredakteure der betreffenden Zeitschrift Relevanz gewonnen (dazu auch Kanter 2015). Im Bild zeigt sich daher etwas vom journalistischen Milieu dieser Zeitschrift, genauer noch im Vergleich eines für das Cover bearbeiteten Bildes mit dem Original, wie es Raab (2012) in seiner Feinanalyse eines Covers zeigt (vgl. auch Kanter 2015). Wie dieses Cover nun für andere „Sehgemeinschaften" Relevanz entfaltet, lässt sich nicht am Cover selbst rekonstruieren.

Sind Bilder, wie bei Breckner (u. a. 2010), in Fotoalben eingeordnet, die als biografische Ausdrucksformen herangezogen werden, ist die Frage der Relevanz durch das Untersuchungsdesign gelöst. Auch wenn die Bilder für historische Zusammenhänge herangezogen werden, ist das Problem der Relevanz meist implizit, dennoch aber sehr klar gelöst, denn es werden in der Regel Bilder einbezogen, die im fraglichen Zeitraum einen bestimmten Stellenwert erlangt haben (u. a. Münte 2005). Die vorliegende Studie löst das Problem der Relevanz unter anderem dadurch, dass die Bilder nicht von der Forscherin, sondern von den Untersuchten ausgewählt wurden. Ein Weg, der in bisherigen Untersuchungen noch nicht beschritten wurde (zu einem systematischen Überblick der prinzipiellen Möglichkeiten der Auswahl von Bildern für empirische Studien siehe Schreiber 2015).

Ein deutlicher Unterschied zu den referierten Verfahren besteht hier also darin, dass die Art und Weise, wie ein Bild gesehen wird, wie es im sozialen Feld Relevanz entfaltet, empirisch untersucht wird, und diese Relevanz nicht – mehr oder weniger implizit – mit der Bildanalyse in eins gesetzt wird.

1.5.4 Relevanzentfaltung von Bildern als Medienangebote

Die Frage der Relevanzentfaltung von Bildern in bestimmten Feldern könnte an sich auch unabhängig von Medien bzw. Bildern als Medienangeboten gesehen werden. Denn die Frage, ob ein Bild Relevanz gewinnt oder nicht, stellt sich auch bei privaten Fotos bzw. Bildern, wie Familien- oder Urlaubsbildern. Durch die ständige Präsenz massenmedial verbreiteter Bilder sowie auch das Verschwimmen medial verbreiteter Bilder mit privaten Bildern z. B. durch Social-Media-Plattformen lohnt es sich, die Frage zu stellen, wie sich Erfahrungen mit medialen Bildern bzw. Verständigungsprozesse durch Bilder, die auch massenmedial vermittelt sind, empirisch in den Griff bekommen lassen.

Das Problem ist jedenfalls nicht damit gelöst, die Analyseergebnisse der Bildinterpretation mit der Erfahrung und Wahrnehmung des Bildes – von unterschiedlichen Rezeptionsgruppen – gleichzusetzen. Denn das wirft u. a. das Problem auf, wessen Erfahrung bzw. Rezeption des Bildes rekonstruiert wird. Wenn Breckner (2010, S. 141) mit Bezug auf Veränderung von Normen im Verhältnis der Geschlechter formuliert, dass für „uns als BetrachterInnen, die wir uns scheuen, diese Grenzen im Handlungsgeschehen neu zu bestimmen, dies zunächst vor allem in der Vorstellung" geschieht, stellt sich mir die Frage, wer diese Betrachtenden sind und ob ich als Leserin nun auch zu diesen BetrachterInnen zähle. Es schwingt hier die Idee einer (amorphen) Öffentlichkeit mit. Diese Idee wird aber selbst von der Kommunikationswissenschaft, die es gewohnt ist, mit großen Zahlen zu arbeiten, und die diesen Begriff geprägt hat, kaum mehr herangezogen. Auch hier wird mittlerweile von eher kleineren, unterschiedlichen sozialen Einheiten ausgegangen.

Später stellt Breckner in seiner Analyse fest: „Zusammenfassend lässt sich festhalten, dass wir als BetrachterInnen dieser Fotografie mit unseren Vorstellungen und Phantasien in eine bestimmte Szene hineingezogen werden, wenn auch nicht ganz aus freien Stücken." (Breckner 2010, S. 141) Die Analyse des Bildes kann diese Frage letztlich nicht klären, denn dies setzte voraus, dass das Bild von allen Betrachtenden im Großen und Ganzen in derselben Art und Weise gesehen wird. Das lässt sich aber weder für massenmediale noch für private Bilder voraussetzen. Es gilt also zu überlegen, wessen Handeln, z. B. das eines bestimmten Milieus, man mit welchen Bildern empirisch unter die Lupe nehmen möchte.

In der vorliegenden Arbeit wird der Versuch unternommen, die Relevanzentfaltung medial transportierter kommerzieller Bilder zu untersuchen. Das, was in der visuellen Wissenssoziologie also stillschweigend vorausgesetzt, faktisch aber nicht untersucht wird, wird hier zum Gegenstand empirischer Untersuchung. Dafür wurde ein eigener Zugang entwickelt, in dem unterschiedliche Gruppen, beispielsweise Freunde und Arbeitskolleginnen, aufgefordert wurden, kommerzielle Bilder und private Bilder zu wählen, die einander in der Stimmung ähnlich sind. Beide Bildauswahlen waren dann Gegenstand einer Gruppendiskussion mit diesen Realgruppen. Die vorliegende Studie entwickelt also erstmals ein empirisches Verfahren, mit dessen Hilfe unmittelbare Verständigung in Bildern untersucht werden kann – und damit auch die Frage, wie welche Bilder auch auf ikonologisch-ikonischer Ebene Relevanz entfalten. Ihre (massen-)mediale Verbreitungsweise wird dabei systematisch mitgedacht.

Zusammenfassung
Der erste Schritt zur Klärung, wie wir uns empirisch-qualitativ der *Funktion von Bildern für die wechselseitige Konstitution von Medien und Alltag* nähern können, führte über die Auseinandersetzung mit dem *Bild als Gegenstand empirischer Forschung*: Gegenwärtige *bildanalytische* bzw. *bildhermeneutische* Verfahren in den *Sozialwissenschaften* bedienen sich der *Kunstgeschichte* und der an sie anschließenden *Bildwissenschaften*.
Geklärt wurden in Kapitel 1 daher folgende Fragen:
(1) Wie lässt sich das Verhältnis der beiden voneinander verschiedenen theoretischen Rahmen in der Kunstgeschichte und in den Sozialwissenschaften bestimmen?
(2) An welche Traditionen und Erkenntnisse der Kunstgeschichte wurde in den Sozialwissenschaften angeschlossen? Welcher Kanon hat sich in der qualitativen Bildforschung herausgebildet?
(3) Was gilt es über diesen Kanon hinaus zu beachten?

Ad (1). Mit Bezug auf die Ethnomethodologie und ihre methodisch-methodologische Weiterentwicklung, die praxeologische Wissenssoziologie, wird argumentiert, dass (mehr oder weniger) *implizite ästhetische Kompetenzen bzw. Wissensbestände als Voraussetzung für Sinnverstehen und Sinnbildung im Bild* als Brücke zwischen Kunstgeschichte und empirischer Sozialforschung betrachtet werden können. Da sie als Voraussetzung für das Sinnverstehen sowohl alltäglicher, profaner als auch künstlerischer Äußerungen verstanden werden können, begründen sie eine Analyseeinstellung, bei welcher Werken bzw. Produkten des Alltags mit demselben Respekt und derselben Aufmerksamkeit begegnet wird wie jenen der Kunst.

Ad (2). Der Kunsthistoriker Erwin Panofsky entwickelte sein Konzept der Ikonologie in enger Auseinandersetzung mit den wissenssoziologischen Konzepten seines Zeitgenossen Karl Mannheim, die eine wesentliche Voraussetzung für den im Weiteren vorgeschlagenen empirisch-rekonstruktiven Ansatz zur Bild- und Medienforschung bilden. Um die Interpretation von Bildern besser einer intersubjektiven Überprüfbarkeit unterziehen zu können, unterscheidet er an ihnen drei Sinnebenen: die vorikonografische, die ikonografische und die ikonologische. Max Imdahl, der seine Ikonik in Auseinandersetzung mit Panofskys Konzept der Ikonologie entwickelte, lenkt den Fokus auf das sehende Sehen (im Unterschied zum wiedererkennenden Sehen) und damit auf die Selbstreferenzialität, den Eigensinn des Bildes. Elementar dafür ist die Organisation der Fläche, die er mit den Konzepten der planimetrischen Komposition, der perspektivischen Projektion und der szenischen Choreografie erfasst.

Ad (3). Diese Ideen aus der Kunstgeschichte kommen in den gegenwärtigen sozialwissenschaftlichen Ansätzen zum Bild insbesondere dort zum Einsatz, wo es um konkrete Analysetechniken geht. Keinen systematischen Eingang finden dagegen folgende vier Punkte, die für die empirische Arbeit auf der Grundlage von ikonischem Material wichtig sind:

a) Zum einen betrifft dies die konsequente Arbeit mit komparativer Analyse, d. h. mit einem systematischen Vergleich, von bildlichem Material entlang einer erkenntnisleitenden Fragestellung.

b) *Bilder werden als Dokumente* (bzw. als Ausdruck und damit als empirisches Datum) derjenigen betrachtet, *die sie autorisieren,* d. h., für die sie in einem bestimmten Kontext Relevanz entfaltet haben.

c) Wie und ob ein Bild im sozialen Feld Relevanz entfaltet, ist Gegenstand der empirischen Analyse und wird nicht vorausgesetzt.

d) Die Analyse eines Bildes kann die Frage seiner Wahrnehmung durch andere in ihrer Alltagspraxis nicht klären. Hierfür ist empirisches Material der Rezipierenden heranzuziehen.

2 Bild als Medium

„In today's world meaning circulates visually, in addition to orally and textually. Images convey information, afford pleasure and displeasure, influence style, determine consumptions and mediate power relations", formuliert Rogoff schon 1998 (S. 15) in einer Reflexion der Visual Culture Studies, und diese Entwicklung ist längst kein ‚Trend' mehr. Die sich in unverändertem Tempo verändernden Bedingungen fordern dennoch grundlagentheoretische Positionen der Kommunikations- und Sozialwissenschaften heraus. Dabei hat sich, mit Mitchell (2010, S. 45) gesprochen, nichts Grundlegendes an Bildern und ihrer Wahrnehmung geändert, nur weil sie mittlerweile auch digital vorliegen, bearbeitet und verbreitet werden können. Sie bleiben immer noch Bilder, die an die Gewohnheiten unseres Sensoriums anschließen müssen. In seinen Augen hätte die digitale Revolution sonst wohl keinen Erfolg gehabt.

Die Veränderungen durch jene technischen Entwicklungen, die meist als Digitalisierung bezeichnet werden, beeinflussen unseren gesamten Alltag. Betroffen sind im besonderen Maß sämtliche Bereiche der Kommunikation. Dazu zählen natürlich die klassischen Felder der Massenkommunikation, wie Journalismus, Werbung, Musik und Unterhaltung, sowie auch die Individualkommunikation, die sich besonders durch das Smartphone und seine vielfältigen Möglichkeiten wandelt.[1] Die grundlegenden Prinzipien des Darstellungsformats Bild haben sich nicht geändert – in diesem Punkt folgt die Arbeit der Ansicht Mitchells. Es scheint vielmehr so zu sein, dass die Veränderungen Impulse für grundlagentheoretische Auseinandersetzungen geben, die auch auf frühere Phänomene ein neues Licht werfen:

Angesichts populärer Bildpraxen verschwimmt z. B. die klassische Differenzierung zwischen Produktion und Rezeption (vgl. Neumann/Charlton 1990): Bilder werden beispielsweise mit dem Smartphone nicht nur produziert, rezipiert und verbreitet, sie werden auch nachbearbeitet, verändert oder dienen als Grundlage für weitere Bilder (u. a. Schreiber 2015). Aus jener medientheoretischen bzw. medienanthropologischen Perspektive (Engell/Siegert 2013), die besagt, dass Menschsein essenziell durch Medien bedingt ist, lässt sich argumentieren, dass sich die Wissenschaft erst jetzt einer bisher wenig bearbeiteten Dimension menschlicher Sinnbildung zuwendet, die sich oft unterhalb der Schwelle bewusster Wahrnehmungs- und Entscheidungsprozesse vollzieht (vgl. Warburg 1992 [1920], Warnke 1993, Michel 2006). Denn der „Mensch ist jenes Wesen, das sich ein Bild zu machen vermag", lässt sich mit Boehm (2007, S. 10) festhalten, auch wenn „dieser *homo pictor* die wissenschaftliche Aufmerksamkeit spät und rudimentär" erregt.

---

[1] Druckereien schließen (FORMAT.at 2013, Lohmann 2014, ver.di 2015), Print-Tageszeitungen kämpfen ums Überleben (Bernau/Hank/von Petersdorff 2014), Werbung bedient völlig neue Formate (MEEDIA.de 2015, Fleing 2012), mit Musik allein ist kaum noch Geld zu verdienen (Dax 2014, Kettner 2014).

Der Mensch ist also in der Lage, sich ein Bild zu machen, das „Haus des Seins" kann nun nicht mehr bloß als eines „der Sprache" – wie Heidegger (1975 [1950], S. 5) argumentierte – konzipiert werden, sondern gleichermaßen auch als eines der Bilder. Es geht im Folgenden[2] um die Frage, wie wir uns im Haus des Bildes bewegen; d. h., wie das Bild als Medium des Erkennens funktioniert. Diese erkenntnistheoretischen Fragen sind insofern für die Entwicklung von Methoden ertragreich, als sie ihre metatheoretischen Voraussetzungen bilden. Denn selbstverständlich geht es dabei immer auch um die Frage, wie Erkennen im Alltag möglich ist, auf welchen Voraussetzungen es beruht. Es wird damit also die Frage bearbeitet, wie das Bild als Teil der (alltäglichen und medial vermittelten) Kommunikation rekonstruiert werden kann. Diese Überlegungen sind ein erstes Element eines Entwurfs einer Theorie zur Kommunikation in bzw. durch Bilder im Kontext einer Kommunikationstheorie, die Massenmedien und die sogenannten Social Media mit einschließt. In den anschließenden Kapiteln wird dementsprechend die Frage behandelt, wie dieses Verständnis in einer Kommunikationstheorie, die auch die massenmediale Kommunikation mitdenkt, Platz findet.

2.1 Medium und Form

Zunächst wird die These verfolgt, dass Verständigung nicht von einem abgetrennten Gegenüber her zu denken ist, sondern von einem ‚Immer-schon-eingetaucht-Sein' in unterschiedliche *Prinzipien der Verständigung*. Dies steht im Unterschied zu der zuvor kritisierten Prämisse, dass eine Bildanalyse durch Forschende zugleich Rezeptionsanalyse sei! Es geht im Folgenden vielmehr um die Frage, wie man sich der Verständigung empirisch nähern kann. Bohnsack (2009, S. 28) entwickelt diesen *immersiven Charakter medialer Kommunikation* zwar, verfolgt ihn allerdings – insbesondere, wenn es um Bilder geht – weder theoretisch noch empirisch weiter. Er spricht beispielsweise im Zusammenhang mit den Formalstrukturen des Bildes immer wieder vom ‚Bild als Medium', z. B. bei der Formulierung des folgenden weitreichenden Unterschieds, der bei der Entfaltung des theoretischen Modells noch einmal aufgegriffen wird: „Wenn wir Bildern den Status von selbst-referentiellen Systemen zuerkennen, so hat dies auch Konsequenzen für die Art und Weise des Verständnisses von Bildern als Medien der Kommunikation. Und zwar lassen sich zwei sehr unterschiedliche Arten der bildhaften Verständigung differenzieren. Es gilt eine Verständigung *über* das Bild zu unterscheiden von einer Verständigung *durch* das Bild [...]." (Bohnsack 2011, S. 28) In diesem Medienbegriff klingt die Möglichkeit eines immersiven Konzepts des Mediums an: „Medien" werden in der Regel als etwas verstanden, das Menschen im täglichen Leben gegenständlich vorfinden

---

[2] Dieses Kapitel (2) enthält überarbeitete Textpassagen aus folgenden bereits veröffentlichten Texten: Slunecko und Przyborski (2009), Przyborski und Slunecko (2012), Przyborski (2014).

und das sie mehr oder weniger beeinflusst, „über" das man reden kann und durch das hindurch man Botschaften übermitteln kann, durch ein Telefon oder einen Computer.

Wie aber verständigt man sich durch ein Bild? Jedenfalls geht es hier nicht allein um das (Wieder-)Erkennen von Phänomenen aus der dreidimensionalen Welt, z. B. von Gegenständen. Bohnsacks Gedanke lässt sich vielmehr auf eine derartige Verständigung durch Bilder zuspitzen, die durchaus Gemeinsamkeiten mit der Verständigung durch Sprache, also durch das *Medium* der Sprache, aufweist, durch Musik oder Berührung. Weniger also durch ein Medium, das als externer Apparat zur Verfügung steht, als in einem Medium der Verständigung, in dem man sich – besser oder schlechter – bewegen kann. Das Medium selbst ist dann also weniger etwas Äußeres als vielmehr etwas, in dem man sich verliert, wenn es funktioniert.

Der Wechsel vom Verschwinden des Mediums bzw. von seiner Unsichtbarkeit hin zu seiner Sichtbarkeit und vice versa wurde in der Literatur zur Medientheorie an einigen Stellen thematisiert. Etwa beschreibt Sybille Krämer das Medium als „prädiskursives und vorsemantisches" (Krämer 1998a, S. 79) Phänomen, das so lange unterhalb der Wahrnehmungsschwelle verbleibt, solange es störungsfrei operiert: „Medien wirken wie Fensterscheiben. Sie werden ihrer Aufgabe umso besser gerecht, je durchsichtiger sie bleiben, je unauffälliger sie unterhalb der Schwelle unserer Aufmerksamkeit verharren. Nur im Rauschen, das aber ist in der Störung oder gar im Zusammenbruch ihres reibungslosen Dienstes, bringt das Medium sich selbst in Erinnerung." (Krämer 1998a, S. 79)

Im „Rauschen" verweist das Medium nicht auf ein wie auch immer geartetes handlungspraktisch verankertes Ziel, sondern allein auf sich (das ungeputzte Fenster, das nicht gut eingestellte Radio), einen Gegenstand, der ohne seine Funktionalität ins Leere läuft. Solange es funktioniert, operiert das Medium im Schatten der Aufmerksamkeit des Akteurs. Im Zitat ist jedoch auch eine Idee impliziert, die in seiner Fortsetzung deutlicher wird: „Die unverzerrte Botschaft macht das Medium nahezu unsichtbar." (Krämer 1998a, S. 79) Gerade die Idee *der Botschaft* wird in den folgenden Überlegungen problematisiert, besonders die einer „unverzerrten", denn wer außer diejenigen, die sich miteinander verständigen, vermögen zu bestimmen, um welche Botschaft es sich handeln mag und inwieweit diese verzerrt sein könnte.

Die Rede von Medium und Botschaft verweist deutlich auf einen der Ahnherren der Medientheorie – Marshall McLuhan, der in ganz ähnlicher Weise das Verschwinden des Mediums thematisierte (z. B. in McLuhan/Powers 1989): Wo sich – mit Krämer gesprochen – der Benutzer oder die Rezipientin wegen der Unverzerrtheit des transportierten Gehalts ausschließlich auf diesen konzentriert und das Medium vergisst, ‚agiert' bei McLuhan das Medium[3] im Hintergrund der von der in-

---

3 Womit hier noch der ‚alte' Medienbegriff bzw. das medientechnische Ding gemeint ist – also das, was wir mit Luhmann im Laufe des Kapitels als *Form* dem Medium gegenüberstellen werden.

haltlichen Figur – der Botschaft – besetzten Aufmerksamkeit; nur deshalb kann es seine formatierende Kraft in Bezug auf den Benutzer bzw. auf die ganze kulturelle Situation entfalten.

McLuhan weitet den Gedanken des Unsichtbarwerdens auf die kulturelle Situation insgesamt aus. Hier sind es dann allerdings nicht die Medien, die unsichtbar werden, sondern alles andere, d. h. alles, was nicht mit den Medien zu tun hat. Dazu benutzt er die Metapher von Figur und Grund und behauptet: „[A]ll cultural situations are composed of an area of attention (figure) and a very much larger area of inattention (ground)." (McLuhan/Powers 1989, S. 5) McLuhan und Powers verwenden die Begriffe „Figur" und „Grund" vor allem dazu, das Wechselspiel zwischen einem Medium und dem Umfeld zu beschreiben. Dabei ist das Medium – und im Speziellen sein vordergründiger Zweck bzw. der Inhalt, den es transportiert – als die Figur zu verstehen, auf die sich die Betrachterin konzentriert. Alles andere tritt relativ dazu in den Hintergrund.

Botschaften bzw. Inhalte sind hier als Entitäten gedacht, die verformt, die gesteigert werden können, die ankommen oder nicht (oder nur verzerrt) – und all diese Varianten nähren sich aus einer Substanzmetaphorik, welche den Blick auf ein genuin immersives Denken verstellt, auf ein Denken, demzufolge nicht Informationen via Medien übertragen werden, sondern sich Medien vollständig ‚mit uns und durch uns und in uns' entfalten – und wir in ihnen. McLuhan kann zudem leicht so gelesen werden, als existierte *erst* die Botschaft und *dann* das Medium, das z. B. deren Übermittlung erleichtert; dies jedoch ist anthropologisch von der falschen Seite her gedacht (Slunecko 2008, S. 85 f.): Am Anfang, wenn es denn einen gibt, war nicht die Botschaft, sondern das Medium; erst in diesem können sich Botschaften entfalten – ein Gedanke, der in der Luhmann'schen Betrachtungsweise (die in der Folge als Leitlinie dient) noch schärfer wird. Vom systemtheoretischen Denken sind wir mit der Idee der Informations-, Botschafts- oder Inhaltsübertragung weit entfernt; denn für ein solches – insbesondere, wenn es auf Luhmann referiert – ist Information immer eine Eigenleistung des Systems. Die Frage ist dann nicht, wie Information von A nach B kommt, sondern wie sie innerhalb eines bestimmten Systems zustande kommt (Luhmann 1998, S. 194).

Mit Latour und Heidegger gedacht (siehe Kapitel 3.1), lässt sich das Verschwinden und Wiederauftauchen des Mediums auch ganz abseits der Leitidee von Botschaft – nämlich rein praxeologisch (siehe Kapitel 4 und 5) – formulieren: Wir ‚verlieren' das Medium, wenn es sich im Dienst eines Handlungsziels vollständig in der Handlung auflöst – und sehen es in erster Linie dann, wenn es auf sich selbst verweist, weil sich unsere Handlungsziele nicht reibungslos erreichen lassen. In der Kunst finden sich Belege dafür, dass dies nicht immer ein Unfall oder Gebrechen sein muss, sondern dass eben dieses (Wieder-)Auftauchen des Mediums Systembedingung – oder nicht systemisch gesprochen: beabsichtigt – sein kann: Bilder müssen Sehgewohnheiten stören, wenn sie in ihrer Natur als Medium erkannt werden sollen und nicht z. B. schlicht Dekorationsobjekte bleiben bzw. Anlässe zum Wiedererkennen von Weltgegenständen sind. Das Medium taucht in seinen formalen Bedingungen auf.

Sobald Kunst modern wird, d. h., sobald sie sich als eigenes Funktionssystem etabliert (und das wiederum heißt: sobald sie selbstreflexiv wird; Luhmann 1995), nimmt sie ihr eigenes Produziertsein als Störfaktor mit auf. Das Resultat ist eine Realitätsverdopplung oder Systemspiegelung – zumindest für diejenigen, die sich auf dieses Spiel einlassen. Wer dann z. B. ein Bild betrachtet, erkennt darauf vielleicht einen bekannten Gegenstand oder eine bekannte Person, ist aber vor allem auch dem eigenen Sehen ausgeliefert. Weil er weiß, dass er ein Kunstwerk betrachtet, wird er auf sein eigenes Sehen zurückgeworfen. Anders formuliert, ist, sobald man überhaupt von einem „Bild" spricht, dieses eben gerade nicht mehr eingebunden in den Fluss des ursprünglichen Handlungsgeschehens. (So wie auch der Begriff „Text" suggeriert, dass man sich in sezierender Absicht an ein Stück macht, das zuvor z. B. als Drama, Roman, Bekanntmachung, Gespräch etc. in andere Handlungsbezüge eingebettet war.) Es hat dann nicht mehr eine Funktion (z. B. als Portrait an einen Menschen oder als Fotografie an eine Reise zu erinnern, einen Raum zu dekorieren etc.), es tritt sozusagen aus dem je spezifischen Genre heraus und wird zum Bild an sich (Przyborski 2008, S. 81).

In Luhmanns Denken wird im Verschwinden des Mediums eine Dimension deutlich, die den Begriff des Mediums deutlich schärft. Diese Schärfung des Begriffs führt letztlich zu einem Bruch mit seiner Verwendung im *Common Sense*: Dieser spricht gern von sich verändernden Medienlandschaften. Nein, sagt Luhmann, ganz im Gegenteil: Die Medien sind das, was stabil bleibt, nur die Formen verändern sich. Dabei bleibt das stabile Medium in der Regel latent und es werden nur die sich verändernden Formen wahrgenommen. Die Suche nach dem Medium ist also die Suche nach dem, was latent bleibt, nach der Beschaffenheit der losen Koppelungen.[4]

Luhmann (2002, S. 226; 1998, S. 196; 1987, S. 468) setzt in seinen Überlegungen bei der Analyse von ‚Wahrnehmungsmedien' durch den Psychologen Fritz Heider (u. a. 2005 [1926]) an. Die *Wahrnehmungsmedien* Licht und Luft (Luhmann 1998, S. 196 f.) dienen ihm als Beispiele, um die entscheidende Unterscheidung und sein Umdenken einzuführen: „Ohne Licht", so Luhmann (2002, S. 226), „sehen wir nichts. [...] [E]s gibt offenbar eine Differenz zwischen einem unsichtbaren Medium und einer sichtbaren ‚Form' [...]." Das heißt, das unsichtbare Medium Licht macht es möglich, dass Gegenstände – Formen – sichtbar werden; ebenso wie das unhörbare Medium Luft es ermöglicht, dass wir Geräusche, Sprache oder Musik hören. Würde das Licht selbst Formen bilden oder die Luft ständig selbst Geräusche machen, wäre es schwierig oder unmöglich, zu sehen und zu hören (Luhmann 2002, S. 227).

---

4 Das Explizieren des Latenten wird in einem Aufsatz von Kanter (2015) zu Beschnittvariationen ein und desselben Fotos durch verschiedene Tageszeitungen besonders gut deutlich.

Diese Unterscheidung von Form und Medium mag auf den ersten Blick trivial anmuten – ein Eindruck, der sich bei weiterem Eindringen in die ‚Luhmann-Welt' allerdings rasch verflüchtigt. Denn Medium und Form unterscheiden sich nach Luhmann durch den Grad der Kopplung von Elementen. Es handelt sich zudem um eine Unterscheidung, bei der die eine Seite nicht ohne die andere auskommt: Medien sind lose gekoppelte Elemente, in die sich strenger gekoppelte Mengen von Elementen als Formen einprägen können (Luhmann 1987, S. 468).

Es würde gänzlich gegen die Luhmann'sche Theorielogik verstoßen, wenn Elemente hier als beobachterunabhängige Letzteinheiten konzipiert wären; vielmehr sind „Einheiten gemeint, die von einem beobachtenden System konstruiert (unterschieden) werden" (Luhmann 1995, S. 167). Medien und Formen gibt es also nicht an sich, sie werden von Systemen aus konstruiert, setzen eine Systemreferenz voraus. Ein und dasselbe Element kann daher Teil des Mediums oder der Form sein; allerdings unterscheidet es sich in den beiden Bezügen durch den Grad der Kopplung: Medium bezeichnet den Fall loser, Form den der strikten Kopplung von Elementen. Als Beispiel für lose Kopplung führt Luhmann „die Zahl der sinnvollen Sätze, die mit einem sinnidentischen Wort gebildet werden können", an (Luhmann 1995, S. 168). Das Medium Sprache als lose Kopplung von Elementen ist offen für eine Vielzahl von möglichen Verbindungen, während uns Sätze oder auch musikalische oder visuelle Formen als strikte Koppelungen von Elementen entgegentreten.

Dieser relationale Charakter bzw. diese Differenzierung zwischen dem lose gekoppelten Medium und der fester gekoppelten Form findet sich also auch in den *Kommunikationsmedien*: Sprache und Schrift sind lose Koppelungen, die Möglichkeiten für feste Koppelungen wie Worte, Wortkombinationen, Sätze und Texte zur Verfügung stellen.

Aufgrund seiner Natur als lose Koppelung kann ein Medium nie als solches erkannt werden. Es ist immer in einer Form gebunden und doch drückt keine der Formen, die ein Medium ermöglicht, das Wesen des Mediums aus (Luhmann 1995, S. 169). Umgekehrt sind Formen immer an Medien gebunden und können nicht ohne diese erkannt werden. Es handelt sich um zwei Seiten einer Medaille, die „nicht voneinander gelöst, nicht gegeneinander isoliert gedacht werden können" (Luhmann 1995, S. 169).

Formen sind insofern durchsetzungsfähiger als Medien, als der Form vom Medium her kein Widerstand geboten wird: Buchstaben widersetzen sich – von außergewöhnlichen Umständen im ‚Medium Bewusstsein' abgesehen – nicht der Wortbildung, Worte nicht der Satzbildung. Durch die Bildung von Formen wird das Medium allerdings nicht verbraucht, sondern vielmehr aufgeladen oder: re-generiert! *Medien* sind also immer nur über *Formen* re-produzierbar und nicht als solche manifest vorhanden. Sprache reproduziert sich in Äußerungen und Sätzen, aber nicht als Sprache an sich. Formen sind allerdings weniger *stabil* als Medien, die sich sozusagen mit loser Kopplung ‚begnügen'. Sie bleiben auch durch Anstrengungen, sie zu konservieren – Gedächtnisübungen, Buchdruck, Festplattenkapazitäten –, nicht so lange wie das Medium erhalten.

Das Medium ist stabiler als die Formen und verschwindet mit deren Auflösung nicht. Die Kondensierungen von Sprache und Schrift, ihre fixen Formen – als Texte, Mantras, Gesänge –, werden nicht so lange überdauern wie ihre Medien Sprache und Bewusstsein. Diese Ideen laufen bestimmten alltäglichen Verwendungen des Begriffs „Medium" diametral entgegen. Hier ist das Medium das, was uns manifest entgegentritt und sich rasch im Lauf der Zeit verändert. Bei Luhmann aber ist das Medium gerade deswegen stabil, weil es lose gekoppelt ist. Die Form verbraucht sich durch Verwendung und über die Zeit, das Medium hingegen wird durch die Form nur aufgeladen und bleibt über die Zeit stabil.

Diese Perspektive öffnet den Blick für ein Verständnis von Kommunikation, das ohne die Idee der Übertragung von „letzten Elementen" – sprich: Botschaften – von einem Individuum auf das andere, oder auch von einer Gruppe auf die andere, auskommt. Das hat weitreichende Bedeutung für die Analyse von kulturellen und gesellschaftlichen Phänomenen, denn aus dieser Perspektive müssen wir unseren Beobachtungsfokus weg von Sinn und hin zu der Frage richten, „was geschieht und Anschluß sucht" (Luhmann 1998, S. 201).

Gesellschaften, Kulturen und Milieus reproduzieren sich in ihren Medien. Die komplex gebauten Luhmann'schen Begrifflichkeiten sind aus meiner Perspektive wertvolle Analyseinstrumente, die eine spannende Alternative zum Analysezugang auf der Ebene von vorab festgelegten Kulturspezifika und der Zirkulation von mehr oder weniger festen Botschaften über diverse institutionelle und gegenständliche Medien erlauben. Dieser alternative Zugang begründet eine Verschiebung des Analysefokus vom *Was* zum *Wie* – d. h. weg von der Untersuchung kausaler Verknüpfungen von Entitäten, die vorab gesetzt wurden (z. B.: Was bewirkt das Medium beim Individuum?), hin zur Untersuchung der Herstellung von Wirklichkeit, die sich nur in Medien vollziehen kann (d. h.: Wie wird Wirklichkeit in den jeweiligen Medien hergestellt?) (Przyborski/Slunecko 2009a, Przyborski 2008).

En passant fällt damit auch die bei manchen McLuhan-Interpreten noch latente Idee, dass man die durch Medien bewirkte Weltverstellung, eine entfremdete Wahrnehmung der Welt, durch eine Medienaskese heilen könnte.[5] Im Gegensatz dazu können wir uns in der hier entwickelten Perspektive nur des Umstandes vergegenwärtigen, dass wir *in Medien handeln und sind* – eine genuin immersive und praxeologische Sichtweise und etwas ganz anderes, als *das Medium in seiner Wirkung auf den Menschen* begreifen zu wollen. Für sämtliche Analysen von Medien gilt es, so gesehen, ganz in ihren Gebrauch einzusteigen. Es greift zu kurz, nur die Formen als ‚Medien' (im herkömmlichen Sinn) zu analysieren. Denn Letzteres bedeutet immer schon eine Setzung bzw. eine Reifizierung der Form – aus der unhinterfragten Perspektive der Forschung heraus.

---

[5] Dies ist im Übrigen ein Argument, welches sich auch in Massenmedien – ohne Rückgriff auf McLuhan – immer wieder findet: Ohne die ‚bösen Medien' (Handy, Fernsehen, Computer) wären wir viel gesünder.

Eine derart ins Praxeologische gewendete Analyse mit einem dementsprechend dynamischen Kulturbegriff versteht, dass Formen (im Luhmann'schen Sinn) aus bestimmten Handlungspraxen hervorgehen und auf bestimmte – kultur- oder milieuspezifische – Handlungspraxen mit ihren jeweiligen genetischen Prinzipien (Hervorbringungsprinzipien) treffen. Dadurch können neue Praxen und neue Formen entstehen, andere Formen zerfallen im Laufe der Zeit. Das Medium selbst wird dabei immer aufgeladen, z. B. kann das Medium Bild nicht zerfallen, selbst der Versuch der ‚Zerschlagung' lädt es nur neu auf.

Das Bild als ein derartiges Medium gedacht, zeichnet sich durch eigene Prinzipien und Dynamiken – man kann auch sagen: durch eine eigene Autopoiesis – der Sinnerzeugung aus. Boehm (2007, S. 208) spricht von einer „Logik der Bilder", unter der er „eine ihnen eigentümliche, nur ihnen selbst abzulesende Weise, Sinn zu erzeugen", versteht. Die Prämisse, „dass Bilder unserer Sprache und dem Wissen Wichtiges hinzufügen, das nur auf diesem Weg zu erfahren ist" (Boehm 2007, S. 208), steht in der Folge im Zentrum.

! Zusammenfassung

Der zweite Schritt zur Klärung, wie wir uns empirisch-qualitativ der *Funktion von Bildern für die wechselseitige Konstitution von Medien und Alltag* nähern können, führt über eine grundlagentheoretische Erfassung des Bildes, und zwar als Medium ebenso wie als Sprache:

Mit Luhmann gedacht sind beides *Medien*, sogenannte *lose Koppelungen* von Elementen (alle Möglichkeiten, die Sprache bzw. das Bild enthält), die sich von *Formen,* sogenannten *festen Koppelungen* (Sätze, Texte, Aussagen bzw. Zeichnungen, Gemälde, Fotos), *unterscheiden*. Dieser Medienbegriff unterscheidet sich grundsätzlich von jenem im alltäglichen Sprachgebrauch. Hier werden Medien heute meist als Massenmedien verstanden.

Mit dieser grundlagentheoretischen Position verändert sich der Analysefokus vom *Was* zum *Wie*: Es wird nicht gefragt: Was bewirkt das Medium beim Individuum? Oder grundsätzlicher: Welches Medium (also was) wirkt auf welche soziale Einheit (ein Individuum oder eine Gesellschaft, also wieder: auf wen oder was) in welcher Form?

Stattdessen wird gefragt: Wie wird im jeweiligen Medium Wirklichkeit hergestellt?

Dieser Medienbegriff ist grundlegend *immersiv*. Wir sind in die sprachliche ebenso wie in die bildliche Verständigung eingetaucht. Das heißt, wir gestalten unsere Beziehungen, unser Umfeld, unsere soziale Welt *in* unseren Medien. Milieus, *Gesellschaften und Kulturen* wandeln und *reproduzieren sich* u. a. *in* den Medien *Sprache* und *Bild*.

Der Medienbegriff ist insofern grundlegend *praxeologisch,* als die Herstellung von Wirklichkeit sich durch ein implizites, ästhetisches, handlungspraktisches Wissen vollzieht, das für das jeweilige Medium spezifisch ist. Anders ausgedrückt ist das jeweilige *Medium*, das Bild ebenso wie die Sprache, *selbstreferenziell*.

2.2 Ikonizität: Zur Selbstreferenzialität eines Mediums

In der Auseinandersetzung mit Luhmanns Unterscheidung zwischen Medium und Form wurden folgende Ideen entfaltet:
(1) Das Medium ist als etwas zu betrachten, das sich nicht in einzelnen, konkreten Erscheinungsformen erschöpft, sondern vielmehr als ein Prinzip aufzufassen

ist, das sich in einzelnen Erscheinungsformen ausdrückt, die im Vergleich zum Prinzip, also zum Medium, vergänglicher sind. Durch die Realisierungen, die Formen, lädt sich das Medium immer wieder neu auf.

(2) Ein Medium ist demnach nicht Träger von (letzten, mehr oder weniger verzerrten) Botschaften, sondern in ihm vollzieht sich Kommunikation, insofern ist man in die Möglichkeit zur Kommunikation, in das Medium, eingetaucht.

In der Folge geht es nun darum, wie dieses Prinzip – das Medium Bild – funktioniert. Die Eigengesetzlichkeit des Bildes wird hier als Ikonizität bezeichnet. Sie betrifft jene Erkenntnismöglichkeiten, die dem Bildlichen zu eigen sind. Dabei wird die These weiterverfolgt, dass wir über intuitive Kompetenzen (implizites Wissen, siehe Kapitel 4.2) im Bereich des ästhetischen Erfassens von Kulturobjektivationen (siehe Kapitel 4.3), also auch von Bildern, verfügen, die für das Sinnverstehen essenziell sind. Am Verhältnis von Schärfe und Unschärfe im Bild und am Phänomen der Linie wird exemplarisch gezeigt, wie Konzepte aus der Kunstgeschichte in den sozialwissenschaftlichen Kontext transportiert werden und dort forschungspraktisch nutzbar gemacht werden können – als Prinzipien des Mediums Bild. Das heißt, den grundlagentheoretischen Überlegungen folgen methodisch-methodologische Implikationen – Schlussfolgerungen für die konkrete Umsetzung dieser Ideen bei der Interpretation von Bildern im Rahmen sozialwissenschaftlicher Forschungsarbeit.

2.2.1 Schärfe-Unschärfe-Relation: Immersion vs. Beobachtung

Ganz alltäglich betrachtet ist auf Bildern zunächst ‚etwas drauf'. Wir sehen z. B. Personen, Berge etc., d. h., Bilder zeigen *etwas*. Zum anderen nehmen wir Bilder als Bilder wahr, die einen Raum schmücken, in einer bestimmten Art gespeichert und gezeigt werden können, z. B. in einem Album oder einem digitalen Bilderrahmen. Man nimmt sie damit auch als etwas wahr, das *sich selbst* zeigt – das Bild zeigt sich als ein Werk, eben als ein Bild (Boehm 2007, S. 212). Damit gehört es einer von allen anderen Weltgegenständen – Personen, Bergen etc. – ontologisch abgesetzten Kategorie an.

Die *Überlagerung dieser beiden Weisen des Zeigens* aber – nämlich, dass Bilder sich als Bilder *und* etwas, z. B. aus der dreidimensionalen Welt, zeigen – wird im Common Sense eher nicht systematisch wahrgenommen. In eben dieser Überlagerung entsteht jener Mehrwert, jene Möglichkeit des Erkennens, die über die Sprache hinausweist und anders funktioniert als in der Sprache. Sie wird in der Folge in ihrem Potenzial für das Erkennen und Verstehen theoretisch ausgelotet.

Bilder bieten Möglichkeiten des Erkennens, die nicht *unmittelbar* von Sprache einzuholen sind. Wenn man diese Möglichkeiten des Erkennens ausloten will, bedarf es einer gewissen Anstrengung. Die Anstrengung besteht nicht zuletzt darin, den eben beschriebenen Common Sense, der von der Überlagerung der beiden Wei-

Abb. 2.1: Claude Monet, Le jardin de l'artiste à Giverny (1900).

sen des Zeigens in der Regel nicht weiß, zu transzendieren. Zunächst zielen die Überlegungen auf das Phänomen der Unschärfe oder, wie Boehm es auch nennt, der „Unbestimmtheit" in Bildern: Gegenständliche Bilder enthalten prinzipiell schärfere und weniger scharfe Segmente; im Impressionismus wird dieses Verhältnis auf die Seite der Unschärfe bzw. Unbestimmtheit hin verschoben (siehe Abbildung 2.1).

Auf Monets Bild sehen wir Blumen, Bäume, im Hintergrund vermuten wir ein Haus. Dennoch weist kein einzelner Strich, kein einzelner Punkt, kein einzelner Farbfleck eine eindeutige Referenz zu einem wiedererkennbaren Sinnganzen, z. B. einer bestimmten Blume etc., auf. Ein Gewebe, eine Gemengelage, eine Textur aus Farbformen öffnet uns den Blick auf einen üppig blühenden Garten, dessen Bäume ein Dach aus Blättern bilden, auf das Spiel der Sonne in den Blättern der Bäume und auf das duftende Blütenmeer. Und doch ist der kurze Weg der eindeutigen Zuordenbarkeit einer Linie oder einer Farbfläche zu einem Baum, einem Blatt etc. abgeschnitten. Das Bild hat eine liquide Struktur, es hat Spiel, und die Wahrnehmung wird quasi in dieses Spiel eingebunden.

Dieses Spiel, diese Unbestimmtheit, erzeugt im Impressionismus neue Möglichkeiten, eine neue Potenzialität. Gerade weil sich die einzelnen Pinselstriche gleichsam in die Referenzlosigkeit zurückziehen, sind wir gezwungen, die Konstellation als Ganzes zu realisieren. Es sind unbestimmbar viele Möglichkeiten vorhanden, die in ihrer Gesamtheit aber wieder zu dem einen Bild, zu dem einen Garten führen. Es ist gerade die Unbestimmbarkeit bzw. Unschärfe, die dazu führt, Phänomene weniger als Objekte, sondern vielmehr in ihrer Atmosphäre als Totalität wahrzunehmen. Der Garten stellt sich auf diese Weise weniger in einer distinkten und analysierbaren Gegebenheit dar, sondern in seiner Stimmung, in die wir eintauchen können; eine sonnige, geschützte, friedlich-(wind)stille Stimmung. Es „vollzieht sich mithin eine spannungsvolle Verschmelzung dessen, was wir sehen, mit dem, wie wir sehen" (Boehm 2007, S. 203). Weder ist es allein die Abbildung des Gartens, das *Was*, noch allein die Maltechnik, das *Wie*, sondern ihre Überlagerung, die den Mehrwert des Bildes – sein Spiel – ausmacht. Es handelt sich hier um eben jene Überlagerung von ‚*etwas* zeigen' und ‚*sich selbst* – als Bild – zeigen', in der sich der semantische Möglichkeitsraum des Bildes rekonstruieren lässt. Unbestimmtheit oder Unschärfe sind damit eine mögliche Voraussetzung, einen „Überschuss an Sinn" zu erzeugen und „das Faktische in die Lage [zu] versetzen, *sich* zu zeigen und *etwas* zu zeigen" (Boehm 2007, S. 211).

Die Logik des Bildes, von der wir eingangs gesprochen haben, erschließt sich hier also durch ein Sehen in einer medialen Brechung. „Der sinngenerierende Akt vollzieht sich nicht nach dem Muster der Prädikation (S ist P)[6], sondern nach dem anderen einer qualitativen Wahrnehmung dessen, was sich in der ikonischen Differenz (ich habe von Überlagerung gesprochen, A. P.) zeigt" (Boehm 2007, S. 211). Sinnkonstitution vollzieht sich also nicht im Benennen, sondern im intuitiven (bzw. impliziten) Erkennen von formalen Strukturen; im obigen Bild: im Erkennen der Unmöglichkeit, einen Pinselstrich einem Darstellungselement zuzuordnen. In diesen Spielräumen, die von formalen Gestaltungselementen eröffnet werden, generiert sich der Sinn eines Bildes zu den Bedingungen von dessen Autopoiesis.

Max Imdahl – gleichermaßen Inspirationsquelle für Boehm wie auch für die dokumentarische Methode (siehe Kapitel 4) – bezeichnet die Eigenlogik des Bildes (wie in Kapitel 1.3) – seine Autopoiesis, wie wir es genannt haben – als *Ikonik* und fasst das Anliegen, um das es uns bisher gegangen ist, folgendermaßen zusammen: „Der ikonischen Betrachtungsweise oder eben der Ikonik wird das Bild zugänglich als ein Phänomen, in welchem gegenständliches, wiedererkennendes Sehen und formales, sehendes Sehen sich ineinander vermitteln zur Anschauung einer höheren, die praktische Seherfahrung prinzipiell überbietenden Ordnung und Sinnkomplexität." (Imdahl 1996a, S. 432) Imdahl bezeichnet also die Ebene, auf der wir das Bild als etwas wahrnehmen, das etwas zeigt, als „wiedererkennendes Sehen", und jene Ebene, auf der das Bild sich in seiner formalen Gegebenheit auch immer selbst zeigt, als „sehendes Sehen". Auch bei ihm ist es eben die Vermittlung dieser beiden Ebenen „ineinander", die die „praktische Seherfahrung", also den unmittelbaren Verweis auf etwas Gezeigtes, übersteig(er)t und zu einer erweiterten Sinnerfahrung führt.

Zusammengefasst erzeugt die Unbestimmtheit Möglichkeiten, die sich vor allem als Verhältnis von Bestimmtheit und Unbestimmtheit bzw. Schärfe und Unschärfe innerhalb eines Bildes interpretieren lassen: Da die einzelnen Pinselstriche referenzlos bleiben, müssen wir die Konstellation als Ganzes realisieren. Letztlich sind unzählbar viele Möglichkeiten vorhanden, die in ihrer Gesamtheit aber immer zu dem jeweilig Dargestellten führen. Der Effekt dieser Unschärfe ist interessant: Er entledigt die Erscheinungen ihres Objektcharakters und offenbart sie in ihrer Atmosphäre.

> In der Wahrnehmung der Atmosphäre spüre ich, in welcher Art Umgebung ich mich befinde. Diese Wahrnehmung hat also zwei Seiten: auf der einen Seite die Umgebung, die eine Stim-

---

6 Subjekt ist Prädikator, A. P.

> mungsqualität ausstrahlt, auf der anderen Seite ich, indem ich in meiner Befindlichkeit an dieser Stimmung teilhabe und darin gewahre, dass ich jetzt hier bin. [...] Umgekehrt sind Atmosphären die Weise, in der sich Dinge und Umgebungen präsentieren.
> (Böhme 1995, S. 96)

Es geht dabei also um die Präsenz einer Sinntotalität, die sich nicht auf eine einzelne Erscheinung zurückführen lässt, sondern im Ensemble, im Verhältnis zueinander liegt und stärker emotional als kognitiv wahrgenommen wird.

Kontrastieren lässt sich dieses Phänomen z. B. mit den Schemazeichnungen aus Naturführern. Vor dem Einzug der Fotografie in diese Art der Publikationen finden sich dort z. B. Zeichnungen einer Pilzart mit all ihren typischen Merkmalen. Jeder Punkt, jede Linie, jede Farbfläche ist exakt dem jeweiligen Aspekt des Pilzes zuordenbar. Der Pilz erscheint so als Objekt. Der Betrachtende wird zum starken Beobachter, einem – scheinbar – nicht involvierten und damit überlegenen Beobachter.[7] Es etabliert sich ein stabiles Verhältnis von Subjekt und Objekt, ganz im Unterschied zum Eintauchen in eine Stimmung.

Für die Interpretation heißt das: Die schärferen Teile eines Bildes haben stärkeren Objektcharakter, die unscharfen dagegen stimmen ein Bild. Oft ist es der Hintergrund, der etwas unschärfer ist. Es macht einen großen Unterschied in der Stimmung, welche Wetterlage sich z. B. in dem unscharfen Hintergrund erahnen lässt. Man vergegenwärtigt sich also, in welchen Aspekten ein Bild schärfer oder unschärfer ist bzw. ob es insgesamt eher scharf oder unbestimmt ist. Die Gesamtstimmung bzw. Atmosphäre eines Bildes ergibt sich aus dem Zusammenspiel von *Was* und *Wie*, d. h., das Verhältnis bzw. Ausmaß von Schärfe und Unschärfe ist keinesfalls allein dafür verantwortlich. Auch eröffnen experimentelle Veränderungen manchmal interessante Aspekte. Es kann auch aufschlussreich sein, die ganz scharfen und die ganz unscharfen Aspekte nebeneinanderzustellen, denn so sieht man oft erst, wie stark sich die Bildteile in dieser Hinsicht unterscheiden (Przyborski 2014, S. 128 und S. 167).

2.2.2 Linie und Erkennen

Die Diskussion von Unbestimmtheit von Bildern hat das Denken möglicherweise schon ein wenig auf die Syntax des Bildes als Träger für seine semantische Tiefenstruktur eingestellt. Als Aspekt formaler Gestaltung spielt sie wie die Linie für die Ikonik eine zentrale Rolle. Die Beschäftigung mit der Linie, z. B. mit zu bestehenden Bildern hinzugefügten oder -gedachten Linien als hermeneutisches Instrument, hat eine lange Tradition in der Kunstgeschichte, die hier nicht Gegenstand ist. Ein kurzer Blick in diese Tradition hilft jedoch, die Erkenntnismöglichkeiten der Linie zu entfalten. Eine von Denis Diderot beschriebene und von Rosenberg

---

[7] Vgl. Przyborski/Slunecko 2009a und 2009b.

Abb. 2.2: Joseph-Marie Vien, Der Heilige Dionysius predigt in Frankreich (1767), mit Einzeichnung der von Diderot beschriebenen Kompositionslinie durch Rosenberg (2011, S. 79).

nach dieser Anleitung gezeichnete Kompositionslinie dient als Beispiel (siehe Abbildung 2.2).

Die Qualität eines Gemäldes hängt für Diderot ganz wesentlich davon ab, ob eine Kompositionslinie das Auge des Betrachters auf angenehme Weise durch das Bild führt. Dazu muss sie großzügig angelegt und ohne Unterbrechung sein (Diderot 1995, S. 95 und 269; Rosenberg 2011, S. 78). Die Linie soll also helfen, den Akt des Betrachtens nachzuvollziehen, um zu einer sinnvollen Beschreibung eines Bildes zu gelangen. Ein explizierender Zugang zum Bild wird damit direkt über die praktische Betrachtung gesucht, die als sequenziell entworfen wird.

Imdahl arbeitet zwar auch mit Linien, geht aber im Gegensatz zu Diderot *nicht* vom Akt der Betrachtung aus. Er arbeitet vielmehr entlang der spezifischen formalen Bedingungen der Zweidimensionalität, die ein Erkennen bzw. Verstehen möglich machen, und findet damit einen Zugang zu spezifischen Möglichkeiten der Abstraktionsleistung, die sich nur im Medium Bild finden. Sie erlauben, bestimmte Erfahrungen und Einsichten aus dem Strom des Erlebens heraus- und aufzuheben und sie damit in kommunikative Prozesse einzubinden.

Die Abstraktionsformen des Bildes, die Imdahl herausarbeitet, werden in der Folge anderen Abstraktionsformen, die die Zweidimensionalität ermöglichen und die sich ebenfalls durch die Linie verdeutlichen lassen, gegenübergestellt. Die Verbindung zu den Überlegungen zu Medium und Form ist mithin folgende: Ikonizität lässt sich als Eigengesetzlichkeit des Mediums Bild verstehen, wobei das Medium nicht als etwas Externes aufzufassen ist, sondern als Gefüge von Prinzipien mit immersivem Charakter, die Kommunikation ermöglichen. Zu diesen Prinzipien zählt das alltägliche, implizite ästhetische Wissen, von dem schon im ersten Kapitel der Arbeit die Rede war. Anhand von Schärfe und Unschärfe sowie beispielsweise anhand der Komposition in der Fläche gewinnen jene Ordnungsprinzipien bzw. ästhetischen Prinzipien Gestalt, die profanen wie künstlerischen Ausdrucksformen innewohnen.

2.2.3 Linie und konjunktive Abstraktion

Die ikonische Bedeutung der Linie im Speziellen veranschaulicht Imdahl an einem Beispiel (siehe Abbildung 2.3), bei dem es nun allerdings nicht mehr um eine dem Bild hinzugefügte, sondern um eine konkrete, dem Bild immanente, im Bild selbst bereits original vorfindliche Linie geht.

Angesichts dieser beiden Werke von Kricke stellt Imdahl (1994, S. 300) die Frage, wie sich eine Zeichnung und eine Raumplastik unterscheiden. Er kommt zu dem Schluss, dass die „Anschauung im Falle der Plastik eine immer nur jeweilige sein kann, im Falle der Zeichnung dagegen eine einzige ist" (Imdahl 1994, S. 322). Diese Feststellung ist letztlich sehr einfach. Die Veranschaulichung macht allerdings folgende Wesensmerkmale der Linie deutlich:

(1) Die Linie ist nur in der Zweidimensionalität möglich und daher spezifisch für die formale Organisation von Bildlichkeit.
(2) Die Linie mag zwar sichtbare Spur einer (Hand-)Bewegung sein (die einen Anfang und ein Ende hatte), als Gegebenheit in der Fläche allerdings ist sie nicht mehr sequenziell in einen Anfang und ein Ende, in näher oder ferner, konvex oder konkav aufzulösen. Sie ist simultan gegeben.
(3) Im Gegensatz zur Raumplastik gibt es nur eine mögliche Anschauung.

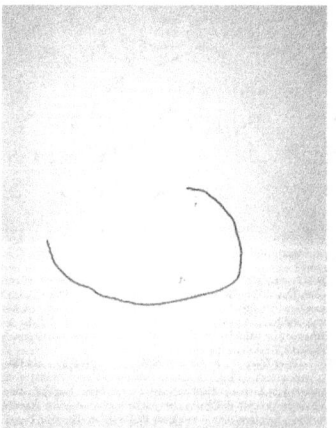 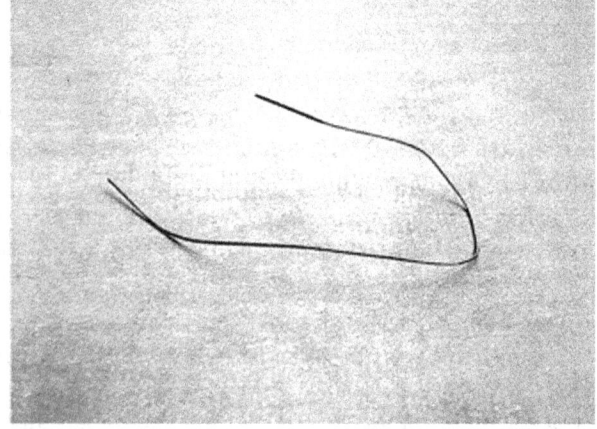

Abb. 2.3: Norbert Kricke, Zeichnung 76/30 und Raumplastik 1975/K VI (aus Imdahl 1994, S. 321f.).

Als ein Element der formalen Organisation von Bildlichkeit bietet die Linie also einen weiteren Zugang zur ikonischen Differenz: Wie die eingangs behandelte Unbestimmbarkeit ist auch die Linie ein Wesensmerkmal von Bildern, das Unterschiede ermöglicht, die einen Unterschied in der Tiefensemantik des Bildes machen. Die Linie hat jedoch mehr Facetten und ist daher auch als Instrument für den ikonischen Sinnüberschuss komplexer als die eingangs behandelte Unschärferelation. Obwohl sie Spur einer zeitlich organisierten Geste sein kann, kann sie letztlich nicht mehr in eine chronologisch-sequenzielle Ordnung gebracht werden; sie ist damit zentraler Beleg für die simultane Gegebenheit von Bildern. Der Umstand, dass die jeweilige Anschauung der Linie ihre einzig mögliche Anschauung ist, stützt das Argument, ihre spezifische Anordnung im Bild (die eben die einzig mögliche und nicht eine unter vielen ist) in ihrer syntaktischen Kraft ernst zu nehmen.

Ein weiteres Wesensmerkmal der Linie, das in den bisher dargestellten Aspekten mit angelegt ist, liegt in ihrem Potenzial zur Aufteilung eines Bildes in der Fläche. Imdahl (1996a, S. 424 ff.) arbeitet diesen Aspekt an seinem viel zitierten, fast schon klassisch zu nennenden Beispiel der Gefangennahme Christi heraus (siehe Abbildung 2.4).

Ikonografisch haben wir es hier mit der biblischen Szene zu tun, in der Judas Jesus küsst, um ihn als Person vor seinen Häschern erkennbar zu machen, ihn damit zu verraten und auszuliefern. Dabei hüllt Judas' Mantel den Körper von Jesus fast ganz ein. Imdahl verbindet nun einen Stock (Knüppel) links oberhalb des Kopfes von Jesus mit dem zeigenden Arm eines Pharisäers, der sich rechts unterhalb des Kopfes von Judas befindet, mit einer Linie, die in einem markanten Knopf, der den Mantel des Pharisäers zusammenhält, endet. Die Linie führt exakt durch den Blick der beiden Protagonisten. Obwohl viele Stöcke, Arme und Kleidungsdetails auf dem Bild sind, die man verbinden könnte, ist es doch diese Linie, die in der Lage ist, das Bild neu aufzuschlüsseln und so auch besser theoretisch zu fassen; denn diese Linie „bezieht die verschiedenen Figuren und Figurengruppen auf sich und damit aufeinander, und sie bedingt maßgebend die Einheit der Komposition" (Imdahl 1996a, S. 433). Das heißt, *alle* Bildelemente werden in eben dieser Schräge zusammengehalten und es wird anschaulich, wie sich die Elemente zueinander verhalten und durch welches Verhältnis sie gekennzeichnet sind.

Die formale Stringenz der Komposition wird auf diese Weise sichtbar: Eine andere Zeigerichtung, das Fehlen des Knüppels, die Augenpartien an einer anderen Stelle, alles würde dazu führen, dass das Bild zufälliger, kontingenter würde. Ebenso sehen wir, dass die Komposition in der Gleichzeitigkeit der Bezogenheit der Elemente aufeinander gegeben ist. Dabei wird insbesondere klar, wie stark die Abwärtsbewegung des Blickes Jesu (bzw. die Aufwärtsbewegung Judas' Blickes) von der Gesamtkomposition gestützt wird. Jesus ist größer und mit Nimbus um den Kopf abgebildet. Das Blickgefälle markiert zudem und ganz besonders eine Überlegenheit Jesu gegenüber Judas. Diese steht jedoch in deutlichem Kontrast dazu, dass der Körper Jesu in der Umarmung nahezu gänzlich in Judas' Mantel ver-

Abb. 2.4: Giotto, Gefangennahme Christi (um 1305), einmal ohne und einmal mit Feldlinie (Imdahl 1994, S. 311).

schwindet. Damit ist eine Überlegenheit bei gleichzeitiger Unterlegenheit Jesu markiert. Eine derartige Gegensätzlichkeit wie jene von Unterlegenheit und Überlegenheit ist nur im Bild simultan möglich. Imdahl spricht in diesem Zusammenhang von *Übergegensätzlichkeit* und hat damit wohl eine der wichtigsten Möglichkeiten ikonischer Logik benannt.

Ich bin den Spuren Imdahls in der Interpretation von Giottos Gefangennahme Christi so weit gefolgt, um das Potenzial der Strukturierung der Komposition in der Fläche durch die Verwendung von Feldlinien, wie sie auch bei Imdahl heißen, zu zeigen. Diese Erkenntniskraft der Linie ist für die sozialwissenschaftliche Interpretation von Bildern ein zentraler Aspekt. Die Funktion, die der Identifikation von Linien in diesem Zusammenhang zukommt, liegt darin, sichtbar zu machen, ob das Bild durch sie als ein Sinnganzes zusammengehalten wird oder ob es kompositorisch ‚zerfällt'. Die Rekonstruktion der planimetrischen Komposition, wie sie für die dokumentarische Methode der Bildinterpretation von Bohnsack (2009, Kap. 3 und 4) mit sozialwissenschaftlicher Relevanz versehen wurde, wird im Folgenden weiterentwickelt, z. B. durch das Element von Schärfe und Unschärfe. Vor diesem Hintergrund wird die Erkenntniskraft der Linie in weiteren Aspekten ausgelotet – mit dem Ziel, die sozialwissenschaftliche Interpretationsarbeit möglichst prägnant rekonstruieren und sie gegen andere Abstraktionsleistungen, die die Linie auch ermöglichen kann, abgrenzen zu können. Mit dieser Abgrenzung soll verhindert werden, dass die verschiedenen Formen der Abstraktion, die von der Linie möglich gemacht werden, ineinander verschwimmen. Zugleich gerät damit das implizite Wissen um die formalen Aspekte der Darstellung in den Blick.

Feldlinien sind als solche in aller Regel nicht schon ins Bild gezeichnet. Es gehört zur Arbeit der Interpretin, Aspekte der formalen Komposition zu erkennen und sie möglichst sparsam mit Feldlinien sichtbar zu machen.[8] Was soeben behandelt wurde, kann mit Mannheim (u. a. 1980) auch als die konjunktive oder dokumentarische (siehe Kapitel 4) Seite der Linie bezeichnet werden – insofern, als damit der Interpretation ein Zugang zur Weltanschauung eines Milieus oder einer Epoche eröffnet wird. Diese konjunktive Seite der Linie ist Teil dessen, was Imdahl als Ikonik bezeichnet: „Die Ikonik sucht zu zeigen, daß das Bild die ihm historisch vorgegebenen und in es eingegangenen Wissensgüter exponiert in der Überzeugungskraft einer unmittelbar anschaulichen, d. h. ästhetischen Evidenz, die weder durch die bloße Wissensvermittlung historischer Umstände noch durch irgendwelche (fiktiven) Rückversetzungen in diese historischen Umstände einzuholen ist." (Imdahl 1996b, S. 97)

Dem Wissensgut, das in Giottos *Gefangennahme Christi* (siehe Abbildung 2.4) exponiert wird, können wir uns über die eben dargelegte gleichzeitige Unter- und Überlegenheit Jesu bzw. über die Simultaneität seiner Menschlichkeit und Übermenschlichkeit annähern. Dies ist Ausdruck eines für die beginnende Renaissance epochentypischen Grundmotivs: „Auf der [...] ikonologischen Verständigungsebene ist Giottos Darstellung offen für das unmittelbare Miterleben des Beschauers" (Imdahl 1996b, S. 85), ja sie ist geradezu auf das emotionale Miterleben des Betrachters hin orientiert, stellt „eine ganz der Einfühlung geöffnete Szene dar, [...] ein[en] Appell an die Emotion des Bildbeschauers, an dessen durchaus nicht bewunderndes, admiratives, sondern miterlebendes, sympathetisches Verhalten in Mitangst und Mitleid" (Imdahl 1996b, S. 86). Damit sich der Betrachter mit den religiösen Protagonisten selbst identifizieren kann, ist deren Hinwendung zu Menschlichkeit, d. h. zu emotionaler Gestimmtheit und psychischer Verfügbarkeit, wesentlich, so wie sie in der *Gefangennahme Christi* zur Darstellung gebracht wird. Bei Giotto wird ein emotionaler Augenblick eingefangen, in dem Jesus Gott und Mensch, überlegen und unterlegen zugleich ist; uns tritt dieses doppelte Sein in der Darstellung seiner Leiblichkeit auch als verkörpertes Sein – als „weltliche Tatsächlichkeit" (Imdahl 1996b, S. 87), auf die sich die Renaissance eben stützen will – entgegen. Diese Darstellungsform bildet einen deutlichen Gegensatz zu jener des Mittelalters, in der die religiösen Figuren viel statischer, schon vermöge ihrer Frontalstellung zum Betrachter von anderen Figuren isolierter, d. h. nicht in emotionale Prozesse mit diesen involviert und frei von psychischer Regung erscheinen – noch als unberührbare, reine und statische Repräsentanten des Göttlichen.

Diese Neuorientierung der beginnenden Renaissance an Giottos Arenafresken herauszuarbeiten, dies insbesondere an der nun emotional gestimmten und für den Menschen verfügbaren Jesusfigur, gehört zu Imdahls großen kunsthistorischen Leistungen. Seine Analyse eröffnet damit den Zugang zur ästhetischen Vergegenwärtigung der Essenz der Weltanschauung, des konjunktiven Verstehens einer bestimmten Zeit; sie öffnet das Fenster zu einer Epoche.

---

8 Zur Bedeutung der Linie im Bild vgl. auch Pilarczyk/Mietzner (2005, S. 96).

Abb. 2.5: Max Imdahl, Schemazeichnung zu Giottos Kreuztragung (Imdahl 1996a, S. 437 f.).

Ein weiteres Beispiel wird nun dazu dienen, die Feldlinie als Element des sehenden Sehens mit der Linie auf dem Feld des wiedererkennenden Sehens zu kontrastieren; dabei werden weitere Abstraktionsleistungen der Linie deutlich (siehe Abbildung 2.5).

Es handelt sich um die Darstellung des unteren Teils eines Gewandes und des Bodens, auf dem die Figur, die dieses Gewand trägt, steht. Theoretische Aspekte der Linie, die wir bisher getrennt behandelt haben, fallen hier in einer konkreten Linienführung zusammen: „Einem wiedererkennenden, nur Gegenständliches wahrnehmenden Sehen erweisen sich diese Linien als Gewandsäume und als ein Anstieg des Erdbodens. Für ein sehendes Sehen sind sie dagegen zugleich und unabhängig vom Bedeuten ihrer gegenständlichen Trägerschaften Iterationswerte von gleichem Richtungsduktus."[9] (Imdahl 1996a, S. 437 f.) Die Linien sind also zugleich Elemente von Feldlinien, d. h., sie lassen sich dem sehenden Sehen zuordnen, und sie bezeichnen eindeutig ein *Was*, hier das Gewand bzw. den Boden, d. h., sie sind auch dem wiedererkennenden Sehen zuordenbar.

Auch die explizite, im Bild schon vorhandene und mithin nicht vom Interpreten als Feldlinie erst hinzugefügte Linie erschöpft sich nicht unbedingt in der Referenz zu Gegenständlichem. Ganz im Gegenteil haben auch explizite Linien ein hohes Potenzial für Abstraktionsleistungen. Wenn sich dieses Potenzial aktualisiert, sprechen wir von der kommunikativ-generalisierten Seite der Linie, während wir die Feldlinien als die konjunktive Seite der Linie bezeichnen, d. h. als die implizite Seite, die wesentliche Aspekte des unmittelbaren, des konjunktiven Verstehens beinhaltet.

Simmel, auf den sich Raab (2008) in seiner visuellen Wissenssoziologie bezieht, unterscheidet ein „empirisch-weltmäßiges Sehen" und ein „rein artistisches Sehen" (Simmel 1996a, S. 393): „[N]achdem unser Leben in der Welt das Sehen ausgebildet hat, entnehmen die Künstler die Sehfunktionen diesem Zusammenhang zu gesonderter Ausbildung, zu der selbstgenügsamen Fähigkeit, die Dinge in

---

9 Zu einer komparativen Analyse von dynamischen und statischen Körperabbildungen von Politikerinnen vgl. Kanter (2015).

einem nur durch das Sehen geschaffenen Zusammenhang einzustellen. Und dieses wirkt auf das empirisch-weltmäßige Sehen zurück." (Simmel 1996, S. 280) Was Simmel ebenso wie Raab in diesem Prozess auslässt, ist das *eigentlich* Bildliche. Gemeint sind die Abstraktionsleistungen, die in den Möglichkeiten der formalen Gestaltung der Fläche, also in den prinzipiellen Möglichkeiten der *Zwei*dimensionalität liegen.

Beim Erschließen der Zweidimensionalität spielt das Sehen zwar eine essenzielle Rolle, so wie bei vielen anderen Alltagshandlungen auch. Aber erst die Abstraktionsleistungen, die die Nutzung von Zweidimensionalität zudem für das Generieren, Speichern und Vermitteln von Bedeutung zur Verfügung stellen, ähnlich wie Sprache und Schrift, führen – möglicherweise – zu veränderten Wahrnehmungsleistungen, wie sie im Folgenden noch für einen ganz anderen Kontext gezeigt werden.

2.2.4 Linie und theoretisch-generalisierende Abstraktion

Eine Diskussion des Potenzials der Linie für Abstraktionsleistungen finden wir in der Philosophie etwa bei Krämer (2010), die das Bild als epistemologisches Werkzeug diskutiert, im Licht einer umfassenden „epistemic rehabilitation af iconicity in the wake of the iconic turn" (Krämer 2009), die sie beobachtet. Krämer geht es letztlich um ein ganz ähnliches Anliegen wie jenes, das uns bisher beschäftigt hat: um die Konstitution von Erkennen im Ikonischen in seinen *spezifischen* Möglichkeiten. Dabei interessiert sie sich allerdings für eine andere Art des Erkennens, mit der wir uns in der Folge beschäftigen. Die Betrachtung der Gemeinsamkeit und des Unterschiedes dieser Arten des Erkennens soll uns Gelegenheit geben, das Prinzip Linie noch weiter auszuloten.

Das idealtypische Programm der Philosophie ist kein historisches, sie richtet sich nicht primär auf Einsichten, die von ihrer Idee her in bestimmten Epochen, Milieus, sozialen Einrichtungen oder Kulturen aufgehen (wie wir dies für die *Gefangennahme Christi* ausgeführt haben), es geht nicht um Fenster zu Epochen, sondern um überzeitlich gedachte Einsichten. Diese Art von Einsichten wird auch in den Formal- und Naturwissenschaften angestrebt – sie alle sind nomothetisch, d. h., sie streben nach Gesetzen, die auch morgen noch ‚wahr' sind. Die folgenden Beispiele aus der Mathematik und der Geologie, in denen ebenfalls die Linie eine Hauptrolle spielt, dienen dazu, das konjunktive Verstehen schärfer hervortreten zu lassen. Es handelt sich um das Nomogramm und die Landkarte.

Nomogramme sind grafische Darstellungen funktionaler Zusammenhänge zwischen mehreren veränderlichen Größen bzw. grafische Darstellungen logischer Zusammenhänge, die durch mathematische Formeln definiert sind.

Das Prinzip des Nomogramms lässt sich am Rechenschieber – vielleicht dem einen oder der anderen noch bekannt – vergegenwärtigen (siehe Abbildung 2.6). Der Rechenschieber ist ein verkörpertes, mechanisch umgesetztes Nomogramm. Im

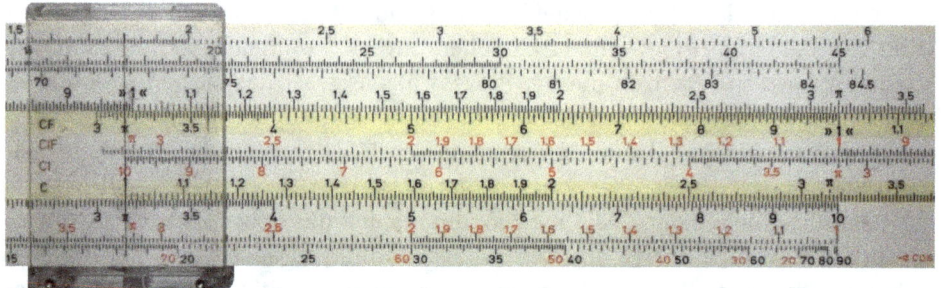

Abb. 2.6: Rechenschieber.

Alltag hatte er die Aufgabe eines Taschenrechners. Anders als dieser liegt er uns aber nicht als Blackbox vor, die nur Ergebnisse ausspuckt. Wie schon der Name sagt, ‚zeichnet' das Nomogramm, konkretisiert durch den Rechenschieber, das ‚Gesetz'. Es verbindet die abstrakte Formel mit ihren Konkretisierungen und erlaubt damit die Anschauung von Funktionalität. Linien, ihre einzelnen Abschnitte und die darüber vollzogene Aufteilung von Flächen dienen hier als Scharniere zwischen abstrakter Idee und konkreter Umsetzung.

Auch die Landkarte verfolgt das Anliegen einer generalisierten Betrachtung: Sie ist eine zweidimensionale, verkleinerte und generalisierte Darstellung eines Abschnitts der Erdoberfläche. Generalisiert ist sie insofern, als sie den Anspruch hat, die Erdoberfläche jenseits von Raum (Perspektivität) und Zeit (Tageszeit, Jahreszeit) möglichst exakt zu beschreiben. Auch sie verbindet die prinzipielle, abstrakte Analyse – die prinzipiellen Aspekte der Landschaft – mit der konkreten Nutzung dieser prinzipiellen Aspekte, z. B. beim Wandern. Linien sind ein Kernaspekt dieser Erkenntnisleistung, als Höhenlinien, Wege und Straßen, Bäche, Flüsse und Grenzen. Die Landkarte macht dem Denken Zusammenhänge möglich, die in der Praxis oft sehr hilfreich sind.

Nomogramm und Landkarte sind den bisherigen Ausführungen zur Linie, die aus der Kunstgeschichte stammen, in folgendem Aspekt *ähnlich:* Die Fläche wird durch die Linie orientiert, und zwar dadurch, dass die Relationen von oben und unten, links und rechts, die an sich unsere leibliche Wahrnehmung von Raum strukturieren, auf die Fläche übertragen werden. Auf diese Weise ist es möglich, dass topografische Beziehungen zu Strukturen für den Ausdruck von semantischem Gehalt werden (Krämer 2009). Nomogramme und Landkarten zeigen dieses ikonische Funktionsprinzip besonders deutlich auf.

Es gibt aber auch einen ganz wesentlichen *Unterschied:* Sowohl bei der Landkarte als auch beim Nomogramm geht es um einen kommunikativ-generalisierten Zugang zur Welt, um eine Form des Welterkennens, die sich an einem naturwissenschaftlichen Ideal orientiert, an einer Gültigkeit jenseits von Raum (Perspektivität), Zeit und existenziellen Bezügen, um ein Erkennen, das keine Spielräume kennt. Mannheim (1980 [1922–1925], S. 211) stellt dieser Art des theoretischen, kommunikativ-generalisierten Erkennens das „konjunktive Erkennen" oder auch „a-theoretische" Erkennen gegenüber. Als Beispiel dient Mannheim (1980 [1922–1925], S. 212) unter anderem die Landschaft in ihrer Gegenüberstellung zur Landkarte: „Denn die Landschaft ist ein Gegenstand, der prinzipiell nur perspektivisch erfassbar ist. Verschwindet die Perspektive, verschwindet die Landschaft. Wenn jemand Landschaft erfahren will, nimmt er sich nicht eine Landkarte vor, die [...] eine Fiktion einer überstandortlichen Objektivität ist, sondern nimmt unumgänglich selbst einen Ort im Raume ein." (Mannheim 1980 [1922–1925], S. 212) Es geht also um ein Erkennen, das dem Standort verbunden bleibt und das darüber hinaus jenen gemeinsam ist, die diesen Standort im Sinne existenzieller Bezüge teilen. Die Karte dagegen beinhaltet theoretisch-generalisiertes Wissen. Kartenlesen ist eine allgemein zugängliche Kulturtechnik.

Im Bild einer Landschaft, in dem ein derartig geteilter Bezugsrahmen zum Ausdruck kommt, hat also die Linie ihre Funktion in einer konjunktiven Abstraktion. Dieser Funktion steht die Funktion der Linie in der Landkarte gegenüber. „Der Ausschnitt der Karte verdichtet sich nicht zu einem spezifischen Sinn, stattdessen schließt ein Blatt an das andere an. Der Ausschnitt der Landschaft dagegen ist in aller Regel individuell und behauptet eine Exemplarität, in der wir etwas über das Ganze der Natur erfahren." (Boehm 2007, S. 82) Die Linien der Landkarte beinhalten eine überkonjunktive Generalisierung. Es ist eben diese Form der Generalisierung, die sich von einer je spezifischen Weltanschauung löst und damit nicht mehr in einem gemeinsamen, konjunktiven Erleben verortet werden kann. Hingegen ist es genau diese standortgebundene Form des Erkennens, zu welcher die Feldlinien von Imdahl einen Schlüssel darstellen. Sie sind ein Instrument dafür, den raumzeitlich gebundenen Weltbezug z. B. einer Epoche, einer Generation oder eines Milieus herauszuarbeiten. Das heißt, es handelt sich um die *konjunktive Erkenntniskraft* der Linie. Demgegenüber lässt sich an den Linien der Landkarte und des Nomogramms die kommunikativ-generalisierte oder auch *theoretische Erkenntniskraft* der Linie herausarbeiten.

Zusammenfassung
Des Weiteren fokussiert der zweite Schritt zur Klärung, wie wir uns empirisch-qualitativ der *Funktion von Bildern für die wechselseitige Konstitution von Medien und Alltag* nähern können, die *Selbstreferenzialität des Mediums Bild*, seine *Ikonizität*.

Das Erkennen, Hervorbringen und Gestalten von Bildern setzt ein implizites formales Erfassen der *Gestaltung der Fläche*, der Zweidimensionalität voraus. Die *Explikation* dieses Wissens lässt sich mit Imdahl als „sehendes Sehen" bezeichnen. Rekonstruieren lässt es sich u. a. durch die Analyse *der Relation von Schärfe und Unschärfe* sowie durch das *Sichtbarmachen der Organisation der Fläche durch Feldlinien*.

Der *Linie* kommt bei der Organisation der Fläche ein besonderer Stellenwert für das *Erkennen* bzw. in ihrer *Abstraktionsleistung* zu:
Allgemeines, *kommunikativ-generalisiertes Wissen*, wie mathematisches oder geografisches Wissen, kann durch *eindeutige Linien* dargestellt werden (theoretische Erkenntniskraft der Linie). *Kultur- und milieuspezifisches Wissen*, konjunktives Wissen, das in der Gestaltung der Fläche sei-

nen Ausdruck findet, lässt sich durch den *Vorschlag von Linien*, die den *Blick auf diese Gestaltung bzw. Organisation* der Fläche ausrichten, rekonstruieren (konjunktive Erkenntniskraft der Linie).

2.3 Methodologische Implikation: Richtige und falsche Linien?

Es dürfte unmittelbar einleuchten, dass sich an der theoretischen bzw. überkonjunktiv-generalisierenden Seite der Linie, wie wir sie nun gezeigt haben, die Kategorien ‚richtig' und ‚falsch' begründet anlegen lassen. Das ist ein Aspekt von Linie, mit dem wir zu arbeiten gewohnt sind. In der Regel hat man die Abstraktionsleistung der Linie in seiner schulischen Bildung eingeübt. Wenn nun Feldlinien bzw. der konjunktiv-abstrahierende Aspekt der Linie bei der Interpretation von Bildern für Erkenntnisse genutzt werden sollen, kann uns dieses eingeübte Wissen um die Epistemologie der Linie nur allzu leicht in die Quere kommen. Wir suchen dann nach *der* richtigen Linie. Das kann insofern kontraproduktiv sein, als es das sehende Sehen verstellt. Die Frage, welche von mehreren vorgeschlagenen und möglichen planimetrischen Linien nun die ‚richtige' sei, wird oft in Bildinterpretationsworkshops diskutiert und stellt vielfach ein großes Verständnisrisiko in Bezug auf die Leistungsfähigkeit der Methode dar. Deswegen ist es angebracht, noch einmal zu einem erkenntnistheoretischen Exkurs auszuholen:

Sehendes Sehen erschöpft sich nicht in der Zuweisung von einfachen Wahrheitswerten (richtig/falsch), das Kriterium seines Gelingens ist vielmehr, ob es in der Lage ist, dem Bewusstsein etwas zu eröffnen. Dieses Eröffnen ist nie prinzipiell abgeschlossen (während ‚richtig' und ‚falsch' Endpunkte einer Auseinandersetzung darstellen), sondern kann sich mit jeder neuen ‚sinn-haften' Auffassung fortsetzen. Das Bild ist grundsätzlich polysem (ebenso wie der Text; vgl. Bohnsack 2001a–c und 2009, Kapitel 3.8; Michel 2006). Dieses Plädoyer ist allerdings kein relativistisches (in dem alle Feldlinien gleich gut gesetzt wären), sondern ein *relationistisches*, demzufolge Feldlinien danach bewertet werden können, wie weit sie dem sehenden Sehen dienen. Die bisherigen Ausführungen dienten dem Argument, dass eine Komposition dann durch bestimmte Linien besser (als durch andere) aufgeschlüsselt wird, wenn diese Linien etwas sehen und dadurch schließlich auch etwas formulieren lassen, was vorher vielleicht nur gespürt wurde. Sie sind also dann gelungen, wenn sich mit ihnen das sehende Sehen explizit machen lässt. Methodologisch gefasst eröffnet die Rekonstruktion der formalen Komposition dann den Zugang zum Erfahrungsraum eines Milieus.

Etwas bislang Implizites explizit werden zu lassen heißt wörtlich, es zu entfalten (in beiden Worten steckt lat. *plica*, die Falte). Ein epistemologischer Vorschlag, den Latour (z. B. 2002) im Rahmen seiner Akteur-Netzwerk-Theorie vorgebracht hat, erscheint hier weiterführend: Er läuft im Wesentlichen darauf hinaus, zwischen dem konstruktivistisch-idealistischen Pol des ‚Erfindens' und dem realistisch-objektivistischen Pol des ‚Entdeckens' eine dritte Option einzuführen – eben das ‚Entfalten'. Damit werden die beiden wesentlichen erkenntnislogischen Fallen abendländischen Denkens vermieden: Im ersten Fall, dem des Erfindens, besteht sie in einer bewusstseinsabsolutistischen Übertreibung – so, als könnte die Interpretation alles tun, wozu sie Lust hat. Der Irrtum der anderen Art besteht darin, die Position des Entdeckers abzublenden, d. h., dass die Bedeutung der ‚Entdeckung' objektivistisch untertrieben wird, so, „als käme es für eine aus sich selbst seiende ‚Substanz' oder Entität nicht darauf an, wann, wo und wie sie in ein Wissen eintritt und unter welchen [...] Nachbarschaften sie [...] zirkuliert" (Sloterdijk 2004, S. 217).

Mit Latour gesprochen werden Feldlinien also weder erfunden noch entdeckt, sondern entfaltet. Dies ist immer standortverbunden (vgl. Mannheim 1980 [1922–1925] und Kapitel 4). Ein Vorschlag setzt sich durch, wenn er eine nachvollziehbare – und verkraftbare – Überraschung (in diesem Fall: des Sehens) einzuholen versteht. Das heißt nicht, dass dies die einzige Möglichkeit ist, das Implizite des Bildes zu explizieren (seine Falte auszustreichen), und heißt genauso wenig, dass Feldlinien beliebig sind; denn die Realität des Bildes ist vorschlagsförmig verfasst, und seine Komposition in der Fläche aufzuschlüsseln heißt, einen Vorschlag, den das Bild macht, aufzugreifen oder daran anzusetzen. Die ‚Wahrheit' eines Feldlinienensystems ist also eine Weise des Entfaltens eines oder mehrerer im Bild angelegter Vorschläge. Die Interpretation ist dabei weder Entdeckerin noch Erfinderin, sondern spricht im Material angelegte Vorschläge aus. Zur Absicherung einer Interpretation gehört neben dem Nachweis einer Reproduktionsgesetzlichkeit (Przyborski/Wohlrab-Sahr 2014, S. 25) noch ihre Einbettung in eine Typologie, d. h. im Wesentlichen eine komparative Analyse (siehe Kapitel 4.3.3; Bohnsack 2014, S. 200 f.).

Imdahls *sehendes Sehen* kann nun als eine Rekonstruktion des impliziten Wissens, das im Alltag beim Umgang mit Bildern als *handlungspraktisches* Wissen zur Anwendung kommt, verstanden werden. Für alles, was in der Fläche zur Darstellung kommt, ist dieses implizite Wissen notwendig. Im Erkennen eines Bildes, seiner Stimmung, seiner Ausdruckskraft, seines Stils kommt dieses handlungspraktische Wissen um topografische Beziehungen zum Einsatz. In aller Regel findet das Erkennen unterhalb der Bewusstseinsschwelle statt. Auch für den erkennenden Zugriff auf ein Nomogramm nutzen wir ein implizites Wissen; in diesem Zusammenhang lernen wir schon in der Schule, dass die Aufteilung der Fläche in Dimensionen von richtig und falsch zu fassen ist (zur Differenzierung der verschiedenen Ebenen impliziten Wissens siehe Kapitel 4.2). Das Erlernen des Umgangs mit populärkulturellen und künstlerischen Bildern ist weit weniger institutionalisiert (und damit auch weit weniger formalisiert), sondern vielmehr Bestandteil unserer außerschulischen Sozialisation.

Als Strukturprinzipien des Bildes sind Linien auch Strukturprinzipien des Handelns mit Bildern, ob wir selbst welche erstellen, bearbeiten, auswählen, professionell oder privat betrachten. Die Linie, die den Zusammenhang der Komposition in der Fläche verdeutlicht, ist wesentlicher Teil der Ikonik, die auf implizitem, ästhetischem Wissen beruht. Sie ist ein Hilfsmittel für die Explikation formaler Strukturprinzipien der Darstellung komplexer Sinnzusammenhänge in der Zweidimensionalität – ähnlich wie beispielsweise Erzählung (oder Argumentation) als formales Strukturprinzip der Sprache die Darstellung komplexer Sinnzusammenhänge erst möglich macht. Eine Linie ist letztlich wie eine gute Theorie, eine Leiter, die nach dem Gebrauch in den Hintergrund tritt.

> **Zusammenfassung**
> Für die Arbeit mit Linien bei der Rekonstruktion des Bildsinns bzw. von bildspezifischem Wissen lässt sich zusammenfassend festhalten:
> Das Sehen kann mithilfe von Linien als zentralem Strukturprinzip der Zweidimensionalität auf Arrangements in der Fläche eingestellt werden. Es ist eines der ästhetischen Prinzipien, die das alltägliche Handeln mit Bildern möglich machen und damit auch Teil des alltagspraktischen Wissens sind. Wenn *Linien auf der Ebene von kommunikativ-generalisiertem Wissen* operieren (siehe die Beispiele Rechenschieber und Landkarte), *kann überprüft werden, ob sie richtig oder falsch gesetzt sind, ob die Aufteilung der Fläche durch ihre planimetrische Struktur die allgemeingültigen Prinzipien, die Gesetzesaussagen, richtig oder falsch wiedergibt.*
> Die Wahrnehmung von *konjunktivem Sinn* baut ebenso unter anderem auf das (implizite) Wissen um topografische Beziehungen, d. h. um die Formalstruktur von Bildern, auf. Ein wesentlicher Unterschied zur Darstellung kommunikativ-generalisierter Wissensbestände besteht darin, dass sich die *Flächeneigenschaften*, die das sehende Sehen wahrnimmt, *nicht in derartiger Eindeutigkeit auflösen lassen.*

3 Bild und massenmediale Kommunikation

In der Kommunikations- und Medienforschung spielt der Eigensinn des Bildes, seine Spezifik als Medium, wie im letzten Kapitel diskutiert, kaum eine Rolle. Die Forschungslage lässt sich vor diesem Hintergrund als Medienvergessenheit der Kommunikationsforschung charakterisieren (u. a. Bergmann 2006, Przyborski 2008). Der gesamte wissenschaftliche Diskurs zu Bild und Visualität hat die Kommunikationswissenschaft zunächst sehr zögerlich erreicht. Dies ist allerdings in Veränderung begriffen: Wie Lobinger (2012) in ihrer aufschlussreichen Metaanalyse empirischer Forschung zum Bild in der Kommunikationswissenschaft zeigt, gewinnt das Bild in der empirischen Kommunikationsforschung mittlerweile an Bedeutung.

Es fehlen jedoch sowohl theoretische Ansätze als auch empirische Arbeiten, die sich der Bildlichkeit in ihrem Eigensinn stellen. Laut Lobinger haben qualitative Methoden im Umgang mit dieser einen deutlichen „Vorsprung" (Lobinger 2012, S. 256). Sie zitiert in diesem Zusammenhang insbesondere die dokumentarische Methode (siehe Kapitel 4). Der Großteil der Studien, die in den analysierten Zeitschriften publiziert wurden, nutzt die Inhaltsanalyse. Diese kennt keinen Eigensinn des Bildes bzw. keine Ikonizität und bietet daher auch kein geeignetes Analysewerkzeug für die Analyse medienspezifischer Besonderheit. Entsprechend kommt Lobinger (2012, S. 277) zu folgender Einschätzung: „Die kommunikationswissenschaftlichen Zeitschriften beschäftigen sich vor allem mit Bildinhalten und deren Wirkungen." Ikonizität selbst findet gar keine Erwähnung, und auch „Fragen des ‚Bildhandelns'", für dessen Verständnis und empirische Analyse Ikonizität wesentlich ist (siehe Kapitel 2.2, u. a. Schreiber 2015, Kanter 2015), „spielen dagegen [...] eine nachrangige Rolle" (Lobinger 2012, S. 277).

Ein Ziel dieser Arbeit ist es demgegenüber, das hier entwickelte Verständnis von Bildkommunikation für die Medienforschung fruchtbar zu machen. Dazu ist es notwendig, entsprechende Anschlussmöglichkeiten zu skizzieren bzw. zu zeigen, wie sich der Begriff von Ikonizität in eine umfassendere Vorstellung von (massen-)medialer[1] Kommunikation einordnen lässt. Das Ignorieren der Ikonizität ist

---

[1] Es stellt sich die Frage, ob der Begriff „Massenmedien" angesichts der gegenwärtigen Dynamisierung medientechnisch vermittelter Kommunikation noch verwendet werden kann. Unter den Begriff „Medium" wurden im letzten Abschnitt (Kapitel 2.1) im Anschluss an Luhmann die Kommunikationsmedien Sprache, Bild, Töne usw. subsumiert. Davon sollen jene Systeme bzw. Zusammenhänge unterschieden werden, in welchen Kommunikation durch Technik (Hard- und Software) vermittelt ist und die die Möglichkeit beinhalten, weit über die Grenzen direkter, persönlicher Kontakte hinaus zu kommunizieren, wie es bei den meisten Formen von Social Media der Fall ist. Es wird daher in der Folge auch in gleichem Maße von Massenmedien und Social Media die Rede sein. Dabei geht es weniger um eine Differenzierung der beiden Formen als um ihre Gemeinsamkeit: Social Media führen dabei m. E. Funktionsprinzipien vor Augen, die in der Analyse von Massenmedien bisher übersehen wurden. Ansatzweise wird in der Folge darauf eingegangen.

kein Randphänomen, das sich prinzipiell leicht ergänzen ließe. Das liegt u. a. daran, dass mit dem Konzept von Ikonizität bestimmte grundlagentheoretische Vorentscheidungen getroffen sind. Die möglichen Anknüpfungspunkte müssen also so gewählt werden, dass sie zu diesen Voraussetzungen passen.

Eine dieser Vorentscheidungen liegt darin, die Grundlagen von alltäglichem Erkennen sowie von alltäglicher Verständigung zu einer grundlagentheoretischen Schlüsselstelle zu machen. „Verstehen" und Verständigung allerdings „[sind] in der Kommunikationswissenschaft bis heute kaum je intensiv behandelt worden."[2] (Schmidt/Zurstiege 2007, S. 49) Eine längere Tradition der Auseinandersetzung damit weisen die Phänomenologische Soziologie, die Ethnomethodologie und die Wissenssoziologie auf, auf deren Grundlage die gegenwärtigen rekonstruktiven, praxeologischen Verfahren der Sozialforschung entwickelt wurden (Przyborski/ Wohlrab-Sahr 2014; Bohnsack 2014a, Kap. 5 „Dokumentarische Methode"). Medien haben in diesen Ansätzen wiederum traditionell keinen systematischen Stellenwert, was allerdings in Veränderung begriffen ist.[3] Das mag nicht zuletzt an der zunehmend leichteren Verfügbarkeit von Medientechnik und ihren Konsequenzen liegen. „Der Gebrauch" von „Medien gehört ebenso zu den selbstverständlichen Vollzügen des Alltags wie der Gebrauch vieler anderer Geräte und die Kommunikation mit leibhaftig anwesenden Anderen." (Keppler 2010, S. 106 f.)

Der alltägliche Umgang mit Bildern gibt ein gutes Beispiel dafür, wie stark das Alltagshandeln heute von Medien (Massenmedien und Social Media) durchdrungen ist. Das Fotoalbum konnte noch relativ leicht als mehr oder weniger massenmedienfreies Alltagshandeln begriffen werden, neue Formen der Speicherung und Verbreitung von Bildern sind in dieser Hinsicht nicht mehr ganz so eindeutig zuordenbar. Wo endet der private Umgang, wo beginnt der massenmediale? Bilder befinden sich nicht nur auf dem Computer und dem Handy, sondern auch auf Social-Media-Plattformen, wie Facebook, Flickr, Instagram und YouTube. Über diese Medien finden wiederum private wie kommerzielle Bilder gleichermaßen und immer leichter Verbreitung. Und nicht nur das: Es wird auch immer leichter, Bilder zu bearbeiten, zu verändern, sie – mehr oder weniger – ‚professionell' zu produzieren. Mit dem Handy werden Bilder nicht nur gemacht, bearbeitet, gespeichert und verbreitet; sie werden vor allem auch in direkter oder räumlich und zeitlich versetzter Interaktion mit anderen angesehen. Private Bilder, die man früher ins Album klebte, spielen dabei ebenso eine Rolle wie Bilder, die aus institutionellen, z. B. wirtschaftlich orientierten Zusammenhängen kommen. Dabei stellen sie eine wesentliche Ressource der Bedeutungskonstitution dar.

---

2 Mit dem Konzept von Ikonizität verbunden ist die Idee, dass alltägliche Verständigung bestimmten Prinzipien des Erkennens folgt. Hat man diese rekonstruiert, lassen sich die alltäglichen Verständigungsprozesse rekonstruieren, die wiederum eine Grundlage für eine gültige und zuverlässige Rekonstruktion des Sinnverstehens bilden (siehe Kapitel 2).
3 Diese langsam zunehmende Bedeutung zeigt sich u. a. in folgenden Publikationen: Bohnsack/ Nentwig-Gesemann/Nohl (2001), Reckwitz (2008), Wohlrab-Sahr (2010).

Wird Kulturforschung, zu der die vorliegende Arbeit inhaltlich, vor allem aber durch methodologische Innovation, beitragen will, dadurch zur Medienforschung? Hepp (2011a, S. 22)[4] bezeichnet jene Kulturen als „Medienkulturen [...], in denen ‚die Medien' Erfolg haben, sich als diejenigen zu positionieren, die die primären Bedeutungsressourcen zur Verfügung stellen – kurz: das Zentrum (mit)bilden". Ich würde eher formulieren, dass angesichts der Unumgänglichkeit technisch vermittelter Medienkommunikation gegenwärtige Human- und Sozialwissenschaften nicht ohne ein grundlagentheoretisch fundiertes Verständnis von Handeln mit Medien auskommen. Dies lässt auch die anthropologisch ausgerichteten Medientheorien an Bedeutung gewinnen. Der Medienbegriff setzt hier basaler an, bei der Sprache, der Schrift, dem Bild. Kultur ist in dieser Perspektive immer (schon) eine Medienkultur (u. a. Slunecko 2008, Alloa 2013).

Der am Bild exemplifizierte Umgang mit Medien führt auch dazu, dass einige der Leitdifferenzen der Medienforschung, nämlich die zwischen Rezeption bzw. Rezipienten einerseits und Produkt bzw. Produktion andererseits, an Schärfe verlieren (z. B. Goertz 1995, Beck 2013). Das enthebt Forschende allerdings nicht der Aufgabe, sich damit auseinanderzusetzen, wer sich mit wem wie verständigt. „Will man die Stellung der Medien in der gegenwärtigen Welt empirisch untersuchen, so genügt es nicht, die Veränderungen von Meinungen oder Einstellungen zu messen, die sich aus dem Umgang mit Medien ergeben mögen. Es kommt vielmehr darauf an", fordert Keppler (2012, S. 112), „diesen Umgang selbst zu untersuchen – und damit die Art und Weise, wie sich soziale Praxis durch die Nutzung von Medien verändert[,] und zugleich, wie diese Nutzung ihrerseits auf das Angebot der Medien zurückwirkt."

Obwohl in der zitierten Position Medien als etwas verstanden werden, was „zurückwirkt" – im Gegensatz zu der hier vertretenen Perspektive, dass sich etwas durch das Zusammenspiel bestimmter Praktiken konstituiert (siehe auch Kapitel 5) –, wird Folgendes klar: Ein empirischer Zugang zum Handeln mit Medien muss die Seite der Medien und die Seite derjenigen, die damit zu tun haben, in den Blick nehmen. Wobei die beiden Seiten weder etwas grundsätzlich Verschiedenes sind, noch in eins fallen.

Ersteres ist bei einer unidirektionalen Forschungsperspektive der Fall, die in der Medienforschung häufig eingenommen wurde. Die klassische Wirkungsforschung mag ein Beispiel geben: Medien bzw. mediale Produkte wirken quasi als Fremdkörper auf mehr oder weniger passive ‚Opfer'. Im Uses-and-Gratification-Ansatz werden Medien, wieder als etwas strukturell Fremdes gedacht, von einem aktiven Publikum für ihre Zwecke genutzt[5] (u. a. zusammenfassend Keppler 2010,

---

4 Vgl. auch Hepp 2008, S. 134; 2010, S. 231; 2011b, S. 56.
5 Vgl. dazu das Beispiel von Latour (1998, S. 31 f.) zum Unterschied der „Materialisten", die damit argumentieren, dass Waffen Menschen töten, und der „National Rifle Association (NRA)", dass es Menschen sind, die töten, und nicht die Waffen (siehe Kapitel 3.1). Beide Gruppen klammern die Vermittlung zwischen Mensch und Technik aus. Ebenso wird in den im Text angeführten Ansätzen der Aspekt der Vermittlung ausgeklammert – was gerade bei Medien (Medium bedeutet schließlich

Geimer 2010). Ein Beispiel dafür, dass die Seite der Medien mit der Seite derjenigen, die damit zu tun haben, in eins fällt, geben jene Ansätze und Untersuchungen, die sich entweder nur mit Medienprodukten oder nur mit dem Umgang damit auseinandersetzen und auf dieser Grundlage Aussagen über die jeweils andere Seite treffen.[6]

Das sozialwissenschaftliche Konzept des Verstehens erfordert allerdings einen bidirektionalen Zugang (siehe Kapitel 5). Damit ist eine Perspektive gemeint, die beide Seiten des Medienhandelns in den Blick nimmt und sie entsprechend grundlagentheoretisch fundiert. Programmatisch wird diese Aufgabe mittlerweile häufig formuliert. Im Anschluss an Johnson (1986) beschreibt z. B. Hepp (2010, S. 231) einen „Kreislauf der Medienkultur", der sich zwischen den drei Artikulationsebenen von Produktion, Darstellung und Aneignung vollzieht. Forschungspraktisch eingelöst wurden diese Ansätze allerdings bisher kaum. Wenn Bohnsack und Geimer (2015, S. 297) in „der Analyse von Bildmedien", wo sich freilich „viele Berührungspunkte zwischen Produkt- und Rezeptionsanalysen" finden, ein methodologisches Manko feststellen („methodologisch bleibt das Verhältnis allerdings [...] vielfach ungeklärt"), liegt das nicht zuletzt am Mangel an empirischen Studien, die diese beiden Seiten systematisch aufeinander beziehen.

Die vorliegende Arbeit will diese Lücke schließen und widmet sich daher der Frage, wie Bilder, die in (Massen-)Medien Verbreitung finden, in ihrer *Bildlichkeit* im Alltag Relevanz gewinnen und wie dieses (ikonische) Alltagsverständnis hilft, Funktionsweisen der Bedeutungskonstitution von Medienangeboten zu rekonstruieren.[7] Dabei erfolgen Theorieentwicklung und empirische Arbeit, in Manier der rekonstruktiven Methoden, in enger Verknüpfung. Die ausgearbeitete Theorie fängt auf grundlagentheoretischer Ebene ein, was mit der empirischen Arbeit geleistet werden konnte. Im nächsten Schritt geht es darum, wie sich die bisherigen Ausführungen zu Ikonizität in ein Konzept von (Massen-)Medien einordnen lassen und in welcher Weise ein praxeologischer Ansatz für Medien- und Kommunikationsforschung interessant ist.

„Mittel, Mittler", siehe Wahrig 2000) aus einer theoretischen, weniger aus einer historischen Perspektive verwunderlich ist.

6 Liebes und Katz (1990, S. 8) kommentieren diese Formen der Forschung folgendermaßen: „Research on ownership patterns, ratings research, and content analysis are all oriented primarily to assessment of the influence of senders on receivers in indirect ways [...]; audiences are assumed by their mere presence to be mesmerized [...]. These are substitutes for the study of actual effects on audiences, because proving effects is difficult."

7 Die Platzierung des Kapitels an dieser Stelle wurde gewählt, um die Ideen zur Ikonizität unmittelbar in die Diskussionen zu Grundlagentheorien massenmedialer Kommunikation mit hineinnehmen zu können. Für die Darstellung des (grundlagen-)theoretischen Gesamtrahmens bedarf es noch der Entfaltung des praxeologischen bzw. habitustheoretischen Zugangs der dokumentarischen Methode. Dafür muss etwas weiter ausgeholt werden.

3.1 Bild als Medienangebot

Eine der wenigen Theorien zur Medien- und Kommunikationswissenschaft, die dem Bild eine eigenständige Rolle zuteilt und es systematisch einbaut, entwirft Siegfried J. Schmidt. Die Schlüsselstelle dieser Theorie bzw. Metatheorie der Kommunikationswissenschaft ist mit der sogenannten „Systematisierung von Mediensystemen" angesprochen, die auch als „Medienkompaktbegriff" (Schmidt/Zurstiege 2007, S. 63 f.; Schmidt 2012) in der Literatur zu finden ist. Dabei geht es Schmidt, dessen Arbeit aus den Ideen des Konstruktivismus und der Systemtheorie schöpft, nicht „um die Erarbeitung eines definitiven oder gar wahren Medienbegriffs, sondern um die Formulierung [...] eines [...] arbeitsfähigen Begriffs" (Schmidt 2012, S. 144). Mit einem „arbeitsfähigen Begriff" strebt er nicht zuletzt ein Modell an, das sich für die empirische Forschung eignet; ein lohnendes Unterfangen, da es der *empirischen* Medien*forschung* häufig an (Meta-)Theorien fehlt, die in der Lage wären, die Komplexität des Feldes einigermaßen in den Griff zu bekommen. In Übereinstimmung mit dem hier vertretenen Anliegen gehört dazu auch, auf die Medienvergessenheit der Kommunikationsforschung aufmerksam zu machen und grundlagentheoretisch Überlegungen anzubieten, die Voraussetzungen für eine Kommunikationsforschung schaffen, die die Eigengesetzlichkeit der Medien – Bild und Sprache (bzw. grundsätzlich auch Töne) – mitdenkt.

Der „Medienkompaktbegriff [...] synthetisiert folgende vier Komponenten" (Schmidt 2012, S. 144 und 2000):
(1) „Kommunikationsinstrumente", insbesondere „gesprochene Sprache" und „Bilder", aber auch „Töne" und „nonverbale Kommunikationsmittel",
(2) „Medientechniken" bzw. „technische Dispositive",
(3) „institutionelle Einrichtungen", wie „Verlage" oder „Rundfunkanstalten",
(4) „Medienangebote", wie „Bücher, Zeitungen, Fernsehsendungen usw.", die aus dem Zusammenwirken der ersten drei Dimensionen hervorgehen.[8]

Die vier Komponenten können als „systemisches, *sich selbst organisierendes* Zusammenwirken" (Schmidt/Zurstiege 2007, S. 64) verstanden werden. Bei der empirischen Beschäftigung mit Medienangeboten gilt es daher, die Möglichkeiten, die durch „Kommunikationsinstrumente, Medientechnologien und soziale Ordnungen" (Schmidt/Zurstiege 2007, S. 64) bereitgestellt werden, zu berücksichtigen, bzw. dass und vor allem *wie* diese Komponenten in ihnen zum Ausdruck kommen. Denn erst „im geregelten Zusammenwirken von Handlungen und Kommunikation [...] entsteht das, was Mediensysteme als [...] ihre Produkte anbieten: Medienangebote. Genau aus diesem Grund müssen Medienangebote auch als Prozessresultate und nicht als eigenständige Entitäten analysiert, interpretiert und bewertet werden" (Schmidt 2012, S. 148). Insbesondere der Punkt, dass Medienangebote als

---
[8] Ähnliche Komponenten oder „Dimensionen" finden sich bei Kubicek (1997) und Hepp (2010).

„Prozessresultate" betrachtet werden, schafft Anschlussmöglichkeiten für praxeologisch ausgerichtete Forschung – dazu komme ich später (siehe Kapitel 4). Zunächst geht es darum, die Komponenten, die zu diesem Resultat – also dem Medienangebot – führen, zu skizzieren.

Unter *„Kommunikationsinstrumente"* wird letztlich genau das verstanden, was in Kapitel 2 mit dem Begriff „Medium" belegt wurde, nämlich Sprache, Bild und ‚Töne'[9] mit ihren je unterschiedlichen – autopoietischen – Eigenschaften. Diese Komponente der „Systematisierung von Mediensystemen" schließt also Bildlichkeit nicht nur ein, mit ihr wird vielmehr eine *Differenzierung* von sprachlich, bildlich oder auch musikalisch gegebenen Medienangeboten eingefordert. Mit Bezug auf Imdahls Arbeiten heißt es: „Wenn man sich diese grundsätzlichen Aspekte von Bildern und Bildwahrnehmung klargemacht hat, kann man wiederum mit Hilfe der [...] Systematisierung von Mediensystemen die Fragestellungen bzw. die Beobachtungsszenarien einer Theorie visueller Kommunikation ausbuchstabieren, [...] wobei als Kommunikationsinstrument Bilder eingesetzt werden. Dabei geht es grundsätzlich um die Differenz zwischen den Kommunikationsinstrumenten Bild und Sprache [...]." (Schmidt/Zurstiege 2007, S. 236)

Die Darstellung dieses Theorieaspekts hat deutlich programmatischen Charakter und bestätigt die Forschungslücke im Bereich des Bildes. Andere Aspekte der Theorie werden im Unterschied dazu von Schmidt (2000) sowie Schmidt und Zurstiege (2007) entlang einer Fülle von Forschungsbeispielen entwickelt. Interessanter als der Hinweis auf die Forschungslücke sind an dieser Stelle allerdings die Übereinstimmungen in der Konzeption von Sprache und Bild mit der Position, die in den ersten beiden Kapiteln ausgeführt wurde. Dort nämlich, wo Schmidt sich (ursprünglich aus der Literaturwissenschaft und Philosophie kommend) aus kommunikationswissenschaftlich-medientheoretischer Sicht mit Sprache und Bild beschäftigt, geht es auch und ganz wesentlich um deren Selbstreferenzialität.

Er versteht unter Kommunikationsinstrumenten Sprachlichkeit bzw. Ikonizität mit ihren je unterschiedlichen Möglichkeiten zur Sinnbildung bzw. Abstraktion. Es handelt sich also um Prinzipien, und zwar genau jene Prinzipien, die Luhmann als „Medien" bezeichnet. „Kommunikationsinstrumente" sind bei Schmidt unabhängig von (medien-)technischen Dispositiven und Institutionen. Sobald Sprache (Texte) und Bilder mithilfe medientechnischer Dinge erzeugt werden, werden sie als *„Medienangebote"* verstanden.[10] Die Vermeidung des Begriffs „Medium"[11] im Zu-

---

9 Letztlich müsste man hier von Schall bzw. Musik sprechen und auch Geruch (Geschmack) (vgl. Corbin 1984 und Raab 2001) und Taktiles mitdenken.
10 Luhmanns Begriff der „Form" wird dadurch differenzierter. Ein konkretes Bild aus der Werbung ist bei Schmidt z. B. nicht Form, sondern *Medienangebot*, bei welchem nicht nur das Medium bzw. Kommunikationsinstrument mitzudenken ist, sondern auch die *technischen Mittel und die beteiligten Institutionen.*
11 Schmidt beruft sich auf Luhmanns Unterscheidung von Verbreitungsmedien, wie Schrift, Druck und Funk, und symbolisch generalisierten Kommunikationsmedien, wie Geld, Liebe und Macht, geht aber auf Luhmanns „von Heider übernommene Unterscheidung Form/Medium" ganz explizit nicht ein (Schmidt 2000, S. 77).

sammenhang mit Bildlichkeit und Sprachlichkeit begründet Schmidt mit einer aus seiner Sicht notwendigen Entschlackung des Begriffs. Dem „uferlosen' Gebrauch von ‚Medium'" (Schmidt 2012, S. 151) soll vorgebeugt werden, da zwischen einer „interaktiven" und einer „medienvermittelten Kommunikation unterschieden" (Schmidt 2012, S. 151) werden soll. Erstere erfolgt unter anderem durch Sprache und Bild sowie prinzipiell unabhängig von den beiden anderen Komponenten des Mediensystems. Der Begriff „Medium" bliebe so der (massen-)medienvermittelten Kommunikation vorbehalten.

Im Grunde sind Ikonizität, Sprachlichkeit oder auch Musizität *Medialitäten* und keine „Instrumente", denn es geht um die Struktur der jeweiligen Medien. Der Begriff „Medialität"[12] soll in der Folge statt „Kommunikationsinstrument" verwendet werden. In der Medialität liegen die Bedingungen der Möglichkeit für Verständigung auf der Basis von Sinn und Bedeutung. In der anthropologisch ausgerichteten Medientheorie ist aber eher von Medien als von Medialitäten die Rede (u. a. Slunecko 2008; Alloa 2013, S. 16 f.). In diesem Sinne wird auch hier fallweise mit dem Begriff „Medium" gearbeitet, wenn z. B. vom „Medium Bild" bzw. vom „Medium Sprache" die Rede ist.

Mit den *technischen* Trägern der Medien, den *„technischen Dispositiven"*, wie Schmidt sie nennt, ist insofern ein zentraler Punkt massenmedialer Kommunikation berührt, als ihre Existenz und damit ihre Bedeutung für die Kommunikation, wie jene der Kommunikationsinstrumente bzw. Medien, oft unterschlagen wurde. Das mag daran liegen, dass sie, solange sie funktionieren, aus unserem Bewusstsein verschwinden (siehe Kapitel 2.1). Das Wissen um den Umgang mit ihnen ist tief in die Handlungspraxis eingelassen. Es funktioniert dann am besten, wenn wir nicht darüber nachdenken. Als kleines Beispiel kann so Simples wie Treppensteigen dienen: Bloß nicht nachdenken, wenn es schnell gehen soll! Im Bereich von Medien handelt es sich in der Regel um komplexe Technologien, die nicht nur hinter unserer bewussten Wahrnehmung operieren, sondern von deren technisch-funktionaler Grundlage wir oft wenig Ahnung haben (Latour 1998).

In der klassischen Theoriebildung der Kommunikationswissenschaft spielten technische Artefakte lange eine untergeordnete bzw. oft sogar keine Rolle. Mitunter wurden sie als „aussageneutral" (Saxer 1975, S. 210) betrachtet (und Medialität bzw. „Kommunikationsinstrumente" oder „Medien" gar nicht erst in die Betrachtungen mit einbezogen). Nicht jedes technische Gerät, das einen Kommunikations-

---

[12] Auch Saxer (2012) arbeitet in seiner umfassenden Auseinandersetzung mit der „Mediengesellschaft" mit dem Begriff „Medialität". Seine Verwendung hier ist wesentlich umfassender und bezieht sich letztlich auf alles, was mit vermittelter Kommunikation zu tun hat. In vielen Aspekten gibt es Überschneidungen mit der Konzeption von Saxer und dem hier vertretenen Medienbegriff, z. B., dass „Medialität anthropologisch" (Saxer 2012, S. 47) gedacht wird (siehe Kapitel 2). Der große Unterschied liegt darin, dass Saxer bei der Idee von Zeichen bzw. „Zeichensystem und Kanal" (Saxer 2012, S. 46) ansetzt, einem Modell, das jenem von Botschaft und Kanal ähnelt und das in der Folge noch sehr kritisch betrachtet wird.

kanal bereitstellt, gibt aus dieser Perspektive schon ein Medium ab. Vielmehr komme es erst durch Institutionalisierung der technischen Möglichkeiten zu einer formalen und inhaltlichen Differenzierung (Saxer 1975, S. 210).

In neueren Arbeiten werden die medientechnischen „Prägekräfte" (Hepp 2011a, 2011b, 2013) zunehmend thematisiert und in theoretische Konzeptionen vor allem im Kontext des Alltagshandelns mit und in Medien integriert, etwa in den Konzepten der „kommunikativen Figurationen" (Hepp 2013), der „Mediendispositive" (Lepa/Krotz/Hoklas 2014) oder der „Affordanzen" (Zillien 2008). Allerdings steht eine Diskussion konkreter empirischer Zugänge, also eine methodologische Diskussion, sowie eine empirische Fundierung und Weiterentwicklung der jungen Konzepte noch weitgehend aus.[13] Das Mitdenken technischer Artefakte hat in den angloamerikanischen „Media Studies" jedenfalls mehr Tradition (Silverstone 1994), und angrenzende Disziplinen wie „Science and Technology Studies" oder „Human Computer Interaction Studies" gewinnen an Relevanz; hier geht es mitunter sogar eher um die Vermeidung eines drohenden Technikdeterminismus in der Medienforschung. Einschlägige Auseinandersetzungen mit empirischen Methoden (u. a. Brosius/Koschel/Haas 2012) räumen dementsprechend Medientechniken keinen systematischen Platz ein.

Letztlich kann man insbesondere der deutschsprachigen Kommunikationswissenschaft neben einer gewissen Medienvergessenheit auch eine lang anhaltende „Technikvergessenheit" attestieren, wie sie Werner Rammert (1998a) der Soziologie vorgeworfen hat. Auch bei Schmidt (2000) selbst findet sich wenig Konkretes dazu. Es bleibt bei der Aufforderung, dass „technische Dispositive [...] nicht als neutrale Komponenten von Mediensystemen angesehen werden" dürften, da sie „strukturelle Effekte" hätten[14] (Schmidt/Zurstige 2007, S. 145). Wie sich diese zeigen bzw. wie sie empirisch zugänglich werden, bleibt offen.

Einige Autorinnen und Autoren fordern hier neue Zugänge, da weder Medieninstitutionen noch Medienforschung Medienwandel und -krise, wie das häufig bemühte „Zeitungssterben", in den Griff zu bekommen scheinen: „Unsicherheiten" und „Unverständnis" (Schaffar/Körber 2013, S. 8) gegenüber aktuellen Entwicklungen liegen nicht zuletzt in der „völlig neuen Art der Herangehensweise von NutzerInnen an das Web" begründet, die oft nicht entsprechend eingeschätzt wird und zu deren Erforschung theoretische, vor allem aber methodologische Ansätze fehlen (Schaffar/ Körber 2013, S. 15). Die veränderte Praxis wird u. a. mit einem generationell und milieutypisch unterschiedlichen medientechnischen Verständnis in Zusammenhang gebracht. Wenn man dieser neuen „Medienpraxiskultur" (Schäffer 2003) wissenschaftliche Aufmerksamkeit schenken will, kommt man nicht daran vorbei, einen

---

13 Vgl. dazu die Analyse von Bildpraktiken von Schreiber (2015).
14 In der Interpretation des Materials findet diese Komponente zwar systematisch Berücksichtigung, nicht aber z. B. im Sampling, da die Seite der medientechnischen Dinge, obwohl sie gerade für das Bild besonders wichtig ist, in dieser Arbeit nicht den Fokus bildet.

empirischen Zugang zum Handeln mit Technik zu entwickeln, also eine praxeologisch fundierte Methodologie, die diese Entwicklungen einfangen kann.

Eine Weichenstellung für diesen Zugang zur Verständigung im Medium Bild wurde auf der Grundlage von Luhmanns Auseinandersetzung mit Medium und Form gelegt. Eine ähnliche Weichenstellung für den Zugang zum Handeln mit Technik wird in der Folge anhand technikphilosophischer Arbeiten Latours vorgenommen (Schäffer 2001 und 2003). Wie Luhmann (siehe Kapitel 2.1) bricht Latour systematisch mit dem Common Sense und erzwingt auf diese Weise Beobachtungen zweiter Ordnung: Mit seiner Perspektive auf Sprache und Bild[15] richtet Luhmann das Augenmerk auf das Medium[16] als Voraussetzung bzw. Möglichkeit für Sinnkonstitution und damit auf das „Wie" der Herstellung von Inhalt und Bedeutung, dem „Was".[17] Einen ähnlichen Bruch mit dem Common Sense und damit den Schritt zu Beobachtungen zweiter Ordnung[18] vermag der Zugang Latours zu leisten. Er macht es sich mit seiner Theorie der Technik zur Aufgabe, mit Technikmythen und der „Ignoranz gegenüber der Technik", deren „Tiefe" in seinen Augen „unergründlich" (Latour 1998, S. 42) ist, aufzuräumen. „Einwände des gesunden Menschenverstandes", so Latour (1998, S. 36), also des Common Sense, gegen die Relevanz der Technik für die Verfassung von Gesellschaft sowie für Handeln und Entscheiden „führen weder hier noch in der Wissenschaft besonders weit". Techniken wird bei Latour nicht erst durch ihre Institutionalisierung Bedeutung zuteil. Ganz im Gegenteil:

Die Geschichte der Menschheit kann aus Latours Sicht nur als eine „soziotechnische Geschichte" erzählt werden, nicht als zwei parallele Geschichten der technischen und der soziokulturellen Entwicklung. Der Weg vom „Feuerstein zum Kernkraftwerk", so Latour (1998, S. 78), sei schließlich nicht als direkte technische Route beschreibbar. Als Technik gelten gegenständliche Dinge bei ihm, sobald sie zu einem bestimmten Zweck, z. B. als Werkzeug, aus dem Kontext der Natur gelöst wurden. Das fängt beim Stein, der Werkzeugfunktion haben kann, an (Slunecko 2008). Aber „was ist dann ein Werkzeug?", fragt Latour (1998, S. 78). Wenn ein Stein zur Bearbeitung weiterer Steine dient, so die Antwort, wird er zum sozialen Gegenüber, zum Partner, mit dem ein weiterer Partner entstehen kann, usw. „Werkzeuge" sind, so gesehen, „Ausdehnungen von sozialen Fertigkeiten auf Nichtmenschen" (Latour 1998, S. 78).

---

15 Bzw. auch Töne und Geruch (zu Geruch vgl. Corbin 1984, Raab 2001).
16 Z. B. Ikonizität, bzw. allgemeiner: Medialität, wie eben und in Kapitel 2 ausgeführt.
17 Die Beobachtungen zweiter Ordnung erlauben einen systematischen empirischen Zugang zu Prozessen der Verständigung. Diese Beobachtungshaltung findet sich z. B. *nicht* in der Inhaltsanalyse (Mayring 2000).
18 Mit „Beobachtungen zweiter Ordnung" bezeichnet Luhmann (1990, S. 86 f.) eine wissenschaftliche Beobachtungsweise, die sich die Grundlage für die Möglichkeiten der Beobachtung vergegenwärtigt. „Was-Fragen verwandeln sich" in dieser Beobachtungshaltung „in Wie-Fragen" (Luhmann 1990, S. 95), also in die Frage, wie soziale Phänomene und Tatsachen hergestellt werden.

Was auf den ersten Blick wie eine Mystifizierung der Technik wirkt, deckt die eigentlichen Mystifizierungen auf. Das wird in folgendem Beispiel deutlich: In den USA herrscht ein klassischer Streit zwischen der Waffenlobby, vertreten durch die National Rifle Association (NRA),[19] und den Materialisten, die sich für eine Einschränkung des Waffenverkaufs und -besitzes einsetzen. „Feuerwaffen töten Menschen", so die Ansicht der Materialistinnen. „Es sind Menschen, die töten, nicht die Waffen", kontert die NRA. Latour macht auf die Absurdität *beider* Aussagen aufmerksam. Weder kann ernsthaft behauptet werden, dass Schusswaffen von alleine töten, noch, dass sie im Akt des Tötens ein neutrales Objekt darstellen. Letztlich sind beides Mythen. Latour (1998, S. 34) formuliert eine dritte Position: „Mit der Waffe in der Hand bist du jemand anderes, und auch die Waffe ist in deiner Hand nicht mehr dieselbe Waffe."

Techniken haben „Handlungsprogramme" als eine „Abfolge von Zielen, Schritten und Intentionen"[20] und werden von Latour (1998, S. 33) als „Nichtmenschen" oder „Aktanten" – im Unterschied zu menschlichen „Akteuren" – bezeichnet. Ein Mensch mit einer Waffe in der Hand wird so gesehen zu einem Dritten, einem „Hybrid-Akteur aus Waffe und Schütze" (Latour 1998, S. 33).

Immer wieder führt Latour in seinen Beispielen die kontraintuitive „Symmetrie von Akteur und Aktant" vor Augen und zwingt uns so „zur Aufgabe der Dichotomie von Subjekt und Objekt, bei der es sich um eine Unterscheidung handelt, die dem Verständnis von Technik, ja sogar dem Verständnis von Gesellschaften im Weg ist" (Latour 1998, S. 36). Für eine empirische Forschung, die auf der Leitdifferenz der Unterscheidung von Subjekt und Objekt beruht, mag in dieser Auffassung bestenfalls eine Provokation stecken. Für die rekonstruktive Forschung (Przyborski/Wohlrab-Sahr 2014, Bohnsack 2014a) beinhaltet dieses Denken weitreichende Anschlussmöglichkeiten (Schäffer 2003, Kapitel 5).

Zu den technischen Dispositiven soll, in diesem Sinn, nicht nur die Hardware, sondern auch die Software gezählt werden. Erst in der Verschachtelung der Techniken mit ihren verschiedenen Funktionen (oder „Handlungsprogrammen") kommt es zu Plattformen, auf denen dann Bilder eine Rolle spielen. Bilder werden nicht nur von den unterschiedlichsten Hybridakteuren gemacht, sondern auch weiterprozessiert. Ein Hybridakteur aus Mensch und dem Bildbearbeitungsprogramm Photoshop ist mit Sicherheit ein anderer als jener aus Mensch und Dunkelkammer. „Wer verändert Bilder, wer verkleinert die Nase, wer bringt die Augen so richtig zum Leuchten", würde Latour vielleicht fragen, „das Transformationssubprogramm in Photoshop oder der Fotograf?" „Es ist ganz einfach", lässt sich mit

---

19 „The National Rifle Association not only advocates the right to keep and bear arms, but actively champions gun safety, education and training. The organization's expansive footprint touches nearly every group – law enforcement, military, hunters, marksmen, youth and women." (NRA Directory, http://home.nra.org/directory [letzter Aufruf: 18.09.2014]).

20 „Ingenieure", so räumt Latour (1998, S. 35) ein, „ziehen es vor, von Funktionen zu sprechen."

Latour selbst antworten: „Handeln ist kein Vermögen von Menschen, sondern die Fähigkeit einer Verbindung von Aktanten, [...]. Es kann dazu kommen, dass vorläufige ‚akteuriale' Rollen [...] zugeschrieben werden, aber nur, weil diese Aktanten sich in einem ständigen Prozess des Austausches von Kompetenzen befinden, während dessen sie sich neue Ziele und Funktionen zuspielen." (Latour 1998, S. 38) So gesehen geht es weniger darum, die neuen Nutzerinnen des Web 2.0 (u. a. Ebersbach/Glaser/Heigl 2010) zu untersuchen, sondern es ist ein empirischer Zugang zu den neuen Hybridakteuren zu finden.

„Institutionelle Einrichtungen", wie es bei Schmidt (2000) heißt, oder auch *„soziale Institutionalisierungen"* (Schmidt/Zustiege 2007) – als dritte und letzte Komponente – sind im Unterschied zu den beiden anderen Komponenten in der kommunikationswissenschaftlichen Theoriebildung und empirischen Forschung vergleichsweise üppig vertreten, weil ihnen als „Kommunikatoren" (Burkart 2002, S. 486 ff.) viel theoretische und empirische Aufmerksamkeit entgegengebracht wurde und wird.

Im Licht der jüngeren Entwicklung gewinnt auch diese Komponente an Dynamik: Management und Führung entfernen sich vor allem im traditionellen Bereich der Massenmedien – Print und Fernsehen – immer weiter von der Praxis. Entscheidungen folgen einer betriebswirtschaftlichen und nicht einer medienpraktischen Logik (Altmeppen 2012, S. 48). Auch im jungen Format der Social Media zeigen sich völlig neue Konstellationen: Kommerzielle Betreiber bieten bestimmte Strukturen an, die von Privatpersonen und (kommerziellen) Institutionen mit Bildern, Texten und Videos gefüllt werden. Damit zeigt sich allerdings auch auf dieser Ebene, dass die klassische Trennung von Produkt und Rezeption insofern nicht mehr haltbar ist, als sie für die Beschreibung des Handelns mit Medien in dieser Form nicht greift.

Diese Entwicklungen lassen sich in der „Systematisierung von Mediensystemen" abbilden. Medienangebote – in der Aufzählung von Schmidt (2012, S. 144 und 2000) als vierte Komponente genannt – resultieren zwar aus den drei beschriebenen Komponenten. Sie existieren aber nicht getrennt von denjenigen, die dann etwas mit den Medienangeboten zu tun haben. Das gilt für die Institutionen ebenso wie für die Techniken und die Medialitäten. Als kulturelle Wesen sind wir in diese Strukturen quasi eingetaucht. Sie sind immersiv zu denken und umfassen Medienangebote und den Umgang damit.

Zusammenfassung
Der dritte Schritt zur Klärung, wie wir uns empirisch-qualitativ der *Funktion von Bildern für die wechselseitige Konstitution von Medien und Alltag* nähern können, führt über die Auseinandersetzung mit massenmedial vermittelter Kommunikation, zunächst über die *Einordnung* des Begriffs von *Ikonizität*, bzw. *allgemeiner: Medialität*, in ein Modell von Kommunikation, das Massenmedien und Social Media einschließt.

Konkrete Medienangebote (Anzeigen, Filme, Zeitungsartikel) sind als Spur bzw. Dokumente sinnstrukturierenden Handelns zu denken. Mit Rückgriff auf Siegfried Schmidts Medienkompaktbegriff lassen sich *Medienangebote* auf *drei Ebenen* unterscheiden:

a) auf der Ebene ihrer unterschiedlichen *Medialitäten* (Ikonizität, Sprachlichkeit, Musizität ...);
b) auf der Ebene ihres *technischen Dispositivs* bzw. ihrer technischen/technisch-dinglichen Gegebenheit/Manifestation (im Sinne einer Ausdehnung von ‚menschlicher' Handlungspraxis auf ‚Nichtmenschliches');
c) auf der Ebene der *sozialen Einheiten* (z. B. Produktionsfirmen, Rundfunkanstalten, Freundesgruppen oder Familien), die Medienangebote produzieren.

Bilder, d. h. auch kommerzielle Bilder, sind mithin Medienangebote, die nicht durch ‚Inhalte' bzw. eine mehr oder weniger fixe Bedeutung bestimmt sind.[21] Sie werden vielmehr als *Resultat* der Komponenten institutioneller Rahmenbedingungen, Technik und Medialität, d. h. ihrer Ikonizität, gesehen.

3.2 Bildwirkung, -rezeption oder -aneignung?

Medienangebote können also als Resultate dreier Komponenten (Institutionen, Kommunikationsmedien, Techniken) betrachtet werden, die auch das Handeln der Rezipientinnen strukturieren. Dennoch reicht eine Analyse der Medienangebote allein nicht aus, vor allem dann nicht, wenn Aussagen über die Entfaltung ihrer Relevanz in bestimmten sozialen Feldern getroffen werden sollen, oder Aussagen darüber, in welchem Verhältnis diese Medienangebote zu Feldern stehen, in denen auf sie zugegriffen wird. Konkret bedeutet das: Wenn sich das Forschungsinteresse darauf richtet, wie sich Verständigung durch bzw. in Bildern vollzieht, genügt es nicht, ein Bild zu analysieren. Denn in ihm werden zunächst jene sozialen Zusammenhänge sichtbar, aus denen es hervorgegangen ist. Es geht also darum, einen empirischen Zugang dahingehend zu entwickeln, wie bestimmte Bilder in bestimmten sozialen Zusammenhängen verstanden werden bzw. ob und wie sie in und für bestimmte Handlungspraktiken relevant werden. In der Folge werden daher Ansätze zu Wirkung, Rezeption und Aneignung im Lichte dieser Frage diskutiert.

Wenn nun das Bild ein Medienangebot ist, wie es z. B. bei Werbebildern der Fall ist, kann die Analyse dieses Bildes zwar etwas über die (impliziten und/oder expliziten) Strategien der Werbebranche bzw. der Marke zutage fördern. Wie es allerdings in anderen Kontexten als jenem der Werbebranche ankommt, kann durch die Analyse des Werbebildes selbst nicht geklärt werden. Umgekehrt wird auch nicht deutlich, in welcher Weise ein derartiges Bild Bezug auf das Alltagshandeln nimmt, wie es sich aus bestimmten (kulturellen, milieutypischen ...) Handlungszusammenhängen speist. Das Verhältnis von Medienangebot und Alltagshandeln kann also nur durch eine methodisch kontrollierte Analyse beider Seiten

---

[21] Halls (2004 [1973]) Verwendung des Begriffs „Bedeutung" („meaning") changiert zwischen einer objektivistischen, die nahe beim Begriff „Inhalt", wie in der Inhaltsanalyse, ist, und einer praxeologischen, wie z. B. in rekonstruktiven Ansätzen. Siehe auch Kapitel 3.3.

empirisch untersucht werden. Seine Klärung kann man wohl getrost als eine der Gretchenfragen der Kommunikationsforschung bezeichnen:

Die Frage der „Relation von Medienprodukt und seiner Rezeption, seinem Gebrauch", wie es Bohnsack und Geimer (2015, S. 297) formulieren, ist „eine der zentralen Fragen innerhalb der theoretischen und methodologischen Diskussion der Medienforschung". Mit Schmidt und Zurstiege gesprochen (2007, S. 79), handelt es sich „generell [...] um die Frage, wie das Verhältnis zwischen Menschen und Medien diachron und synchron theoretisch modelliert werden kann"; oder wie Merten (Schmidt/Zurstiege 2007, S. 156) festhält: „Der Zusammenhang zwischen Funktion, Folge und Wirkung von Massenkommunikation harrt allerdings noch immer einer soliden Klärung."

Mit der Diskussion der Medienangebote im letzten Abschnitt wurde die eine Seite der Medienangebote in den Vordergrund gestellt und ein metatheoretischer Rahmen diskutiert, in dem die Idee der Ikonizität Platz findet. Dieser Abschnitt beleuchtet erstens die Seite des Handelns mit diesen Medienangeboten und zweitens dabei grob einige wesentliche Linien der empirischen Medienforschung.

Bis etwa in die 1950er-Jahre wurden die Rezipienten von Massenmedien von der Medienforschung in erster Linie als „manipulierte Opfer" (Keppler 2012) aufgefasst. (Massen-)Medien und Medienangebote werden in dieser Perspektive als externale Entitäten verstanden, die als Reize Wirkungen[22] entfalten und als Bedrohung oder Heilsbringer Einzelne, Kollektive oder Gesellschaften verändern[23]. Diese kritischen Stimmen sind leiser geworden. Die Frage nach der Wirkung scheint allerdings ungebrochen und bildet einen lebendigen Forschungszweig (Beck 2007, Brosius/Koschel/Haas 2012, kritisch: Schmidt/Zurstiege 2007).

Die aus der Psychologie kommende Perspektive, dass ein bestimmter Reiz (Medium oder Medienangebot) eine bestimmte Reaktion (beim Rezipienten) hervorruft, wird im hier verfolgten Ansatz insofern nicht geteilt, als im sogenannten Reiz-Reaktions-Modell, das der Wirkungsforschung implizit oder explizit meist zugrunde liegt, Sinn und Bedeutung ausgeklammert werden.[24] Es geht im Gegensatz dazu hier genau darum, Instrumente zu entwickeln, mit denen sich die Konstitution von Bedeutung im Kontext des Umgangs mit Medien rekonstruieren lässt. Dennoch kann der Wirkungsansatz in einer bestimmten Ausprägung und in bestimmter Hinsicht beispielgebend sein; und zwar dahingehend, dass die fraglichen Medienangebote *und* ihre jeweilige Wirkung einer Analyse unterzogen werden. Das heißt, es

---

22 Das ursprüngliche Stimulus-Response-Modell, das dem Behaviorismus entlehnt ist, hat freilich viel Kritik und viele Modifikationen erlebt – vom Two-step-flow of Communication über den Agenda-Setting-Approach zur Kultivierungshypothese und der Knowledge-Gap-Hypothese, um nur einige zu nennen. Überblick geben u. a. Burkart (2002), Schmidt/Zurstiege (2007) und Beck (2013).
23 Vgl. Horkheimer/Adorno (1988 [1944]), Gehlen (1956), Habermas (1962), kritisch: Habermas (1990), Mander (1978).
24 Vgl. Watson (1968).

wurden und werden beide Seiten des Medienhandelns betrachtet und in ein Verhältnis gesetzt (u. a. Till et al. 2011, Grimm 1999). Als klassisch experimentelle Studien vermögen sie allerdings das Verhältnis Alltagshandeln und Medienangebote nur unzureichend zu klären.

Als Gegenpositionen zur Wirkungsforschung lassen sich der Uses-and-Gratification-Ansatz und die Rezeptionsanalyse der Cultural Studies anführen. Beide konzipieren auf unterschiedliche Weise aktive Rezipientinnen. Ursprünglich von Katz und Foulkes (1962) und wie die Wirkungsforschung in Anlehnung an die Psychologie entwickelt, stellt der Uses-and-Gratification-Ansatz die Bedürfnisse bzw. projizierten Wünsche im Gebrauch von Massenmedien in den Vordergrund. Obwohl es um die Bedürfnisse von Rezipierenden geht, spielt auch hier ihr Alltag sowie die Konstitution von Sinn kaum eine Rolle, zumal in der Regel auf der Basis von Fragebögen und damit von Self-Report-Daten gearbeitet wird, die als wenig valide gelten.[25] Das hat dem Ansatz (wegen seiner Herangehensweise) entsprechende Kritik eingebracht.

Katz selbst kritisiert später Medienanalysen, die nur eine Seite betrachten, und legt gemeinsam mit Liebes (1990) die eindrucksvolle Untersuchung „The Export of Meaning" vor. Sie richtet sich sowohl auf das Medienangebot („Dallas") als auch auf den Medienkonsum (im Freundeskreis und mit der Familie). Auf der Basis von Gruppendiskussionen (Realgruppen) in unterschiedlichen kulturellen Milieus, von Israel über die USA bis Japan, und einer formal-inhaltlichen Analyse der Serie „Dallas" erfolgt eine Rekonstruktion der kulturell und milieutypisch unterschiedlichen Konstitution von Bedeutung im Alltag und ihres Verhältnisses zu der Serie. Die Arbeit, die bis heute leider nicht übersetzt ist, kann als beispielgebend gelten.[26] Ikonizität spielt dabei gleichwohl keine Rolle.

Auch die (Rezeptions-)Analysen der Cultural Studies gehen, wie der Uses-and-Gratification-Ansatz, von einer aktiven Rezeption aus. Es werden empirische Zugänge zur Frage entwickelt, wie Medienangebote durch die Rezipientinnen Bedeutung erlangen. Gerade der Alltag spielt dabei eine entscheidende Rolle. Beide Aspekte sind auch Schlüsselstellen der vorliegenden Studie. Es geht daher in der Folge um Formen des Verhältnisses von Medienangeboten und Alltagshandeln in den Cultural Studies. Das ist nur ein Teilaspekt, da die Cultural Studies freilich nicht auf Medienforschung beschränkt werden können. Ebenso wenig können sie mit der deutschsprachigen Kulturwissenschaft gleichgesetzt werden, wenn es auch einen regen Austausch zwischen den beiden – sehr heterogenen – Traditionen gibt. Cultural Studies werden an vielen Stellen auch und gerade im Zusammenhang mit Medienforschung bereits umfassend dargestellt und gewürdigt (u. a. Hepp/Krotz/Thomas 2009).

---

[25] Siehe z. B. Northrup (1996), Tinchon (2011, S. 113), s. a. Merten (2007, S. 377 f.).
[26] Der theoretische Rahmen wird allerdings dem innovativen Design ebenso wenig gerecht wie den spannenden Ergebnissen.

Betont wird das aktive Publikum (z. B. „the ‚active' audience", Schrøder/ Drotner/Kline/Murray 2003) bzw. auch die aktive Aneignung der Medienangebote durch die Rezipienten. Diese Aktivität wird immer in ihrem Kontext gesehen und untersucht. Massenmedien und Social Media und ihr Umgang damit sind so gesehen ein Teil des Alltagshandelns (Hepp 2010 und 2013). Dieser „grundlegenden Interdependenz von Medium und Gebrauch" (Keppler 2006, S. 26) folgt auch die vorliegende Arbeit.

Als weiterer essenzieller Faktor wird Macht im Verhältnis von Medienangeboten und Gebrauch gesehen. In dieser Perspektive der Cultural Studies enthalten Medienangebote in der Regel „dominante Codes" (Hall 2004 [1973], S. 132) bzw. „dominante Diskurse" (Hepp 2008), die der Aufrechterhaltung bestimmter gesellschaftlicher Machtverhältnisse dienen. Der „dominante" bzw. „hegemoniale Code" (Hall 2004 [1973], S. 132; Winter 1997) wird dem Produkt bzw. dem Medienangebot zugrunde gelegt. Im Zentrum der Forschungsbemühungen steht, ob Medienangebote entsprechend dieser dominanten Codes rezipiert werden oder ob Alternativen zu den durch die Medienangebote nahegelegten Bedeutungen entwickelt werden. Gegenstand ist daher häufig die Populärkultur. „In ihr werden einerseits dominante gesellschaftliche Diskurse greifbar, während andererseits in der Aneignungspraxis die alltagsweltlichen Handlungsfähigkeiten von Personen greifbar werden, die zumindest zum Teil dominanten gesellschaftlichen Diskursen zuwider laufen", formuliert Hepp (2010, S. 229).[27]

Das Verhältnis von Medienangebot und Alltag ist hier also durch inhaltliche Vorannahmen geprägt. Die Frage, wer auf welcher Grundlage und auf welche Weise feststellt, worin der dominante Diskurs besteht, bleibt offen. Diese Frage ist insofern knifflig, als sie die Forschenden selbst in eine fragwürdige Position der Macht bringt: Denn von welchem Forschungsstandort aus kann bestimmt werden, worin der dominante Diskurs besteht? Letztlich nur aus einer Position der ‚Über-Macht'.[28] Auch aus diesem Grund werde ich in der Folge nicht mit dem in der deutschsprachigen Bezugnahme auf die Cultural Studies häufig verwendeten Begriff der „Aneignung" (u. a. Hepp 2008, Winter 2010) arbeiten.

Bohnsack und Geimer (2015) sehen in dieser Herangehensweise einen – unvollständigen – Versuch der Lösung des Problems der Polysemie von Medienangeboten. Ein „Weg der Bewältigung des Problems der Polysemie in den Cultural Studies" erfolgt ihnen zufolge in der Unterstellung, dass „die Forschenden am Produkt selbst derartige [...] dominante Lesarten identifizieren können, an denen sich die Rezipierenden mehr oder weniger kritisch oder affirmativ orientieren" (Bohnsack/ Geimer 2015, S. 299). Sie sehen in der Konzeption des Verhältnisses von Produkt- und Rezeptionsanalyse durch die Cultural Studies dementsprechend eine „Tendenz

---

27 Siehe auch Hepp (2013, S. 11), Hartmann/Berker/Punie/Ward (2006) und Winter (2001).
28 Eine ausführliche Darstellung (ähnlich) kritischer Positionen findet sich in Geimer (2010, S. 98 ff.).

zur Auflösung der Produkt- in eine Rezeptionsanalyse" (Bohnsack/Geimer 2015, S. 299). Diese Kritik trifft stärker noch jene ethnografisch ausgerichteten Studien, die sich auf reine Rezeptionsanalysen stützen, verbunden mit dem Anspruch, davon ausgehend Aussagen über das Verhältnis von Medien und Gesellschaft zu treffen (Bohnsack/Geimer 2015, S. 299).

In umgekehrter Richtung kann man diese Kritik auch gegenüber jenen Ansätzen in Anschlag bringen, die nur das Medienprodukt einer Analyse unterziehen und auf *dieser* Basis Aussagen über das Verhältnis von Medien und Gesellschaft treffen. Denn hier handelt es sich um eine Auflösung von Rezeptionsanalyse in eine Produktanalyse. Bilder aus Massenmedien sind häufig Gegenstand wissenschaftlicher Aufmerksamkeit. Dabei werden die Ergebnisse ihrer Analysen aber nicht selten mit der Form bzw. den Effekten ihrer Rezeption gleichgesetzt. Oder sie werden als Träger des öffentlichen Diskurses untersucht. Wie und ob diese öffentlichen Diskurse in der Alltagswelt ankommen und verhandelt werden, bleibt ohne empirische Basis. Analyseergebnisse des öffentlichen Diskurses werden aber oft mit ihrer Rezeption im Alltag gleichgesetzt (siehe Kapitel 1.4).

Ein empirischer Zugang zu alltäglicher Bedeutungskonstitution, der Medienhandeln einschließt, muss also beide Seiten des Medienhandelns berücksichtigen. Alle Ansätze, die nur eine Seite untersuchen, wie es in der Rezeptionsforschung ebenso wie häufig in der Wirkungsforschung, im Uses-and-Gratification-Approach und in manchen Spielarten der Aneignungsforschung der Fall ist, greifen hinsichtlich dieser Frage zu kurz. Anknüpfungspunkte bietet die Wirkungsforschung für diese Bemühungen dort, wo sie beide Seiten des Medienhandelns berücksichtigt (u. a. Vitouch 2007). Da es sich hier allerdings um einen vorwiegend experimentell-naturwissenschaftlich orientierten Zweig der Medienforschung handelt, spielen in ihm der Alltag sowie die Konstitution von Bedeutung eine untergeordnete Rolle. Dennoch ist eine gewisse Inspiration für das Forschungsdesign der vorliegenden empirischen Arbeit durch entsprechende Studien nicht zu leugnen.

Die Medienforschung der Cultural Studies bietet hinsichtlich der Konstitution von Bedeutung im Alltag stärkere Anknüpfungspunkte, denn beiden Aspekten des Medienhandelns wird hier ein zentraler Stellenwert beigemessen. Die vorliegende Arbeit schließt dennoch nicht unmittelbar an das Konzept der Aneignung an. Denn auch wenn beide Seiten des Medienhandelns berücksichtigt werden, arbeiten die Cultural Studies wie oben ausgeführt mit der Unterstellung einer Existenz von dominanten und alternativen Codes. Diese Unterstellung ersetzt eine erkenntnisleitende Differenz, die eine Differenzierung der Erkenntnisleistung im Alltag von jener in der Wissenschaft erlaubt, aber erst eine „genauere Bestimmung der Relation der Alltagsinterpretationen zu den Interpretationsleistungen der Forschenden vermag den Anspruch einer Wissenschaftlichkeit zu begründen und damit schließlich auch den Aufwand an Ressourcen zu legitimieren, der darin investiert wird" (Bohnsack/Geimer 2015, S. 300). Diese Differenzierung wird in Kapitel 4 ausführlich begründet.

3.3 Konstitution von Medienkulturen – ein von beiden Seiten aktiver Prozess

Die Konstitution von Medien und Kultur bzw. Kultur und Medien lässt sich nur untersuchen, wenn beide Seiten grundlagentheoretisch erfasst sind und sie auf dieser Basis in ein Verhältnis gesetzt werden. Dabei sind, wie die bisherigen Argumente schon in einem ersten Ansatz gezeigt haben, Medienangebote und der kultur- und milieuspezifische Umgang mit ihnen weder als etwas völlig voneinander Getrenntes und prinzipiell Fremdes zu denken, noch können die beiden Seiten ineinander aufgelöst werden.

Keppler (2010, S. 103) drückt diesen Gedanken wie folgt aus:

> Es ist dies sowohl die Frage nach der Konstruktion von Wirklichkeit in den Medien als auch im Anschluss an die Medien. Sie betrifft nicht allein das Problem der Auswahl von Ereignissen durch mediale Präsentationen, sie betrifft ebenso die Art und Weise der audiovisuellen Präsentation medialer Produkte und deren Einfluss auf die Vorgänge der Rezeption. Dabei ist von vornherein zu beachten, dass die Konstruktion medialer Wirklichkeit sowohl auf Seiten der Produzenten wie der Rezipienten ein aktiver Vorgang ist. [...] Nur eine gleichwertige Berücksichtigung dieser Pole kann in meinen Augen zu einer erhellenden Antwort auf die Frage führen, ob und wie uns durch die Orientierungs- und Sinnangebote der Medien Vorgaben für die Ausgestaltung kollektiver Welt- und Selbstbilder gemacht werden.

Wichtig ist dabei, dass es sich um einen Vorgang handelt, der zwei voneinander unterscheidbare Pole beinhaltet. Beide sind aufeinander bezogen und durch Aktivität gekennzeichnet. Sinnproduktion findet sowohl innerhalb massenmedialer bzw. Social-Media-Strukturen als auch in alltäglichen Zusammenhängen statt, die nicht (in erster Linie) auf die Produktion von Medienangeboten gerichtet sind. Keppler unterstreicht zwar, dass nur die Berücksichtigung beider zielführend ist. Die Antworten, die Keppler anvisiert, sind allerdings unidirektional: Nur die Medien machen Vorgaben, beinhalten Orientierungsangebote für die Ausgestaltung kollektiver Welt- und Selbstbilder. Es sind nicht umgekehrt auch die Alltagspraktiken und die damit einhergehenden impliziten Wissensbestände, aus denen die Medienangebote schöpfen. Die Konstitution von Medien (Massenmedien/Social Media) und Kultur wird in der vorliegenden Arbeit nicht nur als zweiseitiges Geschehen aufgefasst, sondern auch bidirektional gedacht.

Die empirischen Analysen, die Keppler (1994 und 2006) vorlegt, richten sich zwar sowohl auf Medienangebote als auch auf Rezeption; sie werden aber nicht aufeinander bezogen, sind unabhängig voneinander und stellen jeweils eigene, abgegrenzte Studien dar. Die Konstitution von Medienkulturen als ein sich von beiden Seiten vollziehender und aufeinander bezogener Prozess wartet also noch darauf, empirisch eingelöst zu werden. Was genau ist aber nun mit Konstitution von Medienkultur gemeint? Und wie kann ein empirischer Zugang dazu aussehen? Grob gesprochen geht es dabei um die Konstitution von Sinn als Grundlage für

Handeln und Entscheiden, also um die Konstitution jener Sinnzusammenhänge, die (kollektive) Praxis orientieren.

Quantitative resp. standardisierte Ansätze haben diesen Aspekt aufgrund ihrer metatheoretischen Voraussetzung an sich nicht im Blick. „Inhalt" und „Medienformate" sind in der Wirkungsforschung meist nach dem Vorbild der Substanz gedacht, indem sie unter bestimmten zu kontrollierenden Bedingungen ähnlich wie z. B. ein Medikament bestimmte Wirkungsweisen entfalten. Qualitative Verfahren richten sich im Gegensatz dazu systematisch auf die Rekonstruktion von Sinn und Bedeutung und wie sie die Handlungspraxis strukturieren.[29]

Eine Stellung zwischen diesen beiden Positionen nimmt das – besonders in den Cultural Studies, aber nicht nur dort – einflussreiche Encoding/Decoding-Modell von Stuart Hall[30] ein. Er wendet sich damit an sich gegen eine „positivistische Forschung", die „an isolierten Elementen festgemacht" wird, denn „Wirkung, Nutzen und ‚Gratifikationen' [...] werden selbst wiederum von Verständnisstrukturen vorgegeben, die von den jeweiligen sozialen und ökonomischen Verhältnissen mitproduziert werden" (Hall 2002 [1973], S. 109). Das Modell beinhaltet im Prinzip auch alle Komponenten, die bisher als relevant eingeführt wurden, mit Ausnahme der Medialität (bzw. Ikonizität): die „technische Infrastruktur", die „Produktionsverhältnisse" (ähnlich den „institutionellen Einrichtungen" bei Schmidt) und darüber hinaus den „Wissensrahmen" (Hall 2002 [1973], S. 109). Der „Wissensrahmen", mit dem Hall jedenfalls auch praktisches, d. h. handlungsleitendes Wissen anspricht, wird im nächsten Kapitel noch eine wichtige Rolle spielen. Dennoch – so wird zu zeigen sein – streift das Modell eine gewisse Orientierung an der Idee der Substanz und damit am „isolierten Element" nicht ab.

Die Komponenten führen zu einem „Programm als ‚sinntragender' Diskurs" (Hall 2002 [1973], S. 109) („programme as ‚meaningful' discourse"; Hall 2004 [1973], S. 130). Bahnbrechend ist, dass die Seite der Produktion und die Seite der Rezeption völlig symmetrisch gedacht sind, also die beiden Seiten nicht prinzipiell unterschiedlich, aber dennoch getrennt voneinander sind:[31]

Das „Programm", als Prozessergebnis der Produktionsseite, wird im Unterschied zu Schmidt allerdings nicht als „Medienangebot", sondern als „Nachricht", „Botschaft" bzw. „meaningful discourse" aufgefasst. Dieser Unterschied wird für das hier entwickelte Modell der Konstitution von Medienkulturen als theoretischer Rahmen der empirischen Analyse noch wichtig werden. Denn ein Medienangebot

---

29 Die Inhaltsanalyse nimmt hier eine Sonderstellung ein, da sie sich zwar als qualitative Methode bezeichnet, aber in einer quantitativen resp. standardisierten Forschungslogik operiert (siehe dazu: Przyborski/Wohlrab-Sahr 2014, S. 28 ff.; zur ‚Verrechenbarkeit' von Kategorien siehe Mayring 2000).
30 Die Erstpublikation war 1973, ich zitiere Englisch aus einer englischen Wiederveröffentlichung (2004 [1973]) und aus einer deutschen Übersetzung (2002 [1973]).
31 „Folglich sind Produkt und Rezeption [...] unterscheidbare Momente innerhalb jener Totalität, die durch die gesellschaftlichen Beziehungen des umfassenden kommunikativen Prozesses insgesamt gebildet wird." (Hall 2002 [1973], S. 108)

als Resultat (wie es in Kapitel 3.1 beschrieben wurde) unterscheidet sich vom Konzept des „meaningful discourse" und kann als objektivierte Spur oder Dokument von sinnstrukturiertem Handeln einer Interpretation unterzogen werden, bei der grundsätzlich verschiedene Sinnschichten herausgearbeitet werden können – je nachdem, wie es in eine komparative Analyse mit anderen Medienangeboten oder, genereller ausgedrückt, mit anderen objektivierten Spuren eingebunden ist.

„Meaning structures" verändern sich im Gegensatz dazu zwar bei ihrem Durchgang durch das System der Massenmedien, sind aber nicht durch verschiedene Sinnebenen gekennzeichnet – was für eine praxeologische Analyse jedoch unerlässlich ist (siehe Kapitel 4 und Przyborski 2004, S. 22 ff.; Przyborski/Wohlrab-Sahr 2014, S. 18 ff.). Vielmehr wird das Problem der Polysemie *jeder* objektivierbaren Spur bzw. Kulturobjektivation durch die Einführung des sogenannten Codes gelöst, der es z. B. ermöglicht, „ein Ereignis zu einer Geschichte werden" (Hall 2002 [1973], S. 107) zu lassen. Ein bestimmter Inhalt, eine Nachricht, eine Botschaft durchläuft eine „Transformation in die diskursive Form und aus der diskursiven Form" (Hall 2002 [1973], S. 110) und wird dabei transformiert. Das heißt, die Nachricht ‚rollt' quasi durch die Gänge verschiedener Codierungen und wird dabei transformiert, wie die Substanzen einer Tablette, die sich außerhalb eines lebenden Organismus anders verhalten als innerhalb und doch als spezifische Substanzen erhalten bleiben. Wenn die Nachricht wieder aus der diskursiven Form heraus in die Handlungspraxis transformiert wird, entfaltet sie dort ihre Wirkung.[32]

Die Handlungspraxis ist somit bei Hall zwar ein elementarer Bestandteil der empirischen Analyse von Medienkulturen. Sein Zugang zu Sinn und Bedeutung, die diese Praxis strukturieren, beinhaltet allerdings ein stark objektivierendes Element. Letztlich legen die Forschenden fest, in welcher Art und Weise bestimmte bestehende und letztlich stabile Nachrichten verschlüsselt werden, nämlich in einem dominanten oder einem alternativen Code.

Qualitative Ansätze der Bildinterpretation, die im ersten Kapitel besprochen wurden, eröffnen andere metatheoretisch fundierte Zugänge zur Konstitution von Bedeutung, konkret in Bildern. Sie kommen ohne inhaltliche Vorannahmen aus. Verständigung in Bildern als ein auf zwei unterscheidbaren Seiten aktiver Prozess wurde dabei allerdings weder theoretisch konzipiert noch empirisch untersucht, ja, es fehlt hier meist auch eine theoretische Konzeption von Bildern als Medienangeboten.

Die Kommunikationsforschung, zu deren zentralen Gegenständen Massenmedien und Social Media bzw. medientechnisch vermittelte Kommunikation zählen,

---

32 Die Handlungspraxis ist bei Hall und in der hier vertretenen Perspektive ein wesentliches Element. Allerdings wird in Kapitel 4 eine andere Herangehensweise an Verständigung bzw. an die Konstitution von Sinn entfaltet. Sowohl Schäffer (u. a. 2003) als auch Michel (2006) haben Hall schon im Kontext praxeologischer Theorie adaptiert. Unterschiede und Gemeinsamkeiten zu diesen Auseinandersetzungen werden in Kapitel 4 dargestellt.

beginnt gerade erst, sich mit Sinn- und Bedeutungskonstitution bzw. der Verständigung auf dieser Basis als eine Schlüsselstelle zu beschäftigen. Noch zu Beginn der 1990er-Jahre sprechen Liebes und Katz (Liebes/Katz 1990, S. 15) dieses Vakuum an: „But on the whole, [...] little thought has been given to perceive meanings. In the best case this was because no adequate research method was available for doing so and certainly no adequate supply of founds; in the worse case, it was because it did not occur to anybody to ask." Mit etwas ironisierendem Unterton stellen sie Mutmaßungen zu den Gründen des Fehlens von Sinn und Bedeutung in der Kommunikationsforschung an. Es könnte an mangelnden Forschungsförderungen liegen, an fehlenden Methoden oder im schlimmsten Fall daran, dass an diese Aspekte gar nicht erst gedacht wurde.

Im folgenden Kapitel wird daher der methodologische Zugang zum Verstehen bzw. zum Zusammenhang von Kommunikation und implizitem Wissen als zentraler Bestandteil von Handlungspraxis entfaltet und damit auch die methodologische Fundierung der empirischen Arbeit dargelegt. Diese Eckpunkte einer praxeologischen Herangehensweise werden in Kapitel 5 mit den in diesem Kapitel ausgeführten Argumenten zu massenmedialer Kommunikation in einem Modell zusammengeführt, das die Basis der empirischen Vorgehensweise bildet.

Letztlich haben – im Sinne einer rekonstruktiven Methodologie – die Erkenntnisse aus der empirischen Untersuchung den Anstoß für die Explikation ihrer theoretischen Grundlagen gegeben: Das Interesse der vorliegenden Studie bildete die Frage, wie Bilder auch auf ikonologisch-ikonischer Ebene Relevanz entfalten, wie implizites, in die Handlungspraxis eingelassenes Wissen (siehe Kapitel 4), das nur durch Bilder vermittelt wird, untersucht werden kann. Es ging also darum, ein Verfahren zu entwickeln, mit dessen Hilfe unmittelbare Verständigung in Bildern untersucht werden kann. Grob gesprochen wurden Realgruppen, z. B. Gruppen von Freunden, gebeten, kommerzielle und private Bilder zu wählen, die einander in der Stimmung ähnlich sind und auf denen Menschen abgebildet sind. Beide Bildauswahlen waren dann Gegenstand einer Gruppendiskussion. Als kommerzielle Bilder wurden in der Regel massenmedial verbreitete Bilder gewählt.

Zusammenfassung

Der dritte Schritt zur Klärung, wie wir uns empirisch-qualitativ der *Funktion von Bildern für die wechselseitige Konstitution von Medien und Alltag* nähern können, führt somit zur Fokussierung des empirischen Erfassens der Wechselseitigkeit von Medien und Alltag. Damit ist die *Relation von* Medienprodukt bzw. *Medienangebot* und seiner Rezeption, genauer *seinem Gebrauch* gemeint, sowie umgekehrt die *Relevanz alltäglicher Praktiken für* die Konstitution von *Medienangeboten* als eine *Bidirektionalität*.

Die *klassischen Kommunikationsmodelle* (u. a. Reiz-Reaktions-Modell bzw. die Wirkungsforschung, der Uses-and-Gratification-Approach) bieten hier kaum Anregungen, da sie *prinzipiell nur eine Seite des Medienhandelns beachten*.

In gegenwärtigen Ansätzen, insbesondere den *Cultural Studies*, wird eine Bidirektionalität bzw. *Reziprozität* zwar *gefordert, forschungspraktisch* aber *nicht eingelöst*. Das Verhältnis von Medienangebot und Alltagshandeln wird in konkreten Studien jeweils nur von einer Seite her beleuchtet, d. h., entweder erfolgt eine Rezeptionsanalyse oder eine Produktanalyse ohne systematischen Bezug aufeinander. Zudem spielt zwar die Bedeutungskonstitution im Alltag in den Cultural Studies eine wesentliche Rolle. Das *Verhältnis von Medien und Alltag* wird allerdings durch ein nicht empirisch gewonnenes und daher *unterstelltes Machtverhältnis* bestimmt.

Im Encoding/Decoding-Modell von Hall wird von einem Austausch von Bedeutung ausgegangen. Auch wird hier eine Reziprozität konzipiert. Bedeutung ist jedoch verdinglicht konzeptioniert und eine praxeologische Mehrebenenanalyse von Sinn- und Bedeutungsstrukturen nicht integrierbar.

4 Kommunikation durch Bilder: Dokumentarische Methode und unmittelbare Verständigung

An die theoretische Auseinandersetzung mit Bildkommunikation wurde zunächst mit einer Diskussion von erkenntnistheoretischen Voraussetzungen für Sinnbildung im Medium Bild herangegangen (siehe Kapitel 1). Ein Kerngedanke dabei war, dass diese Voraussetzungen in – mehr oder weniger impliziten – ästhetischen Kompetenzen bzw. Wissensbeständen liegen. Dabei wurde herausgearbeitet, dass diese ästhetischen Kompetenzen nicht nur einen Zugang zu ikonischem Erkennen und Verstehen beinhalten. Auch für das Sinnverstehen im Medium der Sprache bildet diese Art des Wissens eine Voraussetzung. Es ist damit eine Grundlage für das Sinnverstehen alltäglicher, profaner ebenso wie künstlerischer Äußerungen. Im ästhetischen Wissen liegt daher, so die Argumentation, nicht nur ein Bindeglied zwischen alltäglichem und wissenschaftlichem Wissen und ein Ansatz zur Erklärung, warum gerade Konzepte aus der Kunstgeschichte und der Sprachwissenschaft für die sozialwissenschaftliche Arbeit hilfreich sein können. Die Explikation dieser Form des impliziten Wissens bildet darüber hinaus eine wesentliche Basis für die Entwicklung rekonstruktiver Methodologie und Methoden und muss ins Verhältnis zu anderen Formen von implizitem Wissen gesetzt werden. Die Auseinandersetzung mit den verschiedenen Formen impliziten Wissens ermöglicht neue methodologische Perspektiven und methodische Entwicklungen, die im aktuellen Kapitel diskutiert werden.

Es wurde des Weiteren geklärt, wie ästhetisches Wissen in Bezug auf Bilder, welches bisher im Wesentlichen Gegenstand der Kunstgeschichte war, in die rekonstruktiven Methoden der Bildinterpretation einfließt. Dabei wurde das Bild als Medium in seiner Selbstreferenzialität in den Fokus gestellt (siehe Kapitel 2). Wie die jeweiligen Selbstreferenzialitäten von Bild und Sprache bzw., allgemeiner gesprochen, wie diese Idee von Medialität in einer Vorstellung von massenmedialer bzw. Social-Media-vermittelter Kommunikation Platz finden kann, war Gegenstand des letzten Kapitels (siehe Kapitel 3). Wichtig dabei war eine Differenzierung von Medienangebot einerseits und den Komponenten des Mediensystems andererseits, durch deren Zusammenwirken das Medienangebot gebildet wird. Zudem war die Auffassung von Bedeutung, dass Handeln im Kontext von massenmedialer bzw. Social-Media-vermittelter Kommunikation von zwei an der Kommunikation beteiligten Seiten her bestimmt ist, die beide als aktiv gedacht werden müssen.

Derartige reziproke Modelle werden mittlerweile, wie im vorigen Kapitel ausgeführt, u. a. in den Cultural Studies und in einer kultursoziologisch orientierten Medienforschung diskutiert. Trotz dieser als zweiseitig konzipierten Konstitution von Medienangeboten und Alltag geht es in den meisten Modellen und Analysen allerdings nur darum, wie Medienangebote den Alltag mitstrukturieren. Die umgekehrte Betrachtung, dass nämlich Medienangebote ebenso aus einem Alltag schöpfen, bleibt – theoretisch wie empirisch – meist eher unbeleuchtet. In der vorliegenden Arbeit wird dagegen explizit der Versuch unternommen, diese Reziprozität bzw. Bidirektionalität konsequent in die Theoriebildung einzubinden: Medien sind Teil des Alltags, und Alltägliches findet sich in Medienangeboten.

Empirisch eingelöst – in dem Sinne, dass eine systematische Bezugnahme auf Medienangebote einerseits und den Umgang mit ihnen andererseits erfolgt wäre – wurden diese reziproken Modelle noch kaum. Neben dieser Forschungslücke in der Empirie wurde eine weitere Problematik herausgearbeitet, zu der im Zuge des folgenden Kapitels ein Lösungsansatz entworfen wird: Das Verhältnis von Medienangebot und Alltagshandeln wird bisher entweder empirisch nur von jeweils einer Seite her beleuchtet, wie dies beispielsweise bei Keppler (2010 und 2012) der Fall ist. Sie untersucht zwar, wie Medieninhalte in alltägliche Gespräche Eingang finden im Sinne von Rezeptionsanalyse einerseits, und Gewaltdarstellungen im Fernsehen im Sinne von Produktanalyse andererseits. Die beiden Seiten werden aber nicht aufeinander bezogen untersucht. Oder es wird von einem Austausch von Bedeutung ausgegangen, wie im nach wie vor einflussreichen Encoding/Decoding-Modell von Hall (2004 [1973]).

Bedeutung ist diesem Modell zufolge in konkreten Ereignissen enthalten, wie sie jenseits von Massenmedien stattfinden. Sie steckt quasi in den Ereignissen, wird verschlüsselt und kommt so, encodiert bzw. in diskursiver Form, in das Mediensystem, wird im Alltag auf eine spezifische Art und Weise wieder entschlüsselt, decodiert, und entfaltet schließlich ihre handlungspraktische Relevanz (siehe auch Kapitel 3). Das heißt, die Handlungspraxis ist hier zwar ein zentraler Faktor, damit Bedeutung bzw. Sinn („meaning") aus den Medien in die Handlungspraxis kommt und umgekehrt. Allerdings braucht es dazu einen Code. Bedeutung kann sich zwar verändern – durch den Code –, hat aber letztlich einen stabilen Kern. Sie verhält sich diesem Modell nach wie eine Substanz, die nach ihrer Aufschlüsselung ihre Wirkung entfaltet. Letztlich handelt es sich also um ein Sender-Empfänger-Denken, wobei die gesendete und empfangene Nachricht einen gewissen Substanzcharakter nicht abstreifen kann.

In Kapitel 4 wird ein Ansatz der Verständigung erarbeitet, der ohne ein Konzept der Codierung und ohne Logik der Substanz auskommt. Die erkenntnistheoretischen Voraussetzungen, die in Kapitel 1 diskutiert wurden, spielen hier, wie noch zu zeigen ist, eine Rolle. Verständigung wird in der Folge als prinzipiell mit Handlungspraxis verbunden dargestellt. „Bedeutung" bzw. eine „Botschaft" oder auch der „sinntragende Diskurs" („meaningful discourse"), wie es bei Hall heißt, sind dann nicht etwas grundsätzlich von der Handlungspraxis Verschiedenes, das erst wieder in diese übersetzt werden muss, sondern Teil derselben. Die erkenntnisleitende Differenz wird im aktuellen Kapitel mit der dokumentarischen Methode auf einer anderen Ebene eingeführt.

Mit der dokumentarischen Methode, die Ralf Bohnsack (u. a. 1989, insbes. Kap. 5; 2009 und 2014a) im Anschluss an Karl Mannheim (u. a. 1964 [1921–1928] und

1980 [1922–1925]) entwickelt hat, liegt eine Grundlagentheorie und Methodologie vor, in der Verständigung als Element kollektiver Handlungspraxis eine Schlüsselstelle einnimmt. Verständigung beinhaltet hier voneinander unterscheidbare Ebenen. Die Differenzierung von Verständigungsebenen bzw. – allgemeiner – von Sinnebenen bietet u. a. die Möglichkeit eines methodisch-methodologisch kontrollierten Zugriffs auf handlungspraktisches oder – mit Polanyi (1985 [1966]) gesprochen – „implizites" Wissen. Zudem stellt die Eigensinnigkeit von Bild und Sprache, wie sie in Kapitel 2 ausgeführt und als Medialität bezeichnet wurde, einen immanenten Bestandteil der dokumentarischen Methode dar. Die dokumentarische Methode bildet nicht zuletzt aufgrund ihres Potenzials für die Analyse von handlungspraktischem Wissen und wegen ihrer systematischen Beachtung der Eigensinnigkeit unterschiedlicher Medialitäten im Rahmen *einer* Grundlagentheorie die theoretische und methodisch-methodologische Basis dieser empirischen Arbeit, die auf Bildern sowie auf teilnehmender Beobachtung und Gruppendiskussionen beruht.

Kommunikation und Verständigung sind in der dokumentarischen Methode nicht von vornherein im Kontext von Medien (Massenmedien/Social Media) gedacht, jedoch fließen diese zunehmend in empirische Forschungsbemühungen und in die Entwicklung grundlagentheoretischer Perspektiven der Kommunikationswissenschaft ein (u. a. Schäffer 2003, Michel 2006, Geimer 2010, Loos/Nohl/Przyborski/Schäffer 2013, Bohnsack/Fritzsche/Wagner-Willi 2015). Ziel dieses und des nächsten Kapitels ist es, das grundlagentheoretische Modell, auf dem die empirische Arbeit (siehe Kapitel 7–10) basiert, explizit zu machen.

Das entspricht einer rekonstruktiven Forschungslogik, die nicht nur im Hinblick auf ihre Gegenstände, sondern auch auf methodologischer Ebene rekonstruktiv ist (u. a. Bohnsack 2014a, S. 26 ff.). Es handelt sich dabei um ein Modell der Praxis in Medien (Medialität) und mit Medien (Massenmedien/Social Media). Beide Aspekte – sowohl die Medialität als auch die Praxis – erfordern eine Auseinandersetzung mit jenen Regeln, die die Möglichkeit für kommunikative Verständigung herstellen. Alle Überlegungen, die bisher in die theoretische Diskussion eingeflossen sind, spielen dabei eine Rolle. Der nächste Schritt besteht darin, die bisherigen Überlegungen (siehe Kapitel 2 und 3) um den Zugang der dokumentarischen Methode zu Kommunikation und Verständigung zu erweitern.

4.1 Konjunktive und kommunikative Verständigung

Ralf Bohnsack (1989 und u. a. 2014a) hat die dokumentarische Methode auf der Grundlage der Wissenssoziologie Karl Mannheims (u. a. 1964 [1921–1928] und 1980 [1922–1925]) zunächst allein und später zusammen mit einer Gruppe von Wissenschaftlerinnen und Wissenschaftlern zu einer ausdifferenzierten Methodologie und Methode der rekonstruktiven Sozialforschung ausgearbeitet.[1] Ihr Zugang zu Ver-

---

1 Zur Methodenentwicklung siehe zusammenfassend Nohl/Schäffer/Loos/Przyborski (2013), zu den Grundlagen sowie jüngsten Entwicklungen und Anwendungen Loos/Nohl/Przyborski/Schäffer (2013).

stehen und Verständigung ist untrennbar mit ihrer Auffassung von Erkennen verbunden. In ihrem analytischen Zugriff bricht die dokumentarische Methode, ähnlich wie wir es bei Latour (siehe Kapitel 3.1) und Luhmann (siehe Kapitel 2.1) gesehen haben, systematisch mit dem Common Sense und ermöglicht auf diese Weise Beobachtungen zweiter Ordnung (Luhmann 1990, S. 86 ff.; Bohnsack 2014a, S. 65, etc.), d. h. Beobachtungen von Beobachtungen. Wie Bohnsack u. a. mit Bezug auf Luhmann erläutert, schafft erst dieser systematische Bruch die Voraussetzungen dafür, wissenschaftliche Beobachtungen in eine *definierbare Relation* zu Alltagsbeobachtungen zu setzen. Erst mit einer derartig explizierten Relation wird es möglich, die Beobachtungs- und Interpretationsleistungen der Forschenden als wissenschaftlich (im Unterschied zu alltäglich) zu begründen und in ihrem Aufwand zu rechtfertigen.[2]

4.1.1 Konjunktives und individuelles Erkennen

In seiner Erläuterung der dokumentarischen Methode setzt Bohnsack (u. a. 2003, S. 87; 2007, S. 321; 2014a, S. 61) oft an eben diesem Punkt an, denn es sei Mannheim (u. a. 1964 [1921–1928]) schon in den 1920er- und 1930er-Jahren „gelungen, eine methodologische Begründung der Beobachterhaltung in den Sozialwissenschaften vorzulegen, die auch dem Niveau der heutigen erkenntnistheoretischen Diskussion noch entspricht bzw. in ihrer Tragweite jetzt überhaupt erst erkannt" werde. Der springende Punkt dabei (siehe auch Kapitel 1) ist der „Wechsel von der Frage, *was* kulturelle oder gesellschaftliche Tatsachen *sind*, zur Frage danach, *wie* diese *hergestellt werden*" (Bohnsack 2005, S. 63., Hervorh. i. O.).[3]

Fragen, die eine derartige Analyseeinstellung charakterisieren, lauten in etwa: Wie wird beobachtet, damit bestimmte Beobachtungen überhaupt möglich werden? Welche Voraussetzungen ermöglichen Verständigung? Wie (nicht warum) kommt es zu bestimmten Institutionen, zur Einordnung von Personen, z. B. als kriminell, psychisch krank oder ausländisch? Für die Annäherung an die Analysehaltung mag es hilfreich sein, sich vorzustellen, dass man zu ergründen versucht, wie wohl ein Kind beobachtet haben mag, um zu einer bestimmten Wahrnehmung zu kommen, die es zum Ausdruck bringt. Man räumt bei dieser Überlegung wahrscheinlich ein, dass man von dem, was man für selbstverständlich hält, abrücken

---

[2] In der quantitativen Forschung findet sich an dieser Stelle die Relation zwischen subjektiver und objektiver Beobachtung. Zu einer differenzierten Auseinandersetzung vgl. Bohnsack (2014a, S. 15 ff.), Przyborski/Wohlrab-Sahr (2014, S. 11 ff.), Przyborski/Slunecko (2009a).
[3] Wie in den vorangegangenen Kapiteln schon deutlich geworden sein mag, hat die Herstellung von Wirklichkeit unterschiedliche Facetten. Mit Bezug auf Luhmann wurden die Voraussetzungen für Verständigung auf der Ebene der Kommunikationsmedien Sprache (und Bild) genauer beleuchtet (siehe Kapitel 2), und mit Latour das Wechselverhältnis von Mensch und Technik im Zuge der Herstellung von Wirklichkeiten (siehe Kapitel 3.1).

und dagegen versuchen muss, sich dem Zustandekommen der Wahrnehmung mit einer ganz anderen Perspektive und damit einer ganz anderen Idee der Herstellung von Wirklichkeit zu nähern. Die Konversationsanalyse, als eine Wurzel der dokumentarischen Methode und gutes Beispiel für diesen Analysezugang, nimmt bei der Frage ihren Ausgang, *wie* Gespräche in der uns bekannten Form möglich werden (dass nämlich meist nur eine Person am Wort ist, Unterbrechungen selten stattfinden und die Teilnehmenden in der Regel aufmerksam sind). Ergebnis ist die Ausarbeitung von Herstellungsregeln von Gesprächen, das „turn-taking system" (Sacks/Schegloff/Jefferson 1974).

Auch das Interpretative Paradigma kann als Beispiel dienen, zumal Bohnsack u. a. in Auseinandersetzung mit diesem die dokumentarische Methode entfaltet. In der Phänomenologie wurde z. B. gefragt, *wie* Gerichtsverfahren (Cicourel 1968, Garfinkel 1976), in der Ethnomethodologie, *wie* sozialwissenschaftliche Forschung (Garfinkel 2004 [1967]) hergestellt werden, durch welche Interpretationsprozesse es zu bestimmten Verfahren und damit Wirklichkeiten kommt (Bohnsack 2014a, S. 59). Die Konstruktionen der Akteure bzw. der Erforschten sind in Bohnsacks Ausarbeitung der dokumentarischen Methode nicht der primäre Gegenstand, jedenfalls nicht der einzige. „Demgegenüber", so Bohnsack (2007, S. 322), „handelt es sich" bei dieser „um einen Konstruktivismus im erweiterten Sinne", der „nicht nur die interpretative, sondern auch die handlungspraktische Herstellung und Konstruktion von Welt" erfasst und „diese beiden Ebenen in ihrem Spannungsverhältnis zu analysieren" vermag. Es geht also um die Betrachtung verschiedener Formen des Wissens, die an der Herstellung von Wirklichkeit beteiligt sind.

Was ist nun mit der ‚handlungspraktischen Herstellung von Welt' im Unterschied zu einer ‚definitorischen Herstellung' gemeint? Bohnsack (u. a. 2007, S. 321; 2014a, S. 61) zieht zur Erklärung häufig Mannheims (1980 [1922–1925], S. 73) Beispiel des Knotens heran: „Das, was ein Knoten ist, verstehe ich, indem ich mir jenen Bewegungsablauf (von Fingerfertigkeiten) einschließlich der motorischen Empfindungen vergegenwärtige", die zu einem Knoten führen, der „als dessen ‚Resultat' vor uns liegt" (Mannheim 1980 [1922–1925], S. 73). Das Wissen zur Herstellung des Knotens ist implizit, ist in die Praxis seiner Herstellung, in die Handlungspraxis eingelassen. Wir verstehen es intuitiv oder – in den Worten Mannheims (1964a [1921–1922], S. 98) – „atheoretisch". Es ist ein performatives Wissen, das durch Zeigen bzw. Vormachen weitergegeben werden kann, aber kaum durch Erklärungen im Medium Sprache. Das heißt, es ist nahezu unmöglich, diese Form des Wissens begrifflich-theoretisch zu fassen.

Bohnsack weist schon in früheren Arbeiten (u. a. 1999, S. 67) auf eine Nähe von Mannheims Knotenbeispiel zu Heideggers Praxisbeispielen hin. Erst in seiner jüngsten grundlagentheoretischen Arbeit widmet er sich dieser Parallele genauer und arbeitet u. a. auf diesem Weg die Potenziale zur Differenzierung von implizitem resp. performatorischem Wissen systematisch aus, die bis dahin nur angedeutet waren. Die verschiedenen Formen des impliziten Wissens sind für die Bildinterpretation wie auch für das hier vorgelegte empirische Material aus der Werbung und die theoretische Einordnung jener Komponente, die bisher z. B. als ästhetisches Wissen bezeichnet wurde, bedeutsam. Später in diesem Kapitel werde ich daher genauer darauf eingehen. Dafür ist es hilfreich, zunächst die für die dokumentarische Methode typische und kanonisierte Unterscheidung von handlungspraktisch verankertem und begrifflich-theoretisch verfügbarem Wissen etwas genauer zu beleuchten.

Wesentlich am Beispiel des Knotens ist in diesem Zusammenhang, dass es sich „nicht um Wissen *über* etwas, sondern ein Wissen *um* und *innerhalb* von etwas handelt" (Bohnsack 2007, S. 323). Zu unterscheiden ist davon zudem „die Auflassung des Knotens als eines Mittels zu einem bestimmten Zweck" (Mannheim 1980 [1922–1925], S. 73), z. B., um etwas festzumachen. Der springende Punkt ist also, den Knoten als eine Funktion, ein Resultat eines bestimmten Bewegungsablaufs begreifen zu können – und nicht in seinem Zweck, z. B., um ein Schiff festzumachen. Diese Perspektive bezeichnet Bohnsack (z. B. 2014a, S. 61) im Anschluss an und in Übereinstimmung mit Mannheim (1980 [1922–1925], S. 85) als „genetische Einstellung" bzw. „genetische Interpretation". Sie richtet sich auf die ge- und erlebte Praxis und deren Strukturprinzipien, als deren Funktion bzw. Resultat Kulturobjektivationen, Gegenstände und (soziale) Tatsachen verstanden werden können.

Die genetische Einstellung richtet sich allerdings nicht, wie das Beispiel des Knotens eventuell nahelegt, in erster Linie auf individuelles Erleben bzw. auf die Organfunktion der Hände bzw. des Körpers. Es geht hier vielmehr um eine grundsätzliche Logik der Praxis, die durch erlebnismäßige, existenzielle Gemeinsamkeiten, durch „eine gemeinschaftliche ‚Lebenslage'" (Mannheim 1980 [1922–1925], S. 79) entsteht.

Der zentrale Begriff in diesem Zusammenhang ist der „konjunktive Erfahrungsraum" (Mannheim 1980 [1922–1925], S. 215). Wie kann man sich diesen vorstellen? Als konjunktiven Erfahrungsraum „par excellence" bezeichnet Bohnsack (2007, S. 323) die „Familie". Wir lernen hier, die Welt um uns herum zunächst so zu erfassen, wie es für die anderen, von denen wir umgeben sind, selbstverständlich ist. „Man hat die Dinge nicht, wie sie an sich sein könnten, sondern nur wie sie für die Gemeinschaft da sind." (Mannheim 1980 [1922–1925], S. 230) Das hat zur Folge, dass wir uns über weite Strecken mit Familienmitgliedern unmittelbar verständigen. Erklärungen sind nur dann notwendig, wenn etwas schiefgelaufen ist, sind also die Ausnahme. In der Regel erkennen wir auf einen Blick, was los ist, lachen z. B. schon beim ersten Wort, das eine Erzählung ankündigt, oder wissen, was zu tun ist, wenn wir einen bestimmten Sachverhalt wahrnehmen.

Hier lassen sich die beiden Formen der Verständigung und des Erkennens, die die dokumentarische Methode kennzeichnen, bereits gut verdeutlichen: Mit den Familienmitgliedern ist eine konjunktive Verständigung (auf der Basis erlebnismäßiger Gemeinsamkeiten) möglich. Man wird allerdings vergeblich versuchen, die Bedeutung bestimmter Äußerungen, Worte oder Wendungen anhand eines Wörterbuchs zu ermitteln, denn darin findet sich nur ihr kommunikativer Gehalt. Wer auf diese Bedeutungsebene beharrt, wird zumindest sofort als Fremder identifiziert, wenn nicht als jemand, der die Kommunikation verweigert.

In einen weitgehend bestehenden Erfahrungsraum geboren zu sein, heißt nicht, dass dies der einzige bleibt. So mag der erste konjunktive Erfahrungsraum die Familie sein. Zwischen Eltern und Kindern ist zwar vieles völlig selbstverständlich, es herrschen aber auch prinzipielle Unterschiede in der Perspektive auf die Umwelt. Bestimmte Entwicklungen, z. B. politische, gesellschaftliche oder mediale, werden mit ‚anderen Augen' wahrgenommen. Dagegen finden sich Gemeinsamkeiten in der Gruppe Gleichaltriger, in der Peergroup, in der sich gegenüber der Familie meist andere Selbstverständlichkeiten herausbilden.[4]

In jedem einzelnen Individuum schichten sich im Lauf des Lebens verschiedene Erfahrungsräume auf. Diese Erfahrungsräume können u. a. generations-, milieu- und geschlechtstypisch sein (Bohnsack 1989 und 2014a, Przyborski 2004). Sie sind durch die jeweiligen Handlungs- und Interaktionspraxen, sozialisatorische Faktoren, (Fremd-)Zuschreibungen sowie existenzielle Notwendigkeiten und Möglichkeiten bestimmt. Bildungsmilieutypische Erfahrungsräume, um ein Beispiel zu nennen, sind im gemeinsamen Erleben einer bestimmten Art der Wissensvermittlung begründet, wie sie in öffentlichen oder privaten Institutionen stattfindet, und in den biografischen Ablaufmustern, die mit diesen Institutionen einhergehen. Auch das Erleben von Krieg und Krisen, politischen Umbrüchen oder die Erfahrung von Migration (Nohl 2001) sowie des Erbens von Vermögen (Bohnsack/Przyborski 2012) tragen zum Entstehen konjunktiver Erfahrungsräume bei.

Der „konjunktive Erfahrungsraum" und das aus ihm resultierende „konjunktive Erkennen" implizieren eine Primordialität kollektiver Erfahrung bzw. kollektiven Erkennens (u. a. Bohnsack 2014a; Przyborski 2004, S. 38). Dem individuellen Erkennen ist, so gesehen, das kollektive Erkennen vorgeordnet. Es ist zuerst da und bildet somit die Grundlage für individuelles Erkennen. Der konjunktive Erfahrungsraum verbindet Erkennen untrennbar mit gelebter Praxis. Es ist damit ein praxeologischer Erkenntnisbegriff begründet und Erkennen auch und vor allem in jenen Aspekten erfasst, in denen es sich selbstverständlich vollzieht, sozusagen ‚passiert', ohne dass man aktiv darauf gerichtet ist.

Ein Unterschied des Mannheim'schen Denkens zum Common Sense besteht also darin, dass bei Letzterem die Lokalisation bzw. die Einheit des Erkennens in der Regel im einzelnen Individuum gesehen wird, im von allen anderen getrennten, erkennenden Subjekt. Mannheim stellt dieser Vorstellung das „konjunktive Erkennen" gegenüber und er weist auch selbst auf diesen Unterschied hin:

---

[4] Dazu gibt es umfassende Forschungen auf Basis der dokumentarischen Methode: Bohnsack (1989), Bohnsack/Loos/Schäffer/Städtler/Wild (1995), Schäffer (1996 und 2003), Nohl (2001), Weller (2003), Schittenhelm (2005), Asbrand (2005).

> Ist dem nun so, daß das scheinbar vereinzelte Individuum stets einen umfassenden Fond des Erlebens im Bewußtsein mit sich führt und daß eine große Zahl seiner Handlungen und geistigen Objektivationen funktionell mit diesem eigentlich gesellschaftlichen Bewußtseinsstrom zusammenhängen, so bedeutet dies doch nicht zugleich, daß das *erlebende* Individuum sich stets dessen *bewußt* ist. Ganz im Gegenteil wird das naive unreflektierte Individuum in seine geistigen Objektivationen der Funktionalität nach *seinem individuellen* Erlebnisstrom zuzurechnen geneigt sein.
>
> (Mannheim 1980 [1922–1925], S. 81, Hervorh. i. O.)

Das heißt freilich nicht, dass es kein individuelles Erkennen und Verstehen gebe. Dieses wird vielmehr so aufgefasst, dass jedes Individuum eine spezifische Aufschichtung von Erfahrungsräumen kennzeichnet, je nach dem Verlauf der jeweiligen Biografie (siehe Abbildung 4.1).

Neue Erfahrungen erfolgen auf dieser Grundlage. In der gegenwärtigen psychotherapeutischen Diskussion wird z. B. von „Selbst-Anteilen" (u. a. Peichl 2010) gesprochen. Meist lassen sich diese in Einklang bringen und man erlebt sich als ein – kohärentes – erkennendes Individuum. Manchmal haben wir aber auch widersprüchliche Gefühle und Gedanken zu einer Problemstellung, die uns in mehr oder weniger große Dilemmata stürzen. Die reflexive Verarbeitung der je spezifischen Kombination von Erfahrungsräumen bildet einen Teil der Identität, nämlich den individuellen – einerseits im Unterschied zum Habitus, der das gesamte implizite Wissen beinhaltet, und andererseits im Unterschied zur sozialen Identität, in der sich u. a. normative Ansprüche spiegeln (siehe Kapitel 4.2.1; Przyborski 2004, S. 209; Bohnsack 2014a).

Abb. 4.1: Aufschichtung von Erfahrungsräumen.

4.1.2 Sprache und konjunktive Verständigung

Die jeweiligen Erfahrungsräume werden aktualisiert und artikuliert, wenn Personen aufeinandertreffen, die sie miteinander teilen. Treffen z. B. Mütter auf andere Mütter mit etwa gleichaltrigen Kindern, wird sich das Gespräch zunächst wenigstens eine Weile um die Erfahrungen mit den Kindern drehen, es sei denn, die Situation ist durch Notwendigkeiten bestimmt oder es gibt andere Gemeinsamkeiten, die stärker ins Gewicht fallen. Dagegen mögen sich Personen, die im selben Beruf arbeiten, über ihre beruflichen Erfahrungen austauschen und Schülerinnen derselben Schule über Erfahrungen mit ihren Lehrern reden. Zuhörende, die diese Erfahrungen nicht teilen, verstehen dann oft wenig, während die Gruppe lebendig im Gespräch ist. Je mehr handlungspraktisch fundiertes Wissen geteilt wird, desto weniger muss gesagt oder getan werden, damit die Beteiligten sich in ihrem Handeln darauf einstellen können.

Ein Blick mag mehr als tausend Worte sagen, wenn der andere ihn *versteht*. Die dokumentarische Methode bietet ein Instrumentarium, das stillschweigende Wissen, das hier zum Tragen kommt, zu explizieren. Voraussetzung dafür ist die prinzipielle Unterscheidung zwischen kommunikativ-generalisiertem und implizitem Wissen bzw. immanentem Sinn und Dokumentsinn, zudem die Frage nach dem Zugang zu diesen beiden unterschiedlichen Ebenen des Wissens.

Den Unterschied der beiden Ebenen in Bezug auf Sprache verdeutlicht Bohnsack (u. a. 2001a, S. 330; 2009, S. 18) am *Begriff* „Familie". Er ist uns auf beiden Ebenen geläufig: Als „Allgemeinbegriff" kann er aufgrund von Rollenerwartungen, rechtlichen Definitionen und auch z. B. religiösen Traditionen eine Verallgemeinerbarkeit als Institution über den konjunktiven Erfahrungsraum hinaus und über kulturelle Grenzen hinweg entfalten. Eine ganz andere Bedeutung erhält der Begriff „Familie" für diejenigen, die die Alltagspraxis in einer Familie teilen. So haben alle „Äußerungen [...] einerseits eine öffentliche oder gesellschaftliche und andererseits eine nicht-öffentliche oder milieuspezifische Bedeutung" (Bohnsack 2009, S. 18).

Beide Ebenen des Sinns sind letztlich immer miteinander verwoben, und ihre Trennung ist lediglich analytisch möglich. Im Unterschied dieser beiden Ebenen liegt gleichwohl die erkenntnisleitende Differenz der dokumentarischen Methode. Bohnsack (u. a. 2009, S. 17) bezeichnet die beiden Ebenen der Kommunikation auch als „Doppelstruktur alltäglicher Verständigung". Diese Doppelstruktur findet sich auch dort, wo man sie zunächst nicht vermutet: Die Wissenschaft hat z. B. große Anstrengungen unternommen, eine Wissenschaftssprache zu entwickeln, die von allem Konjunktiven und damit räumlich-zeitlich Verankerten befreit ist. Mannheim (1980 [1922–1925], S. 217) hält die Bildung von überzeitlichen, in ihrer Bedeutung ein für alle Mal definierten Begriffen für ein „utopisches Ideal", ein zutiefst kulturwissenschaftliches Denken. Ein Ideal, dem nachzustreben sich lohnt und das die unterschiedlichen Arten der Begriffsbildung deutlich erkennen lässt, das sich jedoch nie ganz erreichen lässt.

Mannheim erläutert die Doppelstruktur am Beispiel der Revolutionsrede. Auch wenn sie in dem Moment, in dem sie gehalten wurde, die Gemüter erregt und die Zuhörenden mobilisiert haben mag, kann sie „gedruckt gelesen [...] als nichtssagend und unbedeutend" (Mannheim 1980 [1922–1925], S. 219) erscheinen. Beim Lesen ist man viel mehr auf die allgemeine Bedeutung der Worte konzentriert. Der Text vermag uns kaum mehr in das Erleben der konjunktiven Erfahrungsgemeinschaft eintauchen zu lassen, das allerdings im Moment der Rede noch lebendig war. Die Rede ist nur mehr auf der Ebene der kommunikativ-generalisierten Abstraktion zugänglich.

Mangold (1960) beschreibt dieses Phänomen in Gruppendiskussionen, völlig ohne Kenntnis Mannheim'scher Ideen. Zu seiner Zeit galten die Gruppendiskussionen als wenig reliabel und valide, was darin begründet lag, dass sich die Auswertung auf die einzelnen Individuen stützte (Bohnsack 1989 und 2014a, Przyborski 2004). In „einigermaßen homogen[en]" Gruppen, z.B. von Bergarbeitern, entdeckte Mangold (1960, S. 39) „Integrationsphänomene", auch wenn die Teilnehmer einander vorher noch nie gesehen hatten: Die Gespräche verlaufen „gleichsam arbeitsteilig [...]. Die Sprecher bestätigen, ergänzen, berichtigen einander, ihre Äußerungen bauen aufeinander auf; man kann manchmal meinen, es spreche einer, so sehr passt ein Diskussionsbeitrag zum anderen. Die einzelnen Sprecher haben [...] zwar in verschiedenem Umfang Anteil, jedoch sind alle aneinander orientiert [...]."

Nur unzulänglich zu der beobachteten Lebendigkeit und Euphorie im Gespräch passt ein Begriff von Kollektivität, der in normativen, äußeren Zwängen begründet ist – wie „die faits sociaux im Sinne Durkheims", auf die Horkheimer und Adorno im Vorwort zu Mangolds (1960, S. 7) Arbeit Bezug nehmen. Erst Bohnsack (1989) findet im Mannheim'schen konjunktiven Erfahrungsraum einen stichhaltigen theoretischen Rahmen. Denn dieser ermöglicht zu verstehen und zu erklären, warum diese Form der Gemeinsamkeit weder als äußerer Zwang noch „als Produkt der Versuchsanordnung" bzw. „als Endresultat eines aktuellen Prozesses gegenseitiger [...] Beeinflussung in der Diskussion selbst verstanden werden" kann, sondern sich „in der Realität unter den Mitgliedern des betreffenden Kollektivs bereits ausgebildet" (Mangold 1967, S. 216) hat.

Im Anschluss an Mannheim arbeitet Bohnsack (u. a. 2012) das Konzept der „kollektiven Orientierungen" aus. Er begründet es im konjunktiven Erfahrungsraum und in der Primordialität kollektiver Erfahrung, als deren Resultat kollektive Orientierungen aufgefasst werden können. Diese theoretische Rekonstruktion macht es möglich, die Gruppendiskussion zu einer Methode auszuarbeiten, mit der wiederholbare und gültige Ergebnisse zu erzielen sind, und die somit auch zu Recht als Verfahren, als Gruppendiskussionsverfahren, bezeichnet werden kann (u. a. Bohnsack 1989, Przyborski 2004, Bohnsack/Przyborski/Schäffer 2010).

Zentral dabei ist erstens, nicht beim Individuum als Entität anzusetzen, sondern bei der Gruppe, genauer: beim kollektiven resp. konjunktiven Erfahrungsraum, der durch die Gruppe artikuliert wird. Zweitens muss die konjunktive Verständigung systematisch von der „kommunikativen" (Mannheim z. B. 1980 [1922–1925], S. 296) bzw. „kommunikativ-generalisierten" (Bohnsack z. B. 2009, S. 18; 2014a, S. 60 und 166) unterschieden werden. Letztere ist uns geläufiger bzw. wird häufig als die einzige Verständigungsform betrachtet: „Während für uns als Sozialforscher/innen der methodische Zugang zum kommunikativen Wissen relativ unproblematisch ist, da dieses direkt erfragt werden kann, erschließt sich uns das konjunktive Wissen nur dann, wenn wir uns (auf dem Wege von Erzählungen und Beschreibungen oder auch der direkten Beobachtung) mit der Handlungspraxis vertraut gemacht haben." (Bohnsack 2009, S. 18 f.)

Das Konjunktive ist also nicht nur in der Handlungspraxis selbst enthalten, also z. B. im Vollziehen einer Familienfeier oder eines Familienessens, sondern auch in den Erzählungen und Beschreibungen einer derartigen Praxis. Ohne es explizit zu machen, können sich diejenigen, die Erfahrungen miteinander teilen, auf der Basis von Erzählungen und Beschreibungen über diese Erfahrungen bzw. innerhalb dieser Erfahrungen bzw. innerhalb der die Erfahrungen strukturierenden Orientierungen verständigen. Diese Art der Verständigung kann mit Mannheim (1964a [1921–1922], S. 98) als „atheoretisch" bezeichnet werden. Die Leistung einer dokumentarischen Interpretation ist es, dieses implizite, begrifflich-theoretisch nicht gefasste Wissen explizit zu machen.

4.1.3 Beispiel aus einer Gruppendiskussion

Eine Sequenz einer Gruppendiskussion[5] aus meinem empirischen Material, die zugleich eine Beschreibung einer Szene wie auch eines Bildes enthält, soll den Zugang der dokumentarischen Methode zum konjunktiven Wissen auf der Basis dieser Beschreibung deutlich machen. Sie stammt aus einer Gruppe, die ich „Tinte" (siehe Kapitel 9 und 10) genannt habe. Es handelt sich dabei um ein junges Paar: Beide arbeiten als Grafiker/Grafikerin, Olivia stammt aus Brasilien, Paul aus Deutschland. Die Sequenz findet sich in der Eingangspassage der Diskussion, die ihren Ausgang bei einer Schuhwerbung nimmt, welche die beiden mitbrachten und die einen Skater zeigt („Tinte", Eingangspassage: 104–133):

Transkr. 4.1: „Tinte", Eingangspassage: 104–133.

```
104  P:   ... oben sind sehr viele Bäume da kommt er=also
105  Y:   └mhm
106  P:   wirklich so aus dem aus dem Dunklen heraus gehuscht und (.) springt auf
          dieses Geländer fast
```

---

[5] Ausführlich zum Gruppendiskussionsverfahren der dokumentarischen Methode u. a.: Bohnsack 1989 und 2014a, S. 107 ff.; Przyborski 2004; Bohnsack/Przyborski/Schäffer 2010; Przyborski/Wohlrab-Sahr 2014, S. 102 ff. und 277 ff.

```
107         kopfüber runter (.)
108  ?:                      └°@(.)@°
109  P:    u::nd
110  O:         └is äh unsere (Fiktion) wie wir da (sitz jetzt sehen) die
            Typen das macht sehr schöne
111         Trick (           und so    ) einen Nachmittag für Skate
112  P:                                                        └°ja°
113  Y:         └mhm
114  P:    es is jetzt auch nicht hier man sieht auch nicht was jetzt da da wo er
            jetzt im Endeffekt landet
115  Y:                              └mh
116  P:    oder wie er landet °also s is so son° Momentanbild, weil dieser Trick
            läuft relativ schnell ab,
117  Y:                         └mh
118  P:    der springt rauf s dauert zwei Sekunden dann is er unten ja? (.) und die
            Sache is halt, (.) in
119  Y:                      └hm
120  P:    Szene gesetzt dass halt dass man halt hier wirklich noch den Boden
            zeigt und den wirklich noch
121         (.) bis äh an die Kante gehen lässt d ähm    (     höher  Bild
            ausschaut)
122  O:                                                 └dis is kein dis is
            auch ein bisschen illegal
123  Y:    @hmhm@
124  O:         └ein bisschen (illegalite) diese mache auch     (°    °) @(.)@
125  P:                                                              └ja, es is
            so urba:n Stadt (.) ä:h
126  O:    typisch, ja
127  P:    vielleicht (.) wo man auch nicht fahren darf oder so u:nd (.) und dieses
            ähm (räuspern) es is
128         die Stadt sich mit dem (.) Skateboard @erfahren@ (.) u:nd äh aus allen
            möglichen Sachen
129         dann noch (.) die fahren oder die: die nutzen irgendwie und des (.) da
            ham au was Kreatives
130         draus macht (.) ja e- es is auch so ne Herausforderung irgendwie immer
            wieder (.)
131  Y:                  └hm
                └hm
132  P:    der man sich stellt so ja schaff ich das ähm (.) das is ja immer so de
            der Reiz, der dabei is
133         wenn : man jetzt selber als Skateboardfahrer da jetzt des macht (2)
            u::nd ja es ist ganz klar
```

Auf der Ebene des kommunikativ-generalisierten oder immanenten Sinngehalts, wie er in der dokumentarischen Methode auch oft genannt wird, erfährt man von Paul, dass oben im Bild viele Bäume sind, der Skater aus dem Dunkel herausgehuscht kommt und „fast kopfüber" („Tinte", Eingangspassage: 107) auf ein Geländer hinunterspringt. Olivia findet, dass er einen „sehr schönen Trick" („Tinte", Eingangspassage: 110–111) mache, (an einem) Nachmittag für Skaten. Paul kommt auf den Skater zurück: Letztlich sei nicht klar, wo er landen werde. Es sei ein „Momentanbild" („Tinte", Eingangspassage: 116) eines Tricks, der schnell ablaufe. Er dauere zwei Sekunden – von dem Moment des Hinaufspringens bis zur Landung. Die „Sache" („Tinte", Eingangspassage: 118) sei so in Szene gesetzt, dass man noch den Boden sehe, und sei urban, was typisch sei. Olivia schätzt die Szene als ein wenig illegal ein. Paul räumt ein, dass sich der Skater an einem Ort befinden könnte, an dem man nicht fahren dürfe. Er äußert, dass es darum gehe, (sich) die Stadt mit dem Skateboard zu „erfahren" („Tinte", Eingangspassage: 128) und alles, was noch fahrbar sei, dafür zu nutzen, etwas Kreatives zu machen. Es sei immer wieder eine Herausforderung, der man sich mit der Frage stelle: „Schaff ich das?" („Tinte", Eingangspassage: 132) Das sei „der Reiz", wenn man als Skateboarder fahre. Das sei „ganz klar" („Tinte", Eingangspassage: 132–133).

Während Olivia über die Schönheit des Tricks und seine Illegalität redet, beschreibt Paul Einzelheiten der Bewegung und den Reiz, den das Erfahren der Stadt und die zu bewältigenden Herausforderungen für den Skater bedeuten. Auf der Ebene des immanenten Sinngehalts reden die beiden über etwas völlig anderes. Fragen, ob Olivia recht damit habe, dass es hier um etwas Illegales gehe, oder ob es stimme, dass der Trick schön sei, bzw. ob man die Stelle, an welcher der Skater landen werde, wirklich nicht sehen könne, wie Paul sagt, führen nicht zum Dokumentsinn, zum konjunktiven Wissen. Sie verstellen eher die Sicht darauf.

Die Frage, die zum konjunktiven Sinn, auf die Ebene der reflektierenden Interpretation führt, lautet hingegen: Wie wird etwas zum Ausdruck gebracht und was dokumentiert sich darin? Paul beschreibt den Skater nicht statisch, obwohl es sich um ein unbewegtes Bild handelt. Seine Beschreibung wirkt so, als würde er einen Bewegungsablauf nachvollziehen, vom Sprung aus dem Dunkel auf das Geländer bis hin zur Landung. Es drückt sich darin ein Nachvollziehen des Bewegungsablaufs aus, als könne er mitfühlen, miterleben, was hier vor sich geht. Das legt die Interpretation nahe, dass er selbst handlungspraktische Erfahrungen mit dem Skaten hat.

Dafür spricht auch das Ende der Sequenz. Paul formuliert, dass es „die Stadt [...] mit dem Skateboard erfahren" („Tinte", Eingangspassage: 128) sei, dass „man sich" („Tinte", Eingangspassage: 132) der „Herausforderung" („Tinte", Eingangspassage: 130) stelle, und ganz am Schluss, wie es sei, „wenn man jetzt selber als Skateboardfahrer" („Tinte", Eingangspassage: 133) etwas mache. Die Unterscheidung zwischen dem Bildprotagonisten und ihm selbst löst sich auf. In den Fokus gerät damit, dass sie beide Skater sind.

Olivia fällt Paul mit ihrem ersten Gesprächsbeitrag in dieser Sequenz fast ins Wort: Eben formuliert er noch „und" („Tinte", Eingangspassage: 109), als sie von einer „Fiktion" („Tinte", Eingangspassage: 110) spricht. Bei genauerer Betrachtung kommentiert sie, was Paul tut, bringt es auf eine Metaebene. Er entwirft auf der Grundlage eines Bildes einen ganzen Bewegungsablauf, eine Szene, eine „Fiktion", die so nicht sichtbar ist. Sie bezeichnet die Fiktion als „unsere" („Tinte", Eingangspassage: 110) und integriert sich (und andere) also völlig selbstverständlich in Pauls Perspektive auf das Bild. Es dokumentiert sich, dass sie Paul in seinen Ausführungen und seiner Perspektive begleitet – womit sich ein konjunktiver Erfahrungsraum im Medium Sprache manifestiert.

Auch in Olivias nächster Äußerung zeigt sich eine interessante Gemeinsamkeit mit Paul: Er hebt eben jene Elemente hervor, die den Trick gefährlich machen. Der „Boden" („Tinte", Eingangspassage: 120) werde gezeigt, obwohl man nicht erahnen könne, wo der Skater landen werde. Die große Höhe werde durch die Inszenierung unterstrichen. Der Trick sei ein Spiel mit der Grenze des Machbaren. In diesem Moment bemerkt Olivia, dass die ganze Aktion möglicherweise nicht legal sei, also möglicherweise einer Grenzüberschreitung gleichkomme. Das heißt, die Äußerungen unterscheiden sich zwar thematisch, haben aber auch einen homologen Bedeutungsgehalt. In eben diesem drücken sich gemeinsame Orientierungen aus:

Der Grenzgang stellt für beide einen positiven Horizont dar. Olivia bezeichnet den Trick schon zu Beginn als „schön". Die Begeisterung von Paul drückt sich in der detaillierten und lebendig vorgetragenen Beschreibung (Betonungen) aus. Der gemeinsame Orientierungsrahmen, der hier zum Ausdruck gebracht wird, sind Grenzgänge auf den unterschiedlichsten Ebenen, z. B. beim ‚Erfahren von Stadt' als Element eines (urbanen) Lebensgefühls und einer mobilen Erfahrung. Herausforderungen sind Reiz und Motor für Kreativität. Skaten ist nicht nur ein Sport, sondern Ausdruck einer generativen Formel.

Um konjunktives Wissen zu rekonstruieren, ist es notwendig, das Wie der Kommunikation zu berücksichtigen. Dazu zählen u. a. die Art und Weise des gemeinsamen Sprechens, der Spannungsaufbau, d. h. die Dramaturgie des Diskurses und die Gestaltungselemente, die diese beinhaltet, wie Betonungen, Pausen, Wortwahl usw. Man hat bei der Rekonstruktion des Dokumentsinns mithin die formal-ästhetische Gestaltung und damit auch die entsprechenden Kompetenzen im Blick. Wie das konjunktive Verstehen im Medium der Sprache funktioniert, ist bereits sehr umfassend erforscht.[6]

---

[6] In meiner Arbeit „Gesprächsanalyse und dokumentarische Methode" (Przyborski 2004) konnte ich im Anschluss an Bohnsack (1989) und in dessen Weiterführung fünf Modi der Diskursorganisation herausarbeiten. Drei davon dienen der konjunktiven Verständigung und erlauben den Schluss auf einen konjunktiven Erfahrungsraum: Es handelt sich dabei um den parallelen Modus, den antithetischen und den univoken. In den beiden anderen werden unterschiedliche Erfahrungen verhandelt, und zwar im oppositionellen und im divergenten Modus. Als Standards der Verständigung im Medium Sprache bilden sie ein wesentliches Fundament des Gruppendiskussionsverfahrens (siehe auch Bohnsack/Przyborski 2006). Sie ermöglichen es, auch ohne umfangreiche Typenbildung, in der Erfahrungsräume systematisch gegeneinandergehalten werden, festzustellen, ob eine Gruppe auf der Basis von konjunktiven Erfahrungsräumen spricht oder nicht, und bilden daher ein wesentliches Fundament für die Auswertung von Gruppendiskussionen (u. a. Bohnsack 1989, Przyborski 2004, Bohnsack/Przyborski 2006).

Eine kurze Sequenz reicht an sich nicht aus, um den Orientierungsrahmen (siehe Kapitel 4.3.1), also die Eckpunkte des konjunktiven Erfahrungsraums, einer Gruppe herauszuarbeiten. Dazu müsste man ganze Passagen in den Blick nehmen. In einer fallinternen komparativen Analyse ginge es des Weiteren darum, zu prüfen, ob sich die in einer Passage herausgearbeiteten Orientierungen homolog auch in anderen Passagen und eventuell anhand weiterer Themen herausarbeiten lassen.[7]

4.1.4 Konjunktiver Erfahrungsraum als Basis eines relationalen Kulturbegriffs

Zugang zu konjunktivem Wissen setzt, wie es am Beispiel der kurzen Sequenz eben gezeigt wurde, eine konsequente Trennung der Sinnebenen, die Suche noch Homologien und die „Einklammerung des Geltungscharakters" (Mannheim 1980 [1922–1925], S. 88) voraus. Homologien sind Sinnmuster, die sich über verschiedene Themen hinweg zeigen, d. h., die gleichsam eine Klammer um inhaltlich unterschiedliche Sachverhaltsdarstellungen bilden. Mit „Einklammerung des Geltungscharakters" ist gemeint, dass bei der Interpretation nicht darauf geachtet wird, ob die Äußerungen faktisch wahr oder normativ richtig sind. Sowohl die Suche nach Homologien als auch der temporäre Verzicht auf das eigene Verständnis von Realität stehen im Dienst der Rekonstruktion der – fremden – Bedingungen der Herstellung von Wirklichkeit. Durch die Einklammerung des Geltungscharakters wird der Blick frei darauf, „wie etwas entstanden ist" (Mannheim 1980 [1922–1925], S. 91). Die genetische Betrachtung erlaubt eine Rekonstruktion der „Gebilde" als „Resultat eines soziopsychischen Erlebniszusammenhangs" (Mannheim 1980 [1922–1925], S. 89) und ist damit eine Voraussetzung für die Rekonstruktion von in die Handlungspraxis eingelassenem Wissen als einem Wissen um das Wie der Herstellung der je eigenen Wirklichkeit.

Gerade dieses Wissen „ist für die Erforschung kultureller Unterschiede, interkultureller Kommunikation und verwandter Phänomene überaus wichtig", denn es „lässt sich nicht abrufen, also etwa durch direkte Fragen in Erfahrung bringen", sondern „muss vielmehr durch die interpretative Analyse seiner praktischen Manifestationen, seiner Objektivationen und Objektivierungen, erschlossen werden" (Straub 2010, S. 60). Sie sind als Schlüssel auch und gerade für das Konzept „Kultur" wichtig: Diese Forschungshaltung ermöglicht es nämlich, unterschiedliche Milieus und Kulturen quasi von innen zu verstehen. Zwar muss der – idealtypisch[8] –

---

[7] Inhaltlich dazu: Kapitel 9, 10, 11.1 und 11.2, theoretisch dazu: Bohnsack (2001b, S. 238 ff.); Przyborski/Wohlrab-Sahr (2014, S. 277 ff.).
[8] Insofern „idealtypisch", als es quasi nach der ersten empirischen Forschung, die man durchgeführt hat, keinen allerersten Fall mehr gibt. Neue Fälle werden praktisch immer vor dem Vergleichshorizont anderer Fälle interpretiert. Für die intersubjektive Überprüfbarkeit einer typologischen Abstraktion ist es gleichwohl unerlässlich, die betreffende komparative Analyse auch entsprechend auszuformulieren.

erste Fall immer auf der Basis des eigenen Standortes interpretiert werden. Der eigene Standort nimmt allerdings an Bedeutung ab, je mehr Vergleichsfälle in die komparative Analyse einbezogen werden.

Das Konzept des konjunktiven Erfahrungsraums erfasst Kollektivität insofern grundlagentheoretisch, als sie losgelöst von der konkreten Gruppe verstanden werden muss, zugleich aber keine vorab definierten Einheiten vorgibt, wie es bei Generations-, Schicht- oder Kulturmodellen mitunter der Fall ist. Soziale bzw. kulturelle Einheiten werden hier in der Regel von ihren expliziten Normen oder Grenzen her bzw. in ihren Unterschieden zueinander definiert (Helfrich 2013). Die dokumentarische Methode hingegen fokussiert die Zentren des kollektiven Erlebens und zielt damit in den Kern milieu- und kulturspezifischer Besonderheit. Ob man es mit einem konjunktiven Erfahrungsraum und damit auch mit geteiltem milieuspezifischem bzw. kulturellem Erleben zu tun hat, erschließt sich erst auf der Basis der empirischen Analysen. Unterschiede zu anderen Milieus oder Kulturen werden erst durch eine systematische komparative Analyse sichtbar. Erst dann lässt sich ein Milieuzusammenhang oder ein kulturspezifischer Zusammenhang, und zwar auf der Grundlage der für ihn typischen Orientierungsrahmen bzw. Habitus (siehe Kapitel 4.3.1), definieren.

Die Einklammerung des Geltungscharakters hat der dokumentarischen Methode auch Kritik aus kulturwissenschaftlicher Sicht eingebracht. Sie würde nicht nur Zugang zu „*verschiedenen Normalitäten*" (Straub 2010, S. 57) eröffnen, also zu für bestimmte Milieus oder Kulturen üblichen, typischen oder eben ‚normalen' Herstellungsweisen von Wirklichkeit. Es würden auch die „damit korrespondierenden *Rationalitäten*" mitgeliefert und legitimiert. Denn der „Rationalitätsbegriff", so Straub (2010, S. 58), „verliert unter diesen Bedingungen seine Unterscheidungsfunktion". Auf diese Weise könne die „Wissenschaft [...] der Möglichkeit der Kritik" und der „Chance auf Selbstkritik" beraubt werden.

Der Begriff „Rationalität" zielt auf vernunftgeleitetes und an Zwecken ausgerichtetes Denken und Handeln. Im Fokus der dokumentarischen Analyse stehen allerdings, wie eben dargelegt, die Strukturen jenes Denkens und Handelns, die aus den jeweiligen existenziellen Bedingungen resultieren, d. h. aus der Logik der Praxis. Straubs Kritik greift jedoch insofern, als aus der Perspektive der dokumentarischen Methode der Habitus bzw. der Orientierungsrahmen letztlich über die Logik der Vernunft regiert (Bohnsack 2014b). Mit einer Rekonstruktion der jeweiligen Habitus bzw. „Normalitäten" werden also auch unterschiedliche „Rationalitäten" rekonstruiert und nachvollziehbar gemacht. Nicht umsonst prägt Mannheim den Begriff der „totalen Ideologie" (Mannheim 1952 [1929], S. 54), der nichts weniger bedeutet, als dass jedes Denken ideologisch, also – im Sinne einer Standortverbundenheit – perspektivisch ist. Es handelt sich so gesehen um einen relationalen Kulturbegriff, der nicht nur die Praxis bzw. das ihr zugrunde liegende implizite Wissen berücksichtigt, sondern auch seinen Bezug zum jeweiligen zweckrationalen Handeln.

Eine Einklammerung des Geltungscharakters ist für eine Rekonstruktion der Prozessstrukturen der Herstellung von Wirklichkeit und damit für eine stichhaltige Rekonstruktion kulturellen Wissens unerlässlich. Es kann damit auch ein Zugang zur jeweiligen Standortverbundenheit unterschiedlicher Rationalitäten gefunden werden. Meines Erachtens muss Wissenschaft an dieser Stelle jedoch nicht stehen bleiben, denn in welchen – rationalen – Zusammenhang die Ergebnisse letztlich gestellt werden, ist mit der Forderung nach ihrer Einklammerung bei der Interpretation von empirischem Material noch nicht vorweggenommen. Mit einem relationalen und dynamischen Kulturbegriff geht also nicht zwangsläufig eine apolitische Haltung einher.

Zusammenfassung

Im vierten Schritt zur Klärung, wie wir uns empirisch-qualitativ der Funktion von Bildern für die wechselseitige Konstitution von Medien und Alltag nähern können, wird Verständigung als essenzielle Voraussetzung von Kommunikation praxeologisch verankert.

In der *dokumentarischen Methode*, die von Ralf Bohnsack im Anschluss an Karl Mannheim entwickelt wurde, nimmt *Verständigung als Teil kollektiver Handlungspraxis* eine Schlüsselstelle ein und beinhaltet folgende *voneinander unterscheidbare Ebenen:*

a) die *konjunktive Verständigung* auf der Basis von konjunktivem Wissen:
Sie ist im *konjunktiven Erfahrungsraum* verankert, der durch eine *Gemeinsamkeit von Existenzbedingungen* und Handlungspraxen gekennzeichnet ist. Die existentiellen Gemeinsamkeiten ermöglichen ein *„atheoretisches"*, unmittelbares Verstehen, jenseits begrifflicher Explikation, sie beinhalten ein ‚Wissen ohne Bewusstsein' wie man mit Bourdieu, dessen Habitusbegriff große Ähnlichkeit mit dem konjunktiven Erfahrungsraum aufweist, formulieren kann.
Analytischen Zugriff auf diese Ebene bietet das *systematische Erfassen des Wie der Verständigung* und damit des impliziten, ästhetischen Wissens, der formalen Gestaltung von Kommunikation und Verständigung.

b) die *kommunikativ-generalisierte Verständigung* auf der Basis von kommunikativ-generalisiertem Wissen:
Sie ist gekennzeichnet vom Wissen über Regeln, Normen und Rollen, von allgemeinen Vorstellungen und institutionalisierten Wissensbeständen. Hier wird das *Was der Verständigung systematisch erfasst*.

Die Differenzierung von Verständigungsebenen bietet die Möglichkeit eines methodisch-methodologisch kontrollierten Zugriffs auf handlungspraktisches, implizites Wissen. Die Eigensinnigkeit von Bild und Sprache ist immanenter Bestandteil der dokumentarischen Methode.

4.2 Performative Wissensformen und die Performanz ihrer Darstellung

Die dokumentarische Methode ist, wie an den Beispielen im letzten Abschnitt demonstriert, mit ihrer genetischen Analyseeinstellung auf das Wie, auf die Struktur der Praxis, bzw. den Modus Operandi der Prozesse der Herstellung von Wirklichkeit gerichtet, mit dem Ziel, das implizite Wissen, das hier zum Tragen kommt, begrifflich-theoretisch zu erfassen. Sie kann in diesem Sinn als „praxeologische Wissenssoziologie" (Mannheim 1952a [1931]; vgl. auch Bohnsack 2014a, S. 205 ff.) verstanden werden. Implizites Wissen tritt uns zum einen in der Handlungspraxis selbst entgegen und kann daher auch als performatives Wissen bezeichnet werden. Zum anderen kann es auch, wie anhand der kurzen Sequenz gezeigt, in Form von Erzählungen und Beschreibungen bzw. eingelassen in dieselben zur Darstellung kommen. Die Darstellung selbst muss aber auch handlungspraktisch vollzogen werden, kann also ebenfalls im Licht ihrer Performanz untersucht werden. Im Folgenden geht es darum, verschiedene Ebenen des performativen Wissens zu differenzieren (siehe auch Tabelle 4.1 am Ende des Kapitels 4.2).

4.2.1 Habitus und korporiertes Wissen

Als handlungspraktisches Wissen prägt das performative Wissen nicht nur die Sprache. Es schreibt sich auch in den Körper, in die Bewegungen, in die Interaktion ein. Zum impliziten Wissen zählt also auch korporiertes Wissen. Es prägt ganz im Sinne Bourdieus den Habitus. Insoweit „Akteure" über „Gemeinsamkeiten der Erlebnisschichtung verfügen, verstehen sie einander unmittelbar" und „zeichnen sich durch Übereinstimmungen ihres Habitus" aus (Bohnsack 2009, S. 17; Mannheim 1980 [1922–1925], S. 230 f.; Bohnsack/Schäffer 2002).[9] Der Habitus ist von den Bedingungen einer sozialen Lagerung bzw. von den Praxisformen, die ihr entsprechen, erzeugt; umgekehrt erzeugt er diese Praxisformen und kann so auch als „generative Formel" (Bourdieu 1982) begriffen werden. Als „Hexis" bezeichnet Bourdieu die äußerlich wahrnehmbare Gesamtheit von Körperhaltungen und -bewegungen, die durch die generative Formel bedingt sind (Bourdieu 1982). Die Korporierung als zentrales Element von Bourdieus „praktischer Logik" (Bourdieu 1976, S. 228) wird „in der Literatur" allerdings „oft merkwürdig körperlos verstanden" (Fröhlich 1999, S. 100).

Die Gemeinsamkeiten von dokumentarischer Methode und Habitustheorie liegen in der Konzeption einer Verbundenheit des Denkens mit der sozialen Lagerung und der ihr eigenen Praxis, die zugleich als Grundlage für Kollektivität aufgefasst wird: In der Wissenssoziologie Mannheims spielt die „Seins- oder Standortverbundenheit des Denkens" eine zentrale Rolle. Der Habitus verweist in korrespondierender Weise auf eine spezifische soziale Lage und gibt einen gesellschaftlichen „Orientierungssinn" (Bourdieu 1982, S. 728), prägt Geschmackspräferenzen und das Weltbild. Das heißt, auch der Habitus kann als wissenssoziologische Kategorie aufgefasst werden.

---

9 Die Nähe der dokumentarischen Methode zu Bourdieus Habitustheorie lässt sich auch ideengeschichtlich/historisch mit der Achse über Panofsky nachzeichnen. Denn, wie erwähnt und an anderer Stelle genauer rekonstruiert (Bohnsack 2009, Raab 2008, Meuser 2001a), ist nicht nur Panofsky von Mannheim inspiriert, sondern Bourdieu wiederum von Panofsky. Bourdieu greift nämlich den Begriff des Habitus aus dem Nachwort zur französischen Übersetzung von Panofskys Werk über die gotische Architektur auf, wie Meuser (2001a, S. 210) festhält.

Habitus und konjunktiver Erfahrungsraum werden gleichermaßen losgelöst von unmittelbarer Begegnung, also als abstrakte Begriffe konzipiert. Bei Bourdieu heißt es, dass die „Homogenität der Existenzbedingungen" dazu führt, dass die Praktiken „ohne jede direkte Interaktion und damit erst recht ohne ausdrückliche Abstimmung einander angepasst werden" und daraus eine entsprechende „Homogenisierung der Habitusformen" (Bourdieu 1993, S. 109) resultiert. Wie der konjunktive Erfahrungsraum begründet also auch der Habitus eine primordiale Kollektivität, die in einer Strukturidentität von Existenzbedingungen und Handlungspraxis gründet und zu einer Gemeinsamkeit im atheoretischen Verstehen bzw. einem Wissen ohne Bewusstsein führt.

In einer methodisch-methodologisch motivierten Auseinandersetzung mit dem Verhältnis von dokumentarischer Methode und Habitusanalyse argumentiert Meuser (2001a), dass Bourdieu ein empirischer Zugriff auf die letztlich für das Konzept des Habitus zentrale *Praxis* nicht gelungen ist. Die grundlagentheoretische Passung der beiden Zugangsweisen eröffnet jedoch einen geeigneten Rahmen für eine Rekonstruktion des Habitus mittels der dokumentarischen Methode der Interpretation (Meuser 2001a, S. 208).[10] Interessant aus heutiger Sicht und für die vorliegende Arbeit ist Meusers (2001a, S. 220) programmatische Überlegung, dass eine „auf Habitusrekonstruktion gerichtete Forschung [...] nach Ergänzung zu gängigen, verbale Darstellungen evozierenden Verfahren zu suchen" hätte, daher würden wohl zukünftig „Verfahren, in denen das Wort die körperliche Dimension nicht nur stellvertretend repräsentiert, in denen vielmehr der agierende Körper visuell präsent ist [...], an Bedeutung gewinnen", denn die „als ‚Hexis' bezeichnete Dimension des Habitus lässt sich vermutlich angemessen nur über visuelle Medien erfassen". Meuser sollte Recht behalten. Die visuelle Forschung boomt, nicht nur auf der Grundlage der dokumentarischen Methode (siehe Kapitel 1). Die methodisch-methodologische Weiterentwicklung für eine kontrollierte empirische Habitusrekonstruktion, die Meuser anmahnt, erfordert allerdings auch eine differenzierte Auseinandersetzung mit Handlungspraxis, genauer: eine Differenzierung des impliziten resp. performativen Wissens, wie sie in der Folge im Rahmen der dokumentarischen Methode geleistet wird.

Was hat es nun mit der körperlichen Dimension bzw. dem korporierten Wissen und den Bildern genau auf sich? Dieser Punkt erfordert grundlagentheoretische Auseinandersetzung und Erweiterung der dokumentarischen Methode, die mit Bezug auf die jüngste Arbeit von Bohnsack (2017), insoweit diese für das hier verfolgte Anliegen relevant ist, diskutiert wird. Ansetzen lässt sich an den Beispielen im letzten Abschnitt. Zwar nutzen sowohl Mannheim als auch Bohnsack das Knoten-

---

10 Die Begriffe „konjunktives Wissen" und „Habitus" weisen in vielerlei Hinsicht Übereinstimmungen auf, aber auch einige deutliche Unterschiede, auf die ich hier nicht eingehen kann (siehe dazu aber Bohnsack 2013).

beispiel als Einstieg in die Erläuterung des konjunktiven bzw. habituellen Wissens. In ihm drückt sich aber eine andere Form des performativen Wissens viel deutlicher aus. Um den springenden Punkt herauszuarbeiten, bezieht sich Bohnsack (2017, S. 67) neben dem Knotenbeispiel u. a. auch auf das Radfahren und auf Heideggers (1989, S. 84) Beispiel des „Hämmerns mit dem Hammer", das Letzterer zur Exemplifizierung der Praxis des Zeuggebrauchs nutzt.

In diesen Praxen stecken letztlich zwei Formen des performativen Wissens. Denn zunächst will die Technik des Knüpfens, Hämmerns bzw. Fahrens und Balancierens beherrscht sein. Mit Bezug auf Polanyi (1985 [1966], S. 7) und Collins (2010) lässt sich herausarbeiten, dass es sich dabei um ein kontextunabhängiges Wissen handelt, das wissenschaftlich explizierbar bzw. objektivierbar ist, sich prinzipiell in einer ‚mathematischen Funktion' ausdrücken lässt. Zwar nützt diese Mathematisierbarkeit wenig, um jemanden das Hämmern, Rad- oder Skateboardfahren zu lehren. Sie mag aber möglich machen, Computerprogramme zu entwickeln, die Geräte, Roboter, diese Bewegungen in Korrespondenz mit einer gewissen Umwelt ausführen lässt. Bohnsack bezeichnet das handlungsleitende Wissen, um das es hier geht, u. a. als „modus operandi des Zeuggebrauchs" und kennzeichnet es als kollektives Wissen, das einen Grad der Generalisierung aufweist, der dem des kommunikativ-generalisierten Wissens gleichkommt, ganz im Gegensatz zu diesem aber keine zweckrationale Struktur aufweist (Bohnsack 2017, S. 147).

Die genannten Praxen sind in der Regel zutiefst korporiert und weitgehend universell gültig, insofern, als sich ihr Prinzip meist exakt ausdrücken lässt. Sie lösen sich allerdings nicht vollständig in diesem theoretisch formulierbaren Wissen auf. In den verschiedenen Skate-Communitys geht es z. B. ganz entscheidend darum, *wie* das Board gefahren wird, nicht nur im Sinn der explizierbaren Technik, sondern vielmehr hinsichtlich des Stils, der Art und Weise, wie die Technik im Rahmen eines Tricks ausgeführt wird. Es lässt sich zwar ein Roboter konstruieren, der Radfahren kann. Das Balancieren auf dem Rad, also das Wissen um den Zeuggebrauch, kann mit einem Computerprogramm erfasst werden. Auch die Verkehrsregeln als kommunikativ-generalisiertes Wissen können programmiert werden. Schwierig wird die Programmierung bei der Umsetzung im Alltag:

Wenn wir uns nämlich mit dem Fahrrad im öffentlichen Straßenverkehr bewegen, lässt sich mit Bohnsack weiter erläutern, treten zusätzlich zur performativen Einbindung und Korporierung des Balancierens auf dem Fahrrad in die eigene Handlungspraxis auf der Ebene des Zeuggebrauchs noch andere Dimensionen hinzu. Neben dem zweckrationalen Ziel, einen bestimmten Ort erreichen zu wollen, sind dies die expliziten Regeln des Straßenverkehrs. Die Straßenverkehrsordnung erlaubt es uns allerdings nicht, uns in der habitualisierten Praxis der anderen Verkehrsteilnehmerinnen erfolgreich zu koordinieren und abzustimmen. Was auf der Autobahn mit einem selbstfahrenden Kraftfahrzeug möglich erscheint, lässt sich im dichten Verkehr einer mediterranen Altstadt nicht mehr vorstellen, denn erst auf der Basis habitueller Übereinstimmung funktioniert dort alles meist reibungslos.

Das konjunktive Wissen strukturiert also sowohl die Umsetzung von kommunikativ-generalisiertem Wissen als auch das Wissen um den Zeuggebrauch. Analytisch betrachtet ist das Wissen um die Praxis des Knüpfens eines Knotens Grundlage zum einen für die Konstitution des konjunktiven Wissens, zum anderen für dessen zweckrationale Nutzung im Sinne von Um-zu-Motiven, die dem kommunikativen Wissen eigen sind. So knüpft man einen Knoten, um ein Seil zu reparieren oder ein Boot festzumachen. Darauf komme ich in Kapitel 4.3.1 genauer zu sprechen.

Bohnsack führt diese Ebene des korporierten Wissens unmittelbar als „Wissen um Zeuggebrauch und Geste" ein und exemplifiziert es nicht nur am Umgang mit Werkzeugen und Fahrzeugen, sondern auch am Laufenlernen. Der universelle Charakter wird im Beispiel des Laufens besonders deutlich. Laufen bzw. Gehen gehört zu den grundlegenden Fähigkeiten des Menschen. Ebenso wie das Prinzip des Rad- oder Skateboardfahrens kann es exakt beschrieben werden. Gesten und Zeuggebrauch lassen sich insofern auf einer Ebene diskutieren, als jeder Zeuggebrauch aus einer Organfunktion resultiert, wie eingangs am Beispiel des Knotens verdeutlicht wurde; d. h., jeder Zeuggebrauch setzt einen koordinierten und sinnvollen Einsatz des Körpers, eine *Geste*, voraus.

Wie das Gehen oder Laufen zählt auch die Mimik zu den Gesten. Sie enthält eine Fülle von Gesten, von Bewegungen, die gerade im hier behandelten Zusammenhang insofern relevant sind, als ihre Funktion oftmals in erster Linie eine kommunikative ist. Daniel Stern (u. a. 1985), ein Pionier der Säuglingsforschung, konnte z. B. die Funktion des Lächelns für die Interaktion mit dem Start ins Leben nachweisen. Schon Neugeborene wenden sich lächelnden Gesichtern öfter zu als ernsten, dies gilt auch für Bilder und Masken. Nach sechs bis acht Wochen reagieren sie selbst mit Lächeln auf ihre Umwelt, insbesondere auf lächelnde Personen. Das Wissen um das Prinzip des Lächelns bzw. Laufens oder Gehens, die Gesten, ist wohl weitestgehend universell. Sozialwissenschaftlich ebenso relevant erscheint die Frage, wie gelächelt wird und was sich in der Art und Weise ausdrückt. Damit ist die konjunktive, habituelle Ebene angesprochen.

Die Trennung von konjunktivem Wissen und jenem um Zeuggebrauch und Geste ist eine analytische. Eine reine Praxis des Zeuggebrauchs ist, von Robotern abgesehen (obwohl auch in deren Erzeugung ein Habitus zum Ausdruck kommt), insofern nicht denkbar, als sie immer im Rahmen eines konjunktiven Erfahrungsraums erworben wird. Das Lächeln ist immer schon ein – auch – durch den Sozialraum geformtes Lächeln. Die jeweilige Praxis von Geste und Zeuggebrauch wird weitgehend mimetisch im Erfahrungsraum von Familie, Peergroup und anderen sozialisatorischen Zusammenhängen angeeignet bzw. ausgeformt. Sie ist daher immer – auch – als eine konjunktive Praxis gegeben. Das schließt insofern an Heideggers Ideen an, als dieser das „Zeug" als ein zunächst Zuhandenes beschreibt: Die „Bewandtnis selbst als das Sein des Zuhandenen ist je nur entdeckt auf dem Grunde der Vorentdecktheit einer Bewandtnisganzheit." (Heidegger 1989, S. 84) Der Zeuggebrauch – das Hämmern mit dem Hammer, das Knüpfen eines Knotens oder das Fahren eines Skateboards – steht letztlich immer in einer Sinntotalität, kann nur in einer Vorentdecktheit entdeckt werden.

Diese wechselseitige Beziehung von konjunktivem Wissen und Wissen um die Praxis von Zeuggebrauch und Geste konstituiert sich, wie Bohnsack herausarbeitet, im Prinzip eines reflexiven Modus Operandi, nämlich des spezifischen Modus des Modus Operandi, und damit auf dem „Niveau einer doppelten oder Meta-Performanz" (Bohnsack 2017, S. 146 f.): „Das konjunktive Wissen wird durch diese Betrachtung in seiner doppelten und daher in gesteigerter Weise implizit deutlich."[11]

Im empirischen Material zu der hier vorgestellten Studie findet sich die Geste des Zurückstreichens der Haare. Auch sie wird immer schon in einem bestimmten *Wie*, in einer bestimmten Art und Weise im Rahmen einer milieu- bzw. kulturtypischen Totalität, angeeignet, auch wenn sie *prinzipiell* in verschiedenen Milieus und Kulturen gefunden werden kann. Erst wenn die Art und Weise im Unterschied zum prinzipiellen Manipulieren der Haare in den Blick genommen wird, kann es gelingen, habituelle und damit milieu- und kulturtypische Unterschiede herauszuarbeiten. Das gilt gleichermaßen für das Hämmern, Knüpfen, Fahren oder Lächeln.

4.2.2 Darstellung der Performanz im Bild

Bohnsack macht darauf aufmerksam, dass Panofsky, der in Kapitel 1.2.1 eingehender diskutiert wurde, sein Modell zur Interpretation von Kunstwerken in den eben entfalteten Unterscheidungen von Sinnebenen verankert. Sie entsprechen weitgehend jenen, die sich in Panofskys Analyse des Alltagslebens finden, auf der das Modell aufbaut. Als Beispiel dient ihm der Gruß eines Bekannten auf der Straße durch Hutziehen (Panofsky 2002 [1955, 1975], S. 36 ff.). Ich erläutere die Ebenen zusätzlich am Beispiel einer Geste des Zurückstreichens der Haare hinter das Ohr, die sich im empirischen Material findet (siehe Kapitel 8): Auf der Ebene des „Ausdruckssinns" (Panofsky 2002 [1955, 1975], S. 38) bzw. auf der vorikonografischen Ebene werden hier Hand und Arm zum Haaransatz oberhalb des Ohres bewegt, dann werden die Haare von der Außenseite der Fingerspitzen berührt und zwischen Außenseite der Fingerspitzen und Kopf ein wenig eingeklemmt und mit einer leichten Bewegung nach unten zwischen Ohr und Kopf fixiert. Panofsky (2002

---

11 Diese Überlegungen sind auch als Ausgangspunkt für die Analyse des Zeugs bzw. technischer und anderer Artefakte interessant. Denn bei Latour sind die in den technischen Dingen manifestierten Handlungsprogramme rein zweckrationaler Natur (kritisch: Schäffer 2001). Das ist aber nur eine Ebene, eine weitere wäre der Zeugcharakter, wie er eben beschrieben wurde. Durch die Trennung von Sinnebenen der Performanz in die universelle, theoretisch exakt fassbare, die zweckrationale und die habituelle gewinnt man auch Zugang zu dinghaften Kulturobjektivationen oder eben dem Zeug, und zwar auch in seiner milieu- oder kulturspezifischen Besonderheit und Gestaltung.

[1955, 1975], S. 36) beschreibt diese Ebene für das Hutziehen als „Detailveränderung [...] (Hutziehen) bei einem Objekt (Herr)" und sie wurde eben als Performanz des Zeuggebrauchs und der Geste ausgearbeitet.

Auf einer weiteren, nämlich der ikonografischen Ebene, die jener des kommunikativ-generalisierten Sinngehalts entspricht, haben wir es mit dem Um-zu-Motiv des Ordnens zu tun. Die Haare werden zurückgestrichen, um sie zu ordnen (dazu mehr in Kapitel 4.3.1 und 6.3.2.1). Das Hutziehen hat auf dieser Ebene aufgrund seiner starken Tradierung einen wesentlich interaktiveren Charakter als die Geste des Zurückstreichens der Haare. Denn diese „Form des Grüßens ist der abendländischen Welt eigentümlich und ein Überrest des mittelalterlichen Rittertums" und unterscheidet sich von der ersten Ebene dadurch, „daß sie intellektuell statt sinnlich vermittelt wird" (Panofsky 2002 [1955, 1975], S. 37).

Ohne das Augenmerk auf den „Wesenssinn" oder „Dokumentsinn" (Panofsky 1979a [1932/1964], S. 203) der Geste des Zurückstreichens der Haare zu lenken, ist der Bedeutungsgehalt vergleichsweise weniger komplex und nicht notwendigerweise interaktiv. Ein möglicher interaktiver Charakter offenbart sich erst durch die Betrachtung des Wie der Geste, des Modus des Modus Operandi. Im Material findet sich die Geste in zwei Varianten, die im empirischen Teil einer detaillierten Analyse unterzogen werden (siehe Kapitel 7 und 11.1). Interessant für die hier verfolgte Argumentationslinie ist ihre Gemeinsamkeit, die darin liegt, dass der Arm bei der Geste die Brust verdeckt, weil die rechte Hand zum linken Ohr geht, und zudem die Haare, etwa durch äußere Einwirkungen, den Blick gerade *nicht* stören. Die Geste erhält dadurch den Charakter des Verdeckens und Schützens und der mehr oder weniger zärtlichen Selbstberührung, die das Ordnen quasi überlagern bzw. formen, ihre spezifische Ausformung. In dieser Gemeinsamkeit liegt eine habituelle Übereinstimmung von Zurückhaltung und Sinnlichkeit.

Im konventionellen Grüßen der Person teilt sich dem „erfahrenen Beobachter" mit, „daß es sich um einen Mann des 20. Jahrhunderts handelt" und seine „Persönlichkeit" außerdem „durch seine nationale, soziale und bildungsmäßige Herkunft, durch seine bisherige Lebensgeschichte und durch seine gegenwärtige Umwelt" bestimmt ist, so Panofsky (2002 [1955, 1975], S. 37 f.). Um diese Aussagen stichhaltig treffen zu können, genügt auch nach Panofsky diese einzelne Beobachtung nicht, vielmehr bedarf es vieler weiterer Beobachtungen. Für die Rekonstruktion des Habitus oder auch des Wesenssinns bestimmter Gesten in einer bestimmten Art der Durchführung bedarf es also, so kann man weiterführen, des systematischen Vergleichs. Dies wird u. a. für die Geste des Zurückstreichens der Haare hinter das Ohr im empirischen Teil geleistet.

Die Verankerung von Panofskys Modell in Alltagsbeobachtungen bzw. in der beobachtbaren Performanz zeigt, dass bestimmte Aspekte des performativen Wissens im Medium Bild systematisch zur Darstellung kommen. Für das hier verfolgte Anliegen der Bildkommunikation ist die Frage von Darstellung und Vermittlung(sformen) performativen Wissens von großer Relevanz. Es handelt sich um eine Schlüsselstelle unmittelbarer Verständigung im Medium Bild, nicht zuletzt im Kontext von medientechnisch vermittelter Kommunikation, und – wichtiger vielleicht noch – um die Frage nach einem empirischen Zugang zu derselben. Das Verhältnis von Darstellung(sformen) und Performanz muss daher systematisch beleuchtet werden.

Die elementare Ebene des performativen, also des in die Handlungspraxis eingelassenen Wissens nennt Bohnsack „*performative Performanz*". Diese Ebene kommt beim unmittelbaren Knüpfen zum Einsatz und findet sich eben dort. Synonym verwendet Bohnsack entsprechend „*korporiertes Wissen*". Es ist in der Körperlichkeit enthalten und kann von jenen, die sie durchführen, also auch von den Akteuren selbst, nur eingeschränkt und in bestimmten Formen und Modi der Darstellung zum Gegenstand werden. Das heißt, diejenigen, die über das handlungspraktische Wissen verfügen, können dieses nur in bestimmter Weise zur Darstellung bringen, zum „Gegenstand von Propositionen" machen.

Auch wenn die Weitergabe performativen Wissens noch eine andere Ebene beinhaltet, nicht nur die der Darstellung, sondern auch die der Aneignung, ist möglicherweise folgendes Beispiel für eine erste Annäherung an diesen Gedanken hilfreich: Wenn man jemanden, der alltäglich und nicht als Profi kocht, fragt, wie man eines seiner Gerichte zubereitet – wenn also das Kochen zum Gegenstand von Darstellungen, zur proponierten Performanz wird –, kann die Antwort sehr unergiebig ausfallen. Selbst für eine erfahrene Interpretin mag sich aus der Darstellung kaum erschließen, wie das Gericht hergestellt wird. Man mag dann eher zu Kochrezepten greifen, die sich jedoch insbesondere dem Anfänger ebenfalls nicht unmittelbar erschließen und auch Fortgeschrittenen oft nicht den richtigen ‚Pfiff‘ vermitteln können. Hilfreicher sind Kochbücher mit Illustrationen. Für die Aneignung noch zielführender ist es, gemeinsam zu kochen, d.h., sich die Zubereitung im mimetischen Nachvollzug anzueignen. Dadurch eröffnet sich ein Zugang zur habituellen Dimension des Kochens (dem spezifischen ‚Pfiff‘) des Gerichts. Zudem erlaubt es unmittelbaren Einblick in den Umgang mit Zutaten und Küchengeräten, also in den Zeuggebrauch.

Auch mag derjenige, der bestimmte Knoten am längsten und häufigsten benutzt, damit aufgewachsen ist – z.B. als Fischer oder Seglerin –, für den Anfänger kaum eine geeignete Darstellung bieten können. Es werden zwar die „Bedingungen der Herstellung" eines bestimmten Sachverhalts oder einer Interaktion gewusst. Das heißt aber nicht, dass dieses Wissen auch dazu geeignet ist, Darstellungen der Sachverhalte oder Interaktionen hervorzubringen. Es wird vielleicht sogar schwierig sein, dass er den Knoten in geeigneter Weise vormacht, weil er in seiner Praxis zu schnell und zu gewandt ist. Eine rein verbale Erklärung, ohne Anschauung, wird wohl keinesfalls dazu führen, dass ein Knoten erlernt wird. Mir selbst ist es allerdings z.B. ganz gut gelungen, einen Kreuzknoten und einen Palstek aus einem bebilderten Segelbuch zu erlernen.

Performatives Wissen kann zwar kaum expliziert werden. Der Imagination ist es allerdings zugänglich und daher auch der bildlichen Darstellung in Form materialer Bilder. Auf diese Weise kann es auch allmählich korporiert und angeeignet werden, wie im Beispiel des Knotens. Das Medium Bild ist also in einer exklusiven Weise für die Demonstration korporierten Wissens geeignet, die auch der Vermittlung dieses Wissens dienen kann. Dabei lässt sich das Verhältnis von Bildlichkeit bzw. Imagination und Korporierung wie folgt festhalten: Insofern, als der Prozess des Knüpfens eines Knotens in seinem Bewegungsablauf bildhaft entweder in Form von materialen (äußeren) oder mentalen (inneren) Bildern vergegenwärtigt werden muss, um ihn herzustellen, ist die Praxis des Knüpfens noch nicht vollständig korporiert.

Dieses Argument Bohnsacks ist insofern für die Bildinterpretation bzw. die unmittelbare Kommunikation durch Bilder wesentlich, als durch sie Rückschlüsse auf das Verhältnis und die Funktion von materialen Bildern und Vorstellungen bzw. von inneren Bildern, also Imaginationen, gezogen werden können. Letztere entziehen sich in der Regel einem empirischen Zugriff. Es ist also schwer, in empirischem Zusammenhang mit ihnen zu argumentieren. Mit dem Beispiel der Bebilderung des Herstellungsprozesses eines Knotens im Kontext seines Erlernens lässt sich allerdings dreierlei deutlich machen: (1) Korporiertes performatives Wissen kann (nur) im Medium Bild dargestellt werden (offensichtlich weil das Medium Bild Vorstellungen, also mentale Bilder oder Szenen der Organfunktionen, unterstützen). (2) Das Bild kann bei der Aneignung performativen Wissens neben der Mimesis eine Schlüsselfunktion einnehmen. (3) Vollständig korporiertes Wissen kommt ohne (innere) Bilder aus.

4.2.3 Imaginatives und Fiktives

Mit Bezugnahme auf das Beispiel des Knotens wurde im vorangegangenen Kapitel nicht nur der privilegierte Zugang visueller Daten zum korporierten Wissen deutlich gemacht, sondern auch das Konzept des imaginativen Wissens angesprochen, indem es in seinem Verhältnis zum korporierten Wissen diskutiert wurde. Vollständig korporiertes Wissen, eine routinierte Praxis, kommt ganz ohne imaginatives Wissen aus. Mittlerweile sind wir an Videoaufnahmen gewöhnt. Vielleicht erinnert sich aber noch der eine oder die andere Lesende an das befremdende Gefühl, sich bei einer bestimmten Tätigkeit zum ersten Mal auf einer Videoaufnahme zu sehen. Möglicherweise hatten wir eine andere Vorstellung, Imagination, oder – wahrscheinlicher noch – gar keine Vorstellung, wie diese oder jene Handlungspraxis aussehen mochte. Geht es dagegen um die Aneignung einer Handlungspraxis, so mögen uns Bilder dabei geholfen haben, wie die bebilderte Anleitung (bzw. heute eher Videos) zum Knüpfen von Knoten, zur Ausführung von Yogaübungen oder zum Anlegen und Tragen eines Anzugs oder Abendkleides (beim Einsteigen in ein Fahrzeug, auf einer Treppe o. Ä.). Bohnsack bezeichnet performatives Wissen, wenn es wie in derartigen Bildern zum Gegenstand von Darstellungen wird, als *atheoretisches* Wissen und hebt hervor, dass wesentliche Bereiche dieses atheoretischen Wissens *imaginativer* Art sind.

Szenische bzw. atheoretische Darstellungen haben allerdings – und dies ist auch schon in den Überlegungen zum Knoten deutlich geworden – nicht immer die selbst ausgeführte Praxis bzw. das tatsächlich so Erlebte zum Inhalt. Auch *Fiktives* oder *Imaginäres* kann dem Realen, im Sinne der selbst gelebten Praxis, gegenüberstehen. Fiktives, die Bezugnahme auf Imaginäres, kann den mit der gelebten Praxis verbundenen Orientierungen z. B. zur Darstellung verhelfen. So kann, wie Bohnsack mit Bezugnahme auf eine Gruppendiskussion ausführt, mit der fiktiven Metapher des Lebens als Steinzeitmensch, also einer praktisch konsumfreien Lebensweise, dem relevanten Aspekt des Realen, nämlich der Bindung an Konsumbedürfnisse, zur Darstellung verholfen werden. Das Fiktive ist für die Darstellung und Vermittlung von implizitem Wissen ein wesentliches Element.

4.2.4 Empirische Zugänge zu Performativität

Für die empirische Forschung ist die Struktur des Performativen, also die Performativität (Bohnsack 2006), interessant. Zugang sucht die rekonstruktive Forschung immer über Wege, die an Verständigungsmöglichkeiten im Alltag anschließen. Zu finden ist das Wissen imaginativer Art in mentalen Bildern, die sich – wie bereits erwähnt – dem empirischen Zugriff entziehen, zugänglich sind sie allerdings in materialen Bildern und „*metaphorischen*" oder szenischen Darstellungen, nämlich in Erzählungen und Beschreibungen.

Dies kann erstens durch die „*Darstellung* der Performanz", wie soeben diskutiert, auf dem Weg bildlicher Darstellungsformen erfolgen, oder auch auf dem Weg sprachlicher Darstellungen. In beiden Formen findet sich Performanz als proponierte Performanz, als Gegenstand der Darstellungen.[12] Sprachliche Darstellungsformen machen, wenn sie mündlich erfolgen, Audiografien notwendig, die wiederum besondere Möglichkeiten eröffnen. Audiografien eröffnen einen Zugang zur Performanz sowohl über ihre Darstellung als auch über die direkte Beobachtung der Performanz selbst.

Ein zweiter Weg ist mithin die direkte Beobachtung von Performanz. Hier ist wohl zunächst die teilnehmende Beobachtung zu nennen. Grundlage für ihre wissenschaftliche Verwertbarkeit sind allerdings *Beobachtungsprotokolle*. Performative Performanz wird dabei von den Forschenden in ein *Darstellungs*format proponierter Performanz gebracht. Inwieweit der Modus Operandi hier festgehalten werden kann, hängt von einer Kontrolle der Interpretamente der Forschenden und damit ihres (persönlichen) Habitus ab. Je genauer und detailreicher die Darstellung ist, desto weniger Abstraktionen, Generalisierungen und damit Interpretamente,

---

[12] Dieser Aspekt ist bereits umfassend ausgearbeitet und dargestellt: u. a. Bohnsack 1989 und 2014b, Przyborski 2004, Bohnsack/Przyborski/Schäffer 2006.

die als Ausdruck des kulturellen und milieutypischen Hintergrundes der Forschenden verstanden werden müssen, fließen ein. Das heißt – und dieser Punkt wird in der Folge ebenfalls noch etwas genauer ausgeleuchtet –, die Darstellung von Performanz hat ihre eigene Performanz, jede proponierte Performanz hat immer auch ihre eigene performative Performanz: Denn auch sie muss handlungspraktisch hergestellt werden. In dieser Herstellung kommen Aspekte des Habitus desjenigen zum Ausdruck, der die Darstellung erzeugt.

Audiografien haben vor diesem Hintergrund besondere Vorteile für die Rekonstruktion der Performativität: Ihre Protokollierung ist nicht auf eine Versprachlichung durch die Forschenden angewiesen. Die Transformationsleistungen der Forschenden durch die Verschriftlichung des akustischen Materials im Zuge der Transkription sind deutlich geringer als die Transformationsleistungen, die erbracht werden müssen, um Erschautes und Gehörtes in schriftliche Protokolle zu bringen. Zudem ist eine Transkription im Gegensatz zum Beobachtungsprotokoll im Prinzip jederzeit überprüfbar. Bohnsack hebt hervor, dass die Transkription eine „Trennung von ‚Daten' und Interpretationen, und damit die intersubjektive Überprüfbarkeit der Interpretationsleistung des Beobachters in einem Umfang gewährleistet, wie dies in der teilnehmenden Beobachtung nicht möglich ist" (Bohnsack 2014a, S. 132).

Auch das Gespräch besteht zu einem Teil aus proponierter Performanz, wenn die Handlungspraxis in Erzählungen und Beschreibungen zum Gegenstand wird, und zum anderen aus performativer Performanz, die in der Herstellung des Gespräches selbst liegt. Die Performanz des Gesprächs – und hier liegt die Besonderheit der Audiografie – lässt sich fast ohne Abstriche der wissenschaftlichen Beobachtung zugänglich machen. Die Audiografie erfasst nämlich auch die Gestaltung der Darstellung, das Wie der Gestaltung von Sätzen, Erzählungen oder wechselseitigen Bezugnahmen. Auch in ihr drückt sich das habituelle bzw. konjunktive Wissen aus.

Dieser Aspekt lässt sich an der Gruppendiskussion von Paul und Olivia, die zuvor schon als Beispiel diente (siehe Kapitel 4.1.3, ausführlich Kapitel 9 und 10), veranschaulichen. In der kurzen Sequenz proponiert in erster Linie Paul den Grenzgang des Skaters. Gemeinsam vollführen die beiden allerdings auch praktisch einen Grenzgang im Gespräch, eingeleitet meist durch Olivia. Sie beansprucht immer dann das Rederecht, unterbricht quasi, wenn es zu Höhepunkten des Ausdrucks des Grenzgangs kommt. Aber auch ihre Grenzverletzungen bzw. Grenzberührungen im Gespräch gelingen. So wie im Bild und in der Skater-Erfahrung von Paul beleben die Unterbrechungen, die Grenzgänge das Gespräch, wie sie die Erfahrung von Stadt bereichern und beleben.

Insoweit die AkteurInnen der proponierten Performanz mit den AutorInnen der performativen Performanz identisch sind, führt dies zu einer Validierung der performativen und der proponierten Performanz, wenn sich Homologien zwischen den beiden Ebenen nachweisen lassen. Die Homologien, um die es sich dabei handelt, liegen mithin auf der Ebene des habituellen bzw. konjunktiven Wissens. Wenn die Gesprächsteilnehmer über oder von der Handlungspraxis anderer berichten, handelt es sich nicht unbedingt um denselben konjunktiven Erfahrungsraum. Eine wechselseitige Validierung der performativen und der propositionalen Ebene des Gesprächs ist dann nicht unbedingt gegeben.[13]

Videografien und Bilder, die von den Forschenden erstellt werden, sind ein direkter Zugang zur Performanz. Sie haben allerdings Tücken. Denn die Gestaltung der Darstellung erfolgt hier durch die Forschenden. Es gilt daher, sehr genau darauf zu achten, welche Gestaltungsleistungen auf welcher Ebene des empirischen Materials zum Ausdruck kommen. Bildliches Material kommt z. B. nicht ohne die mehr oder weniger intentionslose Wahl einer Perspektive aus. Nur wenn diese Perspektive von den Erforschten gewählt wird, kann sie auch als Ausdruck ihrer Standortverbundenheit, ihrer Perspektivität, interpretiert werden (genauer Kapitel 4.3.2).

4.2.5 Performanz der Darstellung

Bildliches Material beinhaltet den Vorteil der wechselseitigen Validierung von proponierter Performanz und performativer Performanz also nur dann, wenn es auch von den Untersuchten selbst erstellt wird. Auch die Herstellung der Darstellung hat allerdings zwei Ebenen performativen Wissens, die in der Folge dargelegt werden. Dazu wende ich mich zunächst noch einmal der Audiografie zu.

Die Audiografie hat letztlich dadurch, dass sie einen umfassenden Zugang zur *performativen Performanz* des Gesprächs ermöglicht, entsprechend umfassende Forschung stimuliert. Die Entwicklung der Konversationsanalyse fällt nicht zufällig mit den technischen Erfindungen rund um elektromagnetische Tonaufzeichnungen Mitte/Ende der 1960er-Jahre zusammen. Ihr Gegenstand ist die Performativität des Gesprächs. Wie im vorliegenden Text bereits mehrfach erwähnt wurde, hat sie eine Fülle von Ergebnissen zu den Strukturprinzipien des Gesprächs und seiner prinzipiellen handlungspraktischen Herstellung vorgelegt. Am bekanntesten ist wohl der Text „A simplest Systematics for the Organization of Turn-Taking for Conversations" (Sacks/Schegloff/Jefferson 1974). Er hat zudem den Blick für eben diese spezielle Form des impliziten Wissens in besonderer Weise geöffnet und das Gespräch in seiner eigenen Autopoiese offengelegt.

Hier oder allgemeiner in der Gesprächsanalyse (u. a. Brinker/Sager 2010), wie sie u. a. auch im Rahmen der dokumentarischen Methode durchgeführt wird (Bohnsack 1989, Przyborski 2004, Bohnsack/Przyborski 2006), geht es *nicht* um jene Ebene der Gestaltung des Gesprächs, die mit der proponierten Performanz Homologien aufweist und somit Ausdruck eines konjunktiven Erfahrungsraums ist. Vielmehr

---

[13] Auf der Grundlage von Erzählungen und Beschreibungen, die Erlebnisse oder Handlungspraxen anderer betreffen, können die Erlebnisse der anderen daher auch nicht valide rekonstruiert werden. Es ist vielmehr eher möglich, durch eine getrennte Betrachtung von performativer und propositionaler Ebene herauszuarbeiten, in welchem Verhältnis die Gesprächsteilnehmenden zu den Praxen der anderen stehen.

geht es um jene prinzipiellen Strukturen, die ein Gespräch überhaupt erst möglich machen und es aufrechterhalten. Dazu zählen z. B. *adjacency pairs:* Nachbarschaftspaare, die durch zwei aufeinanderfolgende, abgestimmte Schritte gekennzeichnet sind, wie Frage und Antwort, Gruß und Gegengruß oder Angebot und Annahme bzw. Ablehnung (siehe z. B. Levinson 1994 [1983], S. 303 f.; Bußmann 2002, S. 491). Sie sichern Verständigung, ohne dass sich die am Gespräch Teilnehmenden explizit darüber austauschen, ob sie einander verstanden haben oder nicht.[14]

Ganz allgemein betrachtet geht es dabei um die alltäglichen Standards der Verständigung bzw. ihre formalen Voraussetzungen, mit welchen diese Arbeit begonnen hat (siehe Kapitel 1). Es handelt sich also um *zwei verschiedene* Ebenen der performativen Performanz, die nicht nur im Gespräch voneinander unterschieden werden können, sondern auch im Bild. Das Wissen um Standards der Verständigung ist ein performatives Wissen. In der Regel sind wir in der Lage, Geschichten zu erzählen, bevor wir evtl. in der Schule lernen, wie sie aufgebaut sind. Auch denken wir im Alltag nicht darüber nach, wie wir eine Geschichte erzählen. Wir erzählen sie einfach. Eher denken wir an die Begebenheit, an den Inhalt der Erzählung, ihren propositionalen Gehalt. Dasselbe gilt für die Aufnahme von Bildern. Zwar fragen wir uns, ob alle abgelichteten Personen ‚gut drauf' sind, d. h. ‚auf dem Bild' gut wiedergegeben sind, machen uns aber weniger Gedanken über die Gesamtkomposition der Fläche, die wir erzielen.

Explizit für das Medium des Bildes ausgearbeitet wurde diese Form des impliziten Wissens in Kapitel 2. Dort habe ich dieses Wissen auch bereits als Medialität bezeichnet. Medialität kann auf der Grundlage der zuletzt entfalteten Argumentation als eine Form der Performanz mit ihren eigenen Strukturprinzipien, also als eine bestimmte Performativität, verstanden werden. Eine Rekonstruktion der Medialität bzw. der Standards der Verständigung innerhalb verschiedener Medien ist, wie in den Kapiteln 1 und 2.2 sowie an verschiedenen anderen Stellen genauer ausgeführt, eine Voraussetzung für die Entwicklung rekonstruktiver Methoden.

Die Performanz der Darstellung bzw. die Medialität wurde in diesem Unterkapitel auch in ihrem Bezug zum Medium Sprache behandelt, denn es geht mir hier um die theoretische Einordnung der Medialität in die Begriffsbildung der dokumentarischen Methode. Dazu ist es notwendig, sich die Abstraktheit des Begriffs zu vergegenwärtigen. Medialität, und damit fasse ich bereits Gesagtes zusammen, bezieht sich eben nicht nur auf die Struktur eines Mediums, sondern auf die Herstellung eines sprachlichen Austausches ebenso wie auf die Verständigung in Bildern.

Obwohl Bohnsack vielfach die Bedeutung der Standards der Verständigung für die Methodologie empirischer Forschung herausarbeitet,[15] räumt er ihnen doch kei-

---

14 Dazu zählt z. B. auch die prinzipielle, implizite Verständigung darüber, ob Erfahrungen geteilt werden oder nicht. Auch sie weist einen Dreischritt auf (Bohnsack 1989, Przyborski 2004).
15 Denn es handelt sich dabei um „jene Verfahren oder Methoden der Interpretation und Reflexion [...], die gleichermaßen im Alltag wie in den Wissenschaften" kommunikative Verständigung überhaupt erst ermöglichen. Durch sie wird auch „die kommunikative Abstimmung der Forscher untereinander, die Intersubjektivität" (Bohnsack 2014a, S. 27), gesichert.

ne eigene Position ein. Die Rekonstruktion der Formalstrukturen in Bild und Text stellen für ihn einen der Eckpunkte der dokumentarischen Methode dar (Bohnsack u. a. 2009, S. 11 ff.). Er ordnet diesem Wissen aber keine von den beiden anderen Formen des performativen Wissens (habituelles Wissen und Wissen um den Zeuggebrauch und die Geste) abgegrenzte, eigene Position zu. An dieser Stelle unterscheidet sich meine Auffassung von jener Bohnsacks.

Medialität (siehe Kapitel 3.1), wie sie in der vorliegenden Arbeit bisher entwickelt wurde, stellt eine eigene, von den beiden anderen unterschiedene Form der Performativität dar. In Anlehnung an die Begriffsentwicklung von Bohnsack spreche ich in diesem Zusammenhang auch von *Wissen um den Mediengebrauch*: Es beinhaltet das Wissen um die Standards der Verständigung und die prinzipielle Herstellung von Propositionen in unterschiedlichen Medien.

Letztlich schließt sich hier ein Kreis, der mit der Frage nach dem Übergang von Wissen aus der Kunstgeschichte in die Sozialwissenschaften am Anfang der vorliegenden Arbeit begonnen wurde. Die ästhetischen Kompetenzen als implizites formales Wissen, um die es hier wie schon am Anfang der Arbeit geht, wurden als eine Grundlage fast aller qualitativen empirischen Zugänge zum Bild herausgearbeitet (siehe Kapitel 1.2–1.4). Vertieft wurde die Auseinandersetzung mit eben diesem formalen ästhetischen Wissen in Kapitel 2. Hier wurde die Autopoiesis des Bildes als Grundprinzip der Medialität des Bildes entfaltet. Mit der Differenzierung verschiedener Formen des impliziten Wissens können die ästhetischen Kompetenzen in Relation zu anderen Formen des impliziten Wissens gesetzt werden. Sie können nun in ihrer Beziehung zueinander und in ihren jeweiligen Funktionen genauer beleuchtet werden. Das ist nicht zuletzt für die Interpretation und für die Entwicklung rekonstruktiver Methodologie relevant.

Die Praxis des Mediengebrauchs – die ästhetischen Kompetenzen, das Sich-‚bewegen'-Können in den formalen Strukturen der Verständigung – wird wie die Praxis des Zeuggebrauchs und der Geste immer schon innerhalb eines konjunktiven Erfahrungsraums erworben. Sie ist daher von diesem geprägt und ist wie die Praxis des Zeuggebrauchs und der Geste somit immer auch als eine konjunktive Praxis gegeben. Dennoch handelt es sich beim impliziten Wissen des Aufbaus einer Erzählung oder der Komposition einer Fläche um ein grundsätzlich *anderes* Wissen als jenes um den Zeuggebrauch und die Geste. Das Wissen um diese Strukturen stellt die Basis für jede Form der Verständigung und Kommunikation dar.[16] So gesehen kann man auch vom Wissen um die *Performanz der Darstellung* sprechen.

Ähnlich wie das Wissen um die Praxis des Zeuggebrauchs und der Geste ist es weitgehend kontextunabhängig. Habermas (1981) hat in diesem Zusammenhang auch von „formaler Pragmatik" bzw. „pragmatischen Universalien" gesprochen und

---

16 Ausgenommen ist selbstverständlich jene, die ohne Darstellung auskommt und innerhalb der performativen Performanz des Zeuggebrauchs und der Geste stattfindet. Damit ist z. B. die wortlose Abstimmung beim eingespielten gemeinsamen Kochen, das Bedienen einer Maschine oder das Beladen eines Transporters gemeint.

112 — 4 Kommunikation durch Bilder

ℹ️ Tabelle 4.1 gibt einen Überblick über die einzelnen Wissensformen und ihren Bezug zueinander. Dabei werden die jeweilige elementare Form, Generalisierung und Zweckrationalität, die Darstellungsform, Beispiele und das Verhältnis der Wissensformen zueinander sowie die Aneignung bzw. Weitergabe in den Blick genommen.

Tab. 4.1: Tabellarische Darstellung der Wissensformen in Bezug zueinander.

Wissen	Elementare Form	Generalisierung und Zweckrationalität sowie Verhältnis zu:		Darstellungsform, Beispiele und		Aneignung/ Weitergabe
		kommunikativ-generalisiertes	konjunktives/habituelles	Geste und Zeuggebrauch	Mediengebrauch	
kommunikativ-generalisiertes	begrifflich-theoretisch, imaginär	hoch und zweckrational, begrifflich-theoretisch, argumentativ, *bildlich*	reflexiv, explikativ	reflexiv, explikativ	reflexiv, explikativ	begrifflich-theoretisch, *bildlich*
konjunktives/habituelles (korporiertes, performative Performanz)	performativ/implizit	ermöglicht und strukturiert Realisierung	gering, Basis: existenzielle Gemeinsamkeit, nicht zweckrational	strukturiert/formt (primordial), erzählend, beschreibend, *bildlich*	strukturiert/formt (primordial), erzählend, beschreibend, *bildlich*	mimetisch, atheoretisch, *bildlich*
Geste und Zeuggebrauch (korporiertes, performative Performanz)	performativ/implizit	—	essenziell	essenziell	essenziell	mimetisch, *bildlich*
Mediengebrauch (korporiertes, performative Performanz)	performativ/implizit	darstellend	darstellend	hoch und nicht zweckrational, *bildlich*	hoch und nicht zweckrational	mimetisch, (theoretisch, atheoretisch)
imaginatives (atheoretisches, proponierte Performanz)	mental, implizit	hoch und zweckrational, typenhaft, kommunikative Begriffsbildung, *bildlich*, institutionalisierte Normen und Rollen (Berufsbilder)	gering und nicht zweckrational, metaphorisch, *bildlich*, konjunktive Begriffsbildung, konjunktive Erfahrungsräume	Aneignung	darstellend	mimetisch, *bildlich*
fiktives, imaginäres (atheoretisches, proponierte Performanz)	mental, implizit	hoch und zweckrational, *bildlich*, virtuale soziale Identität, Identitätsnorm (Lifestyle)	gering und nicht zweckrational, metaphorisch, *bildlich*, konjunktive Begriffsbildung, imaginäre Erfahrungsräume	Utopie, Neues	darstellend	*bildlich*

schreibt diesem handlungspraktischen, nicht theoretischen Wissen universelle Gültigkeit zu. Auf empirischer Basis kann die Frage der Universalität ohnehin nur als eine der Relation, und nicht absolut, beantwortet werden. Die Standards der Verständigung dienen auch dem kommunikativ-generalisierten Wissen als Vehikel. Allein aus diesem Grund sind sie ähnlich universell wie jenes.

4.3 Bild als Dokument von Handlungspraxis bzw. als empirisches Material

Alle „Kulturobjektivationen" (Mannheim 1980 [1922–1925], S. 204), also alle kulturellen Äußerungen, zeugen von bestimmten Handlungspraxen und können daher ebenso als Träger von kulturellem wie auch implizitem Wissen aufgefasst werden. Laut Mannheim (1980 [1922–1925], S. 78) gibt es bei jedem „objektiv verstehbaren Gebilde eine Möglichkeit [...], dieses als Funktionalität eines Erlebniszusammenhanges" zu sehen. Wie bereits in verschiedenen Aspekten im Detail ausgearbeitet wurde, knüpft die theoretische Konzeption des Bildes in der dokumentarischen Methode an der Idee an, dass letztlich alle praktischen Manifestationen bzw. Kulturobjektivationen Träger von sowohl explizitem, kommunikativ-generalisiertem als auch von implizitem, habituellem Wissen sind. Mit der Ausarbeitung der dokumentarischen Methode für die Bildinterpretation[17] führt Bohnsack die Traditionslinie von Mannheim, Panofsky und Imdahl weiter. Viele Aspekte wurden in den vorangegangenen Kapiteln schon detailliert beleuchtet. In der Folge werden diese nur um jene Aspekte ergänzt, die noch nicht behandelt wurden und relevant werden, wenn Bilder als empirisches Material für sozialwissenschaftliche Forschungsfragen herangezogen werden.

4.3.1 Norm und Habitus im Bild

Die Auseinandersetzung mit den unterschiedlichen Ebenen performativen Wissens und seiner Darstellung hat einige zentrale Aspekte für die Verständigung in Bildern bzw. für die Analyse von Bildern als Dokumente von Handlungspraxis gezeigt: Das Bild bietet einen privilegierten Zugang zum korporierten bzw. performativen Wissen. Hier kann der (spezifische Modus des) Modus Operandi von Zeuggebrauch und Geste zur Darstellung gebracht und wahrgenommen sowie zur Aneignung genutzt oder sozialwissenschaftlich rekonstruiert werden. Die Performativität des Zeuggebrauchs und der Geste und damit auch das habituelle Wissen, durch das sie geformt sind, entziehen sich weitgehend dem Medium Sprache. Wichtig für die Rekonstruktion des Zeuggebrauchs und der Geste ist die Trennung der beiden Ebe-

---

17 Wie das forschungspraktisch funktioniert, findet sich in Kapitel 6.3.2.

nen. Das findet seine Entsprechung in Panofskys Modell zur Interpretation von Bildern, und zwar in der Trennung von Vorikonografie und Ikonologie, die von Bohnsack (2001c und 2009) in die dokumentarische Interpretation von Bildern aufgenommen und weiterentwickelt wurde.

In Bildern kommen allerdings nicht ausschließlich in konjunktiven Erfahrungsräumen verankerte Gesten zur Darstellung. In Werbe- und Modefotos, die einen wesentlichen Teil des empirischen Materials der vorliegenden Studie ausmachen, geht es eher um die Darstellung von Lifestyles, die im Bereich von normativen Erwartungen bzw. Identitätsnormen angesiedelt sind. Diese sind zwar wie der Habitus weitgehend implizit, jedoch im Gegensatz zu ihm – aus praxeologischer Sicht – prinzipiell (bzw. analytisch betrachtet) kontrafaktisch. In Anknüpfung an Goffman (1981) kann man von „social identity" sprechen, von sozialer Identität, mit der soziales und gesellschaftliches Identifiziert-Werden, also normative gesellschaftliche Erwartungen, angesprochen sind. Es handelt sich dabei z. B. um Vorstellungen darüber, was einen guten Schüler, einen erfolgreichen Mann, eine richtige Frau oder eine gute Mutter auszeichnet. Sie beinhalten Erwartungen, die insofern als virtuell oder imaginär bezeichnet werden können, als sie implizit sind und uns in der Regel dann erst bewusst werden, wenn wir davon abweichen. Letztlich kann ihnen niemand vollständig gerecht werden, und damit wird jeder und jede prinzipiell stigmatisierbar (Goffman 1963, S. 207).

Soziale Identitäten sind also prinzipiell auf der Ebene imaginären Wissens angesiedelt. Imaginär sind sie insofern, als sie gerade in der Differenz zum Habitus Kontur und Gestalt gewinnen. Sie lassen sich im Alltag kaum leben, denn kaum jemand kann diesen Erwartungen gerecht werden. Dies hebt auch Bohnsack hervor, indem er sich in diesem Zusammenhang auf den Goffman'schen (1963, S. 122) Begriff „phantom normalcy" bezieht. Das liegt unter anderem daran, dass soziale Identitäten statisch und ahistorisch sind. Als solche gehören sie der Sphäre der Darstellung an, insbesondere der strategischen Selbstpräsentation (Goffmann 1963, S. 64 f.). Zu finden sind sie u. a. in virtualen Konstruktionen durch Massenmedien und in meist ebenso virtualen Selbstpräsentationen über Social Media.

Andere normative Erwartungen sind nicht in dieser Weise kontrafaktisch. Institutionalisierte Rollenvorstellungen haben einen in der Regel verlässlich prognostischen und insofern die Handlungspraxis orientierenden Charakter. Ich kann erwarten, dass der Briefkasten vom Postbeamten geleert wird, die Vorlesung von der Professorin gehalten und das Essen vom Kellner serviert wird. Institutionalisierte Rollen sind im Gegensatz zum Habitus und zu Identitätsnormen bzw. sozialen Identitäten explizit. In Gemeinsamkeit mit Identitätsnormen sind sie den Individuen und Habitus exterior (Bohnsack 2014b, S. 42). Sie können erst im Rahmen eines spezifischen Habitus realisiert werden, was in der Regel eine bestimmte Sozialisation erfordert, in der bestimmte zentrale Aspekte einer institutionalisierten Rolle routinisiert und in einen Habitus integriert werden bzw. in welcher der Habitus von der Rolle geprägt wird.

Mit Normen und Rollen sind aber prinzipiell allgemeine Vorstellungen angesprochen, die im kommunikativ-generalisierten Wissen verankert sind. Sie gehören grundsätzlich dem Common Sense an. Letzterer diente in den bisherigen Ausführungen in erster Linie als Gegenhorizont zur Entfaltung anderer Wissensformen. Common-Sense-Theorien sind durch die Annahme zweckrationaler Regelhaftigkeit sowie die Unterstellung von Intentionen und (Um-zu-)Motiven geprägt (Bohnsack 2012). Im Modell von Panofsky bzw. in den Interpretationsschritten der dokumentarischen Methode finden sie sich auf der Ebene der Ikonografie (siehe Kapitel 1.2.1). Dabei geht es gerade nicht um Intentionen und Entwürfe, die den einzelnen abgebildeten Personen unterstellt werden, also um die – vermeintliche – Analyse ihrer zweckrationalen Entscheidungen, sondern um diejenigen zweckrational strukturierten Theorien und Konstruktionen, die einen hohen Grad der Institutionalisierung und Rollenförmigkeit aufweisen (Bohnsack 2014b, S. 47 f.).

Für die empirische Analyse des Habitus mittels dokumentarischer Methode haben derartige Regeln und Normen einen systematischen Stellenwert. Denn der Habitus entwickelt sich aus seinen existenziellen Prämissen und damit auch im Kontext bzw. in Konfrontation und Auseinandersetzung mit institutionalisierten Rollen und sozialen Identitäten, z. B. Fremdidentifizierungen, denen sich Schüler, junge Frauen und Männer oder Mütter ausgesetzt sehen. Bohnsack bezeichnet diese im Common Sense verankerten Theorien als Orientierungsschemata (u. a. Bohnsack 2012). Orientierungsschemata stehen prinzipiell in einem Spannungsverhältnis zum Habitus bzw. zum von existenziellen Bedingungen und praktischem Handeln strukturierten Orientierungsrahmen.

Institutionalisierte Rollen und soziale Identität ordnet Bohnsack (2014b) einer vom Habitus und dem konjunktiven Erfahrungsraum unterschiedenen Kategorie zu. Diese „Mehrdimensionalität der Kategorienbildung" (Bohnsack 2014b, S. 52) ist gerade für die Auseinandersetzung mit dem empirischen Material (Werbebilder) dieser Arbeit wichtig. Zwar steht sie erst in den letzten Jahren stärker im Fokus der Ausarbeitung der dokumentarischen Methode (u. a. Bohnsack 2014b und Bohnsack/Przyborski 2015). Eine Unterscheidung bzw. theoretische Fundierung der Relationierung der Kategorien nahm Bohnsack allerdings schon 1998 vor – mit der Einführung und Ausarbeitung der Begrifflichkeit von *Orientierungsrahmen* und *Orientierungsschema:*

Orientierungsrahmen und Habitus lassen sich dabei definitorisch weitgehend synonym verstehen. Wie am Anfang dieses Kapitels schon eingehender dargestellt, handelt es sich dabei um jene Orientierungen, die in existenziellen Gemeinsamkeiten begründet sind, um den durch sie strukturierten Modus Operandi der Handlungspraxis und die konjunktive Bedeutung von Äußerungen und Handlungen. Dem Orientierungsrahmen steht der Begriff des Orientierungsschemas gegenüber. Zu seinen zentralen Komponenten zählen u. a. institutionalisierte, in der Regel explizite Verhaltenserwartungen, Common-Sense-Theorien (über das eigene Handeln und das der anderen mit ihren Stereotypisierungen), die Orientierung an Erwartungserwartungen, d. h. an bestimmten Normen und Rollen.

Zugleich bezeichnet Bohnsack aber auch den Gesamtzusammenhang „von Habitus und Regel, von Habitus und Orientierungsschemata, der mannigfaltige Spannungsverhältnisse und implizite Reflexionen beinhaltet, [...] als Orientierungsrahmen" (Bohnsack 2014b, S. 44). Das heißt, der Begriff des Orientierungsrahmens kann in einem engeren Sinn (als Gegenbegriff zum Orientierungsschema) oder weiteren Sinn (als übergeordneter Begriff) verstanden werden. Aus der in der dokumentarischen Methode vertretenen praxeologischen Perspektive erlangen die Orientierungsschemata, d. h. Normen und soziale Identität, ihre eigentliche Bedeutung und Relevanz nämlich erst durch die jeweiligen Bezugnahmen auf sie innerhalb des Habitus oder Orientierungsrahmens. Erst durch ihre Integration oder Ablehnung, Brechung oder Orientierungsfunktion finden sie sich in der Handlungspraxis der Untersuchten. Denn das habitualisierte Handeln bzw. sein Strukturprinzip, der Habitus, ist prinzipiell zu unterscheiden von den Kategorien sozialer Rollen und Normen bzw. sozialer Identitäten im Sinne stereotypisierter Erwartungen. Die Kategorie des Habitus ist aus praxeologischer Sicht primordial gegenüber der Identität.

Der Habitus repräsentiert die Faktizität der korporierten und verbalen Praktiken. In diesem Sinne steht er für das ‚Reale' (Bohnsack 2017). Demgegenüber haben normative Erwartungen und institutionalisierte Normen, wie Bohnsack (2015a) mit Bezug auf Luhmann (1987, S. 438) festhält, einen „kontrafaktischen" Charakter. Es handelt sich um „*imaginative* Erwartungserwartungen", die zunächst nicht in der korporierten Praxis verankert sind.

Für die empirische Analyse bedarf es allerdings einer Dynamisierung der Begriffe bzw. einer Klärung des Übergangs vom Imaginären, Fiktiven, ins Imaginative. Damit einher geht eine Klärung des Verhältnisses bzw. Übergangs von Lifestyle und habitualisiertem Stil. Soziale Identitäten können nämlich insofern als imaginativ betrachtet werden, als sie mit der Vorstellung von Realisierungsmöglichkeiten, der Enaktierung, einhergehen und den Habitus auf diese Weise unter Spannung setzen.

Bohnsack verdeutlicht an Goffmans (1983, S. 104 ff. und 118 ff.) Beispiel der Beziehung zwischen einem jungen Assistenzarzt und einem souveränen Chefarzt und deren unterschiedlichen Formen des Rollenmanagements, insbesondere jenes des Assistenzarztes in seiner noch unzulänglich habitualisierten Handlungspraxis, die Struktur eines Verhältnisses, das auch für die Analyse des empirischen Materials bedeutsam ist. Er erfasst es mit dem Verhältnis von ‚Meister und Schüler' oder ‚Meisterin und Schülerin' (und entsprechenden Varianten). Es wird damit ein Verhältnis von gegenwärtigem Können und angestrebtem Können angesprochen, zudem aber auch der Übergang bzw. die Möglichkeit zur Transformation vom Imaginären ins Imaginative. Denn mit einer Meisterin oder einem Meister ist nicht nur das technische und damit explizierbare Können angesprochen, sondern eine Totalität der Lebenspraxis. Das Können steht in einem Gesamtrahmen, wird in einen Habitus eingebettet. Soziale Identitäten bleiben imaginär, wenn sie als Traum außerhalb einer realisierbaren Lebenspraxis eingestuft werden.

Die Werbe- und die Modeindustrie, zu deren wesentlichen Kommunikationsmitteln Fotos gehören, setzen diese Identitätsnormen in manifeste, materiale Bilder um. Werbe- und Modefotos bieten also einen Zugang zu Identitätserwartungen und -normen, die an sich schwer empirisch zugänglich sind, weil sie zwar allgemeiner, aber impliziter Natur sind. Ob und wie derartige soziale Identitäten, u. a. in Form von Lifestyles, im Sinne einer praxeologischen Perspektive überhaupt in bestimmten Milieus und Kulturen Relevanz entfalten, lässt sich aber nur auf der Grundlage von empirischem Material rekonstruieren, in welchem der Orientierungsrahmen bzw. der Habitus zum Ausdruck kommt. Die Mode- und Werbefotos wurden daher in der vorliegenden Untersuchung einerseits von den Untersuchten selbst als interessant und relevant ausgewählt und andererseits durch sie kontextualisiert. Sie stellten private Bilder bereit, die aus ihrer Sicht etwas Ähnliches zum Ausdruck brachten wie die kommerziellen Bilder, und betteten beide Bilder im Rahmen einer Gruppendiskussion in ihre Alltagspraxis ein.

4.3.2 Abbildende und abgebildete Bildproduzenten

Die Unterscheidung verschiedener Formen der Performanz sowie der Performanz der Darstellung hat u. a. folgende Aspekte deutlich gemacht: Wenn diejenigen, denen eine Handlungspraxis zu eigen ist, diese in einem Medium (Sprache oder Bild) zum Gegenstand der Darstellung machen, sie also proponieren, gestalten sie auch diese Darstellung. Denn der Mediengebrauch ist, wie andere Praxen auch, durch den Habitus geformt. Er drückt sich nicht nur in der proponierten Performanz aus, sondern auch in der Performanz der Darstellung, also der Art und Weise des Sprechens und Abbildens. Aus diesem Grund ist es wichtig, darauf zu achten, ob die Akteurinnen einer proponierten Handlungspraxis auch Autorinnen der Darstellung sind.

Wenn z. B. in einer Erzählung nicht von der eigenen Handlungspraxis die Rede ist, sondern von der einer anderen Person, gilt es, sich die Frage zu stellen, ob Erzähler und Protagonist der Erzählung durch einen konjunktiven Erfahrungsraum verbunden sind oder nicht. Denn die Erzählung kann jedenfalls als Ausdruck für den Habitus des Erzählers herangezogen werden. Je nachdem wie detailreich Erzählungen und Beschreibungen von anderen Personen, die nicht zum selben Erfahrungsraum wie der Erzähler gehören, ausfallen, lässt sich das Verhältnis des Habitus der Erzählerin zu jenem des Protagonisten rekonstruieren. Damit werden auch Aspekte des Habitus des Protagonisten deutlich, und zwar jene, die für die Erzählerin Relevanz gewonnen haben.

Bilder und Videos wurden z. B. im Journalismus als weitgehend objektiver Zugang betrachtet, quasi als neutrales Fenster zur Welt und zu Ereignissen. Für das Bild gilt allerdings in dieser Hinsicht dasselbe wie für die Erzählung. Nur wenn die Protagonistinnen, also die abgebildeten Personen, zum selben Erfahrungsraum gehören wie diejenigen, die sie abbilden, dokumentieren sich im Bild allein jene Orientierungen, die zu diesem Erfahrungsraum zu zählen sind. Im Fall unterschiedlicher Erfahrungsräume besteht jedenfalls keine wechselseitige Validierung von proponierter Performanz und der Performanz der Darstellung durch das Bild. Es ist im Gegenteil wesentlich, sich die Relation von beiden zu vergegenwärtigen.

Das Bild beinhaltet also zwei strukturell unterschiedliche Handlungspraxen. Diesen Unterschied arbeitet Bohnsack heraus und spricht von „abbildenden Bildproduzent(inn)en, also u. a. Fotografen oder Künstler[n]" und „abgebildeten Bildproduzent(inn)en, also [...] Personen, Wesen oder soziale Szenarien, die zum Sujet des Bildes gehören" (Bohnsack 2009, S. 31). Diese Unterscheidung ist zentral, wenn Bilder zur Habitusrekonstruktion herangezogen werden. Die Unterscheidung ist ein Spezifikum der dokumentarischen Methode, da dieser Unterschied bisher in keinem anderen rekonstruktiven Zugang zur Bildinterpretation (siehe Kapitel 1.4) wahrgenommen und daher dort auch nicht in Methodologie und Methode aufgenommen wurde.

Bohnsack (2007, S. 36) verdeutlicht die Unterscheidung am Beispiel des Schnappschusses: Im Schnappschuss ist ein bestimmter Augenblick in seiner Simultanstruktur festgehalten. Gestaltet wird dieser Augenblick von denjenigen, die auf dem Bild zu sehen sind und sich in diesem Augenblick auf eine bestimme Art verhalten haben. In diesen Verhaltensweisen und damit u. a. in ihrem Verhältnis zueinander, wie es sich in dem Schnappschuss wiederfindet, drückt sich der jeweilige kollektive bzw. individuelle Habitus aus. Die Szene wird von der Fotografin allerdings nicht nur registriert. Vielmehr wählt sie intuitiv einen ganz bestimmten Zeitpunkt, einen Blickwinkel, den Abstand und damit einen ganz bestimmten Bildausschnitt. Es ist die intentionslose Wahl, das Wissen ohne Bewusstsein um den richtigen Augenblick, die bzw. das als Produkt des Habitus aufgefasst werden kann. „Die mit der Fotografie verbundene code- und habitusspezifische Transformation oder Konstruktion umfasst [...] nicht allein die Selektivität der *Herstellung* des Arrangements oder der Komposition, sondern auch die Selektivität in der Situationsauswahl der Ablichtung gegebener Arrangements, vorgefundener Kompositionen." (Bohnsack 2007, S. 36; Hervorh. i. O.) Es handelt sich also um prinzipiell zwei Seiten der Herstellung bzw. Gestaltung: die Leistung der *ab*bildenden und der *ab*gebildeten Bildproduzenten.

Oft gehören beide zum selben konjunktiven Erfahrungsraum. Das ist z. B. bei Familienfilmen und -fotos von Kindern der Fall. Der soziale Rahmen ist hier die jeweilige Familie. Bei Modefotos und -filmen handelt es sich in der Regel um das Milieu professioneller, kommerzieller Modeschaffender.

Der Milieuzusammenhang von abbildenden und abgebildeten Bildproduzentinnen kann sich natürlich auch unterscheiden: Im Irakkrieg von 2003 bzw. dritten Golfkrieg kam beispielsweise die Bezeichnung „embedded journalists" auf. Es entzündete sich eine öffentliche Diskussion um die Frage der Objektivität von Berichten bzw. auch von Bildern und Filmen, die aus dieser Lage bzw. Perspektive entstehen. Diese Frage kann allerdings viel eher dadurch gelöst werden, dass man sich vor Augen führt, wer welche Gestaltungsleistungen erbringt, wer sich in der Position des abbildenden und wer sich in der des abgebildeten Bildproduzenten befindet. Bei Bildern, die Soldaten aus dem Krieg liefern, gehören beide zum selben (professionellen) Milieu. Das ist bei Bildern von Kriegsberichterstattern anders. Die Abbildenden arbeiten zunächst im Rahmen des Journalismus, die Abgebildeten im Rahmen der professionellen Kriegsführung, wobei letztlich immer erst die Rekonstruktion eine Antwort darauf geben kann, ob Abbildende und Abgebildete übereinstimmende Habitus aufweisen. Das kann allerdings nicht auf der Grundlage der Analyse eines Bildes geleistet werden, sondern erfordert eine komparative Analyse. „Die sich aus der komplexen Relation dieser beiden unterschiedlichen Arten von Bildproduzent(inn)en ergebenden methodischen Probleme sind dann leicht zu bewältigen, wenn beide zu demselben ‚Erfahrungsraum', d. h. zum selben Milieu, gehören." (Bohnsack 2009, S. 31)

Das hat Implikationen für die Erhebung von Bildmaterial: Bilder, die von den Forschenden zu Erhebungszwecken erstellt werden, werfen das Problem auf, dass die beiden Seiten der Bildproduktion *jedenfalls* auseinanderfallen. Die perspektivische Projektion (siehe Kapitel 1.2, 6.3.2 und 7–10) dokumentiert den Blickwinkel der Forschenden, die planimetrische Komposition (siehe Kapitel 1.2.2, 2.2.3 und 6.3.2) bekundet Fokussierungen und Spannungsverhältnisse in der Wahrnehmung der Forschenden. Audiografien und Videografien bzw. Bilder, die von den Forschenden erstellt werden, unterscheiden sich hinsichtlich ihres Zugangs zur Performanz also systematisch. Während die Audiografie die Performanz der Darstellung bzw. die performative Performanz des Gesprächs als Gestaltungsleistung der Untersuchten in reproduzierbarer Weise einfängt, können Bilder dies nur dann leisten, wenn sie von den Untersuchten selbst angefertigt werden. Bilder, die aus dem Forschungsfeld stammen, sind daher als Dokumente für einen bestimmten Forschungsgegenstand in der Regel ergiebiger als zu Forschungszwecken erstellte Fotos. Nicht zuletzt aus diesem Grund ist das Design der vorliegenden Untersuchung so gestaltet, dass die Bilder von den Untersuchten zur Verfügung gestellt werden.

4.3.3 Autorisierung

Die methodisch-methodologischen Überlegungen in diesem Abschnitt stellen ein Ergebnis der im zweiten Teil der Arbeit dargestellten empirischen Untersuchung dar. Bei gesprochener Sprache, dem bisherigen Hauptzugang der rekonstruktiven Forschung, steht auch im Alltag in der Regel außer Zweifel, wer der Autor ist. Aber auch beim geschriebenen Wort steht selten infrage, wer Autorin ist, und dies kann kaum rückgängig gemacht werden. Auch wenn die Sprache selbst Möglichkeiten beinhaltet, die Autorschaft einzuschränken oder zurückzunehmen, z. B. durch Entschuldigungen oder Hinweise auf Versprecher oder Einschränkungen des Bewusstseins, so dokumentiert sich darin nur die prinzipielle Verantwortung und damit eine unmittelbare Autorschaft, die die Sprechenden mit dem Gesprochenen verbindet. Ein geschriebener Text kann redigiert, verändert und gelöscht werden. Er wird in der Regel dann autorisiert, wenn er Teil der Kommunikation mit anderen wird,

z. B. durch das Anklicken von ‚Senden' im E-Mail-Programm oder dadurch, dass er für ein Seminar ausgedruckt wird – manchmal, bevor die Urheberschaft vollständig verantwortet wird. Sie ist in der Regel aber schon vor einem finalisierenden Schritt, wie einer Publikation, gegeben; zwar inoffiziell, aber zweifelsfrei.

Bilder scheinen dagegen erst ‚adoptiert' werden zu müssen, um als ratifizierte Elemente Teil der Kommunikation zu werden. Dies hängt mit der Differenz von abbildenden und abgebildeten Bildproduzenten (siehe Kapitel 4.3.2) zusammen, sowie mit der Technik (siehe Kapitel 3.1), die unweigerlich im Spiel ist. Vor diversen Self-Shot-Funktionen von Kameras war es z. B. noch gang und gäbe, sich im Urlaub vom Kellner oder von anderen Urlauberinnen fotografieren zu lassen, damit alle, die gemeinsam unterwegs waren, abgebildet wurden. Wer ist hier der Urheber des Bildes? Der Kellner? Die abgebildete Gruppe? Diejenige, die den Kellner gebeten hat, das Bild zu machen? Dieses Beispiel kann auch noch einmal deutlich machen, dass es die Regel und nicht die Ausnahme ist, dass ein Bild kollektiv produziert wird. Von wem ist das Bild aber nun? Die Frage erübrigt sich, wenn es gelöscht wird.

Erst wenn absichtlich oder absichtsfrei der Beschluss fällt, es zu behalten, zu archivieren, zu teilen, in Bildserien oder -reihen aufzunehmen, wird ihm überhaupt Bedeutung zuteil, und zwar für denjenigen oder diejenigen, die es aufheben, speichern, wieder anschauen, d. h., in Handlungszusammenhänge einbinden. Ein Bild muss – nicht zuletzt, weil das technische Gerät auch selbstständig oder zufällig ein Bild machen kann – erst autorisiert werden. Die Zuordnung scheint im Zusammenhang mit Bildern eine grundlegende Funktion zu erfüllen. So hat auch die Signatur von Bildern eine andere Funktion als jene von Texten. Sie verifiziert in der Regel die Echtheit eines Werkes, indem durch die Signatur belegt ist, wer es geschaffen hat. Ein signierter Text zeigt, dass man das Werk aus der Hand des Autors erhalten hat. Die Urheberschaft wird damit nicht begründet oder belegt.

Der Operation des Auswählens aus einer übergroßen Fülle von Bildern misst Bourdieu schon 1965 zentralen Stellenwert zu, also in einer Zeit, als die Technik noch nicht so weit fortgeschritten war wie heute und man einen belichteten Film erst mit einigem Aufwand entwickeln musste, bevor man ein Foto sehen konnte: „Während theoretisch das Prinzip und die Fortschritte der photographischen Technik dazu tendieren, alles objektiv ‚photographierbar' zu machen, wählt, jedenfalls innerhalb der theoretischen Unendlichkeit aller Photographien, die ihr technisch möglich sind, jede Gruppe praktisch ein endliches und bestimmtes Sortiment möglicher Gegenstände, Genres und Kompositionen aus." (Bourdieu 2010 [1965], S. 270 f.) Bourdieu betont neben dem Akt des Auswählens also auch hier die kollektive Bedeutung von Bildern.

Im Zusammenhang mit dem in die politische Ikonografie eingegangenen Bild aus dem White House Situation Room, auf dem die US-amerikanische Führungsspitze abgebildet ist (Przyborski/Haller 2014, Kauppert/Leser 2014), merkt Oevermann (2014, S. 52 f.) an: „Interessant ist [...] an dem Foto weniger sein immanenter Gehalt und dessen Gestaltung als die Frage, warum es überhaupt veröffentlicht worden ist."

Hier stellt Oevermann also die Frage nach den Gründen für die Autorisierung. Ein Werbebild z. B. durchläuft mehrere Autorisierungsprozesse: Erst wird es am Set vom Team aus Fotografinnen, Models, Stylisten usw. ausgewählt, dann u. U. noch einmal in der Agentur, um dem Auftraggeber eine bestimmte Anzahl von Bildern zur Auswahl zu stellen. Aus dieser wird dann erneut eine Auswahl eines oder mehrerer Bilder für eine Kampagne getroffen. Das Bild kann also als Dokument für die Marke, die Fotoagentur und die Fotografin aufgefasst werden.

Fasst man es als Dokument gesellschaftlicher Strömungen – des Zeitgeistes – auf, ist dies zu weit gefasst. Bilder, die massenmedial verbreitet werden, werden oft noch von anderen Personen autorisiert. Ein Werbebild kann Eingang in ein Jugendzimmer finden, ein Bild aus einer Pressemitteilung in Tageszeitungen und Magazine. Es gilt die Frage zu beantworten, wer bzw. welche soziale Einheit ein Bild wofür autorisiert hat, um es für bestimmte Erkenntnisinteressen nutzbar zu machen. Nur weil es ein Bild auf das Cover eines Hochglanzmagazins geschafft hat, kann man an ihm noch nicht den Zeitgeist rekonstruieren. Die Auswahl des speziellen Bildes sagt dann möglicherweise mehr über den Forscher als über den vermeintlichen Zeitgeist aus.

Das Untersuchungsdesign der vorliegenden Studie sah vor, Gruppen von Jugendlichen (Realgruppen) zu bitten, Bilder auszuwählen, die ihnen gefallen, und dann Gruppendiskussionen auf der Grundlage dieser Bilder zu führen. Die Gruppendiskussionen trugen dazu bei, die Relevanz der Bilder im Alltag der Untersuchten zu rekonstruieren. Ein großer Teil der Untersuchten wählte Werbebilder z. B. von bestimmten Modemarken aus. Schon relativ zu Beginn der Auswertung stellte sich mir und meinem Forschungsteam die Frage, für wen nun ein derartiges Bild stehen könne, wofür es denn überhaupt ein Dokument sei. In einer ersten Annäherung wurden die Werbebilder anderen Werbebildern gegenübergestellt. So wurden erste Schritte auf dem Weg zu einer Typologie von Werbebildern gemacht. Erst die Auseinandersetzung damit, was ein Bild als Teil eines kommunikativen Austauschs ratifiziert, führte zu einer Strategie der komparativen Analyse, die dem Material besser gerecht wurde: Denn die Untersuchten wählten aus der ganzen großen Fülle der sie umgebenden Bilder ein für sie interessantes, relevantes Bild aus. Die Rekonstruktion des gesamten Materials einer Gruppe (siehe Kapitel 7–10) machte deutlich, dass das Bild durch diesen Auswahlprozess von der jeweiligen Gruppe autorisiert wurde und damit als relevantes Dokument ihres Orientierungsrahmens im weiteren Sinn aufgefasst werden konnte. Die komparative Analyse erfolgte aus diesem Grund nur noch innerhalb des über die Gruppen erhobenen Materials.

4.3.4 Komparative Analyse und Typenbildung in der Bildinterpretation

Ein weiterer Aspekt, der die dokumentarische Methode insgesamt – nicht nur ihre Bildinterpretation – charakterisiert, ist ihre umfassende Verankerung im Prinzip der systematischen komparativen Analyse. Dies wurde an vielen Stellen detailliert ausgearbeitet (u. a. Bohnsack 1989, Bohnsack 2014a, Nohl 2013). Die systematische komparative Analyse dient unter anderem der Kontrolle des Standorts der Forscherin im Verhältnis zum erforschten Gegenstand. Wenn z. B. das Typische in der Bildkommunikation von bestimmten Marken rekonstruiert werden soll, dann müssen mehrere Bilder von mehreren Marken miteinander verglichen werden, um zu einer Typologie zu kommen. Wird nur eine Marke oder nur ein Bild einer Marke interpretiert, wird diese nur vor dem Hintergrund des Standorts der Forschenden sichtbar. Oder ist das Erkenntnisinteresse z. B. die Repräsentation der Macht des Präsidenten der USA in der offiziellen Bildkommunikation, gilt es nicht nur, mehrere offizielle Bilder des Weißen Hauses aus der Zeit eines Präsidenten miteinander zu vergleichen, sondern diese auch Bildern anderer Präsidenten gegenüberzustellen (Przyborski 2014).

In der Bildinterpretation ist es insbesondere wichtig, die Relation von Einzelelementen, wie bestimmten Gesten, in ihrem Kontext zu rekonstruieren. Wesentlich ist hierfür, ein und dieselbe Bewegung in unterschiedlichen Kontexten miteinander vergleichen zu können. Die Vergleichshorizonte werden in der dokumentarischen Methode im Unterschied zur objektiven Hermeneutik (u. a. Oevermann 1986; Przyborski/Wohlrab-Sahr 2014, S. 246 ff.) grundsätzlich auf empirischem Weg gesucht, d. h. in anderen Bildern.

Die Bedeutung einer Geste aus ihrem Kontext zu erfassen oder, wie es am Anfang des Kapitels 4.2.1 schon beschrieben wurde, als Funktion bestimmter sozialer oder existenzieller Bedingungen, wird in der dokumentarischen Methode (Bohnsack 2014a) mit Mannheim als „genetische Interpretation" bezeichnet. Für die Typenbildung interessant ist, dass sich zwei Arten der genetischen Interpretation unterscheiden lassen. Der Sinn einer Äußerung, Handlung oder korporierter Praxis wird rekonstruiert, indem die Relation der beobachteten Geste oder Praxis im Kontext empirisch beobachtbarer Reaktionen der anderen Beteiligten analysiert wird – indem man also danach schaut, wie sie durch die Reaktionen der anderen ihre spezifische Bedeutung erhält. Eine derartige Interpretation wird in der dokumentarischen Methode als *sinn*genetische Interpretation bezeichnet.

Hinsichtlich eines untersuchten Falles, einer Gruppe, eines Individuums oder einer Organisation interessiert in der Regel ein umfassenderer Orientierungsrahmen. Dieser wird auf der Grundlage einer gründlichen Kontextuierung rekonstruiert. In seiner Besonderheit tritt ein Orientierungsrahmen erst dann hervor, wenn er mit anderen Fällen, anhand desselben Gegenstands, also auf der Basis eines Tertium Comparationis, untersucht wird, kurz: im Rahmen einer systematischen komparativen Analyse. So kann, wie im empirischen Teil gezeigt wird, der Orientierungsrahmen einer Gruppe hinsichtlich des Geschlechtshabitus mit Orientierungsrahmen von anderen Gruppen hinsichtlich des Geschlechtshabitus verglichen werden. Der systematische Vergleich, d. h. die komparative Analyse, erfordert also ein Tertium Comparationis, ein gleichbleibendes Drittes, an dem sich die Unterschiede festmachen lassen. Arbeitet man auf diese Weise etwa unterschiedliche Typen männlicher Habitus heraus (u. a. Loos 1999 und Meuser 1998), kann man von einer sinngenetischen Typenbildung sprechen. Dasselbe gilt für das erste Beispiel in diesem Abschnitt: Anhand von mehreren Bildern mehrerer Marken, in denen die Präsentation von Geschlecht mittels komparativer Analyse untersucht wird, können verschiedene Typen der Präsentation oder Inszenierung von Geschlecht herausgearbeitet werden.

Diese Form der Typenbildung fragt nicht nach dem Entstehungskontext der verschiedenen Formen oder Typen von Geschlechtshabitus oder der Präsentation von Geschlecht. An eine sinngenetische Interpretation kann eine *sozio*genetische Interpretation anschließen. Sie fragt danach, wie es zu den unterschiedlichen sinngenetischen Typen kam, also nach der Genese der Sinngenese. Mit Bezug auf den Geschlechtshabitus lassen sich hier unterschiedliche generations- und bildungsmilieutypische Erfahrungen unterscheiden, wie sie von Loos (1999) und Meuser (1998) beispielsweise auch herausgearbeitet wurden. Je differenzierter bestimmte Typen innerhalb einer derartigen soziogenetischen Typologie eingeordnet werden können, desto deutlicher werden die einzelnen Erfahrungsräume in den jeweiligen Fällen und desto valider ist die soziogenetische Typenbildung. Im Rahmen der dokumentarischen Bildinterpretation wurden bisher wenige derartig umfassende Typologien publiziert. Eine der wenigen ist die Arbeit von Wopfner (2012), die ihre Analyse von Kinder- bzw. Adoleszentenzeichnungen mit Blick auf das Geschlechterverhältnis in eine umfassende geschlechts- und bildungsmilieutypisch sowie sozialräumlich gefasste Typologie einordnet.

4.3.5 Triangulation von Bild- und Sprachdaten

Sampling und komparative Analyse zusammen mit der systematischen Rekonstruktion der Autorisierung sind mithin essenziell für die Konstitution des Gegenstands, der auf der Grundlage von Bildern untersucht wird. Ein weiterer, ebenso wichtiger Aspekt der Gegenstandskonstitution sind die kategorialen Vorannahmen, und zwar in einem weitreichenden Sinn. Der Forschungsgegenstand wird nämlich durch Methodologie und Methode bzw. Technik des Forschens bestimmt. Die metatheoretische Rahmung und damit eine umfassende Verankerung der methodischen Vorgehensweise in der empirischen Studie (siehe Kapitel 6–11) sowie bereits ein gutes Stück Reflexion derselben erfolgte ausführlich hier im theoretischen Teil, insbesondere im aktuellen Kapitel. Bild- und Textinterpretation wurden in diesem Kapitel im Rahmen eines Paradigmas (Kuhn 1973), nämlich jenes der dokumentarischen Methode, und der theoretischen Traditionen, an die sie anschließt, diskutiert. Wichtig dabei waren unter anderem die Definition von Praxis, Habitus, Norm und Rolle, die Diskussion des Verhältnisses dieser Begrifflichkeiten, die Diskussion der verschiedenen Sinnebenen, u. a. im Zusammenhang mit Performanz, sowie die Wendung all dieser Überlegungen in die Praxis des empirischen Forschens – auf der Grundlage sprachlicher und bildlicher Daten in ihren Unterschieden und Gemeinsamkeiten und ihrer jeweiligen Relevanz im Rahmen der ausgearbeiteten Grundbegriffe.

Dabei war es mir ein Anliegen, zu zeigen, dass Bild und Sprache unterschiedliche Zugänge zu verschiedenen Ebenen der Handlungspraxis darstellen, wie diese Zugänge aufeinander bezogen sind und wie sie in den Ideen einer praxeologischen Wissenssoziologie verankert sind. So gesehen habe ich mich im gesamten Kapitel zu Bild und dokumentarischer Methode mit der Triangulation von Bild- und Textanalyse befasst. Eine Methodentriangulation trägt nämlich nur dann zu einer Erhöhung der Validität und zu einer umfassenderen und komplexeren Sicht auf einen Gegenstand bei, wenn sich die unterschiedlichen methodischen Zugänge auf einen Gegenstand beziehen. Letztlich ist auch nur dann der Begriff „Triangulation" richtig verwendet. Die forschungspraktische Umsetzung der in Kapitel 4 theoretisch reflektierten Methodentriangulation wird in Kapitel 6 zur Anlage der Untersuchung vorgestellt. Der Ertrag der Methodentriangulation, wie sie im empirischen Teil vorgenommen wird, wird ausführlich in der Darstellung der Ergebnisse diskutiert.

4.3.6 Unmittelbare Verständigung durch Bilder – Zusammenfassung

Neben einer umfassenden (meta-)theoretischen Diskussion der triangulierenden Vorgehensweise in der empirischen Arbeit war es ein weiteres Ziel dieses Kapitels, der unmittelbaren Verständigung im Medium Bild genauer auf die Spur zu kommen. Zusammenfassend für den vierten Schritt zur Klärung, wie wir uns empirisch-qualitativ der *Funktion von Bildern für die wechselseitige Konstitution von Medien und Alltag* nähern können, sind folgende wesentlichen Elemente festzuhalten.

Zusammenfassung
(1) Unmittelbare Verständigung ist insbesondere auf der Basis von Gemeinsamkeiten existenzieller Bedingungen – genauer: von konjunktiven Erfahrungen – möglich. Sie bedingen habituelle Gemeinsamkeiten, die eine unmittelbare Verständigung zwischen jenen, die sie teilen, ermöglicht. Eine Rekonstruktion habitueller Besonderheit erfordert eine Trennung von Sinnebenen, um den Orientierungsrahmen bzw. die Strukturprinzipien des Habitus, die implizit gegeben sind, explizit zu machen.
(2) Voraussetzung für die unmittelbare Verständigung, die nicht innerhalb der Handlungspraxis selbst – also z. B. innerhalb von Zeuggebrauch und der Geste – stattfindet, ist das performative Wissen um den Mediengebrauch. Wenn man also die unmittelbare Verständigung im Medium Bild untersuchen möchte, bedarf es einer Rekonstruktion dieses Wissens, das ich als Medialität bezeichnet habe. Kenntnisse der Medialität ermöglichen es, ihre jeweilige habituelle Formung zu rekonstruieren. Medialität oder die Standards der Verständigung innerhalb der jeweiligen Medien erlauben erst einen Zugang zur proponierten Performanz und zu dem in ihr verankerten habituellen Wissen.
(3) Das Bild bzw. visuelle Darstellungsformen sind besonders gut für die Vermittlung von korporiertem Wissen geeignet, dem wir als Element der Praxis des Zeuggebrauchs und der Geste begegnen. Das hat damit zu tun, dass sie auch in Erzählungen und Beschreibungen kaum explizit gemacht werden können. Sie sind vielmehr Gegenstand von Imagination und daher

auch von bildhafter Darstellung – also von materialen Bildern. Diskutiert wurde dieser Umstand an dem Phänomen, dass bildliche Darstellungen bestimmter Handlungspraxen dazu geeignet sind, sich diese allmählich anzueignen, sie zu routinisieren, d. h., in korporiertes Wissen zu transformieren. Damit ist zum einen eine wesentliche Funktion von Bildern im Alltag benannt, zum anderen auch eine theoretische Fundierung der Bedeutung mentaler (innerer) Bilder für die Handlungspraxis und somit für Orientierungswissen geleistet; denn die Aneignung einer Handlungspraxis, ihres Modus Operandi, ist im Falle einer bildhaften, imaginativen Vergegenwärtigung jedenfalls auch Produkt mentaler Bilder.

(4) Auch bestimmte Formen des kommunikativ-generalisierten Wissens können in Form von Bildern dargestellt werden und dann unmittelbar, d. h., ohne sie begrifflich-theoretisch explizit werden zu lassen, verstanden werden. Es handelt sich dabei um das fiktive bzw. imaginäre kommunikative Wissen. Es findet sich in sozialen Identitäten bzw. Identitätsnormen, die z. B. in der bildlichen Inszenierung von Lifestyles Ausdruck finden.

Für die empirische Analyse des Habitus mittels dokumentarischer Methode haben derartige Regeln und Normen einen systematischen Stellenwert. Denn der Habitus entwickelt sich aus seinen existenziellen Prämissen und damit auch im Kontext bzw. in Konfrontation und Auseinandersetzung mit institutionalisierten Rollen und sozialen Identitäten, z. B. Fremdidentifizierungen. Diese Mehrdimensionalität der Kategorienbildung ist für die Auseinandersetzung mit dem empirischen Material (u. a. Werbebilder) von Bedeutung.

5 Praxis in und mit Medien: Kommunikationsmodell

Das Modell medialer Kommunikation, das im folgenden Kapitel skizziert wird, ist Ergebnis der durchgängig rekonstruktiven Vorgehensweise: Empirische und theoretische Arbeit erfolgen dabei in enger Verzahnung, die kaum adäquat in der sequenziellen Logik eines Texts verhandelt werden kann. So mag der vorangestellte theoretische Teil suggerieren, dass die Theorieentwicklung der empirischen Studie vorausgegangen sei. Jedoch ist es vielmehr so, dass die empirische Arbeit bestimmte theoretische Klärungen erst notwendig gemacht hat. Chronologisch betrachtet, so könnte man argumentieren, erfolgte zuerst die empirische Untersuchung, und es würde der Arbeit eher gerecht, diese zuerst darzustellen. Selbstverständlich bin ich allerdings auch in der Empirie nicht theorielos vorgegangen. Dieser ursprüngliche theoretische Rahmen würde die Lesenden jedoch mit einem Diskussionsstand konfrontieren, der nun überholt ist.

„Warum nun die Theorie zuerst?", mag man fragen. Das liegt daran, dass es für die Darstellung der empirischen Studie einer Fülle metatheoretischer Voraussetzungen und Grundbegriffe bedarf. Zum Teil erfolgt deren Klärung auch innerhalb der Falldarstellungen. Die Integration der gesamten Theorie wäre jedoch auf Kosten ihrer Lesbarkeit gegangen. Im aktuellen Kapitel münden nun alle theoretischen Überlegungen und damit auch die empirische Arbeit in ein *Modell der Praxis in und mit Medien*. Das Modell bereitet die empirische Arbeit gleichermaßen vor, wie es sie abschließt: Die Arbeitsweise in den Fallanalysen kann vor seinem Hintergrund besser nachvollzogen werden. Zugleich kann es als ein Gesamtergebnis der Arbeit aufgefasst werden. Seine Positionierung am Ende des Theorieteils erscheint ebenso sinnvoll wie am Ende der Arbeit bei Diskussion der Gesamtergebnisse.

Zwei Aspekte, die Bilder – aus dem Blickwinkel der empirischen Sozialforschung – von anderen Medien bzw. Kommunikationsinstrumenten (siehe Kapitel 2 und 3.1), besonders der Sprache, unterscheiden, haben zur Beschäftigung mit Massenmedien und Social Media geführt:

(1) Im Unterschied zur Sprache, die als gesprochene völlig ohne gegenständliche bzw. technische Hilfsmittel auskommt, muss das Bild – vor allem, wenn es empirisch untersucht werden soll – immer eine technisch-materiale Seite haben. Bilder benötigen ein technisches Dispositiv, denn nur Bilder auf materialer Oberfläche sind einer empirischen Analyse überhaupt zugänglich. Es bedarf also immer bestimmter Techniken und Gegenstände, die das Bild verfügbar machen. Die Notwendigkeit des Gebrauchs technischer Artefakte rückt das Bild von vornherein näher an den Gebrauch medientechnisch vermittelter und verbreiteter Kommunikation.

(2) Das Bild kann zwar als abgeschlossene Sinneinheit betrachtet werden, wie eine Passage eines Gesprächs oder einer Gruppendiskussion (Przyborski 2004,

S. 50 ff.), eine Szene, eine Melodie oder eine Skulptur; seine Grenze, oder vielleicht besser noch: sein Rahmen (Müller/Raab 2014), ist in der Regel sogar leichter feststellbar als der von sprachlichen Objektivationen. Die Frage allerdings, ob und wie es in einem sozialen Feld Relevanz gewinnt, lässt sich an einem Bild selbst weniger leicht klären als bei einem Text. Sprachliche Objektivationen haben in der Regel einen Autor, z. B. eine einzelne Sprecherin oder eine kollektive Einheit, wie beispielsweise eine Institution. Für diese haben die sprachlichen Äußerungen jedenfalls Relevanz. Ein Bild kann auch allein durch einen technischen Apparat entstehen und in *keinem* sozialen Feld Bedeutung erlangen (siehe Kapitel 1.5.3 und 1.5.4). Im Gegensatz zu einem Text, der selten ohne Autorisierung entsteht (eine der wenigen Ausnahmen bilden z. B. Übersetzungen durch einen Computer), muss ein Bild auch im Kontext seines Entstehungszusammenhangs erst autorisiert werden, also eine bestimmte Relevanzschwelle passieren (siehe Kapitel 4.3.3). Es wird sonst eventuell nie angesehen oder gelöscht und vergessen.[1] Bilder als Gegenstand der empirischen Analyse erfordern stärker noch als sprachliche Daten eine Klärung ihres Kontextes, der meist nicht unabhängig von medientechnischen und massenmedialen Gegebenheiten betrachtet werden kann.

Die Nähe der Bilder zu medientechnischen Dingen und die Bedeutung, die die Klärung der Frage ihrer Autorisierung bzw. auch ihrer handlungspraktischen Einbettung einnimmt, haben dazu geführt, medientechnisch vermittelte Kommunikation nicht nur am Rande, sondern systematisch in die empirische Analyse und damit in die Theoriebildung zur Verständigung durch Bilder einzubinden. Ein Gebrauch von Bildern, der nicht auch im Kontext von Bildmedien steht, ist letztlich in sogenannten Mediengesellschaften nicht mehr vorstellbar (siehe Kapitel 1.5.3, 1.5.4 und 3). Ein Modell medialer Kommunikation, das nur auf Bilder zugeschnitten ist, muss daher unvollständig bleiben. Denn auch die sogenannten „Bildmedien" dienen ja nicht allein der Bildkommunikation. Sprache ist jedenfalls immer mit dabei. Ziel des Modells ist es, die jeweiligen Medien in ihrer autopoietischen Struktur in eine Konzeption von Kommunikation aufzunehmen (siehe Kapitel 2).

Das Modell eignet sich entsprechend seiner Entstehung in der Forschungspraxis vor allem für die empirische sozialwissenschaftliche Forschung. Es handelt sich *nicht* um ein Sender-Empfänger-Modell, was vor allem bedeutet, dass Information bzw. Sinn oder Bedeutung nicht als eine Art Substanz gedacht ist, die mehr oder weniger unverändert durch Mediensysteme von einer Handlungspraxis in die andere rollt und dort bestimmte Wirkungen entfaltet (siehe Kapitel 3.3). Es geht vielmehr um ein Modell, das kulturelle Objektivationen, seien diese sprachlicher, bild-

---

[1] Das heißt nicht, dass Bilder, die gelöscht werden, prinzipiell irrelevant sind. Manchmal werden sie gelöscht, weil sie zu brisant erscheinen. Selbstverständlich können auch ‚gelöschte' Bilder sozialwissenschaftlich interessant sein, allerdings wohl nur vor dem Hintergrund autorisierter Bilder bzw. im Kontrast zu diesen.

licher, filmischer oder auch musikalischer Natur, also auch Medienangebote, konsequent als Dokumente von Handlungspraxis auffasst. Sie sind Funktion und Gegenstand von implizitem, handlungspraktischem und selbstverständlich auch normativem und kommunikativ-generalisiertem Wissen.

Es handelt sich um ein konsequent praxeologisches Modell medialer Kommunikation (siehe Kapitel 4). In dieser Perspektive interessiert das „Reale" (siehe Kapitel 4.2.3), die Ebene der Handlungspraxis. Massenmediale Angebote enthalten nicht nur konjunktives, habituelles Wissen. Es kommen in ihnen im Gegenteil auch institutionalisierte, rollenspezifische und stereotypisierte Wissensbestände zum Ausdruck. Letztere gewinnen im Alltag erst im Rahmen gelebter Praxis und damit im Rahmen von Habitus Relevanz. Eine praxeologische Analyse massenmedialer Kommunikation kann sich daher auf das Verhältnis von Norm und Habitus, von kommunikativ-generalisierten und konjunktiven Wissensbeständen, richten, wie in der vorliegenden Arbeit (siehe Kapitel 4.3.1).

Von Kommunikation bzw. Verständigung kann nur dann gesprochen werden, wenn an ihr zwei voneinander unterscheidbare Entitäten beteiligt sind. Ein zentraler Gedanke des Modells ist daher, dass *mindestens zwei Dokumente* – also ein Dokument von jeder Entität, die an dieser Kommunikation beteiligt ist – *für eine empirische Analyse von Kommunikation* herangezogen werden müssen. Medienangebote werden also als Dokumente von Handlungspraxis aufgefasst. Der Zugang zu Kommunikation ist die Frage, wie welche Formen des Wissens in welcher Praxis Relevanz entfalten. Kommunikation ist so gesehen immer bidirektional. Auch Medienangebote sind Funktionen bestimmter Handlungspraxen, sind Dokumente ebenso wie andere Dokumente, z. B. Protokolle von Tischgesprächen oder Gruppendiskussionen. Medienangebote wie Interaktionen im Alltag enthalten kommunikativ-generalisierte und konjunktive Wissensbestände:

Alltag ist in den Medien und Medien sind im Alltag (siehe Kapitel 3.3). Daraus folgt u. a., dass die Analyse immer in beide Richtungen gehen muss oder zumindest eine Bidirektionalität mitgedacht werden muss. Dabei spielt die Trennung der Ebenen der Verständigung bzw. des Wissens eine wichtige Rolle (siehe auch Kapitel 4.1 und 4.2). Sie erlaubt zudem einen validen Zugang zu unterschiedlichen Milieus und Kulturen und damit auch zu medialer Kommunikation im Rahmen sich dynamisch verändernder Kulturen. Wenn Kommunikation auf der Basis von Dokumenten untersucht wird, ist darüber hinaus wichtig zu überlegen, welches Dokument, also welches empirische Material, für welchen Sinnzusammenhang stehen kann.

5.1 Praxis vs. Senden und Empfangen

Um Fragen der Art zu klären, welche gesellschaftlichen Austausch-, Beziehungs- und Wissensformen durch Bilder überhaupt möglich werden, oder wie Bilder bzw. ein komplexer Bildmediengebrauch soziale Synchronisationsprozesse oder individuelle und kollektive Habitus- und Identitätsbildungen mitstrukturieren, bedarf es einer grundlagentheoretisch fundierten Vorstellung davon, wie derartige Austauschprozesse funktionieren und wie sich ein empirischer Zugang dazu finden lässt. Das gilt besonders für Gesellschaftsformen, in denen der Umgang mit Bildmedien zum alltäglichen Leben gehört.

Sender-Empfänger-Modelle greifen für derartige Fragestellungen zu kurz (siehe Kapitel 3.3). Das beginnt bei der Schwierigkeit, hier ein Konzept von Ikonizität bzw., genereller, Medialität zu integrieren. Das Hauptproblem besteht allerdings darin, dass es in ihnen eine mehr oder weniger fixe Botschaft – unabhängig von der Medialität und Handlungspraxis – geben muss, die z. B. innerhalb einer dominanten oder kritischen Lesart verstanden werden soll und letztlich im Zuge einer „Hierarchisierung des Besserwissens" (Luhmann 1990, S. 510; Bohnsack 2014a, S. 207) seitens der Forschung bestimmt werden muss (Bohnsack/Geimer 2015, S. 299). Das Verhältnis von Bedeutung und Handlungspraxis bleibt in diesen Modellen letztlich auch opak.

Im hier vorgeschlagenen Modell ist Bedeutung bewusst nicht von der Handlungspraxis gelöst, wie im Encoding/Decoding-Modell (siehe Kapitel 3.3). In Letzterem löst sich die Bedeutung („meaning") quasi aus der Handlungspraxis, um dann in einem Medium zu ‚stecken' und wieder in eine Handlungspraxis einzutreten. Medienangebote werden konsequent wie alle „Kulturobjektivationen" (Mannheim 1964a [1921–1922], S. 101) als Dokumente aufgefasst, in denen der Orientierungsrahmen (im weiteren Sinn, siehe Kapitel 4.3.1) derjenigen zum Ausdruck kommt, die sie hervorgebracht bzw. produziert haben. Damit werden sie als Produkte von Handlungspraxis konzipiert, ohne sie prinzipiell von anderen Objektivationen zu unterscheiden. Differenziert werden dagegen unterschiedliche Medialitäten und ihre Möglichkeiten für die Praxis des Darstellens sowie unterschiedliche Formen der Kommunikation bzw. Verständigung (siehe auch Kapitel 4.2). Kommunikation ist in der hier vorgeschlagenen praxeologischen Perspektive an konkrete Praxen gebunden, die unterschiedliche Formen der Verständigung enthalten. Sie schließt medientechnische Artefakte sowie die verschiedenen Formen der Institutionalisierung der Darstellung von Wissen ein.

5.2 Entstehungszusammenhang, Verwendungszusammenhang, Autorisierung

Bilder ebenso wie andere Kulturobjektivationen entstehen in bestimmen sozialen Zusammenhängen, als deren Funktion sie aufgefasst werden können (siehe Kapitel 4.1). Dieser Entstehungszusammenhang ist in der Regel auch ein Verwendungszusammenhang. So dienen Familienfotos und -videos vielleicht der alltäglichen Erinnerung an bestimmte Ereignisse und auf diese Weise der Rekonstruktion der Familiengeschichte, oder das Bild eines Gebäudes, das von einem Architekturbüro angefertigt wurde, dem Büro, um damit weiterzuarbeiten. Ein Stuhl mag dem Tischler selbst zum Sitzen dienen, das Erzählen bestimmter Erlebnisse – zumindest auch – der eigenen Erinnerung an sie.

Der Entstehungs- oder Produktionszusammenhang ist immer *ein* bestimmter. Er manifestiert sich in dem Produkt und ist an ihm abzulesen: „Im Sinne der Dokumentarischen Methode ist [...] der Habitus der Produzierenden am Produkt selbst – und letztlich auch nur dort – unmittelbar und in valider Weise zugänglich." (Bohnsack/Geimer 2015, S. 299)[2] Der Habitus setzt sich aus einer bestimmten Überlagerung von Erfahrungsräumen zusammen. Mit welcher spezifischen Überlagerung man es bei einem Produktionszusammenhang bzw. einem bestimmten Milieu zu tun hat, bzw. welche sich im jeweiligen Dokument bzw. Medienangebot manifestieren, lässt sich nur in einer komparativen Analyse ermitteln. Die Analyse eines Medienangebots führt zunächst zu einer sinngenetischen Interpretation, d. h. zu einer Rekonstruktion eines Orientierungsrahmens, ohne diesen auf eine spezifische Überlagerung von Erfahrungsräumen zurückführen zu können (Soziogenese, siehe Kapitel 4.3.4).

An einem Familienfoto lässt sich der Habitus einer Familie rekonstruieren. An einem Werbefoto des Modelabels H&M lassen sich kommunikative und konjunktive Wissensbestände, die Eckpunkte der hier dargestellten Lifestyles, rekonstruieren. Man weiß damit aber noch nichts über die Spezifik der Familie oder von H&M, weder etwas zu der jeweiligen Überlagerung von Erfahrungsräumen noch zu den Besonderheiten gegenüber anderen Familien bzw. Labels. Interessiert man sich für Letzteres im Unterschied zu anderen Familienmilieus bzw. Labels, müsste man dies durch eine komparative Analyse mit anderen Familien bzw. Modelabels ermitteln. Dieser Weg führt prinzipiell zu einer Typologie familiärer Habitus bzw. von Lifestyles auf der Ebene der Sinngenese (siehe Kapitel 4.3.4). Eine derartige Rekonstruktion beinhaltet keine Aspekte von Kommunikation in ihrer eben eingeführten Definition. Es handelt sich vielmehr um eine klassische Vorgehensweise der rekonstruktiven Sozialforschung (Przyborski/Wohlrab-Sahr 2014).

Bilder und andere Kulturobjektivationen können für andere soziale Kontexte als jene, in denen sie entstanden sind, Relevanz gewinnen. Sie haben dann nicht nur in ihrem Entstehungszusammenhang Bedeutung, sondern auch noch in anderen kollektiven oder individuellen Zusammenhängen. Das kann auch völlig jenseits des bewussten Erlebens von Relevanz oder Wichtigkeit der Fall sein. Im Fall „Schaum" (siehe Kapitel 7) findet sich z. B. Folgendes: Ein Werbeplakat des Films

---

[2] In diesem Punkt ist Bohnsack und Geimer (2015, S. 299) uneingeschränkt zuzustimmen. Sie suchen allerdings auch Anschluss an das Hall'sche Modell, indem sie die Struktur des „Encoding" durch eine Analyse der Produkte ebenso für möglich erachten (Bohnsack/Geimer 2015, S. 299 f.). Daran wird hier nicht angeschlossen, denn man müsste, wenn man das „Encoding" rekonstruieren könnte, letztlich schon vorher wissen, was in einem anderen Kontext *jedenfalls* relevant wird. Das mag auf der Ebene der kommunikativ-generalisierten Sinngehalte eventuell möglich sein, dazu ist aber in der Regel kein differenziertes Interpretationsverfahren notwendig.

„Pulp Fiction" diente in einer Wohngemeinschaft zweier junger Männer aufgrund seiner passenden Größe zunächst dazu, eine schäbige Stelle an der Wand zu verdecken. Dort blieb es dann, und die beiden WG-Bewohner stellten eines Morgens fest, dass sie den beiden Protagonisten auf dem Plakat derart ähnlich sehen, dass sie beschlossen, diese Ähnlichkeit fotografisch festzuhalten.

Der Habitus operiert quasi an der bewussten Wahrnehmung vorbei, was auch und gerade in der Treffsicherheit der Entscheidung für oder gegen ein Bild deutlich wird. Die These, die sich in der Falldarstellung ausgearbeitet findet, ist, dass dieses Bild eben deshalb durch eine nicht intentionale Wahl seinen Weg an die Wand des WG-Zimmers fand, weil es etwas artikulierte, das den jungen Männern nahe war, dass sie also das Bild in bestimmten Aspekten *unmittelbar verstanden* haben.

Das Beispiel aus der empirischen Analyse zeigt zum einen, dass nach der handlungspraktischen Relevanz massenmedialer Angebote nicht einfach gefragt werden kann, da sie oft nicht Gegenstand bewusster und explizierbarer Wahrnehmungen ist. Zum anderen zeigt es, dass man für die empirische Analyse massenmedial vermittelter Kommunikation zwei Dokumente braucht. Im Beispiel ist das einerseits das massenmediale Produkt, das Werbeplakat des Films „Pulp Fiction", und andererseits weiteres empirisches Material der Gruppe, eine Gruppendiskussion in Bezug auf das Bild sowie ein privates Bild. Erst dadurch lässt sich rekonstruieren, was unmittelbar verstanden wurde. Wie das Werbebild Relevanz für einen anderen Zusammenhang entfaltet, lässt sich am Bild selbst, also an einem Medienangebot allein, *nicht* rekonstruieren.[3]

Die Idee ‚der Botschaft' verführt dazu, in Medienangeboten nach der oder den ‚Botschaft(en)' zu suchen. Die Analyse erhält auf diese Weise sofort mehr Gewicht, denn die ‚Botschaft' ist nicht nur Ausdruck oder Reproduktion des Entstehungszusammenhangs, sondern besitzt quasi automatisch eine bestimmte Bedeutung – auch für andere Zusammenhänge. In diesen kann sie dann ‚richtig', ‚falsch' oder ‚gar nicht' ankommen bzw. verstanden werden. Aus dieser Perspektive besteht immer die Gefahr einer hegemonialen Sicht. Denn ein anderes Verständnis der ‚Botschaft' gerät schneller in den Geruch, defizitär zu sein, als eine Rekonstruktion von Ebenen der Verständigung und der handlungspraktischen Relevanz, die einer bestimmten Kulturobjektivation in einem bestimmten Zusammenhang zukommt. Oder anders ausgedrückt: Die Botschaft beinhaltet die Gefahr, sie zu reifizieren und damit in alle Probleme zu geraten, die die Reifikation von Modellen nach sich zieht (Przyborski/Slunecko 2009a und Slunecko/Przyborski 2009).

Die Mitglieder der Gruppe „Schaum" waren nicht die Einzigen, die auf die Idee kamen, eben dieses Bild zu replizieren. Im Netz findet sich eine Fülle an mehr oder weniger verfremdeten Kopien (siehe Kapitel 7.3). Die bildliche Bezugnahme auf das Bild ist also kein Sonderfall. Das „Pulp-Fiction"-Plakat hat offenbar bei anderen

---

3 Es lässt sich daher auch nicht ermitteln, ob und welche *Botschaft* in welcher Weise ‚encodiert' wurde. Denn es müsste ja dann exakt diese Botschaft wieder in einem anderen Zusammenhang ‚ankommen' und dann mehr oder weniger kritisch ‚gelesen' bzw. ‚*decodiert*' werden.

Personen einen ähnlichen Umgang provoziert. Welche Orientierungsrahmen dabei zum Tragen kommen und wo die Unterschiede und Gemeinsamkeiten der Verständigung mit diesem Bild liegen, kann freilich nur eine Analyse des Materials respektive der Bilder zu Tage fördern.

Bilder aus allen möglichen Kontexten werden repliziert und fließen über das Internet wieder in andere Diskurse ein, wie es sich z. B. anhand des Bildes aus dem Situation Room zeigen lässt, das zum Sinnbild für die Tötung Osama Bin Ladens geworden ist (Przyborski 2014). Nach wie vor finden sich zahlreiche Mash-ups des Bildes im Netz. Bildliche Daten sind für die Untersuchung von Bildkommunikation besonders interessant, da an ihnen auch jene Ebenen der Verständigung rekonstruiert werden können, die sich der sprachlichen Darstellung und Verständigung verschließen. Zwei Bilder, die als Dokumente unterschiedlicher Entstehungszusammenhänge aufgefasst werden können und deren Bezug zueinander rekonstruiert werden kann, eignen sich daher gut für Fragestellungen in Bezug auf Bildkommunikation.

Interessant für die hier behandelte Problemstellung ist auch die Resonanz der Presse auf das Bild (Haller 2014, S. 51 ff.). Es handelt sich um ein Bild von Barack Obamas Fotografen Pete Souza, der dem Präsidenten nicht von der Seite wich. Es wurde auf der Social-Media-Plattform flickr gepostet und hat auf diesem Weg das öffentliche Mediensystem erreicht. Sein Entstehungszusammenhang ist die PR-Maschinerie des Weißen Hauses, ein breiter Verwendungszusammenhang der freie Journalismus. Ob für diese breite journalistische Nutzung des Bildes dieselben oder unterschiedliche Fokussierungen im Bild den Ausschlag gaben, ließe sich empirisch wieder nur im Rahmen einer komparativen Analyse und auf der Grundlage empirischen Materials bestimmten, in welchem die Haltungen von journalistischen Milieus oder Redaktionen zum Ausdruck kommen, die auf das Bild bezogen sind. Alles andere bleibt Spekulation. Wie dieser öffentliche Diskurs im nichtjournalistischen Alltag ankommt, ist wieder eine andere Frage.

Es sind freilich unzählige andere Kontexte und Formen denkbar, in denen Medienangebote relevant werden können. Sie sind Kulturobjektivationen, die von vornherein in einem kommunikativen Rahmen stehen, also über ihren Entstehungszusammenhang hinaus wahrgenommen werden sollen, was sich vor allem auf der Ebene des Dispositivs des Medienangebots zeigt (siehe Kapitel 3.1 und 5.3). Ein Film kann zum Kultfilm, ein Kunstwerk zum Publikumsmagneten, ein Werbebild zur Alltagsbegleitung in den eigenen vier Wänden, ein Krimi zum Rückzugsgebiet aus einem fordernden Alltag werden. Teile einer Modekollektion können zur Inspiration für einen neuen Trend werden, und umgekehrt ein Street-Style zur Inspiration neue Kollektionen. Eine Besonderheit der sozialwissenschaftlichen Arbeit im Zusammenhang mit Medienangeboten liegt darin, dass Kulturobjektivationen in verschiedene Milieus fallen können und man immer wieder aufs Neue herausarbeiten muss, ob und wie sie dort Relevanz gewinnen, verstanden werden und neue kreative Prozesse anstoßen, zu Veränderungen und Neuschöpfungen beitragen, Bestehendes aufrechterhalten und damit dazu beitragen, es auf Dauer zu stellen.

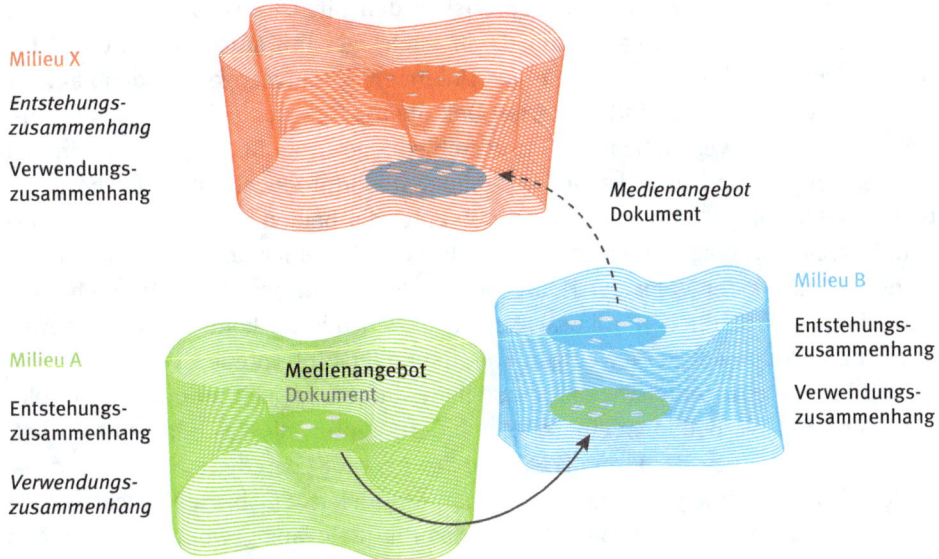

Abb. 5.1: Medienangebote als Dokumente.

Zusammenfassend (siehe Abbildung 5.1): Medienangebote werden im Kommunikationsmodell der Praxis in und mit Medien als Dokumente für ihren Entstehungszusammenhang aufgefasst. Für die jeweils genauer zu definierenden Verwendungszusammenhänge müssen zusätzlich geeignete Dokumente gefunden oder generiert werden. Im Fall der beiden jungen Männer der Gruppe „Schaum" (siehe Kapitel 7) ist ein Foto entstanden, mit dem sie Bezug auf das „Pulp-Fiction-Plakat" nehmen. Die Bezugnahme lässt sich anhand des empirischen Materials rekonstruieren. Dieses Foto kann als ikonisches Dokument herangezogen werden. Auch teilnehmende Beobachtungen sowie Gruppendiskussionen (siehe Kapitel 4.1.3 und 7.10) oder Familien- bzw. Tischgespräche (Keppler 1994; Przyborski 2004, S. 213 ff.) können als Dokumente für bestimmte soziale Einheiten, in denen Bilder oder andere Medienangebote bedeutsam sein können, untersucht werden. An diesen Materialien wird der Orientierungsrahmen, die Basis der sozialen Einheit z. B. einer Familie oder Gruppe, empirisch zugänglich. Die jeweiligen Orientierungsrahmen, ihre Übereinstimmungen und Unterschiede können verglichen werden. Der Entstehungszusammenhang kann auch als „Milieu A" und die verschiedenen Verwendungszusammenhänge als „Milieu X" bezeichnet werden, um deutlich zu machen, dass sie sich nur in Relation zu bestimmten Kulturobjektivationen, die auch Medienangebote sein können, unterscheiden (siehe Abbildung 5.1).

An dieser Stelle kommt bei Bildern und anderen ikonischen Formaten das Moment der Autorisierung (siehe Kapitel 4.3.3) ins Spiel: Wie in den Kapiteln 1.5.3 und 1.5.4 ausgearbeitet, ist bei Bildern die Autorisierung nicht in dem Maße fraglos gegeben wie bei sprachlichen Kulturobjektivationen. Da sie bei Letzteren in der

Regel eindeutig ist, gerät sie gar nicht erst in den Blick. Es ist in der Regel klar, wer einen Text hervorgebracht hat, damit auch, wer ihn autorisiert hat und für welchen sozialen Zusammenhang er als Dokument herangezogen werden kann.

Bilder von Personen sind potenziell Dokumente für zwei unterschiedliche Milieus bzw. haben zwei systematisch unterschiedliche Produktionsebenen, nämlich die der abbildenden und die der abgebildeten Bildproduzentinnen (siehe Kapitel 4.3.2). Ein Bild kann aber auch nur von einer der beiden Seiten autorisiert werden. Ein Ehepaar mag sich vielleicht ein anderes Bild seiner Hochzeit auf die Kommode stellen als der Vater der Braut, der die Bilder auf der Hochzeit geschossen hat. Die unterschiedlichen Fokussierungen in den Bildern können dann als Ausdruck bzw. Dokument der jeweiligen Familienmilieus interpretiert werden.

Bilder, die ein Medienangebot darstellen, sind oft doppelt autorisiert. Ein plakatiertes H&M-Werbebild ist einerseits von der Agentur, die das Bild gemacht hat, und andererseits von der Firma H&M, die der Agentur eben dieses Bild bzw. diese Bilder für ihre Kampagne abgenommen hat, autorisiert. Für beide Kontexte – den Werbe- wie auch den Modekontext – hat das Bild Relevanz gewonnen, wenn man es als öffentliches, kommerzielles Bild vorfindet, und es bringt deren Lifestyleangebote zum Ausdruck. Über die Kommunikation von Werbeagentur und Modelabel weiß man allerdings durch die Interpretation von Bildern, die doppelt autorisiert sind, noch kaum etwas.

Medienangebote können – neben den Milieus und Institutionen, in denen sie entstanden sind – auch von anderen autorisiert werden. Das ist im empirischen Material der vorliegenden Studie in der Regel der Fall. Beginnt eine Gruppe, wie im Fall „Schaum", Ähnlichkeiten an sich selbst, hier in der äußeren Erscheinung, mit dem Medienangebot festzustellen, dann hat neben der Autorisierung durch die Produzierenden auch eine durch die jungen Männer stattgefunden.

Dasselbe gilt für das Bild aus dem Situation Room, wenn wir es in einer Tageszeitung finden: Es wurde vom Weißen Haus autorisiert und fand seinen Weg jenseits von Nachrichtenagenturen nahezu zeitgleich in viele Tageszeitungen, die es durch die Entscheidung, es im Zusammenhang mit der Tötung Osama Bin Ladens zu veröffentlichen, autorisierten. Bestimmte Orientierungsrahmen der freien Presse wurden mit diesem Bild offenbar gut bedient. Eine Rekonstruktion des ikonologisch-ikonischen Sinns dieses Bildes mag Einblicke in den ‚Nerv' geben, der hier getroffen wurde (Przyborski/Haller 2014). Stichhaltig könnte dies aber wiederum nur in einer entsprechenden Rekonstruktion journalistischer Praxis herausgearbeitet werden, auf der Grundlage weiterer Dokumente journalistischer Praxis. In welcher Form das Bild in anderen Kontexten Relevanz entfaltet hat, kann über die Bildanalyse allein *nicht* rekonstruiert werden.

Diese Prozesse gehören zur öffentlichen Kommunikation durch Bilder in der Werbe- und Modeindustrie ebenso wie in der Politik und Medienberichterstattung. So gelangen z. B. bestimmte – entweder von der Politik oder von Journalistinnen autorisierte – Bilder in Nachrichtenagenturen. Sie werden von Tageszeitungen ausgewählt und veröffentlicht. Bilder werden in den Redaktionen der Zeitungen oft noch verändert. Autorisiert ist dann nur das veränderte veröffentlichte Bild. Der Vergleich der unterschiedlichen Beschnitte kann ein Element der Rekonstruktion von Kommunikationsprozessen zwischen Bildagenturen, Politik und Zeitungen darstellen. Denn oft ergeben sich durch den Beschnitt Unterschiede in den Fokussierungen, die Unterschiede der Orientierungsrahmen deutlich machen (Kanter 2015).

Die Autorisierung eines Bildes durch eine Gruppe, eine Institution oder ein Individuum erlaubt das Bild als Dokument, als Ausdruck des jeweiligen Zusammenhangs zu interpretieren. Mit Bezug auf Medienangebote bedeutet dies, dass ein autorisiertes Bild, sei es nun ein Werbeplakat, ein Werbefilm oder eine Modestrecke, dem autorisierenden Zusammenhang, der zugleich ein Verwendungszusammenhang sein kann, homonom ist. Durch einen Verwendungszusammenhang nicht autorisierte Medienangebote sind diesem heteronom.

5.3 Medialität, (medientechnische) Gegenständlichkeit, Orientierungsrahmen

Die Perspektive, dass Kommunikation ohne die Idee der Übertragung von „letzten Elementen" – sprich: Botschaften – von einem Individuum auf das andere, oder auch von einer Gruppe auf die andere, auskommt, hat weitreichende Bedeutung für die Analyse von Kommunikation. Denn aus dieser Perspektive müssen wir unseren Beobachtungsfokus weg von der Botschaft und hin zu der Frage richten, „was geschieht und Anschluß sucht" (Luhmann 1998, S. 201; siehe auch Slunecko/ Przyborski 2009, Kapitel 2.1), oder anders ausgedrückt: vom *Was* zum *Wie* – d. h. weg von der Untersuchung kausaler Verknüpfungen von Entitäten, die vorab gesetzt wurden (z. B. wie wirkt das Medienangebot oder auch eine bestimmte massenmediale Form auf das Individuum oder die Gruppe?), hin zur Untersuchung der Herstellung von Wirklichkeit, die sich nur *in* Medien vollziehen kann.

Kommunikation ist insofern eine Praxis *in* Medien, als wir uns in der Sprache und in Bildern bewegen, uns innerhalb dieser Medien mit ihren je autopoietischen Strukturen verständigen (siehe Kapitel 2.2). Jede Form der Untersuchung von Kommunikation aus dieser Sicht erfordert daher eine Differenzierung der Medialitäten. Kommunikation ist aber auch insoweit eine Praxis mit Medien, als sie eine Praxis mit medientechnischen Gegenständen ist. Für die Bildkommunikation wurde das an einigen Stellen dieser Arbeit behandelt (siehe Kapitel 3.1 und 4.2). Bei der Kommunikation im Rahmen von Massenmedien und Social Media spielt die Praxis mit medientechnischen Gegenständen selbstverständlich auch eine essenzielle Rolle.

Eine Form der Kommunikation ist Gespräch. Es kommt, solange sich zwei Personen in Hördistanz voneinander befinden, ohne technisches Dispositiv aus. Es findet *im Medium Sprache* statt. Erst die Analyse des *Wie* des Gesprächs, d. h. die Art der Gestaltung der formalen Strukturen und der spezifischen Artikulation des

Abb. 5.2: Praxis in und mit Medien.

Inhalts, ermöglicht festzustellen, ob gemeinsame Wissensbestände und Orientierungen zum Ausdruck gebracht werden, wie es bei Gesprächen auf der Grundlage eines konjunktiven Erfahrungsraumes der Fall ist, oder ob es sich um einen Austausch im Rahmen der Fremdheit handelt.

Nun könnte man argumentieren, dass es sich bei einem Gespräch lediglich um ein Dokument handelt und man daher auf diese Weise – mit Bezug auf den letzten Abschnitt (Kapitel 5.2) – keine Kommunikation rekonstruieren kann. Die Lösung dieser Problemstellung liegt in der Bestimmung der Entität, die Gegenstand der Analyse ist. Wenn man sich fragt, welche Art der Kommunikation sich zwischen den einzelnen Individuen vollzieht oder zwischen Gruppierungen innerhalb einer Gruppe, liegt mit einer aufgezeichneten Konversation oder Gruppendiskussion mehr als ein Dokument vor. Wenn man das Konzept der konjunktiven Erfahrungsräume einbezieht (siehe Kapitel 4), richtet sich das Augenmerk der Rekonstruktion immer auch auf die Frage, ob man es bei einem Gespräch mit einem oder mehreren Erfahrungsräumen zu tun hat. Hinweise gibt die Art der Verständigung.

Letztlich richtet eine dokumentarische Gesprächsanalyse ihr Augenmerk immer auch auf diesen Aspekt: Eine Äußerung kann nämlich immer nur im Kontext anderer Äußerungen interpretiert werden. Und dabei geht es auch um die Frage, mit welcher Form des Anschließens, mit welcher Form der Kommunikation und Verständigung man es zu tun hat. Wesentlich dabei ist es, zu klären, ob die Verständigung auf der Basis existenzieller Gemeinsamkeiten stattfindet oder nicht. Die Verständigung basiert dann auf jeweils unterschiedlichen Gesprächsstrukturen bzw. Diskursmodi (Przyborski 2004, Bohnsack/Przyborski 2006).

5.3 Medialität, (medientechnische) Gegenständlichkeit, Orientierungsrahmen — 137

Auch mit einem Bild können ‚zwei Dokumente' oder Dokumentebenen vorliegen. Nämlich dann, wenn man es mit einer Fremdheitsrelation zwischen abbildenden und abgebildeten Bildproduzentinnen zu tun hat. In der planimetrischen Komposition und der perspektivischen Projektion dokumentiert/dokumentieren sich der/ die abbildende(n) Bildproduzent(en), in der szenischen Choreografie und auf der vorikonografischen Ebene der/die abgebildete(n) Bildproduzent(en) (siehe Kapitel 4.3.2). Wie sich Aspekte der Kommunikation zwischen Abbildenden und Abgebildeten herausarbeiten lassen, zeigt Bohnsack (z. B. 2014a, S. 268 ff.) in der Interpretation des Fotos „Familie mit elf Kindern im Sertão do Ceará". Die Analyse der Formalstruktur des Bildes und der Art der Gestaltung des Sujets, die Rekonstruktion auf der Ebene der Medialität, bildet die Basis der Analyse von Verständigung und Kommunikation.

Wenn es weniger um direkte Kommunikation, sondern auch um medientechnisch vermittelte Kommunikation geht, gilt es bei der Analyse drei Ebenen zu differenzieren und zu rekonstruieren. Denn Medienangebot lässt sich durch drei prinzipiell unterschiedliche Ebenen bzw. Komponenten kennzeichnen (siehe Abbildung 5.2; siehe Kapitel 3.1).

Im Einzelnen sind dies die folgenden Komponenten/Ebenen des Medienangebots:
(1) seine Medialität bzw. die zum Tragen kommenden Kommunikationsinstrumente, wie Ikonizität, Sprachlichkeit oder Musizität bzw. Tonalität (Performativität der Darstellung);
(2) der soziale Zusammenhang, aus dem heraus es entstanden ist, mit seinem spezifischen Verhältnis von implizitem und explizitem sowie konjunktivem und generalisiertem Wissen (Orientierungsrahmen);
(3) das technische Dispositiv, seine technisch-gegenständliche bzw. elektronisch-digitale Seite, Hard- und Software von Techniken, die bei der Darstellung zum Einsatz kommen (Ebene des Zeuggebrauchs).

Ad (1) und (2). Die Analyse des Mediums auf der Grundlage seiner Eigengesetzlichkeit (Medialität) eröffnet den Zugang zur Analyse des impliziten Wissens bzw. ermöglicht es, die verschiedenen Ebenen des impliziten und des expliziten Wissens sowie des konjunktiven und generalisierten Wissens voneinander zu trennen. Eine ausführliche Darstellung der Trennung dieser Ebenen des Wissens und damit Analyseebenen der Verständigung findet sich im unmittelbar vorangegangenen Kapitel 4. Statt die ‚Botschaft', ihre Veränderung durch das Medium und ihr richtiges oder falsches Verstehen, vollständiges oder unvollständiges Ankommen bei Empfangenden zu eruieren, wird es auf die hier vorgeschlagene Art möglich, zu untersuchen, was wie geschieht bzw. sich dokumentiert und was wie – handlungspraktischen – Anschluss findet.

Wie u. a. in Kapitel 1.1 dargelegt, setzt ein rekonstruktiver Zugang zu alltäglichen und populärkulturellen Produkten jene Sorgfalt voraus, die man früher nur Kunstwerken entgegengebracht hat. Erst durch Rekonstruktion der je spezifischen formalen Strukturen, also über die ästhetischen Voraussetzungen der jeweiligen

Medien, gewinnt man Zugang zum konjunktiven Wissen, zum Habitus der Produzierenden, aber auch zu den spezifischen Normen, Regeln, Rollenerwartungen und Common-Sense-Strukturen, die sich im Medienangebot sedimentiert haben.

Für die empirische Erforschung von Kommunikation ist es daher notwendig, zu klären, mit welchem Medium man es zu tun hat. Das mag etwas trivial klingen, dennoch wird dieser Unterschied in den einschlägigen Fächern wie der Kommunikationswissenschaft, der Soziologie und auch der Psychologie erst in jüngerer Zeit und ganz am Rande diskutiert. Solange es um ‚Botschaften' geht, die losgelöst vom Medium betrachtet werden, sind Unterschiede zwischen Bild und Sprache auch nicht relevant. Die Frage nach dem Medium ist auch insofern wichtig, als sich in Medien unterschiedliche Formen von implizitem Wissen dokumentieren können. So können Bilder die Rekonstruktion von korporiertem Wissen, das in Sprache (allein) nicht darstellbar ist, erst möglich machen (siehe Kapitel 4).

Ad (3). Medienangebote sind mit bestimmten Techniken bzw. Technologien und Gegenständlichkeiten verbunden. In diesen technischen Dispositiven kommt eine bestimmte Praxis des Zeuggebrauchs bzw. eine Technik- und Medienpraxiskultur zum Ausdruck (siehe Kapitel 3.1 und 4.2.1). Techniken entstehen in bestimmten kulturellen Zusammenhängen und bringen diese auch zum Ausdruck. Für das technische Dispositiv gilt dasselbe, wie es eingangs für das gesamte Medienangebot festgehalten wurde: Im Produkt kommt der Habitus der Produzierenden zum Ausdruck.

Medialität und das technische Dispositiv werden in einem Medienangebot durch jene, die das Medienangebot produzieren, im Rahmen ihres Habitus durch die Art ihrer Anwendung von Medialität und Medientechnologie verbunden. Das Dispositiv kann analytisch von der Medialität des Medienangebots unterschieden und dahingehend interpretiert werden, was in ihm an Technik- und Medienpraxiskultur sedimentiert ist. Ein Bild verlangt *eine* bestimmte Medialität, nämlich Ikonizität. Es kann aber auf ganz *unterschiedlichen* Dispositiven manifest werden bzw. durch diese gespeichert, verbreitet und verändert werden.

Das H&M-Werbebild, das im Fall „Pool" besprochen wird, fand sich z. B. auf traditionellen und elektronischen Plakatwänden, im Werbemagazin der Firma H&M, auf der Homepage und dem Facebook-Auftritt von H&M sowie u. a. in Modemagazinen. Andere Bilder werden nur in einem bestimmten Magazin publiziert und sind digital nicht öffentlich verfügbar. Wieder andere, wie ich es am Beispiel des Bildes aus dem Situation Room diskutiert habe (Przyborski 2014), sind nur auf Social-Media-Plattformen wie Flickr, Instagram oder Facebook für andere Zusammenhänge als den Entstehungszusammenhang zugänglich.

Die Ebene des technischen Dispositivs stellt eine eigenständige Analyseebene eines Medienangebots dar. Nicht bei jeder Forschungsfragestellung ist diese Ebene des Medienangebots von Bedeutung. Es kann jedoch interessant sein, wie eng oder lose ein Bild an sein technisches Dispositiv gekoppelt ist und wie sich verschiedene Ebenen des Wissens, die im technischen Dispositiv manifest geworden sind, mit jenen Ebenen, die in den unterschiedlichen Medien zum Ausdruck kommen, verbinden. Das Posting des Bildes aus dem Situation Room auf Flickr unterstreicht, was auf ikonologisch-ikonischer Ebene rekonstruiert werden konnte: Das Bild hat den Charakter des Schnappschusses, der weniger auf einen professionellen als auf einen privaten familiären Kontext verweist. Flickr ist eine Plattform, die an sich dem privaten Austausch von Fotos dient: Das Weiße Haus gibt mit der Art der Veröffentlichung, mit der Verwendung des spezifischen Dispositivs, prinzipiell allen persönlich die Möglichkeit, einen Blick hinter die Kulissen der Macht zu werfen. Zum Blick hinter die Kulissen passt eine Veröffentlichung auf herkömmlichem Weg über Presseagenturen weniger gut.

Das H&M-Bild löst sich nahezu von bestimmten technischen Dispositiven und ist auf diese Weise unabhängig von diesen präsent. So hat es auch kaum einen bestimmbaren Ort. Es ist letztlich überall präsent. In diesen Überlegungen finden sich Unterschiede und Gemeinsamkeiten mit dem Konzept der „Ikonotopie", wie sie Dörner (2013) entfaltet. Ihm zufolge sind „Orte die Bedingung der Möglichkeit von Bildern [...] hinsichtlich ihrer Entstehung, Verwendung und Betrachtung", denn sie „lassen Bilder überhaupt erst sichtbar werden" (Dörner 2013, S. 219). Die Gemeinsamkeit liegt darin, dass es gilt, die Überlegung, was ein Bild oder einen Film sichtbar werden lässt, systematisch in die Analyse miteinzubeziehen. Im Rahmen des hier vorgelegten Modells als umfassendes Kommunikationsmodell, das nicht nur Bilder betrifft, ist es ebenso wichtig, was uns Worte oder Melodien hören lässt, was uns eine Aufgabenstellung vermittelt. Der Unterschied zu Dörner liegt also – auch mit Bezug auf das Bild – in der Antwort. Denn noch bevor ein (konkreter) Ort für die Analyse relevant wird, muss es um das Dispositiv gehen, das enger und unmittelbarer mit dem Bild verbunden ist als der Ort.

Technische Dispositive enthalten u. a. jene Ebene, die in Kapitel 4.2 als Praxis des Zeuggebrauchs und der Geste beschrieben wurde. Das heißt, es kommen bestimmte Möglichkeiten der Handhabe zum Ausdruck, die in bestimmten konjunktiven Erfahrungsräumen entstanden sind und erlernt werden. Der Fotoapparat, wie er heute u. a. in Smartphones eingebaut ist, verhilft beispielsweise der stark subjektbezogenen Zentralperspektive zur bildlichen Manifestation und veralltäglicht so eine bestimmte Weltanschauung durch seinen massenhaften Gebrauch. Auch in der technischen Gegebenheit des Internets, der prinzipiellen Verbindung aller Rechner, findet eine bestimmte Vorstellung, ein bestimmter Orientierungsrahmen Ausdruck. Durch Formen des Ausbaus und der Nutzung mag dieser verändert und (neu) geformt worden sein.[4] In einer Lernplattform mit ihren Möglichkeiten und Einschränkungen, mit den Formen von Beurteilung und Kooperation, die sie bereitstellt, kommt, noch ohne dass das elektronische Gestell mit bestimmten Aufgabenstellungen verbunden wird, ein bestimmter pädagogischer Habitus zum Ausdruck.

---

4 Aktuell läuft in Europa die Diskussion darüber, ob bestimmte Institutionen einen prinzipiell schnelleren und damit besseren Zugang zum Netz und damit zu Information und Informationsweitergabe haben sollen.

> **i** Auch für Dokumente aus dem Verwendungszusammenhang (Milieu X) sind wiederum die drei genannten Ebenen in ihrem Zusammenspiel essenziell:
> (1) die Medialität (Performanz der Darstellung),
> (2) der soziale Zusammenhang, in welchem es Relevanz gewinnt, mit seinem spezifischen Verhältnis von kommunikativem und konjunktivem Wissen (Orientierungsrahmen),
> (3) das technische Dispositiv (Medienpraxiskultur und Performanz des Zeuggebrauchs und der Geste).

Zunächst ist es wichtig, welche Dokumente man für einen Verwendungszusammenhang heranzieht. Sind es ikonische, sprachliche oder filmische Dokumente? Was heißt das für die Ebenen, die man hinsichtlich der Verwendung des Medienangebots rekonstruieren kann? Will man beispielsweise etwas im Zusammenhang mit korporiertem Wissen in Erfahrung bringen, dann wird man nach ikonischen Dokumenten suchen müssen.

Der Fall der direkten Kommunikation *im Medium* Sprache und innerhalb *eines* Bildes wurde zuvor schon beleuchtet. Direkte Kommunikation in Bildern bzw. durch Bilder ist als Form der Kommunikation bisher noch kaum in den Blick der empirischen Sozialforschung geraten, im Gegensatz zur Kommunikation *über* Bilder in Form von Sprache (siehe Kapitel 4.3). Das mag auch daran liegen, dass sich Bilder kaum wie Töne und Worte durch die Luft übermitteln bzw. in ihr manifestieren lassen. Es ist also immer ein technisches Dispositiv dabei, das ‚dazwischengeschaltet' ist und die Vorstellung einer direkten Kommunikation durch Bilder schwierig macht. Dennoch ist es etwas grundsätzlich anderes, ob ein bestimmtes Medium nach einem technischen Dispositiv verlangt oder ob Kommunikation über unterschiedliche Medien geführt wird.

Die sogenannten ‚neuen Medien', die neuen medientechnischen Dispositive, machen eine Form der Kommunikation sichtbar, die nicht erst durch sie entstanden ist, nämlich jene in Bildern, für die sie passende Plattformen bieten: So gibt es Apps für Smartphones, die Kommunikation in Bildern zum Prinzip machen, z. B. Snapchat, Slingshot oder EyeEm. Auch Facebook und stärker noch Instagram und Flickr sind Plattformen, die der Zirkulation von und der Kommunikation in Bildern passende Grundlage geben. Kommunikation dieser Art spielt vermehrt eine Rolle und wird auch im Materialkorpus der vorliegenden Studie relevant. Einige der Bilder, die von den untersuchten Gruppen ausgewählt wurden, sind Profilbilder auf Social-Media-Plattformen, so z. B. im Fall „Tinte" (siehe Kapitel 9 und 10).

In eine Rekonstruktion von Bildkommunikation auf dem Weg der Analyse von Bildern aus dem Entstehungszusammenhang *und* aus dem Verwendungszusammenhang spielt also die Rekonstruktion des technischen Dispositivs jedenfalls eine gewisse Rolle. Medientechnische Dinge treten als Ausdruck und Mittel bestimmter Medienpraxiskulturen durch ihre Benutzung in ein spezifisches Zusammenspiel mit anderen Medienpraxiskulturen. Dabei können sich mehr oder weniger große

Überschneidungen finden. Was sich in einem Bild über einen sozialen Zusammenhang dokumentiert, benötigt daher in der Regel auch eine Rekonstruktion des Zusammenspiels der jeweiligen Medienpraxiskulturen, die mit bestimmten technischen Voraussetzungen agieren:

Will man das Bild aus dem Situation Room nur als Dokument des Weißen Hauses rekonstruieren, dann ist die medientechnische Seite nicht so wichtig. Sobald es aber um die Verständigung im Medium Bild geht (über den Entstehungszusammenhang hinaus), wird es z. B. sehr interessant, dass das Bild auf der Social-Media-Plattform Flickr gepostet wurde und nicht den üblichen Weg über Nachrichtenagenturen genommen hat. Die Nachrichtenagenturen wären ein erster *Verwendungszusammenhang*. Die Plattform Flickr dagegen kann als Komponente des Medienangebots verstanden werden, denn dort ist das Bild auch heute noch zu finden. Das Posting des Bildes auf Flickr ist Ausdruck des *Entstehungszusammenhangs* (Przyborski 2014).

In der komparativen Analyse von Medienangebot und Dokumenten aus dem Verwendungszusammenhang dieses Medienangebots lässt sich rekonstruieren, ob man es mit Formen unmittelbarer, u. a. konjunktiver, Verständigung zu tun hat, oder ob es sich z. B. um Formen der kommunikativ-generalisierten Verständigung handelt. Letzteres geht methodisch sauber nur in der Art, wie es Michel (2006) vorgelegt hat, nämlich durch eine komparative Analyse von Dokumenten aus verschiedenen Verwendungszusammenhängen (Gruppendiskussionen in verschiedenen Milieus) zu ein und demselben Medienangebot (bestimmte Bilder, die allen Gruppen vorgelegt wurden).

Es ist gerade auch die Untersuchung von Michel (2006), die deutlich macht, wie wichtig die genaue Rekonstruktion der formalen Strukturen der jeweiligen Medialität ist, wenn man sich Bedeutungskonstitution auch in Bezug auf andere Medialitäten anschauen möchte. Michel zeigt, dass gerade im Wie der Gruppendiskussionen – in der Art der Verwendung von Sprache, der wechselseitigen Bezugnahmen, der Pausen und Betonungen – Möglichkeiten der Rekonstruktion jener Sinnebenen bzw. -facetten gelingen, die sich spezifisch auf das Bild beziehen.

Was Michel andeutet, aber nicht durchführt, ist die Rekonstruktion des Medienangebots. Die Analyse von Überschneidungen der Orientierungsrahmen von Entstehungs- und Verwendungszusammenhang bleibt dadurch ausgespart, und damit auch die Untersuchung von Kommunikation jenseits der Kommunikation innerhalb der Gruppen. Ein Analysegegenstand massenmedialer Kommunikation, der hier verfolgt wird und der ohne Konzept der ‚Botschaft' auskommt, liegt in der Rekonstruktion des Verhältnisses von Habitus und Identitätsnorm. Ersterer liegt auf der Ebene des konjunktiven Wissens und präformiert, in welcher Art bzw. inwieweit virtuelle soziale Identitäten, z. B. in Form von Lifestyles, im Rahmen des Alltags relevant werden können. Die Analyse richtet sich auf die Zirkulation von unterschiedlichen Wissensbeständen, die Art und Weise, wie sie aneinander anschließen und handlungspraktische Relevanz entfalten.

5.4 Dynamisches Verhältnis von Entstehungs- und Verwendungszusammenhang

Zuletzt soll das Augenmerk noch darauf gerichtet werden, dass Produktionszusammenhang (Milieu A) und Verwendungszusammenhang (Milieu B bzw. Milieu X) insofern dynamische Kategorien sind, als sie nur das Verhältnis zum Produkt zum Ausdruck bringen. Darin liegt die grundsätzlich bidirektionale Betrachtung der Kommunikation (siehe Kapitel 3.3). Zu Beginn einer Analyse können Entstehungs- und Verwendungszusammenhang nur als vorläufig angesehen werden, als eine Suchstrategie.

Als einen ersten – vorläufigen – Entstehungszusammenhang mag man eine Werbeagentur, eine Marke oder eine Gruppe Kunstschaffender benennen. Es kann sich bei der komparativen Analyse des Medienangebots (Dokument A) und eines Dokuments B aus einem Verwendungszusammenhang (Milieu B) des Medienangebots (Dokument A) herausstellen, dass sich im Medienangebot (Dokument A) Wissensbestände aus dem zunächst als Verwendungszusammenhang definierten Milieu B finden. Die verschiedenen Quellen oder Überlagerungen und Verschneidungen unterschiedlicher Milieus und Wissensbestände lassen sich durch eine derartige komparative Analyse – Schritt für Schritt – in den Griff bekommen. Die Möglichkeit der Rekonstruktion der Zirkulation von Wissensbeständen hat zur Folge, dass die Konstitution von Medienangeboten *und* von Milieus, in die derartige Angebote einfließen, erst im Zuge der Analyse deutlich wird. Was am Beginn als Verwendungszusammenhang Eingang in eine Untersuchung gefunden hat, kann sich als Entstehungszusammenhang oder Quelle, die in ein Medienangebot einfließt, herausstellen.

Beispiel dafür geben die Fälle im empirischen Teil (siehe Kapitel 7–10). Erwähnt kann hier u. a. die Gruppe „Pool" werden. Eine Geste, die ein zentrales Element des Werbeplakats darstellt, findet sich auf den privaten Fotos der Mädchen und kann dort als wesentlich organischer, homologer zur gesamten Hexis und dem Kontext rekonstruiert werden, als dies bezüglich des Werbeplakats der Fall ist. Die Analyse zeigt also, in welchem Rahmen die Geste insofern authentisch vorkommen kann, als sie sich organisch in eine gesamte Köperhaltung einfügt. Das kommerzielle Bild im Fall „Tinte" – als weiteres Beispiel – kann hinsichtlich des korporierten Wissens, das in ihm zum Ausdruck kommt, in klaren Zusammenhang mit Erfahrungen der Gruppe, die zunächst seinen Verwendungszusammenhang bildet, gebracht werden. In der Diskussion des Bildes stellt sich heraus, dass Skaten zu den bevorzugten Freizeitbeschäftigungen der Gruppe gezählt hat. Der Style auf dem Werbefoto enthält Elemente einer Handlungspraxis der Gruppe, die damit auch Aspekte der Konstitution des Medienangebots artikuliert.

Es gibt noch ein zweites Element der Dynamisierung: Medienangebote können in ihren Verwendungszusammenhängen auch weiterbearbeitet und -verbreitet werden. Im Rahmen der Weiterbearbeitung wird ein Medienangebot verwendet. Zugleich wird mit dieser Verwendung ein neues Medienangebot erzeugt. Dasselbe

5.4 Dynamisches Verhältnis von Entstehungs- und Verwendungszusammenhang

Milieu ist dann Verwendungszusammenhang eines Medienangebots (Dokument A) und zugleich Produktionszusammenhang eines weiteren Medienangebots (Dokument B, oder besser vielleicht: A'). Eine Verwendung kann also unmittelbar in eine neue ‚Entstehung' münden, z. B. beim sofortigen Bearbeiten und Weiterverbreiten von Bildern.

Zur Dynamisierung kann zusammenfassend festgehalten werden, dass Entstehung und Verwendung nicht prinzipiell getrennt voneinander zu denken sind. Erst der systematische Vergleich von Medienangebot (Dokument A) aus Milieu A und Dokumenten (Dokumente B) aus Milieu B kann Aufschluss über das Verhältnis von Entstehung und Verwendung geben – und daher auch wofür ein Medienangebot als Dokument dienen kann. Das heißt, die Analyse kann ergeben, dass sich wesentliche Elemente der Konstitution eines Medienangebots in jenem Zusammenhang finden, der – vielleicht zunächst – als Verwendungszusammenhang beschrieben wurde.

Die Rekonstruktion mit der dokumentarischen Methode (siehe Kapitel 4) erlaubt es zudem, kommunikatives Wissen – wie Stereotypisierungen, Normen und Rollen und institutionalisiertes Wissen – von konjunktivem Wissen, wie es in konkrete Handlungspraxen eingebettet ist, zu trennen. Die Analyse des Medienangebots als Dokument eines zu bestimmenden Entstehungszusammenhangs im Vergleich mit einem – vorläufig als solchem bestimmten – Verwendungszusammenhang erlaubt es, die wechselseitigen Konstitutionsbedingungen von Medienangebot und Alltag sowie das Verhältnis von normativen Anforderungen und ihrer handlungspraktischen Bewältigung zu rekonstruieren. Damit lassen sich auch Austauschprozesse zwischen Milieus und Kulturen bzw. kreative Momente der Kommunikation rekonstruieren.

Zusammenfassung

Im fünften Schritt zur Klärung, wie wir uns empirisch-qualitativ der *Funktion von Bildern für die wechselseitige Konstitution von Medien und Alltag* nähern können, werden die bisher verfolgten Argumentationslinien zusammengeführt und zum Kommunikationsmodell der *Praxis in und mit Medien* verdichtet:

Es geht in diesem Modell *nicht* um eine *Botschaft*, in der etwas codiert oder verschlüsselt ist, *sondern* um konkrete *Medienangebote*. Sie werden wie die anderen Kulturobjektivationen in der dokumentarischen Methode *als Dokumente von Handlungspraxis* aufgefasst, und zwar der Handlungspraxis ihres *Entstehungszusammenhangs*. In der Regel kommen sie neben ihrem Entstehungszusammenhang in unterschiedlichen *Verwendungszusammenhängen* vor. Für die empirische Analyse gilt es wiederum, empirisches Material zu erheben, also ein *zweites Dokument neben dem Medienangebot, in dem die Verwendung* bzw. der Verwendungszusammenhang *zum Ausdruck kommt*. Wenn *beide Dokumente* in ihrer je spezifischen *Medialität*, hinsichtlich ihres *medientechnischen* Formats (*Dispositiv*) und als Ausdruck ihres Entstehungszusammenhangs *rekonstruiert* werden, lässt sich mit *Bezugnahme auf* die *Homologien* der beiden Dokumente *unmittelbares Verstehen* als wesentliches Element von Kommunikation *herausarbeiten*.

So kann mit Fotos auf Fotos Bezug genommen werden, wie es das empirische Design der Arbeit vorsieht. Fotos können als ikonische Dokumente herangezogen werden, in welchen dann insbesondere ikonisch-ikonologisches Verstehen herausgearbeitet werden kann. Auch teilnehmende Beobachtungen sowie Gruppendiskussionen oder Familien- bzw. Tischgespräche können als Dokumente für bestimmte soziale Einheiten, in denen Bilder oder andere Medienangebote bedeutsam sein können, untersucht werden. Hier ist aber der Wechsel des Mediums zu beachten.

Teil II: **Empirische Studien zur Bildkommunikation**

Die im ersten Teil des Buches aufgestellte und begründete These der wechselseitigen Konstitution von Medienangebot und Alltag besagt, dass Handeln im Feld von massenmedialer bzw. Social-Media-basierter Kommunikation, in der die Bildkommunikation aufgrund der Beschleunigung medientechnischer Ausdifferenzierung zunehmend eingebettet ist, von zwei Seiten her bestimmt ist, die beide als aktiv betrachtet werden müssen. Dementsprechend wurden reziproke Modelle medialer Kommunikation diskutiert. Dabei hat sich herausgestellt, dass eine empirische Einlösung derartiger Konzepte bisher fehlt. Sie erfordern nämlich eine systematische Bezugnahme auf Medienangebote einerseits und auf den Umgang mit ihnen im Alltag andererseits. Das Verhältnis von Medienangebot und Alltagshandeln darf dabei nicht durch Sinnbildung auf einer Seite reduziert werden. So lässt sich z. B. alleine daraus, wie Medienangebote sich in alltäglichen Gesprächen wiederfinden, nur eine Seite des wechselseitigen Konstitutionsprozesses beleuchten und nicht der gesamte wechselseitige Konstitutionsprozess.

In dieser Kürze klingen die vorgebrachten Überlegungen vermutlich sehr programmatisch. Mit Blick auf die Entstehung dieser Arbeit erscheint es allerdings wichtig, noch einmal anzumerken, dass erst die Beschäftigung mit dem empirischen Material die Formulierung einer entsprechenden theoretischen Grundlage notwendig machte (siehe auch Kapitel 5, Einleitung): Es musste eine passende reziproke Beschreibung gefunden werden, die sich um einen grundlagentheoretischen Zugang zu unmittelbarer Verständigung ergänzen ließ.

In Kapitel 6 werden nun das Untersuchungsdesign mit den entsprechenden methodischen Überlegungen sowie die Vorgehensweise bei der Erhebung und Auswertung dargestellt. In den Kapiteln 7 bis 11 werden die Auswertung des empirischen Materials und ihre Ergebnisse in Form von Falldarstellungen sowie einer typologischen Abstraktion auf der Basis der komparativen Analyse der Fälle diskutiert.

6 Anlage der Untersuchung

Das Interesse für die empirische Untersuchung entstand vor dem Hintergrund mehrjähriger Medien- und Kommunikationsforschung, in welcher das Bild bis zuletzt in seiner Eigensinnigkeit praktisch keine Rolle spielte (siehe Kapitel 2.2). Mein Interesse wurde zudem von der Alltagsbeobachtung geweckt, dass Kommunikation durch Bilder sehr präzise und lebendig zu funktionieren schien, ohne dass die Beteiligten auf den Begriff brachten, worum es genau geht, oder Außenstehende es unmittelbar verstehen konnten. Es ging also von Anfang an nicht um Bilder jenseits alltäglicher kommunikativer Zusammenhänge, sondern vielmehr um ein Interesse an der Verständigung durch Bilder auf der Ebene von implizitem, in die Handlungspraxis eingelassenem und für diese relevantem Wissen.

Diese Form der Verständigung in ihrer Eigenlogik zu verstehen, bedeutete für mich, sie auch im Unterschied zur Verständigung im Medium der Sprache zu verstehen. Mein Interesse galt also der Verständigung auf ikonologisch-ikonischer Ebene und damit auf der Basis von implizitem Wissen, das in erster Linie durch Bilder vermittelt wird. Meine langjährige Beschäftigung mit Sprache (Przyborski 2004 und Kapitel 4.1) legte die Vermutung nahe, dass es hier um eine grundlagentheoretische und daher auch methodologisch relevante Fragestellung geht. Das gab zwar zusätzlich Motivation, als ich aber mit der vorliegenden Untersuchung begann, war die Verständigung in Bildern zwar ansatzweise theoretisch entworfen (Bohnsack 2009), letztlich aber noch nicht empirisch erforscht – jedenfalls zu wenig, um das Untersuchungsdesign an bestimmten Vorbildern auszurichten oder von entsprechenden methodisch-methodologischen Überlegungen ableiten zu können.

Ich knüpfte daher bei meinen ersten Überlegungen an meine Forschungserfahrungen im Bereich der Sprache an: Wenn man sich dafür interessiert, wie sich Menschen sprachlich verständigen, kann man z. B. untersuchen, wie sie miteinander reden. Als ein ganz grundlegendes Element sprachlicher Verständigung können wohl „adjacency pairs" (Sacks 1995 [1964–1972]) gelten: Frage und Antwort, Gruß und Erwiderung des Grußes, Behauptung und Bestätigung bzw. Ablehnung usw. Eine der ersten Ideen war also – ganz in der Logik der Sprache gedacht –, nach bildlichen Antworten auf Bilder zu suchen.

Das Feld bzw. die ersten Personen, die an der Untersuchung teilnahmen, haben mich allerdings bereits eines Besseren belehrt: Der Aufforderung, *zuerst* eine bestimmte Art Bild zu suchen bzw. zur Verfügung zu stellen und *dann* eine andere Art Bild, die der ersten ähnlich sein sollte, zu suchen, wurde im Grunde genommen nicht nachgekommen. Vielmehr wurden in der Regel gleich zwei ähnliche Bilder der jeweils unterschiedlichen Arten bereitgestellt. Die ursprüngliche Aufforderung wurde von den Untersuchten umdefiniert und schließlich auch in der Feldforschung entsprechend geändert. Damit war letztlich eine erste Erkenntnis gewonnen: Verständigung in Bildern funktioniert nicht nach dem Format von Frage und Antwort; Bilder stehen vielmehr im Umfeld anderer Bilder. *Bilder rahmen Bilder.*

6.1 Erhebungsdesign und konkrete Vorgehensweise bei der Erhebung

Mit meinem Forschungsteam[1] habe ich Realgruppen – in der Regel Gruppen von Freunden, aber auch Paare bzw. befreundete Paare oder Arbeitskolleginnen – gebeten, ein kommerzielles und ein privates Bild auszusuchen und für die Forschung zur Verfügung zu stellen, auf denen jeweils Menschen zu sehen sind und die ihnen gefallen. Die Realgruppen werden als Epiphänomen kollektiver Habitus bzw. von Milieuzusammenhängen auf der Basis von konjunktiven Erfahrungsräumen (siehe Kapitel 4) betrachtet. Zugang zu den Gruppen fanden wir im Rahmen entsprechender Feldforschung (z. B. Przyborski/Wohlrab-Sahr 2014, S. 39 ff.). Details zur Feldforschung finden sich in den jeweiligen Falldarstellungen (siehe Kapitel 7–10), da auch die Beobachtungsdaten für die Analyse der Fälle herangezogen werden.

Es wurde nach Bildern gefragt, die gefallen und einander insofern entsprechen, also möglichst gleich „toll", „cool", „schön" oder „interessant" – je nachdem, wofür man sich entschlossen hatte – sein sollten. Als Verbindung der beiden Typen von Bildern wurde bewusst die Anmutung bzw. die Stimmung gewählt, denn damit kann das implizite Wissen angesprochen werden, jenes Wissen, das sich nicht unmittelbar begrifflich-theoretisch fassen lässt. Alle weiteren inhaltlichen und thematischen Relevanzsetzungen blieben den Untersuchten überlassen. Als kommerzielle Bilder wurden in der Regel massenmedial verbreitete Bilder gewählt. Die privaten wählten die Untersuchten aus ihrem Bestand an Aufnahmen. Manche Gruppen zeigten allerdings großes Engagement, ein entsprechendes privates Foto selbst zu erstellen.

Unterschiedliche technische Fähigkeiten und Fertigkeiten der Untersuchten bei der eigenen Bildproduktion stellen insofern kein Problem für die Auswertung dar, als die Bilder ohnehin als protokollierte Spur, als Dokument einer Handlungspraxis gesehen werden. In ihnen ist ein kollektiver Habitus festgehalten, zu welchem auch technische Fertigkeiten, der Umgang mit widrigen oder günstigen Umständen, die Aufmerksamkeit dem einen und die Unaufmerksamkeit dem anderen Sujet gegenüber zählen.

Die Bilder dienten schließlich als Grundlage für eine Gruppendiskussion (siehe Abbildung 6.1). Diese begann mit der Frage, ‚was auf dem Bild drauf' sei, einer Wendung, die im österreichischen sowohl so verstanden werden kann, dass der Bildinhalt quasi Abbild der Realität ist, Personen, Objekte und Naturerscheinungen sich so, wie sie sind, ‚auf dem Bild' befinden, als auch derart, dass der Bildinhalt eine gestaltete Darstellung ist, die nicht notwendigerweise in direktem Zusammenhang mit einer bestimmten Realität steht. Gefolgt wurde diese Aufforderung von einer weiteren, nämlich alles zu sagen bzw. zu erzählen, was ‚sonst noch so zu

---

[1] Maria Schreiber, Ida Moranjkic, Ann-Marie Peter, Susanne Aleksa, Theresa Funk, Saskia Lackner, Sandra Erlebach, Kerstin Bohr.

– Verständigung im Medium Bild

– Verständigung über das Bild im Medium Sprache

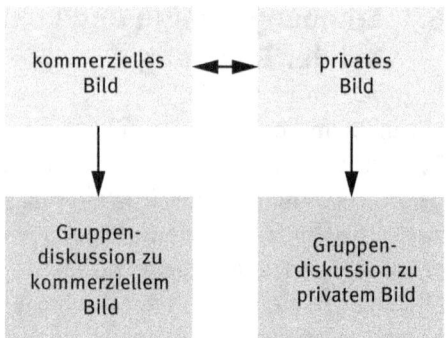

Abb. 6.1: Erhebung im Überblick.

sagen ist zu dem Bild'. Im Zuge der Diskussion ging es dann um möglichst alle relevanten Lebensbereiche. Wenn es der Gesprächsverlauf erlaubte, wurde immanent nach diesen gefragt, sonst exmanent. In allen Gruppen ging es daher um Arbeit und/oder Ausbildung, soziale Beziehungen, wie Familie und Freunde, sozialräumliche Bindungen, fokussierte Tätigkeiten jenseits der Arbeit, um Liebe bzw. um privat-partnerschaftliche Bindungen und Vorstellungen über die Zukunft. Da die Selbstläufigkeit das zentrale Prinzip bei der Erhebung war, kamen natürlich in allen Gruppen auch Themen zur Sprache, die für sie zentrale Bedeutung haben.

Die Teilnehmenden füllten auch einen Kurzfragebogen aus und gaben uns ihr schriftliches Einverständnis zur Nutzung der Fotos im Projekt und in wissenschaftlichen Publikationen. Im Fragebogen wurde neben den soziodemografischen Daten der Einzelnen die Bedeutung der Gruppe, in der diskutiert wurde, erfragt, zudem Eckdaten zum Umgang mit Medien und Bildern sowie mit dem eigenen Körper, mit Mode und Kleidung.

Als Fall sind die konkreten einzelnen Gruppen zu betrachten. Von jedem Fall gibt es folgende empirische Materialien:
(1) kommerzielles Bild,
(2) privates Bild,
(3) Gruppendiskussionen zu den Bildern,
(4) Beobachtungsprotokolle,
(5) Kurzfragebogen.

Manche Gruppen suchten mehrere kommerzielle Bilder aus, bei anderen gab es wiederum mehrere private. Es war allerdings in der Regel unproblematisch, das wichtigste oder beste oder stimmigste Bild auszuwählen. In einer Falldarstellung werden auch die Bilder einbezogen, die es nicht an die erste Stelle schafften (siehe Kapitel 8). Je nachdem, ob beide Bilder zu einem Termin mitgenommen wurden oder zuerst eines und dann erst das andere, gab es eine oder zwei Gruppendiskussionen. Die Bilder wurden aber immer zunächst getrennt voneinander diskutiert (siehe Abbildung 6.1).

Als Suchstrategie für das *Sampling* der Fälle galt zu Beginn die Unterscheidung zwischen eher stabilen, traditionellen Milieus und Milieus, die durch hohe (kulturelle) Mobilität und/oder biografische Brüche gekennzeichnet sind, da wir hier Unterschiede hinsichtlich des Umgangs mit der äußeren Erscheinung vermuteten: Bei Ersteren einen eher routinisierten Umgang damit und bei Letzteren einen stärker reflexiven Umgang. Diese Suchstrategie wurde aber bald abgelöst durch die Unterscheidung von Gruppen, die sich durch eine professionelle Bildpraxis auszeichnen, und andere, die sich eher nur in ihrer Freizeit mit Bildern beschäftigen. Tatsächlich geht es aber wohl lediglich um die Unterscheidung von einer intensiveren oder weniger intensiven Beschäftigung mit Bildkommunikation, wie das Material zeigt.

Insgesamt wurden 28 Gruppen erhoben, mehr als 80 Bilder und entsprechend viele Gruppendiskussionen. Ein größerer Teil der Gruppen entschloss sich für explizite Werbebilder, nämlich 17 Gruppen. Die anderen wählten ein bestimmtes Foto aus Modestrecken, ein Portrait einer Person (z. B. aus einem Tattoo-Magazin) und ein Foto, das im Kontext von thematischen Beiträgen stand (z. B. ein Bild einer Demonstration). In die typologischen Überlegungen haben letztlich nur die Fälle Eingang gefunden, die sich für ein Werbebild entschieden.

6.2 Triangulation

In den beiden jeweils ausgewählten Fotos werden Sinnbildungsprozesse deutlich, wie sie sich im Medium des Bildes vollziehen, in den Gruppendiskussionen dagegen, wie sie sich im Medium der Sprache vollziehen (siehe Abbildung 6.1). Auf diese Weise lassen sich die ikonische und die sprachbasierte Bedeutungskonstitution bzw. Verständigung miteinander vergleichen. Fotos ebenso wie Gruppendiskussionen und die teilnehmende Beobachtung, die in Form von Beobachtungsprotokollen festgehalten wurde, erlauben Einblicke in die je spezifischen Bildpraxen, womit die drei Erhebungsformen in diesem Aspekt einander wechselseitig validieren konnten.

Gruppendiskussionen auf der Basis von Bildern sind als methodische Vorgehensweise schon gut ausgearbeitet (siehe Michel 2003, 2006 und 2010), wurden aber noch kaum systematisch in Verbindung mit Bildinterpretation angewandt. Wie in den Arbeiten von Michel wird dem Bild- und Medienhandeln das Konzept des Habitus zugrunde gelegt und es wird in diesem Sinne als theorie- und begrifflose Praxis konzipiert. Das heißt, Bilder und Gruppendiskussionen dienen gleichermaßen der Rekonstruktion des praktischen Erkennens im Sinne der Explikation eines Modus Operandi.

In den Diskussionen haben wir es mit einer Verschränkung von vier Interaktionsebenen zu tun: der Interaktion der Untersuchten untereinander, der Interaktion zwischen den Forschenden und den Untersuchten und zuletzt der Interaktion der Forschenden und der Interaktion der Gruppenmitglieder mit den jeweiligen

Bildern. Die letztgenannte Ebene hat nun aufgrund des Erhebungsdesigns folgende zwei Spielarten: Hinsichtlich der Diskussionen auf der Basis der selbst erstellten, privaten Fotos repräsentieren Diskussion und Bild dasselbe Milieu, denselben Habitus. Bezüglich der Diskussionen auf der Basis kommerzieller Bilder werden in den zwei Materialsorten zwei unterschiedliche Milieus repräsentiert. Dies erlaubt, die Frage nach dem Verhältnis von kommerziellen und habituellen Stilen sowohl auf der Ebene von Bildern als empirischem Datenmaterial als auch auf der Ebene von Texten herauszuarbeiten. Dies ermöglicht somit zum einen eine Validierung auf der Ebene einer Triangulation von Erhebungsmethoden und zum anderen herauszuarbeiten, was die bildlichen Daten im Unterschied zu den sprachlichen Ausgangsdaten für den Erkenntnisgewinn zu leisten vermögen.

Sowohl die Beobachtungsprotokolle als auch die Bilder und die Gruppendiskussionen eignen sich für die Interpretation und damit für die Auswertung mit der dokumentarischen Methode. Für das forschungsleitende Erkenntnisinteresse, die Spezifität von Bilddaten gegenüber sprachlichen Daten herauszuarbeiten, bietet die dokumentarische Methode einen großen Vorteil: Denn „die methodologischen Prinzipien der ‚Einklammerung' immanenter (oder ikonografischer) Wissensbestände, der Unterscheidung von formulierender und reflektierender Interpretation, der komparativen Analyse und der Typenbildung haben [...] für die Bildinterpretation ebenso wie für die Textinterpretation ihre Gültigkeit. Die dokumentarische Methode ermöglicht es somit, die Verfahren der Bildinterpretation mit denjenigen der Textinterpretation innerhalb eines übergreifenden methodologischen Rahmens zu koordinieren." (Bohnsack 2014a, S. 172f.; siehe auch Kapitel 4 und Przyborski/Wohlrab-Sahr 2014, S. 277 ff.)

6.3 Auswertung

Die Bilder und die Gruppendiskussionen wurden jeweils getrennt voneinander mit der dokumentarischen Methode ausgewertet. Erst in einem nächsten Schritt wurden die Ergebnisse der jeweiligen Interpretationen aufeinander bezogen. In vier ausführlichen Falldarstellungen wird diese Vorgehensweise forschungspraktisch nachvollziehbar dargestellt (siehe Kapitel 7–10). Die Ergebnisse des systematischen Vergleichs von Bild- und Sprachdaten in Form einer Typologie finden sich in Kapitel 11. Die komparative Analyse erfolgt aufbauend innerhalb der Felddarstellung und wird hier auch methodologisch reflektiert. Dasselbe gilt für die komparative Analyse auf der Ebene von Männlichkeit und Weiblichkeit im Spannungsfeld von Habitus und werblich genutzten Rollenerwartungen. In den Kapiteln 11.1 und 11.2 werden die beiden Typologien vor dem Hintergrund der theoretischen Überlegungen aus dem ersten Abschnitt diskutiert. Hier werden die wichtigsten methodisch-methodologischen Überlegungen, die zu den Typologien geführt haben, zusammengefasst.

6.3.1 Zur Interpretation der Gruppendiskussionen

Der methodologische Zugang der dokumentarischen Methode zu Gruppendiskussionen wurde im Zuge der Erläuterung ihres Begriffs von Verstehen und Erkennen ausführlich in Kapitel 4.1 dargestellt. Die einzelnen Schritte der Auswertung von Gruppendiskussionen sind vielfach in der Literatur beschrieben (u. a. in Bohnsack 1989 und 2014a, Przyborski 2004 sowie Bohnsack/Przyborski/Schäffer 2010). Die Spezifika der Auswertung von Gruppendiskussionen auf der Grundlage von Bildern finden sich in den Arbeiten von Michel (u. a. 2006 und 2007). Die Darstellung der konkreten Analyseschritte bei der Auswertung von Gruppendiskussionen finden Interessierte in der angeführten Literatur. Die Falldarstellungen sind allerdings auch völlig ohne Kenntnisse der Analyseschritte nachvollziehbar.

6.3.2 Zur Interpretation der Bilder

Die dokumentarische Auswertung von Bildern wurde noch nicht so häufig beschrieben und findet sich vergleichsweise seltener. Sie wurde in einigen Facetten, z. B. in der Bezugnahme auf das Verhältnis von Schärfe und Unschärfe, durch die vorliegende Arbeit auch weiterentwickelt. Die Ideen zur Weiterentwicklung der dokumentarischen Interpretation sind im theoretischen Teil ausführlich behandelt. Da sie anhand des Materials, das in der Folge besprochen wird, erarbeitet wurden, finden sie sich auch dort im Einzelnen wieder. An dieser Stelle erscheint es aber sinnvoll, einen Überblick zu den einzelnen forschungspraktischen Schritten der Bildanalyse zu geben:[2]

Bilder werden, ebenso wie alle kulturellen Objektivationen (sprachliche Äußerungen, Gesten, technische Artefakte oder Gegenstände usw.), in der dokumentarischen Methode als Dokumente (kollektiver) Handlungspraxen bzw. Sinnstrukturen im Sinne selbstreferenzieller Systeme aufgefasst, die Zugang zu (implizitem) handlungsleitendem Wissen bieten. Dabei wird von einer grundlegenden Doppelstruktur des Wissens bzw. der alltäglichen Verständigung ausgegangen. An jedem Dokument, an jeder objektivierbaren Spur, also auch an Bildern, lassen sich daher prinzipiell zwei Sinnebenen herausarbeiten: die kommunikativ-generalisierte Sinnebene und die konjunktive, implizite Sinnebene (Dokumentsinn). Diese Unterscheidung stellt die methodologische Leitdifferenz dar, welche die Arbeitsschritte der Interpretation strukturiert (siehe Kapitel 4).

Das heißt, wie die Textinterpretation gliedert sich auch die Bildinterpretation in zwei Schritte: die *formulierende* Interpretation und die reflektierende Interpretation. Die formulierende Interpretation, die auf den immanenten Sinngehalt zielt, setzt sich aus der vorikonografischen und der ikonografischen Interpretation – ent-

---

[2] Die folgenden Ausführungen sind eine gekürzte und überarbeitete Fassung aus Przyborski/Wohlrab-Sahr 2014, S. 338 ff.

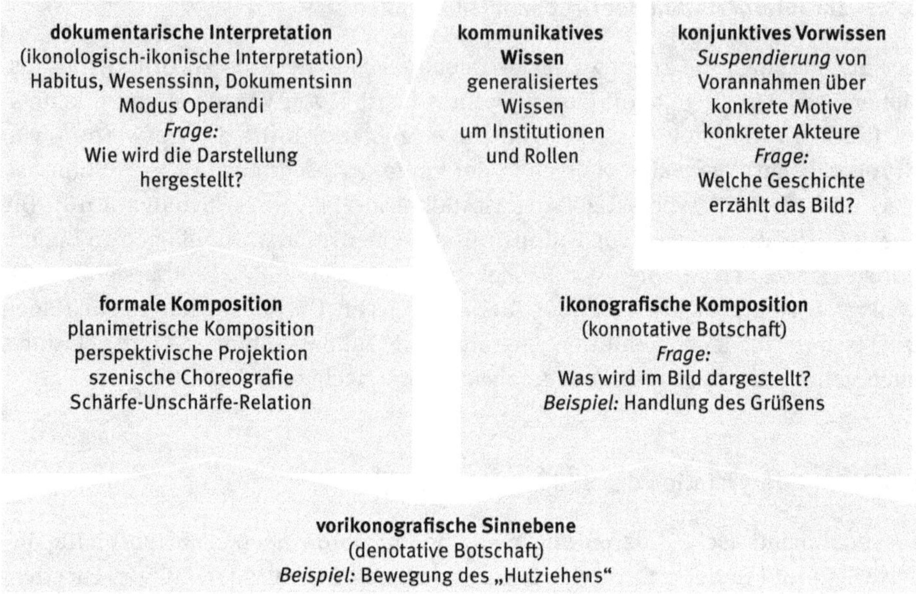

dokumentarische Interpretation
(ikonologisch-ikonische Interpretation)
Habitus, Wesenssinn, Dokumentsinn
Modus Operandi
Frage:
Wie wird die Darstellung
hergestellt?

kommunikatives Wissen
generalisiertes
Wissen
um Institutionen
und Rollen

konjunktives Vorwissen
Suspendierung von
Vorannahmen über
konkrete Motive
konkreter Akteure
Frage:
Welche Geschichte
erzählt das Bild?

formale Komposition
planimetrische Komposition
perspektivische Projektion
szenische Choreografie
Schärfe-Unschärfe-Relation

ikonografische Komposition
(konnotative Botschaft)
Frage:
Was wird im Bild dargestellt?
Beispiel: Handlung des Grüßens

vorikonografische Sinnebene
(denotative Botschaft)
Beispiel: Bewegung des „Hutziehens"

Abb. 6.2: Sinn- und Interpretationsebenen des Bildes (Bohnsack/Michel/Przyborski 2015b, S. 21; geringfügig angepasst).

lang des Modells von Panofsky (siehe Kapitel 1.2.1) – zusammen. Die *reflektierende* Interpretation, die auf die Rekonstruktion des Dokumentsinns zielt, beinhaltet die ikonische Interpretation, die wesentlich auf der Rekonstruktion der Formalstruktur des Bildes basiert, wie sie in den Kapiteln 1.2.2 und 2.2 beschrieben wurde, sowie die ikonologisch-ikonische Interpretation, in der das Ergebnis der gesamten Bildinterpretation als Dokumentsinn zusammengeführt wird.

Um Zugang zur Eigensinnigkeit des Bildes im Sinn der dokumentarischen Methode zu gewinnen, wird die Formalstruktur eines Bildes zunächst unter Suspendierung des ikonografischen Vorwissens rekonstruiert. Das heißt, der simultanen Gegebenheit der Totalitätsstruktur und Selbstreferenzialität des Bildes wird in der Interpretation unter anderem dadurch Rechnung getragen, dass die einzelnen Interpretationsschritte nicht in einer bestimmten chronologischen Reihenfolge (z. B. in der Abfolge, wie sie hier angeführt ist) vollzogen werden. Auch das Interpretieren innerhalb eines Schritts orientiert sich nicht an einer sequenziellen Logik. Die Übersicht in Abbildung 6.2 macht das deutlich: Diagrammatisch dargestellt sind es eher Interpretationsebenen ohne bestimmte Reihenfolge, die man allerdings im Dienst des Erkenntnisgewinns voneinander getrennt handhaben muss.

Zur konkreten Interpretationspraxis der einzelnen Schritte:

In der formulierenden Interpretation von Bildern wird das wiedererkennende Sehen (Imdahl 1996b, Kap. 5.6.4.b) rekonstruiert. Dabei wird festgehalten, was auf

einem Bild abgebildet ist, ‚was auf dem Bild drauf ist'. Dieser Interpretationsschritt gliedert sich in
(1) die vorikonografische Analyse und
(2) die ikonografische Analyse.
Sie folgen weitgehend dem Entwurf Panofskys (siehe Kapitel 1.2.1).

Ad (1). Wie aus der Bezeichnung ableitbar, wird bei der **vorikonografischen Interpretation** alles, was man *über* ein Bild und einen Bildgegenstand weiß, das narrative Wissen, ebenso wie seine sozial-kulturelle Einordnung eingeklammert. Dagegen geht es um die Frage: Was ist aus der gegenständlichen Welt auf dem Bild wiederzuerkennen? Ein Mann wird z. B. als Mann beschrieben – egal, ob man ihn als Präsidenten der Vereinigten Staaten erkennt, als Papst, den eigenen Vater oder jede andere Person des öffentlichen oder privaten Lebens. Ein Palast wird zunächst als großes, prunkvolles Gebäude beschrieben, auch wenn es sich dabei um das Taj Mahal handelt, das eigentlich ein Mausoleum ist. Linguistisch formuliert kann man sagen, dass hier die denotative Bedeutung festgehalten wird. Wenn es möglich ist, beginnt die Beschreibung beim Bildvordergrund und geht über den Bildmittelgrund zum Bildhintergrund. Wichtiger erscheint allerdings, dass andere dem Prinzip, mit dem das Bild beschrieben wird, leicht folgen können.

Die Interpretation nutzt das Wiedererkennen der gegenständlichen Welt im alltäglichen Lebensvollzug. Um sich diese Ebene zu vergegenwärtigen, mag es helfen, sich vorzustellen, was alle sehen können, egal, mit welchem sozialen oder kulturellen Hintergrund sie an ein Bild herangehen. Es geht also um Typisierungen, die einen hohen Grad der Kollektivierung aufweisen (Michel 2006, S. 178). Ein unvertrauter Darstellungscode – die Art und Weise, wie z. B. ein Haus dargestellt wird – kann auf dieser Ebene zu Problemen führen. Dieses Problem aufzudecken und so zu einer intersubjektiven Überprüfbarkeit der Interpretation zu kommen, ist ein Ziel dieses Interpretationsschritts.

Die größte Herausforderung bei diesem Schritt liegt darin, eine detaillierte Beschreibung der Darstellung anzufertigen. Das ist in der Regel sehr aufwendig: Je detaillierter die Beschreibung ist, desto weniger Interpretationen der anderen Ebenen enthält sie, aber desto umfangreicher gerät sie. Im empirischen Material lässt sich das z. B. an den Beschreibungen von Körperhaltung nachvollziehen (siehe Kapitel 7–10). Eine weitere Herausforderung besteht darin, dass gerade bei Mimik und Gestik eine wissenschaftliche Beschreibungssprache noch wenig ausdifferenziert scheint.

Die vorikonografische Interpretation hat folgende Funktionen:
– Der erste Schritt des Sinnverstehens auf der Ebene des Wiedererkennens wird intersubjektiv überprüfbar gemacht.
– Sie zwingt den Interpreten in eine gleichsam mikroskopische Betrachtung des Bildes und hilft so, einer – vorschnellen – Einordnung und Klassifizierung des Gesehenen vorzubeugen.

– Sie ermöglicht einen Zugang zum Verhältnis von Phänomengestalt und konventionalisierter Bedeutung, von Phänomensinn und Bedeutungssinn. Für Darstellungen vom letzten Abendmahl (Bedeutungssinn) heißt das beispielsweise, darauf zu achten, ob und wie die Männer mit einer Mimik ausgestattet sind, oder wie sich Jesus von den Jüngern auf der Ebene konkret sichtbarer Merkmale unterscheidet.

Ad (2). Die **ikonografische Interpretation** richtet sich auf den bisher ausgeklammerten Teil des kommunikativ-generalisierten Wissens, und zwar auf das narrative, anekdotische, thematische und allegorische Wissen. Dieses in der Regel kanonisierte Wissen um Geschichten, Ereignisse und insbesondere um gesellschaftliche Institutionen und Rollenbeziehungen ermöglicht es, die einzelnen wiedererkannten Bildelemente, wie sie in der vorikonografischen Interpretation rekonstruiert wurden, als Sinnganzes oder mehrere zusammengefasste Sinneinheiten zu beschreiben.

Die Frage, die man auf dieser Ebene zu beantworten sucht, lautet: Welche (soziale) Szene bzw. Szenen lässt/lassen sich auf dem Bild ausmachen? Können bestimmte Ereignisse aus der Geschichte, dem öffentlichen Leben, der Überlieferung von Geschichten, Mythen und Allegorien identifiziert werden?

Der Präsident der Vereinigten Staaten wird nun als solcher bezeichnet; das prunkvolle Gebäude als Taj Mahal; Mann, Frau und Kind als Familie; ein Skelett mit einer Sense in der Hand als Tod; das Ziehen eines Hutes als Gruß. Vorsicht ist bei der Unterstellung von Motiven geboten: Motivunterstellungen, d. h. Unterstellungen von Um-zu-Motiven, sind nur dort möglich, wo diese institutionalisiert sind, also zum allgemeinen kulturellen Wissensbestand gehören. Ob ein Mann den Hut zieht – ein klassisches Beispiel von Panofsky (2002 [1955], S. 38) –, um zu grüßen, können wir nicht beobachten, sondern nur unterstellen (dazu: Bohnsack 2009, Kap. 3.2 und 3.3). Das Abnehmen des Hutes als ‚Gruß' z. B. geht zurück bis in das frühe 13. Jahrhundert und gehört somit zu allgemeinen kulturellen Wissensbeständen. Wir können dies semiotisch ausgedrückt auch als Entschlüsseln der konnotativen Bedeutung bezeichnen.

Quelle des Wissens ist hier der explizite Bestand einer Kultur (der Interpretierenden/Standortgebundenheit). Um sich diese Ebene des Sinns zu vergegenwärtigen, mag die Frage helfen: Wie würde man jemandem, der das Bild nicht sieht und aus einem ähnlichen kulturellen Zusammenhang kommt, möglichst schnell und umfassend sagen, was das Bild zeigt?

Die Beschreibung dieser Sinnebene fällt in der Regel kürzer aus, weil mehrere Bildelemente zusammengefasst werden. Bisweilen gibt es allerdings eine große Fülle an Überlieferungen und lexikalischem Wissen, die sich mit bestimmten Personen, Gegenständen, Szenen oder auch abstrakten Darstellungsformen verbinden. So zeigt eine Louis-Vuitton-Uhrenwerbung z. B. einen Mann mit einer Hasselblad in der Hand (Przyborski/Slunecko 2012), einer ganz besonderen Kamera aus den 1940er-Jahren, über die sich eine schier endlose Fülle von lexikalischem Wissen zusammentragen lässt. Die Frage, wie weit die Interpretation hier gehen soll, lässt sich letztlich nur auf Grundlage des Erkenntnisinteresses beantworten.

Die ikonografische Interpretation hat folgende Funktionen:
- Auch diese Ebene des wiedererkennenden Sehens wird einer intersubjektiven Überprüfbarkeit zugänglich gemacht.
- Das Bild wird in die Typen- und Stilgeschichte sowie in Genres eingeordnet.
- Es werden soziale Rollen und Szenen rekonstruiert.

Die reflektierende Interpretation von Bildern besteht
(1) aus der ikonischen Interpretation und
(2) aus der ikonologisch-ikonischen Interpretation.

In der ikonischen Interpretation wird der Zugang zum sehenden Sehen (siehe Kapitel 2.2) gesucht, indem die Formalstruktur des Bildes aufgeschlüsselt wird. In der ikonologisch-ikonischen Interpretation geht es um die Vermittlung von sehendem und wiedererkennendem Sehen. Hier lässt sich der ikonische Mehrwert ausmachen (Imdahl 1994 und Kapitel 2.2), also jener Überschuss an Sinn, den nur Bilder zu vermitteln vermögen und der auf einer nichtsprachlichen, impliziten Ebene liegt. Rekonstruiert wird damit das habituelle, implizite Wissen, der Dokumentsinn des Bildes.

Ad (1). In die **ikonische Interpretation** wurden in der vorliegenden Arbeit vier Aspekte einbezogen:
a) die planimetrische Komposition,
b) die perspektivische Projektion,
c) die szenische Choreografie (Imdahl 1994, Bohnsack 2009) und
d) das Verhältnis von Schärfe und Unschärfe bzw. von Bestimmtheit und Unbestimmtheit (Boehm 2007, Przyborski/Slunecko 2012).

Ad (a). Es ist insbesondere die **planimetrische Komposition**, welche die Eigensinnigkeit eines Bildes vor Augen zu führen vermag. Sie ermöglicht es, den Zusammenhalt oder auch das Auseinanderfallen der „formalen Konstruktion eines Bildes in der Fläche" (Bohnsack 2009, S. 57) und damit einen wesentlichen Aspekt der Simultanstruktur eines Bildes (siehe Kapitel 1.2.2 und 2.2) zu rekonstruieren. Das Hilfsmittel der eingezeichneten Linien unterstützt den Interpreten dabei, die Strukturmerkmale eines Bildes jenseits des wiedererkennenden Sehens zu rekonstruieren. Ziel der Interpretation ist es, Aspekte der formalen Komposition mit möglichst sparsam eingesetzten Feldlinien (bzw. einem entsprechenden „Feldliniensystem", Imdahl 1996b, S. 447 ff.) sichtbar zu machen.

Um den Einfluss des wiedererkennenden Sehens möglichst gering zu halten, ist es sinnvoll, die Interpretation mit der Planimetrie zu beginnen. Denn der „planimetrischen Kompositionsvariation kommt [...] für die ikonische Interpretation die entscheidende Bedeutung zu". Ihre „Rekonstruktion [...] sollte somit im Zuge der Bildinterpretation den ersten Schritt darstellen und unabhängig von der Ikonographie geleistet werden." (Bohnsack 2009, S. 40) Im Zuge der empirischen Arbeit hat es sich auch als besonders produktiv erwiesen, sie *vor* die ikonografische Interpretation zu setzen. Die Einklammerung des wiedererkennenden Sehens lässt sich auch bewerkstelligen, indem das Bild einfach auf den Kopf gestellt wird und das Zusammenspiel von Formen, Linien, Flächen, Kontrasten usw. als abstraktes Ganzes vor Augen geführt wird.

Es hilft *nicht* recht weiter, nach *der* richtigen Linie zu suchen. Methodologisch-theoretisch wurde dies ausführlich in den Kapiteln 2.2 und 2.3 argumentiert. Forschungspraktisch kann das insofern kontraproduktiv sein, als es das sehende Sehen verstellt. Sehendes Sehen erschöpft sich nicht in der Zuweisung von einfachen Wahrheitswerten (richtig/falsch), das Kriterium seines Gelingens ist vielmehr, ob es in der Lage ist, dem Bewusstsein etwas zu eröffnen. Dieses Eröffnen ist prinzipiell nie abgeschlossen (während ‚richtig' und ‚falsch' Endpunkte einer Auseinandersetzung darstellen), sondern kann sich mit jeder neuen sinnhaften Bezugnahme fortsetzen.

Nicht nur, wenn sich auf der Ebene der Feldlinie nichts zeigt, d. h., wenn die Komposition nicht durch *bildimmanente Linien* zusammengehalten wird, lohnt es sich, sich die *bildexmanenten Linien* anzusehen: Bildmittelsenkrechte und -waagrechte und den „Goldenen Schnitt"[3]. Manchmal kann sich dadurch eine Fokussierung, die sich auf der Ebene der Feldlinien zeigt, bestätigen lassen.

 Die Rekonstruktion der planimetrischen Komposition hat folgende Funktionen:
- Der Zusammenhalt oder auch das Auseinanderfallen der Komposition in der Fläche wird sichtbar.
- Fokussierungen und Schlüsselstellen eines Bildes sowie (Spannungs-)Verhältnisse, Positionierungen, Symmetrien werden sichtbar.

Ad (b). Die **perspektivische Projektion** erlaubt, die abgebildete Gegenständlichkeit in ihrer dargestellten Räumlichkeit einzuordnen. Sie ist damit zwar ein Wesensmerkmal des Bildes, aber stärker als die Planimetrie an der dargestellten Außenwelt orientiert. Auch die perspektivische Projektion wurde schon bei der Diskussion der Ikonik in ihrer Möglichkeit, Einblick in die ‚Weltanschauung' zu geben, behandelt (siehe Kapitel 1.2). Ziel der Interpretation ist es hier, einerseits zu rekonstruieren, mit welchem Typ der Perspektivität wir es zu tun haben, z. B. einer Achsenperspektive oder – wie meist in der Fotografie – einer Zentralperspektive.

---

[3] Der Goldene Schnitt ist ein „Teilungsverhältnis von Strecken, bei dem sich die ganze Strecke zur größeren Teilstrecke ebenso verhält wie die größere Teilstrecke zur kleineren" (Wahrig 2000). Als Kompositionsprinzip ist dieses Verhältnis seit der Antike bekannt (siehe auch Beutelspacher/Petri 1996).

Andererseits geht es, wenn wir bei der Fotointerpretation bleiben, um die konkrete Ausformung der Perspektivität. Besonders aufschlussreich ist in diesem Zusammenhang die Rekonstruktion der perspektivischen Gestaltungsleistung der abbildenden Bildproduzentinnen (siehe Kapitel 4.3.2): Welcher Aspekt, welche Person, welche Szene wird in Form des Fluchtpunktes quasi durch das Kameraauge fokussiert (Bohnsack 2009, S. 57)?

Rekonstruieren lässt sich der Fluchtpunkt, d. h. das Zentrum der Zentralperspektive, letztlich nur, wenn es im Bild rechtwinklige Gegenstände gibt, anhand derer Fluchtlinien eingezeichnet werden können. Es ist mithin wichtig, sich mit den Spielarten der Perspektivität vertraut zu machen. Wenn man mit Fotografien arbeitet, geht es hauptsächlich um die verschiedenen Spielarten der Zentralperspektive, wenn man mit Zeichnungen, z. B. Kinderzeichnungen (Wopfner 2012), oder Gemälden arbeitet, um die verschiedenen Formen der Perspektivität.

Die Rekonstruktion der perspektivischen Projektion hat folgende Funktionen:
- Sie ermöglicht es, die Art der Weltanschauung, mit der wir es zu tun haben, zu explizieren.
- Sie zeigt, wie der abbildende Bildproduzent auf Personen und Gegenstände blickt.
- Fokussierungen, die sich durch den Fluchtpunkt bzw. die Fluchtpunkte ergeben, werden deutlich.
- Sie ermöglicht eine Rekonstruktion der Relation von abbildenden und abgebildeten Bildproduzierenden.

Ad (c). Mit der **szenischen Choreografie** hat Imdahl das Verhältnis der abgebildeten Bildproduzenten (siehe Kapitel 1.2.2) bzw. Personen zueinander im Blick. Für die dokumentarische Interpretation lässt sich diese Idee um das Verhältnis von Personen und Gegenständen, wie es sich im Bild zeigt, erweitern. Wie ist z. B. eine Gruppe von Freunden angeordnet, wie eine Familie? Bilden sie Dreiecks- oder Viereckskonstellationen? Solche auf die Fläche bezogene Metaphoriken verwendet man durchaus auch im Alltag, um Beziehungen zu charakterisieren. Im Vergleich zu Planimetrie und Perspektive ist der Formalisierungs- und Abstraktionsgrad deutlich geringer (Bohnsack 2009, S. 39).

Ziel der Interpretation ist es, die Ausgewogenheit, Symmetrie oder auch das Spannungsverhältnis, die Konstellationen als Verhältnisse von oben und unten, nah und fern, zusammengehörig oder abgegrenzt, von Personen und Personengruppen bzw. von Personen und Gegenständen im Bild sichtbar zu machen. Hier wird häufig – dem Beispiel Imdahls folgend (siehe Kapitel 1.2.2) – experimentell gearbeitet, indem die einzelnen Bildelemente verschoben oder weggelassen werden und die Anmutung des manipulierten Bildes jener des Originals gegenübergestellt wird. Eine andere Variante ist es, auch diesen Interpretationsschritt mit dem Einsatz von Linien zu unterstützen. Manchmal fällt die szenische Choreografie auch mit der planimetrischen Komposition zusammen, d. h., die Linien machen beide Aspekte sichtbar, was für eine stringente Komposition spricht, die ihren Fokus auf dem dargestellten Beziehungsmuster hat.

Die Rekonstruktion der szenischen Choreografie hat folgende Funktion:
- Beziehungsmuster zwischen einzelnen Personen, differenzierbaren Gruppen, Personen und Gruppen, Personen und Gegenständen sowie Gruppen und Gegenständen werden sichtbar gemacht.

Ad (d). Mit dem **Verhältnis von Schärfe und Unschärfe** ist zugleich das Verhältnis von Bestimmtheit und Unbestimmtheit im Bild angesprochen. Die Unbestimmtheit der einzelnen Pinselstriche führt dazu, dass sie tendenziell referenzlos bleiben und wir gezwungen sind, die Konstellation als Ganzes zu realisieren (Przyborski/Slunecko 2012). Letztlich sind unzählbar viele Möglichkeiten vorhanden, die in ihrer Gesamtheit aber immer zu dem jeweilig Dargestellten führen. Der Effekt dieser Unschärfe ist interessant: Er entledigt die Erscheinungen ihres Objektcharakters und offenbart sie in ihrer Atmosphäre bzw. Stimmung. Im klaren Kontrast dazu stehen z. B. Schemazeichnungen (z. B. in Naturführern vor dem Einzug der Fotografie in diese Publikationsform). In ihnen finden sich beispielsweise Darstellungen einer bestimmten Gewächsart mit all ihren typischen Merkmalen. Jeder Punkt, jede Linie, jede Farbfläche ist exakt dem jeweiligen Aspekt der Pflanze oder des Pilzes zuordenbar. Sie erscheinen als Objekte, letztlich völlig ohne Stimmung.

Für die Interpretation heißt das: Die schärferen Teile eines Bildes haben stärkeren Objektcharakter, die unscharfen dagegen stimmen ein Bild. Oft ist es der Hintergrund, der etwas unscharf ist. Es macht einen großen Unterschied in der Stimmung, welche Wetterlage sich z. B. in dem unscharfen Hintergrund erahnen lässt. Man vergegenwärtigt sich also, in welchen Aspekten ein Bild scharf oder unscharf ist bzw. ob es insgesamt eher scharf oder unbestimmt ist. Die Gesamtstimmung bzw. Atmosphäre eines Bildes ergibt sich aus dem Zusammenspiel von ‚Was' und ‚Wie', d. h., das Verhältnis bzw. Ausmaß von Schärfe und Unschärfe ist keinesfalls allein dafür verantwortlich. Auch eröffnen experimentelle Veränderungen manchmal interessante Aspekte. Vielfach ist es auch aufschlussreich, die ganz scharfen und die ganz unscharfen Aspekte nebeneinanderzuhalten, denn so sieht man oft erst, wie stark sich die Bildteile in dieser Hinsicht unterscheiden (Przyborski/Slunecko 2013).

 Die Rekonstruktion des Verhältnisses von Schärfe und Unschärfe hat folgende Funktion:
- Der Objekt- oder der Stimmungscharakter bzw. ihr Verhältnis kann herausgearbeitet werden.

Ad (2). Die **ikonologisch-ikonische Interpretation** (Bohnsack 2001c und 2009) zielt nun auf den Dokumentsinn, auf den Habitus, der sich im Bild zeigt. Gewonnen wird dieser spezifische Bildsinn, indem der Mehrwert an Sinn, der durch die Überlagerung des ‚Was' und des ‚Wie' der Darstellung zum Ausdruck kommt, erfasst wird. Dieser Mehrwert, der uns direkt, ohne Sprache, erreicht oder erreichen kann, wird explizit gemacht. Durch die Interpretation wird das Bild – mit Imdahl (1996b, S. 432) ausgedrückt – „zugänglich als ein Phänomen, in welchem gegenständliches, wiedererkennendes Sehen und formales, sehendes Sehen sich ineinander vermitteln zur Anschauung einer höheren, die praktische Seherfahrung prinzipiell überbietenden Ordnung und Sinnkomplexität".

Sinnkonstitution vollzieht sich also nicht im Benennen, sondern im intuitiven bzw. atheoretischen Erkennen von formalen Strukturen und ihrer Verschmelzung mit dem, was wir wiedererkennen und in der Regel auch bezeichnen können. Es ist die Aufgabe des letzten Schritts, diese Ebene des Sinns zu explizieren.

Die Rekonstruktion der ikonologisch-ikonischen Sinnebene hat folgende Funktion:
- Die einzelnen Ebenen der Interpretation werden zu einer Gesamtinterpretation des Dokumentsinns zusammengeführt.

---

7 Reflektierte Männlichkeit: Pulp Fiction

Die Gruppe „Schaum" besteht aus zwei jungen Männern. Armin ist 24 Jahre alt und Ben 27. Beide arbeiten in einem Unternehmen der Unterhaltungsindustrie in Süddeutschland und haben einander dort kennengelernt. Die beiden sind seit mehreren Jahren befreundet, gehen gern miteinander aus, z. B. in Lokale und ins Kino.

Sie empfangen die Feldforscherinnen in der Wohnung von Bens Großmutter, wo er zum Zeitpunkt der Erhebung wohnt, um auf ihren Hund aufzupassen, während sie auf Urlaub ist. Bekleidet sind die beiden mit Jeans, die kaum etwas von den Köperformen preisgeben, und ebenso locker sitzenden T-Shirts. Die beiden Feldforscherinnen und die jungen Männer nehmen auf der Couch und den Sesseln im Wohnzimmer Platz. Das mitgebrachte Bier und die Knabbereien kommen gut an. Nach einer kurzen Phase des Smalltalks und nachdem das Aufnahmegerät aufgebaut ist, zeigt die Gruppe, die im Laufe der Untersuchung „Schaum" benannt wurde, den Feldforscherinnen das Bild, das sie ausgewählt haben, auf dem großen Fernsehscreen neben der Sitzecke. Es handelt sich um ein Werbeposter des Films „Pulp Fiction" aus dem Jahr 1994 von und mit dem Regisseur Quentin Tarantino. Sowohl der Film als auch das Bild sind mittlerweile sehr bekannt, haben Kultcharakter[1] erlangt.

---

[1] Pulp Fiction ist auf der ‚All-Time-100-Movies-Liste' des amerikanischen TIME Magazins angeführt. Im TIME Magazin online ist zu lesen: „The (approximately) 46th, and most recent, film noir on this list, Tarantino's multipart murder comedy is (unquestionably) the most influential American movie of the 90s. [...] The film still has the impact of an adrenalin shot to the heart." (Corliss 2010). Der Kultfilm der 1990er-Jahre gilt als erfolgreichster Independent-Film seiner Zeit: Weltweit spielte er über 214 Millionen Dollar ein. „Pulp Fiction" wurde für sieben Oscars nominiert, er gewann in der Kategorie „Bestes Originaldrehbuch" und wurde mit der Goldenen Palme in Cannes ausgezeichnet (Petersen 2016).

Anmerkung: Die Falldarstellungen sind verhältnismäßig ausführlich, mit dem Ziel, möglichst viele Facetten des Falles im Sinne des Erkenntnisinteresses auszuloten und Reproduktionsgesetzlichkeiten auf den unterschiedlichen Ebenen des Materials nachzuweisen. Das mag evtl. zum Eindruck der Redundanz führen. Diese zeigen allerdings Reliabilität und Validität der Analyse und stehen somit in ihrem Dienst (Przyborski/Wohlrab-Sahr 2014, S. 21 ff.).

7.1 Das kommerzielle Bild: „Pulp Fiction" – das Poster

Abb. 7.1: Werbeplakat „Pulp Fiction".

Auf der *vorikonografischen Ebene* (siehe Kapitel 6.3.2) zeigt das Bild zwei stehende Männer in Anzügen mit Schusswaffen in der rechten Hand in nahezu identischer Körperhaltung: Der gestreckte rechte Arm sowie der Blick ist jeweils nach links ausgerichtet, der Kopf entsprechend etwas nach links gedreht. Der linke Arm hängt neben dem Körper. Die Oberkörper sind nahezu frontal zum Betrachter gerichtet. Die Haltung ist aufrecht. Die Beine sind etwa bis zum halben Oberschenkel zu sehen. Der Raum, in dem sich die beiden Männer befinden, ist mit einem hellen Fenster oder einer hellen Tür und einer Couch oder einem Bett mit zerwühltem Laken ausgestattet.

Haartracht und Bart unterscheiden sich allerdings: Der Mann links trägt lange Haare und ist glattrasiert. Der Mann rechts trägt Bart und die Haare kürzer. Die Gesichter zeigen unterschiedliche Hautfarben, schwarz und weiß. Auch in der Mimik zeigen sich Differenzen: Der linke Mann blickt entschlossen und stumpf, der rechte dagegen indifferent, distanziert, entspannt, ein wenig unernst. Die Mimik des linken Mannes tritt im Kontrast zu jener des rechten umso deutlicher hervor. Der stumpf entschlossene Blick des linken Mannes passt zu seiner sonstigen Körperhaltung in Kombination mit der Schusswaffe. Die Mimik des rechten Mannes

Abb. 7.2: Gene Kelly und Fred Astaire in „That's Entertainment!" (1974).²

passt nicht so gut zu der Körperhaltung und dem Agieren mit der Schusswaffe wie die des linken. Es handelt sich also nicht um eine einfache Verdoppelung oder vollständige wechselweise Imitation der beiden. Am Gesichtsausdruck lässt sich vielmehr eine nicht vollständig ‚gelungene' *Imitation* des rechten Mannes durch den linken festmachen.

Der Ernst der Szene wird damit insgesamt gebrochen und in eine subtile Komik gewendet: Der rechte Mann erscheint wie ein spielender Junge, der einen Pistolenhelden unzulänglich imitiert. Der kleine Bruch in der Physiognomie des rechten Mannes, der an sich eine leichte Ironie enthält, bricht auch den Ernst der gesamten Szene. Zudem sind zwar zwei Schützen in einer Szene vorstellbar, die gut aufeinander abgestimmt sind und sich entsprechend harmonisch bewegen – wie *ein* Körper. Die völlige Übereinstimmung von Körperhaltung und Kleidung erinnert aber eher an Synchronschwimmer oder Tänzerinnen als an eine u. U. lebensbedrohende Szene, in der zwei gut aufeinander abgestimmte Schützen agieren.

Der Unterschied von Verdoppelung und Imitation lässt sich mit einem Bild von Fred Astaire und Gene Kelly veranschaulichen: Es stellt eine Verdoppelung einer spielerischen Pose und nicht die spielerische Imitation einer ernsten Pose und damit einen Bruch der ernsten Pose dar. Der spielerische Charakter, der ohnehin in der Tanzpose angelegt ist, wird hier lediglich gesteigert (siehe Abbildung 7.2).

---

2 Foto: Silver Screen Collection/Archive Photos/Getty Images: http://www.gettyimages.com/detail/news-photo/actors-fred-astaire-and-gene-kelly-co-host-the-mgm-musical-news-photo/105230847 (letzter Aufruf: 13.10.2015).

Dieses spielerische Element fehlt in Abbildung 7.3 z. B. völlig:

Abb. 7.3: Jason Statham aus „Killer Elite" (2011).[3]

Würden wir dem abgebildeten Mann einen zweiten Schützen in exakt demselben Outfit und einem entspannten Gesicht an die Seite stellen, dann würde wohl auch dieses sehr ernsthafte Bild spielerischer anmuten. Auf der vorikonografischen Ebene, die einen Zugang zum korporierten Wissen auch auf der Ebene des Zeuggebrauchs und der Geste erlaubt (siehe Kapitel 4.2.1), zeigt sich ein selbstverständlicher Umgang mit einem Gerät im Dienst von Gewalt, Verletzung und Tötung, imitiert, ironisch gebrochen und damit auch dekontextualisiert. Die Geste der Bedrohung wird durch ihre Brechung, ihre Reflexion dekontextualisiert und damit zur *Pose* (Bohnsack/Przyborski 2015, S. 227 f. und Kapitel 11.1).

Zwei Männer mit gezogenen Waffen in Anzüge gekleidet, im Prinzip zweimal dasselbe Model, dunkel und kastenförmig, dazu weiße Hemden und dunkle Krawatten, d. h. in Arbeitskleidung, die in ihrer Mimik keinen Funken von Angst und kaum Aggression (evtl. ein wenig beim linken Schützen) zeigen, können eigentlich nur Personen sein, die es gewohnt sind, mit Schusswaffen zu hantieren. Zwei Berufsgruppen kommen dafür infrage: Kriminalpolizisten und Berufsverbrecher. Die *Ikonografie* lässt hier kaum Zweifel, vielmehr ist das Plakat plakativ, schablonenhaft: Es zeigt die Berufsgruppen in genau jener Kleidung, die ihrer Funktion idealtypisch entspricht: Im Anzug geht man gleichermaßen in der Menge unter, wie man zugleich Autorität zeigt. Es gibt in den westlichen Industriestaaten keine Art der Bekleidung, die – gleich einer Berufsuniform – weniger auffällig und für nahezu alle Hierarchiestufen passend ist. Couch bzw. Bett und Decke verweisen auf einen privaten, intimen Raum, in welchem sich die Männer befinden.

Bei den Pistolen handelt es sich nicht etwa um leise Mordinstrumente, die es möglich machen, im Verborgenen zu handeln. Sie sind ganz im Gegenteil eher Kriegsgeräte, die viel Lärm machen und durch die Wucht ihrer Detonation Perso-

---

3 (letzter Aufruf: 13.10.2015).

nen und Gegenstände durch die Luft werfen, also über Tötung und Verletzung hinaus destruktiv sind und jedenfalls beträchtliches Chaos hinterlassen, sobald mit ihnen einmal gefeuert wurde. Dies lässt sich auch an der beachtlichen Größe der abgebildeten Pistolen festmachen.[4] Das Ziel, auf welches die Pistolen gerichtet sind, liegt außerhalb des Bildes. Wir wissen nicht, ob die Männer schon geschossen haben, gerade schießen oder schießen werden. Die Schusswaffe ist wohl das Gerät, das am besten für männliche Potenz stehen kann. Sie erhöht die Kampfkraft um ein Vielfaches. Sie dient allerdings nicht dazu, Leben zu zeugen, sondern es zu zerstören, beim klassischen – männlichen – Helden immer im Dienst der Rettung seiner Familie, seiner Nation oder der ganzen Welt. Bei seinem Gegenspieler zur Vernichtung des Guten und Schützenswerten. Ins Bild gesetzt ist hier das korporierte Wissen im Umgang mit einem Instrument der Gewalt, das Bedienen einer Waffe, als Element von Männlichkeit.

Der dunkle Anzug unterstreicht die stereotyp männliche Erscheinung: Er wurde im beginnenden 19. Jahrhundert die offizielle Kleidung des etablierten Mannes schlechthin. Als Ausdruck bürgerlicher Ethik im Sinne von Nüchternheit, Strenge und ungeschminkter Wahrheit stand er im Kontrast zur Kleiderordnung der Aristokratie, die als Ausdruck kosmischer Ordnung und Herrschaft verstanden werden kann. Der Anzug ist seither quasi zur *zweiten Natur des Mannes* geworden, die seine erste überdeckt.

So wie er uns auf dem Bild entgegentritt – kastenförmig geschnitten, aus mattem, dunklen Stoff –, entsinnlicht er, indem sein Schnitt die Besonderheiten des Körpers verdeckt, und kollektiviert auf diese Weise als die ‚Uni-Form' des Mannes. Der Anzug steht also für *den* Mann schlechthin, mit weißem Hemd und dunkler Krawatte getragen bleibt allein das Gesicht als Merkmal der Individualität, eine schmucklose, entsexualisierte, kollektivierte Männlichkeit, in dieser reinen Form erstarrt zu einem Schema von Männlichkeit. Repräsentiert wird also eine hochpotente, aber zugleich entkörperlichte, entsinnlichte, gesellschaftlich eingebundene, institutionalisierte und kollektivierte Männlichkeit (Vinken 2013).

Die hohe formale Stringenz des Bildes springt förmlich ins Auge. Ihre Analyse, vorrangig auf der *ikonischen Ebene*, liefert zentrale Anhaltspunkte. Die Pistolenläufe (besonders der linke, der sich markant vom schwarzen Hintergrund abhebt) bieten einen Ansatz für die Entschlüsselung der bildimmanenten planimetrischen Komposition (siehe Abbildung 7.4).

Der linke Pistolenlauf lässt sich mit der Schulter und dem Mund des Schützen sowie mit den Augen des zweiten Schützen verbinden. Die Waffe und die Sinnesorgane, Mund und Auge, liegen auf einer Linie. Die Waffe zeigt sich als „extension of men", wird zur Fortsetzung des Körpers. Es zeigt sich ein „Hybrid-Akteur" im Sinne Latours (1998, S. 35) als Zusammensetzung des „Handlungsprogramms" von Mensch und Waffe. Interessant dabei ist, dass nicht nur Waffe und Mensch in ihrer

---

[4] Wahrscheinlich handelt es sich um ein Star Model B 9 mm Luger.

Abb. 7.4: Werbeplakat „Pulp Fiction"; planimetrische Komposition – Pistolenlauf.

Abb. 7.5: Werbeplakat „Pulp Fiction"; planimetrische Komposition – 3×3-Feldschema.

Verschmelzung sichtbar werden, sondern die Akteure dabei auch verschmolzen sind. Der Blick des rechten Mannes geht über den Lauf der Waffe des linken Mannes in Richtung des Ziels. So erscheinen sie gemeinsam als ein Schuss-Akteur. Es dokumentiert sich eine Komplementarität der Männer, die über eine Zusammengehörigkeit in einer Dyade hinausweist. Das korporierte Wissen um den spezifischen Zeuggebrauch wird dadurch unterstrichen.

Auch die Linie entlang des zweiten Pistolenlaufs setzt sich in weiteren Bildelementen fort, und zwar entlang des Unterarms des linken Mannes, wiederum entlang der Schulter des Schützen und zudem entlang seines Kinns bzw. Kiefers und Hemdkragens.

Die drei nahezu senkrechten Linien entlang der Tür bzw. entlang der Sakkokanten und die beiden horizontalen Linien entlang der Schultern und der Hosenbünde machen auf die Ausgewogenheit der Komposition aufmerksam: Das Bild weist ein 3×3-Feldschema auf (siehe Abbildung 7.5). In der Grafik wird dieses Schema zur gefälligen Aufteilung eines Blattes genutzt (vgl. z. B. Reynolds 2008, S. 151 ff.; Ambrose/Harris 2008, S. 49 ff.). Im oberen Drittel befinden sich die Köpfe, im mittleren die Oberkörper mit den Armen und Waffen, im unteren die Unterkörper.

Wenn man nur die vertikale Drittelung des Bildes betrachtet, die sich durch die extremen Hell-Dunkel-Kontraste ergibt, zeigen sich weitere durchkomponierte

Doppelungen. Vom ersten zum zweiten und vom zweiten zum dritten Abschnitt treten jeweils große Ähnlichkeiten der Flächengestaltung auf.

Im ersten Abschnitt ist eine Hand mit einer Pistole dargestellt, die sich fast weiß von einem komplett schwarzen Hintergrund abheben. Im zweiten Abschnitt findet sich ihre Doppelung. Hier zeigt sich dieselbe Form, eine Hand mit einer Pistole, allerdings in Schwarz-Weiß-Kontrasten vor einem ebenfalls schwarz-weißen Hintergrund. Damit sind sie nicht so deutlich erkennbar wie die Pistole ganz links, was den Effekt einer schwächeren Doppelung, also einer *Reflexion*, erzeugt. Wie schon auf der vorikonografischen Ebene kann auch hier das Prinzip der Brechung herausgearbeitet werden.

Dasselbe Verhältnis haben der zweite und der dritte Abschnitt zueinander. Vor der hellen Tür hebt sich die Gestalt mit dunklem Anzug und dunklem Haar deutlich ab, ebenso wie das helle Gesicht, das von dem dunklen Haar gerahmt wird. Auch der Gesichtsausdruck zeichnet sich hier scharf ab. Der dritte Abschnitt weist wiederum ganz ähnliche Formen auf wie der zweite. Nur hebt sich die dunkle Gestalt vor dem dunklen Hintergrund weniger gut ab als die dunkle Gestalt vor der hellen Tür. Auch der Gesichtsausdruck ist nicht mit derselben Klarheit zu erkennen. Der dritte Abschnitt verhält sich zum zweiten also wiederum wie eine Reflexion bzw. der rechte Schütze wie eine Reflexion des linken.

Damit lässt sich neben der *Ausgewogenheit* und der *Gleichzeitigkeit von zwei* Männern und *einem* Schuss-*Akteur* ein weiteres Strukturmerkmal auf der ikonischen Ebene des Bildes festhalten: die *Reflexion*. In der formalen Organisation des Bildes wird das Element der Brechung fast ins Extrem gesteigert.

Die stereotyp idealtypische Darstellung von Männlichkeit wird durch ein formales Element unterstrichen: Die Aufnahme erfolgte in der sogenannten „amerikanischen Einstellung", die Personen vom Kopf bis etwa zum halben Oberschenkel zeigt. Sie wurde entwickelt, um Westernhelden so darzustellen, dass man möglichst nah an die Person herankam, aber sowohl ihren Kopf als auch den Revolvergurt noch sehen konnte. Der Bildausschnitt steht also im Zusammenhang mit der Darstellung des bewaffneten Mannes.

Die Waffen sind mehrfach durch formale Elemente fokussiert: Die linke durch den Effekt, dass sie weiß vor dem schwarzen Hintergrund leuchtet. Die rechte befindet sich ziemlich genau im Bildmittelpunkt (siehe Abbildung 7.6).

Die überdimensionierten Schusswaffen unterstreichen plakativ die Männlichkeit, übersteigern sie zur Farce, um sie durch die unzulänglich-distanzierte Imitation dieser Inszenierung wieder zu brechen.

Im Film gibt es das Motiv zwar, es ist aber aus einer anderen Perspektive zu sehen: Vince (gespielt von John Travolta) und Jules (gespielt von Samuel L. Jackson) zielen quasi auf die Zusehenden. Auch der Bildausschnitt ist im Film anders. Hier sind die beiden nur bis etwa unter der Brusthöhe zu sehen. Es handelt sich um ein Filmstil, das so im Film nicht vorkommt.[5]

---

[5] Die mit dem Bild korrespondierende Szene findet sich z. B. hier: https://youtu.be/AAiI4tZmuMA?t=371 (letzter Aufruf: 14.10.2015).

Abb. 7.6: Werbeplakat „Pulp Fiction"; Mittelpunkt und Mittellinien.

Als bewegtes Bild funktioniert die Darstellung am Werbeplakat vermutlich nicht so gut. Sie ist auch alles andere als ein Schnappschuss, was besonders darin zum Ausdruck kommt, dass die planimetrische Komposition höchst stringent ist.[6] Diese Stringenz dient als formales Element der Übersteigerung, der Distanzierung der Darstellung aus dem Alltag. Fast möchte man sagen: Idealtypischer kann man Gangster, Polizisten oder Detektive gar nicht darstellen. Viele Details tragen dazu bei: Unter anderem ist der Anzug derart typisch, dass er bzw. das Styling als solches kaum auffallen würde, wenn es nicht überhöht bzw. stilisiert wäre, z. B. durch seine völlige Synchronisierung, eigentlich eine Hyperstilisierung, die dafür sorgt, dass wir ein Styling erkennen.

Zur Logik der Schwarz-Weiß-Fotografie hält Flusser (2000 [1983], S. 17) fest: „Black/white situations cannot be found in the world ‚out there' because black-and-white are limits, are ‚ideal situations'." Schwarz-Weiß-Fotos machen durch den formalen Aspekt der (Nicht-)Farbgestaltung darauf aufmerksam, dass sie kein Fenster zur Welt sind, keinen Zugang zur Realität liefern. Sie signalisieren von sich aus, dass sie ein Bild sind, das seinen eigenen Gesetzmäßigkeiten folgt. Damit erheben sie keinen Anspruch, Alltag oder Realität zu zeigen. Das führt zwangsläufig zur *Distanzierung* des Abbildes von der dargestellten Situation. Man könnte auch sagen, dass sich Schwarz-Weiß-Bilder im Kontext der Farbfotografie reflexiv zu sich selbst verhalten.

Das Licht fügt dem Gewaltpotenzial als Grundlage von Macht etwas hinzu: Direkt und breitflächig fällt es von oben auf Köpfe, Schultern, Arme und Waffen, mit dem Effekt eines Strahlens von oben und nicht wie von einer Zimmerbeleuchtung kommend. Die starke Reflexion des Lichts auf den Köpfen erinnert an einen Nimbus – wie in den Darstellungen des Auserwählten (siehe Kapitel 9 und 10). Dies steht im Kontrast zum stumpfen bzw. indifferenten Gesichtsausdruck und lässt die Abgebildeten zu Schablonen von Gangstern bzw. Racheengeln werden. Das macht

---

6 Vgl. Przyborski 2014.

Abb. 7.7: Louis-Vuitton-Werbung 2013.[7]

die Szene zugleich ‚übercool', weil die ‚Killer' völlig über ihrer Rolle stehen, und lächerlich. Durch die gebrochene Imitation und die Reflexion wird das Schablonenhafte allzu deutlich. Das sind wiederum Elemente der Distanzierung durch Reflexivität, die uns in nahezu jeder Facette des Bildes als generisches Prinzip begegnet. In einer derartigen Übersteigerung nehmen sie dem an sich bedrohlichen Charakter des Sujets seinen Ernst.

Das Prinzip der Verdoppelung von Haltung und Bekleidung ist ein Element der Stilisierung, das auch im nächsten Fall (siehe Kapitel 8) eine Rolle spielt, sowie in anderen Werbebildern, besonders im Bereich von Mode und Kleidung, wie es sich an Burberry-Werbebildern (Bohnsack 2009, S. 58 ff.) oder an unterschiedlichen H&M-Kampagnen (Przyborski/Wohlrab-Sahr 2014, S. 346 ff. und Przyborski 2015, S. 128 ff.) herausarbeiten lässt. In Abbildung 7.7 wird das Prinzip der Stilisierung durch Verdoppelung auf die Spitze gebracht.

Es handelt sich um eine Louis-Vuitton-Werbung aus dem Jahr 2013. Die Paare bestehen immer aus zwei *unterschiedlichen* Models. Ihr paralleles Styling führt dazu, beim ersten flüchtigen Eindruck dieselbe Person in zweifacher Ausführung bzw. eineiige Zwillinge in zwei Varianten einer Outfit-Idee zu sehen. Die Doppelung bzw. Vervielfältigung macht die eine Person zum Imitat der anderen und entindividualisiert sie auf diese Weise.

Entindividualisierung, die durch unterschiedliche Mittel erreicht werden kann, ist ein weiteres zentrales Element der Pose (siehe Kapitel 11.1, Bohnsack 2001c und Bohnsack/Przyborski 2015). Im hier gezeigten Louis-Vuitton-Bild wird die Anähnelung von Models derartig perfektioniert, dass die eine zum – fast – perfekten Imitat der anderen wird. Dies hat zwei Effekte: (1) Der persönliche Habitus tritt komplett hinter den kommunikativ-generalisierten und kommerziell genutzten Stil, also den Style, zurück. (2) Die mehrfache Verdoppelung bzw. Brechung der Pose wird ironisiert und kommentiert sie quasi selbst. Sie ist somit eine Metapose, die über sich selbst ‚Bescheid weiß'.

---

7 Z. B. in Vogue 4/2013.

Das Element der Imitation und damit des Verlustes persönlicher Identität auf der Ebene der Körperhaltung findet sich auch im „Pulp-Fiction"-Bild, ebenso wie das der Ironisierung durch Brechung bzw. Reflexion. Die Gesichter allerdings, der für die persönlich-individuelle Identifizierung wichtigste Teil des Körpers, sind ganz unterschiedlich. So steht die unterschiedliche Hautfarbe, die gerade beim Gesicht relevant wird, wenn die Menschen komplett bekleidet sind, in deutlichem Kontrast zum Louis-Vuitton-Bild, in dem Models mit gleicher Haut- und Haarfarbe zusammengestellt sind. Die Metapose bleibt in letzterem streng und ernsthaft. Die vielfachen Spiegelungen und Verdoppelungen geben dem Louis-Vuitton-Bild etwas Strenges, Schablonenhaftes. Ein kleines Augenzwinkern wird erst auf den zweiten Blick deutlich, wenn man erkennt, dass es sich weder um eineiige Zwillinge noch um einen Imaging-Effekt handelt, sondern um sorgfältig ausgewählte und zurechtgemachte Models; übrigens ein Effekt, der insbesondere für die Präsentation von Styles auf dem Laufsteg genutzt wird (Przyborski 2015).

Hier liegt der größte Unterschied: Die Metapose ist im „Pulp-Fiction"-Bild auf den ersten Blick sichtbar und gekennzeichnet von ihrer Unvollständigkeit. Das macht sie im Vergleich zum Louis-Vuitton-Bild spielerisch. Die Ironie ist im Gegensatz zum Louis-Vuitton-Bild nicht starr, sondern spielerisch, leicht und komisch.

Ikonologisch-ikonisch betrachtet sind die ebenso unterschiedlichen wie unzertrennlichen Brüder, die Sportsfreunde im ‚Vereinsoutfit', die Gangmitglieder oder auch der generalisierte andere Mann (die Verschmelzung unterschiedlicher Erscheinungsformen) ins Bild gesetzt. Denn egal, ob schwarz oder weiß, größer oder kleiner, bärtig oder glattrasiert – jeder kann der Typ Mann sein, der im Bild dargestellt ist. Es werden damit Aspekte von *Peergroup* und Adoleszenzfreundschaft mitgeliefert: Unzertrennlichkeit durch die gemeinsame Verstrickung in *gewalttätigen Aktionismus* (u. a. Bohnsack et al. 1995, Przyborski/Slunecko 2009b).

Die gesamte Organisation der Bildfläche ist bestimmt durch das *Prinzip der Reflexion*. Reflektiert und bis ins Lächerliche übersteigert wird eine uniforme, entsinnlichte Männlichkeit in Verbindung mit Gewalt. Darin liegt wohl auch die Übergegensätzlichkeit des Bildes: *Hegemoniale Männlichkeit* (Connell 2005 [1995], Meuser 2001b) wird ins Bild gesetzt durch ein mächtiges Gewaltpotenzial; diese ist nur dann wirksam und schlagkräftig, wenn sie unmittelbar und in der Situation unreflektiert eingesetzt wird. Das Bild ist schon an sich eine Reflexion, durch Imitation, Überzeichnung, Verdoppelung, Brechung und Dekontextualisierung bis zur Lächerlichkeit übersteigert.[8]

---

8 Diese Strukturprinzipien kennzeichnen auch den Film „Pulp Fiction", für den das Plakat steht. Die Produktion aus den 1990er-Jahren ist die erste einer sich ständig erweiternden Reihe, die das eigene Genre, hier den Gangsterfilm, ironisch bricht und auf diese Weise reflektiert. „Pulp Fiction" setzte dieses Stilmittel zum ersten Mal durchgängig ein. Heute ist es aus Hollywood nicht mehr wegzudenken. Beispiele geben u. a. die James-Bond-Filme „Der Morgen stirbt nie" (1997) oder „Die Welt ist nicht genug" (1999).

Das Bild zeigt eine männliche Identitätsnorm, nämlich die des potenten, gewalttätigen Mannes, dem nichts, weder Gefahren noch Konventionen, etwas anhaben können, und verhält sich dazu. Es liefert den Umgang mit der Norm mit, der als ironisierend und reflektierend rekonstruiert werden konnte. Hier liegt auch die Übergegensätzlichkeit des Bildes: Männliche Gewalt kombiniert mit ironischer Distanz.

7.2 Das private Bild: Noch einmal „Pulp Fiction"

Das private Bild wird auf eine Initiative der Gruppe nach einer guten Stunde Diskussion auf dem Screen gezeigt und verblüfft die Feldforscherinnen. Sie erkennen es zunächst nicht als neues Bild. Es handelt sich nämlich um eine nahezu exakte Reproduktion des Originals (siehe Abbildung 7.8). Die jungen Männer reflektieren sich quasi selbst im Bild in einer handwerklich beeindruckenden Imitation, Reproduktion und damit Reflexion des Bildes. Die Endlosschleife der Reflexion, die im Bild, das sie inspiriert hat, schon angelegt ist, wird damit fortgesetzt. Es dokumentiert sich darin ein Verstehen des Bildes, das handlungspraktisch umgesetzt wurde. Eine Art der Verständigung, die völlig ohne Sprache auskommt.

Die Verdoppelung verleitet dazu, wie bei einem Fehlersuchbild nach den Unterschieden zu suchen. Für das Thema, das hier verfolgt wird – Kommunikation

Abb. 7.8: „Pulp Fiction", privates Bild.

Abb. 7.9: „Pulp Fiction", privates Bild; planimetrische Komposition.

im Medium Bild –, ist aber gerade die frappante Ähnlichkeit der Bilder interessant. In den kleinen Unvollkommenheiten liegt der Sinn der Reproduktion (siehe Abbildung 7.9).

7.3 Fallinterne komparative Analyse der Bilder: Reflexion der Reflexion der …

Die Bildaufteilung ist nahezu exakt reproduziert. Dasselbe gilt für die Körperhaltung, die Kleidung, sogar die Größenverhältnisse der Personen und die Haartracht stimmen weitgehend überein. Ein feiner Unterschied liegt in der Körnigkeit. Sie ist im Original größer. Die Pistolen, vor allem die linke, kontrastiert stärker, der rechte Schütze ist kein Afroamerikaner, auch das breitflächige Licht von oben fehlt. Das Bild, dass die beiden jungen Männer erstellt haben, verhält sich so zum Original wie der linke Schütze zum rechten im Filmplakat, nämlich wie eine unvollständige Imitation. Und auch dieses Verhältnis enthält wieder ein komisches Element. Durch die beiden kleinen Brüder, die die großen imitieren, treten auch die großen in ihrer Lächerlichkeit deutlicher hervor.

Wie hoch die Übereinstimmungen sind, zeigt sich eindrücklich, wenn man die beiden Bilder überblendet (siehe Abbildung 7.10).

Gemeinsam fokussiert wird durch die beiden Bilder mithin eine reflexive Vergegenwärtigung stereotyper, hegemonialer Männlichkeit, bis ins Lächerliche übersteigert. Sie wird damit ebenso umarmt wie auf Distanz gehalten. Reflektierte Männlichkeit wird erneut reflektiert. Letztlich spiegelt sich damit der Umgang, den das kommerzielle Bild mit Identitätsnormen vorgibt, im privaten Bild. Normative Vorstellungen von Männlichkeit dienen als Grundlage für Ironie und Witze, werden nicht ernst genommen, sind lächerlich, wenngleich sie mit hoher Aufmerksamkeit bedacht werden. Das Bild zeugt von einer präzisen handwerklichen Leistung. Die Auseinandersetzung mit Erwartungserwartungen an Männlichkeit im Rahmen des eigenen Habitus ist ebenso intensiv wie reflexiv, stellt Männlichkeit zugleich ins Zentrum und distanziert sich von ihr.

Abb. 7.10: Überblendung: Werbeplakat „Pulp Fiction" und privates Bild.

Beide Bilder verweisen selbst auf ihren fiktiven, imaginären Charakter (siehe Kapitel 4.2.3). Das liegt an ihrer stringenten formalen Komposition. Derartige Bilder nehmen wir eher als Kunst oder auch als artifiziell wahr, im Gegensatz zu weniger stringenten Kompositionen (Przyborski 2014). Zudem verweist ihre Gestaltung in Schwarz-Weiß auf Bildlichkeit und nicht auf eine Realität, die dem Bild zugrunde liegt.

Die ikonologisch-ikonische Leistung wird *unmittelbar* verstanden und im selben Sinn weitergeführt. Der Fall „Schaum" gibt eine klare empirische Evidenz für eine „Verständigung *durch* das Bild", die ohne begriffliche Explikation auskommt, im Gegensatz zur „Verständigung *über* das Bild", die der Sprache bedarf (Bohnsack 2009, S. 28).[9]

Die Gruppe hat ihr Verständnis des Bildes handlungspraktisch umgesetzt. Für diesen Fall lässt sich festhalten, dass eine Verständigung *durch* das Bild auf folgenden unterschiedlichen Ebenen rekonstruiert werden kann: Ikonische, formale Gestaltungsleistungen des Bildes (die Medialität), also die Performanz der Proposition des Bildes (siehe Kapitel 4.2.2), wurden quasi handlungspraktisch analysiert und in der Praxis einer eigenen Darstellung zugleich umgesetzt. Die Gruppendiskussion zeigt, dass dafür eine begrifflich-theoretische Interpretation des Bildes, wie sie hier in der sozialwissenschaftlichen Analyse geleistet wurde, nicht notwendig ist. Die beiden jungen Männer erklären nicht, warum ihr Werk gut bzw. lustig oder gelungen ist. Sie halten nur fest, dass es so ist. Auch ihre Vorstellung von Männlichkeit beschreiben sie nicht. Eine Reflexion, die sich auf der Ebene von Sprache findet,

---

9 Bohnsack formuliert diesen Gedanken bereits 2001 (2001c, S. 75) folgendermaßen: „Verstehen und Interpretieren treten wohl an kaum einem anderen Medium so deutlich auseinander wie im Falle des Bilderkennens. Eine Bildinterpretation, die der Eigenart ihres Mediums gerecht werden will [...], muss sich also in der Lage zeigen, zwischen zwei unterschiedlichen Ebenen oder Modi alltäglicher Verständigung zu unterscheiden: einer Verständigung auf der Basis begrifflicher Explikation (‚Interpretation') einerseits und einer unterhalb oder jenseits begrifflicher Explikation angesiedelten, intuitiven oder unausdrücklichen Verständigung (‚Verstehen') andererseits, für welche bildhafte, ikonisch angeeignete Wissensstrukturen unmittelbar konstitutiv sind."

Abb. 7.11–14: Unterschiedliche Reproduktionen des „Pulp-Fiction"-Plakats.[10]

also eine begrifflich-theoretisch verfügbare, ist nicht notwendig für diese Verständigung.

Die Gruppe scheint mit diesem Zugang zum Bild nicht allein zu sein. Eine kurze Recherche im Internet fördert eine beachtliche Menge an weiteren Produkten einer reflexiven handlungspraktischen Bezugnahme auf das Bild zu Tage (siehe Abbildung 7.11–14).

Die Gruppe „Schaum" scheint also kein Einzelfall zu sein. Auch andere haben dieses Plakat ikonisch kommentiert und reflektiert. Die ikonische, handlungspraktische und aktionistische Form der Auseinandersetzung hat Prinzip. Zudem zeigt

---

10 „Pulp-Fiction"-Graffiti (Bansky): http://p.playserver1.com/ProductImages/2/1/8/5/9/2/3/3/ 33295812_700x700min_1.jpg (letzter Aufruf: 29.07.2014).
„Pulp-Fiction"-Lego: http://3.bp.blogspot.com/_DVP0h2s1amg/Sh9 cmLmBfqI/AAAAAAAAbQ/ yG4qK9_6fX8/s400/Lego_Pulp_Fiction.jpg (letzter Aufruf: 29.07.2014).
„Pulp-Fiction"-Tattoo: http://www.galleryoftattoosnow.com/hopetattooHOSTED/images/gallery/ pulpfull.jpg (letzter Aufruf: 29.07.2014).
„Pulp-Fiction"-Comic: http://derwahlberliner.files.wordpress.com/2011/05/11-05-20-pulp-fiction.jpg (letzter Aufruf: 29.07.2014).

sich, dass das, was hier als reflektierte Männlichkeit gefasst wurde, kein Randphänomen ist. Das Medienangebot wird auch von anderen (unmittelbar) verstanden und dieses Verstehen handlungspraktisch umgesetzt. Mit diesem kurzen Blick ist zwar für eine systematische Integration in eine Typologie zu wenig getan. Doch zeigt sich eine gewisse Evidenz, dass diese Rekonstruktion möglicherweise einen ‚Nerv der Zeit' trifft. Interessant in den anderen ikonischen Reflexionen ist, dass der unterschiedliche Gesichtsausdruck durchgängig aufgegriffen wurde, was die bisherige Interpretation stützt.

Was zeigt sich nun im Aufgreifen des generischen Prinzips des Bildes über den Habitus der Gruppe „Schaum"? Eine uniforme, entsinnlichte Männlichkeit, die ihre Vorherrschaft und Macht letztlich auf das Potenzial von Gewalt stützt, hat zwar ihre grundsätzliche Attraktion nicht eingebüßt, ist aber doch der Lächerlichkeit preisgegeben. Damit hat sie auch ihre prinzipielle Orientierungsfunktion auf der Ebene der körperlich-leiblichen Präsentation von Geschlecht eingebüßt. Es zeigt sich mithin ein Orientierungsdilemma: Eine traditionell-männliche körperliche Selbstpräsentation ist ebenso anziehend wie lächerlich. Es dokumentiert sich also ein selbstironisches Ausbrechen aus den habituellen Sicherheiten der körperlichen Präsentation von Männlichkeit – auf dem Wege der unvollständigen Imitation oder der Identifikation mit der nicht gelungenen Identifikation auf der Ebene der körperlichen Präsentation von Männlichkeit. Dabei handelt es sich offenbar um das Lebensgefühl, ein Identitätsdilemma verschiedener Milieus innerhalb einer Generation, wie die vielen unterschiedlichen Anknüpfungen an das Thema zeigen, die allesamt Reflexionen darstellen.

Ein Element des Habitus der Gruppe, der sich in der Bezugnahme auf die Bilder herausarbeiten lässt, ist die Reflexion, und zwar eine Reflexion einer Identitätsnorm auf handlungspraktischer Ebene, in unmittelbarer Umsetzung durch das Bild. Systematisch verstellt wird durch dieses weitere imaginäre Bild allerdings der Blick auf die Hexis, den körperlichen Ausdruck des Habitus bzw. die korporierte Praxis. Man erfährt z. B. nicht, wie sich die jungen Männer in ihrer Körperlichkeit in einer – wie auch immer gearteten – Alltagssituation zeigen.

In der Art des Umgangs mit dem Bild dokumentiert sich aber noch eine weitere Komponente des Habitus der Gruppe, und zwar die Aneignung und der *souveräne Umgang mit den Darstellungsprinzipien durch Mimesis* bzw. auf handlungspraktischem Weg. Dieser Aspekt lässt sich – wie gezeigt wurde – über den Weg der Bildinterpretation in evidenter Weise rekonstruieren. *Welche Relevanz* er jedoch *in welchen Lebensbereichen* entfaltet, lässt sich *nur* über die *Gruppendiskussion* in Erfahrung bringen.

7.4 Die Gruppendiskussion: Reflexionsaktionismus im Alltag

Alle Gruppen wurden, wie in Kapitel 6 ausführlich dargestellt, gebeten, ein privates und ein kommerzielles Bild auszuwählen, auf dem bekleidete Menschen zu sehen sind, das ihnen sehr gut gefällt, das sie „toll", „cool" oder „besonders schön" finden. Die Bitte lautete bei Armin und Ben (durch die Feldforscherin Y3) nicht anders. In dem Verständnis der beiden wurde allerdings aus dem „privaten Bild" ein „Amateurdings" („Schaum", Passage „privates Bild": 16–37).

Transkr. 7.1: „Schaum", privates Bild: 15–37.

```
15   Am:                                    weil Y3 hat das ja so
16        gesagt, ähm (2) ein Amateurdings; was so ähnlich is:
17                        └ahm::          └@(.)@
18   ?
19
20   Y1:
21                                          └Ah=so ja
22
23   Bm:                                         └ und des-
          halb
24        und deshalb hat ja der Am so einen starken Bezug zu dem Foto
25
26   Am:                                         └Das das hat das
          zusätzlich
27   Am:  noch gestärkt; ja
28           └H::: echt; (.) ah=ja (.) **W:a:hnsinn**; (.)
29   Y1:
30
31   ?                                      └@(.)@
32
33   Am:                                         └ ((Trinkgeräu-
          sche))
34        Also das rechts is ein ehemaliger M:itmitbewohner von mir und (.) da
          ham ma halt
35        auch irgendwie mal die Idee ghabt; wie wir beide halt ungefähr ähnli-
          che @Frisuren
36        ghabt habn@ @(.)@ dass die gepasst habn und da hab=ma dann dieses Foto
37        gemacht;
```

Amateure stehen immer im Verhältnis zu Profis. Es drückt sich mithin eine Orientierung am professionellen Fotografieren bzw. eigentlich am Erstellen von Bildern mit fotografischen und anderen Techniken aus. Die Interviewerin ist von dem Produkt, dem „Amateurdings", mehr als überrascht, braucht einen Augenblick, um zu erkennen, was sie da sieht.

Armin führt schließlich aus, dass er nicht nur vor, sondern auch hinter der Kamera gestanden hat. Außerdem hat sein „ehemaliger Mitbewohner" („Schaum", privates Bild: 34) vor und hinter der Kamera mitgewirkt. Beide sind also abbildende und abgebildete Bildproduzenten. Den Anlass, das Bild zu machen, gab ein morgendlicher Blick in den Spiegel. Die beiden jungen Männer stellten fest, dass ihre

Frisuren erstaunliche Ähnlichkeiten mit jenen der beiden Männer auf dem Bild erkennen ließen.

Der Style des Bildes war ihnen offenbar sehr nahe, die Ähnlichkeit blieb bis zu jenem Morgen unbemerkt. Ob sich nun der Style des Bildes in die Hexis, also die äußerlich wahrnehmbare Gesamtheit von Körperhaltungen und -bewegungen (u. a. Bourdieu 1982, S. 729, siehe auch Kapitel 4), eingeschrieben hat oder ob die vorhandenen Ähnlichkeiten zum Reiz des Bildes geführt haben, lässt sich anhand des empirischen Materials nicht klären. Das scheint aber auch nicht so wichtig; interessanter ist es, festzuhalten, dass die *Hexis* offenbar bis hin zur *Frisur jenseits der bewussten Entscheidungen 'gearbeitet' hat.*

Ihr Bewusstwerden führt jedoch zu keinen theoretischen Reflexionen. Die Wohnungsgenossen machen sich über diese Ähnlichkeit keine Gedanken, sie reden nicht darüber, sondern treiben die *Reflexion auf handlungspraktischer Ebene* weiter.

Transkr. 7.2: „Schaum", privates Bild: 38–61.

```
38                   ⌐
39    Bm:            ⌐Das Coolste find ich aber das beim Anzug (2)
40                                                              ⌐
41    Am:                                                       ⌐@(.)@ @w:as?@
42                                                                          ⌐
43    Bm:                                                                   ⌐Naja es
44         ist doch, @dass ihr nur einen Anzug ghabt habt=s@
45                                                         ⌐
46    Am:                                                  ⌐Genau ja
47                                                                 ⌐
48    Bm:                                                          ⌐und dass
49                                                                         ⌐
50    Am:                                                                  ⌐genau; wir hat-
           ten nur
51    Am:  einen Anzug und nur eine Pistole @(.)@ und (.) ähh (.) habn das halt
           separat
52    Am: @fotografiert@ und dann @zam-@ @(.)@ zamge(.)wurschtelt; (4) mja.
           (.) warn
53                   ⌐
54    Y1:            ⌐
55             Boah
56                   ⌐
57    Am:            ⌐warn
58         schon einige Stunden Arbeit natürlich; oba war irgendwie schon sehr
           lustig
59         und:: (.) @(.)@ ist ganz gut geworden; denk ich; (3)
60                   ⌐
61    ?             ⌐@(.)@
```

Ben, der gar nicht dabei war, erzählt lachend, dass das Bild mit nur einem Anzug produziert wurde. Armin ergänzt, dass es auch nur eine Waffe gab und das Endprodukt aus mehreren Aufnahmen „zam'gewurschtelt" („Schaum", privates Bild: 52) wurde. Was freilich ein Understatement ist, auf das die Interviewerinnen mit entsprechender Würdigung der Leistung reagieren: „Boah" („Schaum", privates Bild: 55). Die detailverliebte Arbeit an dem Bild habe immerhin „einige Stunden Arbeit" („Schaum", privates Bild: 58) in Anspruch genommen, bestätigt Armin, stolz auf seine Leistung. Es sei aber „sehr lustig" („Schaum", privates Bild: 58) gewesen und habe auch zu einem Ergebnis geführt, auf das die Produzenten stolz sind.

Die jungen Männer haben ihren Spaß. Auch Ben, der nicht bei der Produktion dabei war, kennt Details und lebt mit. Er kann die Entstehungsgeschichte des Bildes in einer Weise gemeinsam mit Armin erzählen, als wäre er dabei gewesen. Das spricht ebenso für die Kollektivierung der Geschichte wie für ihren metaphorischen Gehalt. Das Wieder-aufleben-Lassen der Arbeit am Bild löst bei Ben und Armin unmittelbar gute Laune aus.

Das Bild wurde als aufwendig, wenngleich mit viel Freude an der Sache, produziert. Es bestätigt sich damit einiges, das sich in der Interpretation des privaten Bildes bereits angedeutet hat: Es gibt Einblick in die Praxis des Mediengebrauchs, in die Praxis der Herstellung der Darstellung und den damit verbundenen Habitus. Die Gruppe misst sich hier mit Profis. Das Bild gibt kaum Einblick in die Hexis der jungen Männer, nämlich nur insoweit, als sich die Perfektionierung der Herstellung einer Fiktion in die Körperlichkeit eingeschrieben hat. Es dokumentiert sich kein sicherer männlicher Habitus auf einer körperlichen Ebene. Vielmehr spiegeln die Körper eine ironische Distanz zu Normvorstellungen von Männlichkeit (siehe auch die nächste Sequenz).

Das Bild ist als Poster schon seit einiger Zeit Teil des Alltags von Armin und seinem Mitbewohner. Armin findet es „cool" („Schaum", Eingangspassage: 57). Zudem dient es dazu, einen schadhaften Abschnitt der Wand zu überdecken und Armin an das Kinoerlebnis zu erinnern:

Transkr. 7.3: „Schaum", Eingangspassage: 54–68.

```
54   Am:                        ⌊Also ich hab das Bi:ld au:ch
55        Zuhause als Poster hängen; (.) deswegen: mhm: ist das irgendwie noch:
          extra halt
56        eine Bindung die ich irgendwie damit assozier; ahm: es ist nicht nur
          weil ich=s
57        cool find; dass ich das Poster hab; sondern auch weil ich ein großes
          Poster
58        gebraucht hab; um @ein Stück Wand abzudecken@
39                                                     ⌊
60   Bm:                        ⌊@(.)@
61                                                     ⌊
62   Am:                        ⌊Also praktisch; ich kenn=s
          immerhin in
63        ganz groß; äh u:nd (.) das Meiste was ma damit assoziiert oder was ich
          damit halt
```

```
64        assozier ist eigentlich immer dann (.) die Szene drum herum im Film;
          die die sich da
65        grad abspielt; also das ist irgendwie so immer so eine Erinnerung für
          mich an diese
66        Szene die sich da gerade abspielt; und das Bild selber an sich: (.)
          äh:: drückt schon
67        einiges aus; aber:: es ist mehr des Drumherum; an das es mich erin-
          nert; °würd ich
68        mal sagen° (.) soll? ich noch:: @mehr@ ins Detail
```

Das Bild begleitet Armin schon eine Weile durchs Leben und erhält so einen fokussierten Stellenwert. Es ist mithin mehrfach eingebunden in die Alltagspraxis. Was aber an dem Bild gefällt, bleibt – in der Gruppendiskussion – auf die begriffliche Metapher der „Cool"ness („Schaum", Eingangspassage: 122) von „Bad-Ass-Typen" („Schaum", Eingangspassage: 117/118) beschränkt, also auf diskreditierende männliche Identitätsnormen:

Transkr. 7.4: „Schaum", Eingangspassage: 108–122.

```
108  Am:                             ⌐Steht auch irgendwie
109       ganz gut für diesen Film; wie gesagt es erinnert immer irgendwie immer
          an das
110       ganze Drumherum; (4)
111                                   |
112  Bm:                             ⌐Naja ich seh das so a bissl: l:osgelöster vom Film;
          ich hab
113       den nicht so oft gsehn;
114                                   |
115  Am:                             ⌐Mhmm (.)
116                                   |
117  Bm:                             ⌐I find das is einfach: a Büd von zwa: (.) Bad-Ass-
118       Typen (3)
119                                   |
120  Y1:  ⌐Mhmm
121                                   |
122  Bm:                             ⌐ (.) des hauptsächlich cool is ((Flasche abgestellt)) (.)
```

Szenische Metaphern, z. B. Beschreibungen zur Filmhandlung oder dazu, was „Bad-Ass-Typen" eigentlich sind, lassen sich kaum evozieren. Umso klarer zeigt sich allerdings, dass „Bad-Ass-Typen" nichts mit dem Alltag zu tun haben. Armin und Ben halten das Bild für „voll sürreal" („Schaum", Eingangspassage: 207). Damit ist auch auf der Ebene der Gruppendiskussion bestätigt, dass es sich um zwei imaginäre Bilder handelt. „Bad-Ass-Typen" sind also einem kontrafaktischen, fiktiven Charakter bestimmt, sind nicht real; was ebenso für den fiktiven wie den impliziten Charakter von Identitätsnormen spricht, der sich einer begrifflich-theoretischen Vergegenwärtigung entzieht. Einen systematischen Zugang bieten daher allein bildliche Darstellungsformen.

Die *Faszination, die das Bild* auf die beiden und, wie im vorigen Abschnitt (Kapitel 7.3) kurz anhand anderer Reproduktionen gezeigt, auch auf andere ausübt, liegt also offenbar in einer Reflexivität im Fiktiven, einem Bedeutungsgehalt, der sich nur im Bild erschließt. Denn die Reflexivität von „Bad-Ass" steckt offenbar in einer Dimension des Films, die sich nicht erzählen lässt, nämlich, so lässt sich vermuten, in seiner Bildlichkeit. Bildlichkeit ist das Medium, in welchem die Gruppe ihren habitualisierten reflexiven Umgang mit Identitätsnormen und entsprechenden Erwartungserwartungen vorwiegend verhandelt: Nach der Gruppendiskussion (Beobachtungsprotokoll), die jungen Männer wirken fast befreit, zeigen sie den Feldforscherinnen mehrere Videos, die alle ein hegemoniales Männlichkeitsverständnis zugleich umarmen und ironisieren, beispielsweise den Clip der Männerpflegelinie „Old Spice" mit dem Titel „The Man Your Man Could Smell Like".[11]

Sie instrumentalisieren damit im Kontakt mit den weiblichen Gästen erneut kommerzielle Instrumentalisierungen (der Inszenierung reflexiver Distanz zu einer bestimmten männlichen Identitätsnorm). Dieser Aktionismus in Form von reflexiven Schleifen im Rahmen von Bildmedien unterhält die beiden Feldforscherinnen zwar, verstellt aber zugleich die Möglichkeit einer direkten Interaktion ohne dazwischengeschaltete Medien bzw. die Möglichkeit einer direkten, persönlichen Kontaktaufnahme.

Auf die Frage der Interviewerin, wie „es so mit, (1) Freun(1)din(.)nen" aussehe („Schaum", Frauen: 3), antworten die jungen Männer, die Lage sei „also s-sehr entspannt nachdem keine Freundinnen vorhanden sin" („Schaum", Frauen: 18). Frauen sind also das Problem, aber weniger durch ihr Vorhandensein als durch ihr Fehlen. Der ironisierende Umgang mit dieser Thematik weist eine Homologie zum bildlichen Umgang mit Männlichkeit auf. Der Konfrontation mit einer Normalerwartung, nämlich in einer Partnerschaft zu sein oder eine derartige anzustreben, begegnet die Gruppe wiederum ironisch-distanziert.

In der Nicht„entspannt"heit, die sich u. a. durch das Lachen beim Sprechen zeigt, dokumentiert sich letztlich die Anspannung, die das Single-Sein bedeutet. Schon allein die Kontaktaufnahme erweist sich als prekär: „Frauen gehn vorbei, man unterhält sich drüber als Mann ne?" („Schaum", Frauen: 32/33), aber es entsteht kein näherer Kontakt. „Frauen", besonders „hübsche", sind zwar interessant, aber nicht daran zu hindern, „vorbei"zugehen. Was den jungen Männern bleibt, ist, die Situation in der Unterhaltung mit anderen Männern – „@Männergespräche@ @(.)@" („Schaum", Frauen: 36) – aus (ironischer) Distanz zu betrachten.

Die Aufnahme einer näheren Beziehung vor allem mit einer „hübschen Frau" bildet einen positiven Horizont. Hinsichtlich der Enaktierung zeigt sich allerdings

---

11 Vgl. https://www.youtube.com/watch?v=owGykVbfgUE (letzter Aufruf: 14.10.2015).

eine deutliche Verunsicherung. Wie das Interesse an attraktiven Frauen umgesetzt werden könnte, wie man sich einer Frau als Mann nähert, ist völlig ungewiss. Die Erzählung einer Begegnung, die von Dritten eingefädelt wurde, zeigt weitere Aspekte dieser habituellen Unsicherheit. Armin war über die Ausgangslage im Bilde. Schon im ersten Moment allerdings war offenbar klar, dass diese Begegnung nicht glücken wird:

Transkr. 7.5: Transkript 7.5: „Schaum", Frauen: 118–125.

```
118  Am:   also die war halt °wirklich nicht hübsch° eiso wirklich:: vom Gesicht
           her irgendwie so
119        etwas @(.)@ (.) leicht de@formiert@ oder so, (1) und dann hat man sich
           dann gleich
120        gedacht; naja; toll. @(.)@
121                                  ⌐
122  Y2:                             └@(.)@
123  Am:   @(1)@ (1) ich mein des=is sehr eiso des wirft jetz natürlich wieder
           ein
124        schlechtes Bild auf uns Männer, na? von wegen oberflächlich und so,
           (.) aber,
125  Y1:   N:ein.
```

Das Unterfangen scheiterte an der für Armin mangelnden Attraktivität, was er zunächst höflich, ex negativo, dann allerdings mit einer eher deftigen Formulierung zum Ausdruck bringt. Das Gesicht der Frau sei „leicht de@formiert ... @" („Schaum", Frauen: 119) gewesen. Schon im Lachen beim Aussprechen dieser abwertenden Beschreibung sowie im folgenden Lachen dokumentiert sich seine Distanzierung von der eigenen Redeweise. Sie wird wohl durch die *Erwartungserwartungen* an „uns Männer" („Schaum", Frauen: 124) hervorgerufen, die er selbst formuliert: Die Beurteilung der äußeren Erscheinung von Frauen durch Männer, also die (intensionslose) Entscheidung, ob eine Frau attraktiv ist und für die Aufnahme einer Liebesbeziehung infrage kommen könnte, führt zu einer Einordnung in das Klischee männlicher Oberflächlichkeit seitens der Frauen. Diese Einordnung geht mit einer Abwertung einher, und zwar genau in jenem Verhältnis, um das es geht. Es ist eine Abwertung von Männern durch Frauen.

In dieser Hinsicht als typisch männlich eingeordnet zu werden, stellt einen negativen Horizont dar. Hier liegt der Kern eines Dilemmas: Wie kann man sich einer Frau, die einem gefällt, die man hübsch findet, gegenüber männlich verhalten, wenn die Feststellung der Attraktivität schon dazu führt als Mann diskreditiert zu werden, selbst an Attraktivität einzubüßen? Eine scheinbare Lösung liegt in dem virtuosen Umgang mit einer Distanzierung gegenüber Stereotypisierungen von Männlichkeit.

Inwieweit eine nähere, vielleicht intime Beziehung klappen kann, lässt sich letztlich nur handlungspraktisch, aktionistisch oder auf der Grundlage von habitualisiertem Verhalten, das offenbar (noch) nicht gegeben ist, klären. Einen ersten Anstoß für diesen Aktionismus könnte eine Anziehung auf der Ebene des „Hübsch"-Seins, der sexuellen Attraktivität geben. Aber dieser Aufhänger kann von den jungen Männern nicht beurteilt werden, ohne sich der Gefahr einer – erwarteten – Diskreditierung durch Frauen auszusetzen. Zudem scheint das Urteil im negativen Bereich leichterzufallen. Dort gerät das Urteil auch weniger in Konflikt mit der erwarteten Diskreditierung. Im positiven Bereich ist es komplizierter:

Transkr. 7.6: „Schaum", Frauen 173–182.

```
173  Am:  Ich glaub meistens is es so: dass ä::=einer irgndeine Frau halt sieht,
          die er irgndwie
174       hübsch findet (1) und dann wird=ma quasi so fragen irgendwie so (.)
          ja, d(.)ngs is
175       doch schön oder? Äh f- findst nicht @auch? Oder so? @(.)@ so irgendwie
          vielleicht
176       so
177
178  Bm:                    ⌊@(.)@                    ⌊@(.)@
179  Am:  auch ein bisschen (.) äh (.) Bestätigung ab@holen oder so:@ ob ma da
          eh irgendwie
180       auch richtig liegt. (.) vielleicht. (.) so gehts mir manchmal. (1)
          denk ich. (4)
181       wie isn das bei Frauen so?
182  Y1:  Wies bei Frauen so is? (1)
```

Ob eine Frau anziehend ist, entscheidet sich für die jungen Männer nicht auf den ersten Blick. Der erste Eindruck verlangt nach einer Überprüfung, die in Gesprächen mit anderen Männern gesucht wird. Es dokumentiert sich hier erneut eine Unsicherheit, die schon mit der Entscheidung beginnt, wer überhaupt für die Aufnahme einer Beziehung, die sich in Richtung einer Liebesbeziehung entwickeln kann, infrage kommt.

Eine Suche nach habitueller Sicherheit auf der Ebene der geschlechtstypischen Orientierungen zeigt sich in der Frage an die Interviewerinnen, wie es denn „bei Frauen so" sei („Schaum", Frauen: 182), ob diese etwa auch Bestätigung in der eigenen Peergroup suchen. „Bad-Ass-Typen" haben einen großen Vorteil gegenüber den beiden jungen Männern: Die Fremdidentifizierung als „oberflächlicher" und daher stereotyper Mann kann ihnen nichts anhaben. Denn sie sind „bad", prinzipiell schlecht, und gerade dadurch attraktiv. Sie sind allerdings nicht nur „bad", sondern in ihrer Meta-Pose zugleich witzig und reflektiert: Männer, die, wie in der Interpretation des „Pulp-Fiction"-Bildes herausgearbeitet wurde, *über* ihrer Männlichkeit stehen, ohne sie zu verlieren.

Es lässt sich also festhalten, dass sexuelle Attraktivität von Frauen (wenn sie „hübsch" sind) letztlich gar nicht festgestellt werden kann. Die Feststellung geht mit der Erwartung der Fremdidentifizierung als unreflektierter und oberflächlicher Mann, als „bad", durch Frauen einher. Es kommt daher erst gar nicht zu einer entsprechenden Wahrnehmung von Frauen.

Die Verheißung des „Pulp-Fiction"-Plakats liegt nun darin, extrem männlich und „bad" zu sein, zugleich allerdings reflektiert und witzig. In der Fiktion zeigt sich die Möglichkeit, männlich zu sein, indem Männlichkeit ironisiert wird. Männlichkeit wird zur Über-Männlichkeit, zur Meta-Pose, die ihre Männlichkeit nicht einbüßt, indem sie sich selbst reflektiert. Durch die Reflexion der eigenen – männlichen – Wahrnehmung von Frauen, verlieren diese Wahrnehmungen ihr handlungspraktisches Potenzial – im Rahmen von Männlichkeit. In der Fiktion ist das Problem der Männlichkeit zwischen Unsicherheit und der Gefahr von diskreditierenden Fremdidentifizierungen gelöst.

Das kann im Alltag kaum klappen. Es liegt in der Natur derartiger Identitätsangebote (siehe Kapitel 4.3.1 und 11.1), in sich derartig widersprüchlich zu sein, dass ein Balancieren zwischen den Polen letztlich aussichtslos bleiben muss. Solche kaum auszubalancierenden Widersprüche finden ihren Ausdruck in der Übergegensätzlichkeit (siehe Kapitel 1.2.2 und 2.2.3) von Bildern. Das Medium Bild eignet sich mit seinen Möglichkeiten zur simultanen Darstellung der Pole einer derartigen Übergegensätzlichkeit und seiner Möglichkeit zur Artikulation imaginärer Vorstellung besonders gut für die Kommunikation von Identitätsnormen. Letztere können zwar (re-)inszeniert werden, wie das private Bild der beiden Männer zeigt. Lebbar sind sie jedoch kaum, nicht ohne systematische Probleme. Das Orientierungsdilemma, zugleich Mann zu sein und sich vom gängigen Stereotyp von Männlichkeit zu distanzieren, ist im „Pulp-Fiction"-Plakat zwar nicht handlungspraktisch überwunden, aber aufgehoben.[12] Fiktionen in Form von Bildern erlauben durch das Aufheben von Dilemmata einen empirischen Zugang zu Sehnsüchten und Sinnzielen.

Anhand der Bildinterpretationen haben wir einen weiteren Aspekt festgehalten: Die Art und Weise des Umgangs mit den Bildern zeigt eine habitualisierte Aneignung und Weiterentwicklung von Prinzipien durch Mimesis, d. h. durch die Handlungspraxis selbst, performatorisch (siehe Kapitel 4.2.4). Diese Komponente des Habitus entfaltet sich in fokussierter Weise im Arbeitsalltag von Armin und Ben. Sie stellt hier eine essenzielle Kompetenz dar. Die jungen Männer haben einander als „Tester" von Spielen kennengelernt, also bei einer intensiven, bereits auf Reflexion ausgerichteten Handlungspraxis mit Computerspielen, am Übergang

---

12 Aufhebung im dreifachen Hegel'schen Sinn: „[D]as Aufgehobene [ist] ein zugleich Aufbewahrtes, das nur seine Unmittelbarkeit verloren hat, aber darum nicht vernichtet ist" (Hegel 2013 [1812–1816], S. 80), denn „*Aufheben* hat in der Sprache den gedoppelten Sinn, dass es so viel als aufbewahren, *erhalten* bedeutet und zugleich so viel als aufhören lassen, *ein Ende machen*" (Hegel 2013 [1812–1816], S. 80; Hervorh. i. O.). Es wird also ähnlich aufgehoben, wie es bei rituellen Konklusionen von Themen in Gesprächen und Gruppendiskussionen häufig der Fall ist (Przyborski 2004, S. 273): Bewahrt, auf eine andere Ebene gehoben und die Widersprüchlichkeit hört auf.

dazu, das Hobby zum Beruf zu machen. Beide begannen etwa zur gleichen Zeit in jener Firma als Spieleentwickler zu arbeiten, in der sie als Tester tätig waren.

Zu ihrer privaten Spielpraxis berichten sie Folgendes:

Transkr. 7.7: „Schaum", Computerspiele: 76–100.

```
76  Am:   … <<kauend> also wemma wemma gemeinsam spielt, (1) > is es im
77        Prinzip so ähnlich wie wennst halt irgendein::: Spiel
78        spielst; (.) Brettspiel;=ja, (.) nur is halt irgendwie
79        auf einer andern (.) Spielebene eigentlich. (1) aber es is
80        halt irgendwie ähnlich wemma gemeinsam spielt.=<ea:::> (1)
81        solche Spiele halt die für (.) mehrere Leute sind. (2)
82        wenn (1) wir uns gegenseitig irgendwie so ein Spiel zeigen
83        was ma eigentlich alleine spielt, (1) dann ises (.)
84        irgendwie (.) ja. (1) eher so wie Film Schauen.=(find ich (
85                )). (1)
86
87  Bm:   Ja.
88           ⌊
89  Am:    (Eh) so ähnlich.
90                         ⌊
91  Bm:                     Mit Kommentar.
92
93  Am:   Genau.=mit Kommentar. (1) Bo::; (.) is jo org; (.) @(.)@
94                                                              ⌊
95  Bm:                                                          @(.)@
96
97  Am:   oder so; (.) irgendwie; (1) aber des: is auch meistens
98        dann nicht irgendwie (.) das dauert auch meistens nicht
99        lang;=weil man will halt nur irgendwie das herzeigen; (.)
100       schau das Spiel hab ich jetz neu. (.) kennst schon;
```

Die Aneignung der Spielprinzipien erfolgt nicht auf dem Weg einer theoretischen Analyse des Spiels, sondern über bestimmte Formen des gemeinsamen Spielens, dabei werden die Strukturprinzipien gleichsam automatisch mitverhandelt: Es ist „im Prinzip so ähnlich wie wennst halt irgendein::: Spiel spielst, (.) Brettspiel; =ja (.) nur es is auf einer anderen Spieleben eigentlich" („Schaum", Computerspiele: 76–79). Das Computerspiel im Modus eines Brettspiels zu denken, ist den beiden selbstverständlich. Die Änderung des Modus, Computer/Brett oder Computer/Film, verändert das Spiel nicht im Kern. Durch diesen Transferprozess wird die Grundstruktur des Spiels automatisch mitgedacht. Die Spielstruktur zu verändern und weiterzuentwickeln ist ein vergleichsweise kleiner Schritt. Die Aneignung und Weiterentwicklung von Prinzipien erfolgt auch hier auf handlungspraktischem Weg, zunächst durch Mimesis, dann durch Transfer in einen anderen Modus. In ihrem Beruf ist diese Habitus-Komponente essenzieller Bestandteil.

7.5 Typologische Einordnung: Die Sehnsucht nach Transzendenz der Fremdidentifizierungen

Auf Basis der komparativen Analyse der Bilder, der Verständigung im Medium Bild, zeigt sich ein reflexiv handlungspraktischer Umgang mit männlichen Identitätsnormen. Die jungen Männer reinszenieren die durch Brechungen bzw. Reflexionen im Bild inszenierte Fiktion von Männlichkeit und treiben das Bildprinzip im Modus der Bildlichkeit weiter. Das Bild hegemonialer Männlichkeit wird in ihrer bildlichen Auseinandersetzung erneut dekonstruiert. Diese Praxis kann auch als Aktionismus der Reflexion bezeichnet werden. Das Reinszenieren macht Spaß, dient keinem Zweck und ist zugleich Ausdruck eines Orientierungsdilemmas und einer Sehnsucht, hegemoniale Männlichkeit durch Reflexion zu transzendieren. In beiden Bildern zeigt sich also ein reflexiver Umgang mit der Stereotypisierung hegemonialer Männlichkeit und aufgrund des vielfältigen Ineinandergreifens unterschiedlicher Kompositionsprinzipien lassen sie sich als imaginäre Bilder rekonstruieren.

In der Gruppendiskussion dokumentiert sich eine habituelle Verunsicherung in der Kontaktaufnahme mit Frauen. Deren sexuelle Attraktivität, deren Hübsch-Sein festzustellen scheitert aufgrund von folgendem Dilemma: Die jungen Männer erwarten in diesem Fall negative Fremdidentifizierung durch Frauen, und zwar als oberflächliche Männer. Da schon das Feststellen, wer überhaupt für eine Kontaktaufnahme infrage kommen könnte, unsicher ist, kann es zu keinen weiteren handlungspraktischen Schritten in der Kontaktaufnahme mit dem anderen Geschlecht kommen. An seine Stelle tritt der Aktionismus der Reflexion, in welchem mit diesen Fremdidentifizierungen bzw. Stereotypisierungen gespielt wird. Ben und Armin setzen sich dabei mit einem Orientierungsschema von Männlichkeit auseinander, das erfordert, zugleich hart und (zwar nicht zart, wie es im öffentlichen Diskurs oft heißt, aber) reflektiert zu sein. Das Bild wiederum reflektiert ihre Reflexionsschleifen und bietet eine zumindest zeitweise Flucht in die Idee, männlich zu sein, indem man stereotype Männlichkeit ironisch verzerrt bzw. reflektiert.

Das private Bild zeigt sie als Schausteller und verstellt so systematisch den Blick auf die eigene verkörperte Männlichkeit. Eine Lösung des Orientierungsdilemmas, hegemoniale Männlichkeit als ebenso attraktiv wie verwerflich zu erleben, bzw. ein eigenständiger männlicher Habitus wird (noch) nicht erkennbar. Gerade der ironisierend-reflexive Umgang damit verunmöglicht eine positive Orientierung an normativen Anforderungen, mit denen eine erwachsene Männlichkeit konfrontiert ist. Das unterscheidet den Fall „Schaum" vom nächsten Fall, „Pool" (siehe Kapitel 8). Denn dort bilden Aspekte virtualer sozialer Identität einen positiven Horizont, der im Rahmen bestehender Orientierungsmuster verhandelt wird.

Eine weitere Habituskomponente ist ebenfalls anhand des Bildvergleichs deutlich geworden: die mimetisch-spielerische, d. h. die handlungspraktische Aneignung von Produktionsprinzipien der Darstellung. Diese handlungspraktische Reflexivität kann auf dem Weg der Bildinterpretation als korporierte Praxis rekonstruiert werden. Ben und Armin sind in der Lage, Strukturprinzipien handlungspraktisch zu entschlüsseln. Dazu finden sich auch Homologien in der Gruppendiskussion. Vor allem aber zeigt die Gruppendiskussion, dass sie diese Kompetenz als Spieleentwickler beruflich nutzen.

8 Geschlechtsnorm Mädchenhaftigkeit: H&M

Die Gruppe „Pool"[1] besteht aus drei Mädchen im Alter von 13 Jahren: Annika, Cindy und Bea. Sie kennen einander aus dem Gymnasium mit Sprachschwerpunkt. Alle drei leben in unmittelbarer Nachbarschaft zueinander in einem grünen Viertel einer österreichischen Stadt. Dort verbringen sie ihre Nachmittage häufig gemeinsam, vorwiegend in einem der schmucken Elternhäuser. Manchmal gehen sie auch miteinander shoppen oder ins Kino. Sie gestalten seit einiger Zeit zusammen ein Modemagazin, das sie größtenteils selbst zeichnen, kopieren und dann an Freundinnen und Mitschüler verteilen. Beas Vater stammt aus Asien und Cindys Mutter aus dem europäischen Ausland. Alle drei sprechen ausgezeichnet Englisch.

Die Mädchen empfangen uns an einem heißen Junitag im Elternhaus von Annika. Die mitgebrachten Päckchen mit Schokolade- und Gummisüßigkeiten werden freudig aufgerissen und gleich während der Gruppendiskussion verzehrt. Sie findet bei offener Terrassentür rund um den Esstisch in einer großzügigen luft- und lichtdurchfluteten Wohnküche statt. Nach einer Weile merkt Annika an, dass das Bild, das während der Diskussion auf einem aufgeklappten Laptop erscheint, jederzeit auf den großen Bildschirm, der hauptsächlich zum Fernsehen genutzt wird, transferiert werden könne, oder, wenn die Feldforscherinnen das besser fänden: „ausdrucken – auch in Farbe!" (aus dem Beobachtungsprotokoll der Gruppendiskussion).

Diese Beobachtung macht deutlich, wie selbstverständlich und spielerisch der Umgang der Mädchen mit der medientechnischen Ausstattung im Haus ist, und dass das Bild von dieser Gruppe weitgehend unabhängig von seinem technischen Träger begriffen wird. Das ist methodologisch und im Hinblick auf das Erkenntnisinteresse aufschlussreich: Kann eine Verständigung *im* Medium Bild als *basales, abgrenzbares Element* und damit als ein spezifisches Element der *Praxis in und mit Medien* (siehe Kapitel 5) aufgefasst werden, wie die Verständigung im Medium Sprache?

In Medien handeln bezieht sich auf die Verständigung durch bzw. in Sprache oder durch bzw. in Bildern und *mit Medien handeln* auf den Umgang mit den technischen Dispositiven, z. B. Fernsehen, Internet, Plakate, Magazine und dergleichen. Der Umgang der Mädchen mit dem Bild und der Haustechnik spricht für eine Verständigung im Medium Bild als basales Element des Handelns in und mit Medien. Medien und ihre technischen Dispositive stehen freilich in einem Wechselverhältnis, und ein rekonstruktiver Zugang kommt völlig ohne Beachtung der medientechnischen Seite nicht aus. Die Frage ist eher, wohin der Fokus des Erkenntnisinteresses gelegt wird und welche Dokumente bzw. welche Form der empirischen Daten wofür herangezogen werden können. In der vorliegenden Arbeit steht die Verständigung im Medium Bild im Vordergrund, also das Handeln in Medien. Die Triangulation von

---

[1] Analysen von zwei Bildern dieses Falles finden sich auch in Przyborski/Wohlrab-Sahr (2014; Schwerpunkt: Bildinterpretation) und Bohnsack/Przyborski (2015; Schwerpunkt: Pose).

teilnehmender Beobachtung und Gruppendiskussion mit Bildern erlaubt allerdings auch spannende Einblicke in das Handeln mit Medien, wie schon der Fall „Schaum" (siehe Kapitel 7) gezeigt hat. Auch hier steht nicht das technische Dispositiv im Vordergrund, sondern das Bild. Es kann ebenso ein Poster sein, wie es auch auf einem Fernsehbildschirm erscheinen kann, und wird im Kern als dieselbe Sinneinheit wahrgenommen.

8.1 Das kommerzielle Bild: H&M-Bademode

Als kommerzielles Bild haben die Mädchen ein Werbeplakat der Firma H&M gewählt (siehe Abbildung 8.3). Es hatte in diesem Jahr sowohl im öffentlichen Raum als auch in Magazinen und im Internet hohe Präsenz. Ganze Straßenzüge waren von der Kampagne gesäumt (siehe Abbildung 8.1 und 8.2), in Stadtzentren prangte das von den Mädchen ausgesuchte Bild als zentrales Bild der H&M-Bademodekampagne auf riesengroßen Werbeflächen. Im Internet fanden sich mehrere Beiträge zum Making-of, Interviews mit den Models und dem Fotografen sowie ein Video der posierenden Models am Strand.

Die starke Präsenz stellt eine Gemeinsamkeit mit dem kommerziellen Bild im Fall „Schaum" dar, das ebenfalls medial – nach wie vor – präsent ist. Das Plakat zu „Pulp Fiction" hat, wie der Film, die Zeit überdauert (siehe Kapitel 7). Das H&M-Werbebild als Werbung für Mode und Bekleidung ist dagegen bei der Abfassung dieses Texts längst Vergangenheit. Allerdings scheinen die Strukturprinzipien des Bildes die Zeit zu überdauern. Im zentralen Bild der Kampagne 2015 lassen sich dieselben Prinzipien rekonstruieren (Przyborski 2015).

Bei der Produktion der H&M-Kampagne wurde an nichts gespart: Die Models zählen zu den teuersten der Welt, ebenso wie der Fotograf und die Location, ob-

Abb. 8.1 und 8.2: Plakate im Straßenbild (Privataufnahmen).

Abb. 8.3: „H&M-Bademode", kommerzielles Bild.

wohl man letztlich nichts von dieser sieht. Patrick Demarchelier hat Erin Wasson (USA), Julia Stegner (Deutschland), Daria Werbowy (Kanada, ukrainische Abstammung, H&M-Gesicht[2]), Lara Stone (Niederlande) und Sasha Pivovarova (Russland), alle vermittelt durch die Modelagentur IMG[3], auf St. Barth fotografiert, einer 21 Quadratkilometer großen Insel in der Karibik, die bei der Prominenz deshalb so bliebt ist, weil die Anreise nur mit dem Wasserflugzeug möglich ist, was Paparazzi und andere Schaulustige abhält.[4]

---

2 Ein Testimonial ist laut Duden ein zu Werbezwecken verwendetes Empfehlungsschreiben eines zufriedenen Kunden, besonders eines Prominenten (http://www.duden.de/rechtschreibung/Testimonial [letzter Aufruf: 13.10.2015]). Das „Gesicht" einer Marke zu sein hat in der Mode- und Lifestyle-Industrie eine ähnliche Bedeutung. Der Lifestyle der öffentlich bekannten Person wird quasi mit dem Lifestyle der Marke verbunden. „Gesicht" kann eine Person auch nur für eine Kampagne, eine Saison oder ein bestimmtes Produkt sein. Siehe auch: http://wirtschaftslexikon.gabler.de/Archiv/81531/testimonial-v6.html (letzter Aufruf: 13.10.2015).
3 IMG ist eine der erfolgreichsten Modelagenturen der Welt und in Paris, New York, London, Mailand und Hongkong vertreten. Es sind u. a. Kate Moss, Lauren Hutton, Liv Tyler, Miranda Kerr und Gisele Bündchen bei ihr unter Vertrag (http://www.imgmodels.com/london/women [letzter Aufruf: 13.10.2015]).
4 Mehr zu den ikonografischen Details findet sich in Przyborski/Wohlrab-Sahr (2014, S. 351 f.).

Beide Bilder stehen in und für Kontexte, in denen große Summen umgesetzt werden[5] – ein Aspekt, der die Bilder vielleicht an und für sich interessant für eine Analyse machen würde. Viel spannender wird es aber, wenn es gelingt, zu entschlüsseln, wie die Bilder im Alltag verfangen, und zwar jenseits bewusster Reflexion auf der Ebene von Sprache, sondern durch weitere Bilder, die sich auf sie beziehen, wie es das methodische Design der Arbeit vorsieht.

Der Blick auf die *vorikonografische Ebene* zeigt im Bildmittelgrund fünf junge Frauen im Bikini, die den Strand entlanggehen. Im Bildvordergrund sind fliegende Wassertropfen und schäumende Gischt, im Bildhintergrund Meer, Himmel und der Horizont zu sehen.

Die fünf Frauen weisen bestimmte Ähnlichkeiten auf: Sie sind schlank, etwa gleich groß und haben langes Haar. *Alle* Körper sind durch einen flachen Bauch, einen entsprechend kleinen Bauchnabel, sehr schlanke, lange Beine und eine Schulterpartie, die etwas breiter ist als die Hüften, gekennzeichnet. Nur die Körbchengröße der Bikinioberteile zeigt eine gewisse Variationsbreite; sie bewegt sich von B bis C. Die Uniformität der Körper wurde von einer Studentin im Rahmen einer Interpretationsgruppe folgend kommentiert: Sie deckte die Köpfe der Models ab und bemerkte: „Sieht doch aus wie Schaufensterpuppen vor einem Bild mit Strand."[6]

Die Gesichter dagegen weisen Differenzierungen auf: Die Haare variieren von dunklem Braun bis Honigblond, die Gesichter selbst zeigen – von links – Entschlossenheit, sanfte Freundlichkeit, ein leichtes Lächeln, ein entspanntes, eher indifferentes Gesicht und ein ebenso verhaltenes wie selbstbewusstes Lächeln.

Das Spannungsverhältnis von uniformer Körperlichkeit und unterschiedlichen Gesichtern signalisiert Zusammengehörigkeit und Einzigartigkeit. *Beides* ist offensichtlich zugleich möglich: zusammenzugehören als starke Gruppe *und* individuell zu sein als eigenständige, unverwechselbare Person. Hier haben wir es im Übrigen mit einer Homologie zum Filmplakat von „Pulp Fiction" zu tun. Auch dort sind die Körper uniform, während die Gesichter Individualität vermitteln, und auch dort wird die Unvereinbarkeit von unverwechselbarer Individualität und gruppenhafter Zugehörigkeit aufgehoben.

Was allerdings zunächst – vor allem im Vergleich zu den Körpern – so unterschiedlich und differenziert erscheint, ist bei näherer Betrachtung bemerkenswert gleichförmig, denn die Gesichter sind *alle* symmetrisch und ebenmäßig, zeichnen sich durch schmale, zurückhaltende Nasen, volle – keineswegs dicke – Lippen, hohe, leicht betonte Wangenknochen und eine hohe Stirn aus. Die leicht ovale

---

5 Im Geschäftsjahr 2013 erwirtschaftete H&M einen Umsatz von ca. 17,35 Milliarden Euro brutto (http://www.handelsdaten.de/themen/326/hennes-und-mauritz/ [letzter Aufruf: 19.12.2014]), der Film „Pulp Fiction" brachte ca. 214 Millionen Dollar ein (Petersen 2016).
6 Dieser Effekt wird durch die mangelnde Tiefe des Bildes noch intensiviert: Einzig die Horizontlinie gibt ein wenig Räumlichkeit.

Gesichtsform wird vom langen Haar, das das Gesicht rahmt, noch unterstrichen. Zudem sind alle Münder zumindest leicht geöffnet. Ein Merkmal des „Spielgesichts", das laut Eibel-Eibesfelt (1997) signalisiert, dass die Situation unernst ist.

Die Synchronizität von Unterschiedlichkeit und Gleichförmigkeit wiederholt sich letztlich in den fünf Bikinis. Jede Frau trägt ihr eigenes Modell, jeder der fünf Bikinis ist anders. Die beiden einfarbigen unterscheiden sich in der Farbe (pink und gelb) und auch im Schnitt. Prinzipiell gilt dasselbe für die gemusterten Bikinis. Wir haben es mit drei verschiedenen Mustern zu tun, und jedes Oberteil ist ein wenig anders. Und doch sind die Bikinis ähnlich: Die Körbchen sind nicht sichtbar gefüttert, formen den Busen nur sanft, alle Oberteile haben Spaghettiträger und alle Höschen sitzen auf der Hüfte.

Es kommt somit auch bei jenen Merkmalen, die scheinbar Einzigartigkeit suggerieren, durch Stilisierung und in ihrer Folge Stereotypisierung zu einer Anähnelung. Durch Frisuren und nahezu unsichtbares Make-up bzw. auch die Auswahl der Models kommt es zu Übereinstimmungen, die zur Entindividualisierung führen. Die möglichst reine Präsentation eines Stils, hier des H&M-Stils, verträgt keine individuell-persönlichen Elemente. Und doch sollen ja gerade durch Mode und Kleidung nicht nur Zusammengehörigkeit und Ähnlichkeit gestiftet werden, sondern ebenso die eigene Individualität und Autonomie zum Ausdruck gebracht werden. Das Bild kann diese Gegensätzlichkeit balancieren, damit das klassische Identitätsdilemma, das „paradoxe Verhältnis, dem Anderen gleich und doch von ihm absolut verschieden zu sein", indem der Einzelne „gleichzeitig seine soziale Identität und seine personale Identität wahrt", wie man mit Habermas (1973a, S. 230) formulieren kann, bewältigt werden kann (Bohnsack/Przyborski 2015, Goffman 1963). Jede ist anders – eine ist die Anführerin – *und* alle sind gleich! Im „Pulp-Fiction"-Bild wird diese Balance dadurch hergestellt, dass wir es mit einem und zugleich zwei unterschiedlichen Schützen zu tun haben, dass also maximale Zusammengehörigkeit mit maximaler Unverwechselbarkeit kombiniert ist (bis hin zur Hautfarbe, die als deutlicher Unterschied auf dem Schwarz-Weiß-Foto inszeniert ist).

Die mittlere junge Frau hebt sich allerding durch ihre Geste mit Armen und Händen deutlich von den vier anderen jungen Frauen ab. Sie führt ihre rechte Hand ans linke Ohr. Der Arm ist dabei abgewinkelt und befindet sich auf Brusthöhe. Handballen und Daumen sind deutlich sichtbar, die Finger kaum. Die Haare werden von der Hand am Ohr etwas verdeckt. Der Oberkörper ist dabei frontal zur Kamera gerichtet, ebenso wie bei den anderen vier, deren Arme locker neben dem Körper baumeln. Allein die rechte Schulter ist nach vorn und leicht nach oben gezogen. Der Ellbogen ist fast genau mittig über der Brust und verdeckt einen Teil des Dekolletés, nicht jedoch die Brüste. Das Haar liegt hinter den Schultern, wurde also nicht aus dem Gesicht gestrichen.

Ikonografisch betrachtet promenieren fünf junge Frauen im Bikini den Strand entlang. Wir haben es also mit einer Strand- bzw. Badeszene am Meer zu tun. Dazu passen die Umgebung und die Bekleidung. Obwohl viel Haut gezeigt wird, sind

Bikinis am Strand nicht prinzipiell erotisch gerahmt. Derartige Szenen am Strand mit Personen in Badebekleidung stehen in der Regel für Urlaub und Freizeit, die sogenannte ‚schönste Zeit des Jahres', oder ‚Sommer, Sonne, Urlaub'.

Die Typengeschichte des Bikinis macht deutlich, dass es auch hier eine Linie gibt, denn es handelt sich um einen Stil: Der Schnitt dieser Bikinis wurde etwa ab den 1970er-Jahren getragen. Das Material war damals aber noch nicht so elastisch wie heute. Vor allem in den 1980er-Jahren war der Beinausschnitt oft höher. Seit den 1990er-Jahren werden die Bikinihosen wieder eher auf der Hüfte getragen. Stilistisch lassen sich die Bikinis also in einer Zeitspanne zwischen Mitte/Ende der 1990er-Jahre und der Gegenwart einordnen (siehe auch den orangefarbenen Bikini in Abbildung 8.5). Aus der Perspektive der Mode gesehen ist dieses Modell also fast zeitlos.

Die Models zählen, wie schon zu Beginn erwähnt, zu den teuersten und bekanntesten. Jene, die die Modeszene beobachten, erkennen wohl die eine oder andere junge Frau. Die Inszenierung stellt aber nicht auf die persönliche Identität ab. Sie lässt diese eher in der Gleichförmigkeit der Frauen verschwimmen.

Die Geste des Haare-Zurückstreichens kann mit dem Um-zu-Motiv des Ordnens in Verbindung gebracht werden. Dieses Ordnen scheint hier nicht im Vordergrund zu stehen. Ein weiteres Motiv, das durch Ratgeberliteratur[7] eine gewisse Institutionalisierung erfahren hat, ist das Flirten. Die Haare werden zurückgestrichen aus dem – möglicherweise unbewussten – Motiv, zu flirten. Der Generalisierungsgrad ist z. B. im Vergleich mit der Geste, den Hut zum Gruß zu lüften, nicht sehr hoch, schon allein, weil der Bedeutungsgehalt des Flirtens in der Regel mit der Unterstellung eines nicht bewussten Motivs einhergeht. Das hilft in der Interpretation letztlich wenig weiter, da sich eine unbewusste Kommunikationsabsicht empirisch nicht überprüfen lässt. Der Weg der Interpretation kann somit nur über die genaue Analyse der Bewegung selbst erfolgen.

Wie das Poster zu „Pulp Fiction" zeichnet sich auch das H&M-Bild durch eine hohe formale Stringenz aus. Dies zeigt sich u. a. darin, dass man mit unterschiedlichen Möglichkeiten der Rekonstruktion der *planimetrischen Komposition* zu demselben Ergebnis kommt. Die Rekonstruktion der planimetrischen Komposition fällt zum Teil mit der Rekonstruktion der *perspektivischen Projektion* zusammen.[8] Die Horizontlinie ist durch das Zusammentreffen von Himmel und Meer deutlich sichtbar.

Sie macht sowohl die Komposition des Bildes in der Fläche als auch die perspektivische Projektion sichtbar. Sie trennt die Köpfe bzw. Gesichter von den Kör-

---

7 Vgl. http://www.wunderweib.de/liebe/koerpersprache-beim-flirten-richtig-deuten-a134071.html (letzter Aufruf: 13.10.2015), http://der-anna-code.com/2012/09/17/flirtsignale-frau-deuten/ (letzter Aufruf: 13.10.2015), http://www.frauenhandbuch.com/kapitel3/Zeichen-die-Frauen-aussenden-wenn-sie-an-einem-Mann-interessiert-sind_8_1_1.html (letzter Aufruf: 13.10.2015).
8 In besonderem Maße zeigt sich diese Besonderheit beim Bild aus dem Situation Room (Przyborski 2014).

Abb. 8.4 und 8.5: Tiefere Horizontlinie (li., Marilyn Monroe) und keine Horizontlinie (re., Halle Berry).[9]

pern. Dort, wo dies nicht der Fall ist, sind die Augen von einer großen Sonnenbrille verdeckt.

Die Anmutung eines Körpers verändert sich nicht nur mit der Perspektive und dem Bildausschnitt, sondern auch mit der Position der Horizontlinie. Die Beispiele in den Abbildungen 8.4 (mit einer anderen Position der Horizontlinie) und 8.5 (ganz ohne Blick auf den Horizont) zeigen ebenfalls junge Frauen in Badebekleidung am Strand.

Die Horizontlinie unterhalb der Brüste im Bild von Marilyn Monroe am Strand (siehe Abbildung 8.4) betont den Kopf, die Schulterpartie, das Dekolleté und den Busen, als wäre in das Ganzkörperbild ein Büsten-Portrait eingebaut. Auch die ausgebreiteten Arme bilden eine Linie und haben einen ähnlichen Effekt wie die Horizontlinie im H&M-Bild, nämlich die Trennung von Gesicht und Körper. Die Gischt am Rand der Welle bildet eine dritte Linie am Ansatz der Beine, die dadurch eine Fokussierung erfahren. Im Bild von Halle Berry am Strand (siehe Abbildung 8.5) verhält es sich ganz anders: Der ganze Körper zeigt sich vor dem Meer, keine Linie unterteilt ihn. Die Gesamtanmutung ist weicher als beim H&M-Bild und beim Bild von Marilyn Monroe. Die abgebildete Person erscheint ganzheitlicher und tritt in ihrer Individualität deutlicher hervor.

Die Fragmentierung des Körpers durch die Horizontlinie und andere Linien bringt einen härteren Eindruck mit sich und lenkt auf die einzelnen Körperteile. Im H&M-Bild setzt die Horizontlinie eine klare Zäsur zwischen Kopf und Körper; die Gesichter sind also von den Körpern abgeteilt. Wo dies nicht der Fall ist, fehlt die Augenpartie, also jener Teil, der als individuellster Ausdruck des Gesichtes unkenntlich gemacht wird, wenn die Identität einer Person verborgen werden soll.

---

9 Marilyn Monroe: http://www.femlife.de/bikini-ikonen/marilyn-monroe-zartrosa-badeanzug-gepunkteter-schirm-meer/ (letzter Aufruf: 13.10.2015).
Halle Berry: http://sgnewwave.com/main/2012/11/bond-girls-vs-bond-women/ (letzter Aufruf: 13.10.2015).

Abb. 8.6: „H&M-Bademode"; planimetrische Komposition.

Obwohl also ein Kopf unter der Horizontlinie ist, finden sich unter ihr letztlich die eher uniformen Körper und darüber die vergleichsweise individuellen Gesichter.

Zwei weitere bildimmanente Linien richten den Blick auf jene Bildkomponenten, die sich, wie zu Beginn angemerkt, auf mehreren Wegen rekonstruieren lassen (siehe Abbildung 8.6).

Die erste Linie kann am Oberkopf der linken jungen Frau angesetzt werden. Sie wird vom Unterarm der mittleren Frau getragen. Die Verlängerung dieser Unterarmlinie führt durch die beiden Ecken des Logos und genau in den rechten, unteren Winkel des Bildes. Die zweite Linie lässt sich an der Außenkante des Oberarms der mittleren jungen Frau ziehen und wird weiter unten im Bild auch von der Innenkante ihres Unterschenkels gestützt. Zusammen fokussieren diese Linien die Geste des Zurückstreichens der Haare. Zudem zeigt sich die Position des H&M-Logos in der formalen Komposition. Es liegt genau auf der Achse, die sich zwischen dem Oberarm der mittleren jungen Frau und der rechten unteren Ecke spannt. Das Logo wird durch diese planimetrische Einbettung zum Bildelement.

Eine zweite Art der formalen Betrachtung des Bildes führt zu demselben Ergebnis: Auch die bildexmanenten Linien (siehe Kapitel 6.3.2) markieren die genannte Geste: Die Bildmittelsenkrechte führt genau durch die Hand am Haaransatz. Mit dem Goldenen Schnitt markiert sie erneut das Model in der Mitte der Gruppe (siehe Abbildung 8.7).

Nimmt man die Mittellinie und die in Abbildung 8.7 ausgewiesenen bildimmanenten Linien zusammen (siehe Abbildung 8.8), findet sich ihr Kreuzungspunkt etwa am Ellbogen, d. h., die Linien kreuzen sich, sodass besonders die Hand und der Unterarm fokussiert sind, also jener Teil der Geste, an welchem etwas Funktionales passiert.

Bestätigung findet die Rekonstruktion auch in der vorikonografischen Interpretation: Die Geste sticht letztlich auch dadurch heraus, dass die Körperhaltung der Frauen an sich gleichförmig ist. Nur eine, die mittlere und zentrale Figur, unterscheidet sich klar durch ihre Geste. Diese Rekonstruktion ist allerdings methodisch be-

Abb. 8.7: „H&M-Bademode"; Bildmittelsenkrechte, Goldener Schnitt.

Abb. 8.8: „H&M-Bademode"; Bildmittelsenkrechte, Goldener Schnitt und planimetrische Komposition.

trachtet nicht so aussagekräftig wie die Formen, die Feldlinien nutzen, denn sie stützt sich vorwiegend auf das wiedererkennende Sehen (siehe Kapitel 1.2.2 und 2.2).

Die Fokussierung der Geste kann mithin auf mehreren voneinander unabhängigen Wegen gezeigt werden. Das ist interessant, wenn man eine Reproduktionsgesetzlichkeit (Oevermann 2000, S. 97) nachweisen will und, wie hier, ein methodologisches Anliegen verfolgt. An sich genügt es, die Fokussierung auf einem der vorgestellten Wege formal zu rekonstruieren (Bohnsack/Przyborski 2015).

Die *szenische Choreografie* lässt sich in diesem Bild durch das Verschieben der mittleren Figur transparenter machen. Durch eine leichte Verschiebung der mittleren jungen Frau nach links (siehe Abbildung 8.10) zerfällt die Gruppe in eine Dreiergruppe und zwei einzelne Personen, wobei das Model im gelben Bikini in dieser Variante wie ein Verbindungsglied zwischen der Zweiergruppe und dem einzelnen Model ganz rechts wirkt. Die junge Frau in der Mitte verliert so auch ihre Führungsposition. Eine Verschiebung nach rechts hat einen ähnlichen Effekt (siehe Abbildung 8.12).

In dieser Choreografie entstehen zwei Zweiergruppen und eine Einzelperson. Auch hier geht der Charakter der mittleren Frau als Anführerin letztlich verloren. Im Ausgangsbild ist also sowohl eine Gruppe dargestellt, zu der alle gehören, als

Abb. 8.9 und 8.10: „H&M-Bademode"; szenische Choreografie 1: Original (li.) und Verschiebung (re.).

Abb. 8.11 und 8.12: „H&M-Bademode"; szenische Choreografie 2: Original (li.) und Verschiebung (re.).

auch eine Anführerin mit ihrer Gruppe. Die Anführerin gehört zugleich zur Gruppe und hebt sich von ihr ab.

Gangs bzw. Helden in der Gruppe standen als medial vermittelte Identitätsnorm früher fast ausschließlich für Jungen bereit.[10] Das hat sich in den 1970er-Jahren geändert.[11] Ein Beispiel aus dem letzten Jahrzehnt des 20. Jahrhunderts gibt „Sailor Moon". Die Heldinnen dieses japanischen Mangas, das als Wegbereiter des Einzugs von Mangas in westliche Medien gelten kann, retten miteinander den Kosmos und kämpfen für Freiheit und Liebe.

In Abbildung 8.13, die typisch für „Sailor Moon" ist, findet sich ebenfalls eine Anführerin und zugleich eine Gruppe, zu der alle gleichermaßen gehören. Die Körper

---

10 Das klassische Triumvirat, Bands oder die drei Musketiere, https://de.wikipedia.org/wiki/Die_drei_Musketiere (letzter Aufruf: 13.10.2015).
11 Drei Engel für Charlie (1976), The Doll Squad (1973), Make-up und Pistolen (1974) (http://www.imdb.com/title/tt0073972/, https://en.wikipedia.org/wiki/The_Doll_Squad https://de.wikipedia.org/wiki/Make-up_und_Pistolen (letzter Aufruf: jeweils 13.10.2015).

Abb. 8.13: Sailor Moon.[12]

sind lang und schlank, sie zeigen sich in Untersicht und von oben beleuchtet. Diese Darstellung hat formal große Ähnlichkeit mit dem H&M-Bild und der Vergleich richtet das Augenmerk auf einige Komponenten, die auch die fünf jungen Frauen im H&M-Bild als jugendliche, heldinnenhafte Gang erscheinen lassen. Dazu zählt nicht nur die szenische Choreografie, sondern auch die perspektivische Projektion.

Auch die jungen Frauen in der H&M-Werbung sind in leichter Untersicht aufgenommen, was sich durch die Lage der Horizontlinie und insbesondere die Nasen rekonstruieren lässt. Denn die Nasenlöcher sind auch dort sichtbar, wo der Kopf ganz leicht nach unten geneigt ist, was nur aus einer Perspektive von unten nach oben möglich ist. Die leichte Untersicht verleiht der Gruppe eine erhabene, heldenhafte Anmutung. Imdahl (1994, S. 313) zeigt diesen Effekt, wie in Kapitel 1.2.2 ausgeführt, am Beispiel einer Mühle.

Die Körper füllen das Bild auch fast vollständig aus. Der Kopf der beiden am größten anmutenden jungen Frauen ist ein wenig angeschnitten, und es fehlen von allen die Füße und meist auch ein Teil der Unterschenkel, als wären die Körper zu lang, um sie ganz in den Rahmen des Bildes zu bekommen. Veranschaulichen lässt sich dies an demselben Bild, das auch in einem anderen Beschnitt vorliegt. Der Ausschnitt ist hier größer gewählt und zeigt deutlich mehr von der Umgebung (siehe Abbildung 8.14).

Im größeren Ausschnitt erlebt man die Personen weiter entfernt und insgesamt kleiner. Im Werbeplakat dagegen ist man den Frauen näher. Das gibt dem Bild mehr Aufforderungscharakter und lässt die gesamte Gruppe stärker, erhabener und selbstgewisser wirken.

Hinsichtlich der *Relation von Schärfe und Unschärfe* lassen sich nur wenige Differenzierungen feststellen (siehe auch Przyborski/Wohlrab-Sahr 2014, S. 353 f.). Die Bäuche sind am schärfsten, die Gesichter, die Beine und der Hintergrund weni-

---

[12] (letzter Aufruf: 13.10.2015).

Abb. 8.14 und 8.15: „H&M-Bademode"; größerer (li.) und gewählter Bildausschnitt (re.).

ger scharf. Die Gischt wiederum ist verhältnismäßig scharf, erzeugt allerdings im Bereich der Beine einen Unschärfe-Effekt. Zudem hebt sich im Unschärfeeffekt der Gischt das Logo ab. Der Schriftzug „H&M" ist durch diese Schärfe ein Bild*gegenstand*, wie er aus der Perspektive eines starken, nicht involvierten, Beobachters wahrgenommen wird, während die unscharfe Gischt, das hell glänzende Gemisch aus Tropfen, Schaum und Himmel, dem Logo eine Stimmung gibt, die Freiheit, Wildheit und kraftvolle Frische verheißt.

Auch ikonologisch-ikonisch betrachtet steht dieser Aspekt und, trotz viel Haut, weniger die Erotik im Vordergrund. Die Bewegung der Körper, gepaart mit der weiten Sicht auf den Horizont, und das ebenfalls bewegte Meer geben dem Bild vielmehr Frische und Klarheit, ebenso wie Freiheit (von Grenzen) und etwas Ungestümes. Die Umgebung trägt wesentlich zu einer Ästhetik bewegter Körper und ungebrochener Kraft bei, wie man sie z. B. von Pferdebildern kennt, die vor dem Horizont den Strand entlang galoppieren und durch ihre Bewegung das Wasser zum Spritzen und Schäumen bringen (siehe Abbildung 8.16).

Frische, Klarheit, Freiheit und die Schönheit makelloser Körperlichkeit sind Elemente von Jugendlichkeit. Auch im gruppenförmigen Auftritt der fünf Frauen (szenische Choreografie) hat sich schon ein Aspekt von Jugendlichkeit gezeigt: die Peergroup bzw. Gang.

Zwar sehen wir fünf verschiedene Frauen. Ihre Ähnlichkeiten sind aber so groß, dass die persönliche Identität der Einzelnen hinter ein gemeinsames Prinzip von Weiblichkeit zurücktritt. Das Bild zeigt also einen verkörperten weiblichen Lifestyle, macht ein Angebot für eine weibliche Identitätsnorm: Lange ungezähmte Haare zählen ebenso dazu wie eine ganz bestimmte weibliche Körperlichkeit inklusive bestimmter Charakteristika des Gesichts. Der Idealkörper ist jugendlich, schlank und gekennzeichnet durch lange Beine sowie durch Brüste der Größe etwa einer geballten Faust. Am H&M-Plakat wird damit eine bestimmte Form von Weib-

Abb. 8.16: Pferde am Strand.[13]

lichkeit auf den Punkt gebracht. Sie besteht aus der perfekten Mischung aus einem elfenhaft-mädchenhaften und einem erwachsen-weiblichen Körper. Mit einem H&M-Bikini lässt sich neben der Zugehörigkeit zu dieser Weiblichkeit auch noch Einzigartigkeit einkaufen, denn die Bikinimodelle sind so differenziert wie die fünf unterschiedlichen (und zugleich ähnlichen) Frauen.

Die Geste beinhaltet eine, durch das Verdecken des Körpers, verschämte und durch die Nähe zum Streicheln zärtliche Selbstberührung sowie ordnende Zurücknahme (des Haares) und Selbstverhüllung, die ebenfalls einer Zurücknahme, nämlich jener der körperlichen Präsenz, gleichkommt. Es handelt sich also um eine Geste, die im Spannungsfeld von sachter Selbstberührung und damit subtiler Erotik sowie schamhafter Selbstverhüllung und damit Unschuld liegt (siehe Kapitel 8.4).

Die unschuldig-schamhafte Komponente korrespondiert *nicht* mit der selbstbewussten, nahezu heldinnenhaften Selbstpräsentation der Körperlichkeit, die im Zusammenhang mit der perspektivischen Projektion, dem Bildausschnitt, der frontalen Positionierung der Körper und dem entschlossenen Blick direkt in die Kamera schon angesprochen wurde: Weiblichkeit und Jugendlichkeit sind dynamisch, ungezähmt, selbstbewusst, offensiv und heldinnenhaft dargestellt. Das fokussierte Element des Bildes, die Geste des Zurückstreichens der Haare, verheißt allerdings, dass man trotz der offensiv präsentierten Weiblichkeit und unbegrenzter Freiheit mädchenhaft zurückgenommen und damit unschuldig bleiben kann. In der *Übergegensätzlichkeit* liegt ein Lifestyle, ein Identitätsangebot, in dem *Weiblichkeit zugleich offensiv und selbstbewusst sowie unschuldig und zurückgenommen* ist. Das H&M-Logo zeigt, wo dieser Style zu finden ist. Im Zuge der Rekonstruktion der planimetrischen Komposition ist deutlich geworden, dass es als Bildelement quasi eingewoben ist.

---

13 (letzter Aufruf: 13.10.2015).

8.2 Das private Bild: Mädchen im Pool

Die Mädchen der Gruppe „Pool" haben auf die Bitte, ein kommerzielles und ein privates Bild zu zeigen, die ihnen gefallen und die gleich „toll" oder „cool" sind, von sich aus die Idee geäußert, selbst das private Bild zu produzieren. Die beiden Feldforscherinnen vereinbaren also einen zweiten Termin. Die Mädchen wünschten sich Eis, falls das Wetter wieder so heiß werden sollte wie beim ersten Treffen.

Als das Forschungsteam die Mädchen etwa zehn Tage später an einem ebenso heißen Junitag mit einer großen Box Eis wieder aufsuchte, waren diese gerade damit beschäftigt, aus einer Fülle von Fotos das auszuwählen, das dem Ausgangsfoto am nächsten kam. Dazu hatten sie zu dritt vor dem großen Bildschirm, teils auf der Couch, teils am Boden, Platz genommen. Drei Bilder waren bereits in der engeren Wahl. Die Mädchen entschuldigten sich dafür, dass sie noch nicht fertig waren, und erklärten, dass sie noch einen Moment brauchen würden. Erfreut nahmen sie auf, dass die Forschenden der Auswahlprozess auch interessieren würde, und luden sie ein, ebenfalls vor dem Bildschirm Platz zu nehmen.

Es stellte sich rasch heraus, dass es unter den drei Fotos der engeren Wahl schon einen Favoriten gab, der aber noch diskutiert wurde. Während dieser lebhaften Diskussion kam der ältere Bruder von Cindy nach Hause. Die Mädchen baten ihn, sich die Bilder anzusehen, und fragten ihn, welches er dem H&M-Bild am ähnlichsten empfinde. Sein Urteil bestätigte die Wahl des Favoriten, nicht zuletzt, weil die Präsentation der Bilder durch die Mädchen dies schon nahelegte, obwohl sie „eine ganz ehrliche Meinung" (aus dem Beobachtungsprotokoll) wollten. Erfreut erklärten die Mädchen den Interviewerinnen, dass sie nun die Auswahl getroffen hätten.

Interessant ist, dass die Frage an das männliche, ältere Familienmitglied die Diskussion zu einem Ende führen konnte. Bestätigung aus weiblicher Perspektive hatten sie bereits, immerhin waren sie zu dritt. Erst der männliche bestätigende Blick gab die entsprechende Sicherheit, wirklich auf dem richtigen Weg zu sein.

Das in Abbildung 8.17 dargestellte Foto hat das Rennen um die größte Ähnlichkeit zum H&M-Bild gemacht (siehe Kapitel 8.3). Die Mädchen befinden sich im Pool des elterlichen Gartens. Sie haben genau jene Geste des Zurückstreichens der Haare übernommen, die im H&M-Bild als fokussiert herausgearbeitet werden konnte. Über die Analyse der Geste wird nicht nur etwas über den Fall „Pool", also den konjunktiven Erfahrungsraum, den die drei Mädchen repräsentieren, deutlich. Es lässt sich auch eine Komponente des H&M-Bildes noch deutlicher herausarbeiten (siehe Kapitel 11.1: Exkurs, vgl. auch Bohnsack/Przyborski 2015). Da diese jedoch erst als Ergebnis einer umfangreichen Analyse des Bildes Gestalt angenommen hat, beginnt auch diese Analyse mit der *vorikonografischen* Interpretation.

Umgeben von einer getrimmten Hecke und gepflegtem Rasen befinden sich die drei Mädchen in einem meerblauen Swimmingpool, der mit großen, länglichen Natursteinplatten eingefasst ist. Sie sind als Teenager in der Pubertät erkennbar.

Abb. 8.17: „Pool", privates Bild.

Bekleidet sind sie mit Bikinioberteilen, darüber Spaghettiträger-Shirts, und – zumindest die beiden linken – mit (kurzen) Hosen. Die gesamte Kleidung ist nass.

Die Oberkörper sind in unterschiedlicher Richtung schräg zur Kamera bzw. schräg zur Bildebene und auch schräg zum Poolrand positioniert. Beim Mädchen in der Mitte ist zu erkennen, dass die Wirbelsäule etwas nach links rotiert ist. Die Arme der beiden äußeren Mädchen sind ins Wasser getaucht; die Unterarme und Hände verschwinden hinter der Poolkante bzw. im Wasser. Vom mittleren Mädchen ist nur der rechte Arm zu sehen, mit dem sie die Haare hinter ihr linkes Ohr streicht. Der linke Arm ist durch die Rotation des Oberkörpers von demselben verdeckt. Die Köpfe der beiden Mädchen links und rechts sind leicht nach außen geneigt, jener des mittleren nach unten.

Die leicht abgewandten Oberkörper und die etwas geneigten bzw. gesenkten Köpfe bilden eine Homologie zu den zuvor herausgearbeiteten formalen Gestaltungselementen: Sie sind zurückhaltend, unschuldig, kindlich. Das trifft für das mittlere Mädchen ebenso zu wie für die beiden Mädchen an ihrer Seite und lässt ihr kaum Spielraum für die Verkörperung einer Anführerin, wie es im H&M-Bild und im Bild von „Sailor Moon" gelingt. Die im Wasser verborgenen Hände tragen zur Anmutung von Unschuld und Zurückhaltung bei.

Ikonografisch betrachtet halten sich drei Freundinnen bei sommerlichem Wetter in einem gutbürgerlichen Garten im Pool auf. Die Szene bleibt allerdings merkwürdig offen. Sie verschließt sich einer raschen Einordnung in stereotypisierte Poolszenen: Weder spielen und tollen die Mädchen im Wasser (‚Spiel und Spaß am Pool', besonders Kinder werden gern so dargestellt), noch sieht man ‚Entspannung am Pool' (Erwachsene finden sich oft in dieser Darstellungsform, am Poolrand oder auf einem Liegestuhl ausgestreckt), noch eine laszive Szene, die man ‚Erotik am Pool' nennen könnte.

Es stellt sich vielmehr die Frage, was die Mädchen eigentlich machen. Sie stehen statisch im Pool und springen z. B. nicht, wie etwa auf zwei anderen Bildern (siehe Kapitel 8.3), ins Wasser. Letztere Szene lässt sich klar als Spiel und Spaß am Pool bzw. am und mit Wasser erkennen und einordnen. Mit der sozialen Rolle der spielenden, ausgelassenen Kinder gehen die Mädchen bereits sehr virtuos um. In der perfekten Inszenierung derselben zeigt sich eine gewisse „Rollendistanz" (Goffman 1983).

Im ausgewählten Bild passt dagegen nichts so recht zusammen. Die nasse Kleidung und die nassen, völlig ungestylten Haare könnten als Hinweis auf Plantschen, Springen und Tauchen aufgefasst werden. Dazu passen Körperhaltung und Gesichtsausdruck allerdings nicht. Auch sind Anklänge an eine laszive Szene wahrnehmbar, nämlich ebenfalls die nasse Kleidung, die die Körperkonturen zeigt und durch mehr Transparenz an sich ein Spiel mit Enthüllung und Verhüllung erlaubt, sowie der statische Aufenthalt im Wasser, der einiges von der Körperlichkeit Preis gibt. Dazu passen wiederum die Schüchternheit in Körperhaltung und Ausdruck ohne jegliche Rollendistanz nicht. Auf ikonografischer Ebene zeigen sich also Aspekte der Diskontinuität, die zum Eindruck führt, dass hier etwas nicht vollständig gelingt, nicht virtuos umgesetzt wird.

Die Komposition des Bildes ist weniger stringent als die der bisher analysierten Bilder. Die *ikonische Interpretation* zeigt Folgendes:

Die Linien, die helfen die *planimetrische Komposition* zu rekonstruieren (siehe Abbildung 8.18), verlaufen entlang der Poolkanten vor den Mädchen und zeigen eine gewisse Symmetrie mit den Linien entlang der Poolkante hinter den Mädchen und der Linie entlang der Köpfe bzw. der Schulterpartie. Die Geste ist auch in diesem Bild durch die planimetrische Komposition fokussiert, aber schwächer als im H&M-Bild. Die Feldlinien richten den Blick vielmehr auf die Begrenzung des Pools, die sowohl als Eingrenzung und Abschirmung wie auch als Schutz und Geborgenheit erscheint.

Der Goldene Schnitt zeigt ebenfalls eine gewisse Korrespondenz mit der Geste (siehe Abbildung 8.19). Auch in dieser Hinsicht ist die Geste allerdings nicht so stringent in die formale Komposition eingebunden wie im kommerziellen Bild.

Während beim H&M-Bild der gesamte Unterarm auf dem Goldenen Schnitt liegt, befindet sich am privaten Foto dort der Ellbogen des Armes, mit dem die Geste ausgeführt wird.

Die *perspektivische Projektion* lässt sich gut rekonstruieren, da es einen rechtwinkligen Körper im Bild gibt, nämlich den Pool mit seiner Einfassung (siehe Abbildung 8.20). Sie macht deutlich, dass es sich um eine Aufsicht mit Schrägperspektive handelt. Wie im H&M-Bild zu sehen war, verleiht die Untersicht den abgebildeten Personen und Gegenständen Erhabenheit, Heldenhaftigkeit, Stärke,

Abb. 8.18: „Pool", privates Bild; planimetrische Komposition.

Abb. 8.19: „Pool", privates Bild; Mittellinie und Goldener Schnitt.

Abb. 8.20: „Pool", privates Bild; perspektivische Projektion.

die Aufsicht dagegen Zurückhaltung und Niedlichkeit. Die Schrägperspektive korrespondiert mit den Körperachsen, die ebenfalls nicht frontal zur Kamera ausgerichtet sind. Diese Körperpositionierung führt zu einer zurückhaltenderen Anmutung als die frontale Ausrichtung der jungen Frauen im H&M-Bild.

Die perspektivische Projektion bzw. Kameraposition und die planimetrische Komposition sind jene formalen Elemente, in welchen sich zunächst Perspektive und Blick des abbildenden Bildproduzenten dokumentieren. Im Fall „Pool" steht der Vater von Annika hinter der Kamera. Die Interpretation liegt nahe, dass der

Vater seine Tochter mit ihren Freundinnen in dieser ‚niedlichen' und geborgenen Art und Weise aufnimmt, da dies sein Bild von den Mädchen ist. Das Bild ist allerdings von den Mädchen aus einer Fülle an Bildern gewählt, die nicht alle in Aufsicht und Schrägperspektive geschossen sind. Durch diese Autorisierung des Bildes dokumentiert sich auch das Bild der Mädchen von sich selbst im Bild. Zudem ist dem Beobachtungsprotokoll, in welchem auch Gespräche mit den Feldforscherinnen festgehalten sind, zu entnehmen, dass der Vater nach den Anweisungen der Mädchen fotografiert hat.

So der Fotograf keine besonderen Anweisungen gibt, ist die *szenische Choreografie* Ausdruck der Verhältnisse der Personen zueinander (und zu den abgebildeten Gegenständen, Räumen und Orten). Das Mädchen in der Mitte ist ganz eindeutig nicht nur durch ihre Mittelposition und die Geste hervorgehoben, sondern auch dadurch, dass sie in der Körpergröße die beiden anderen deutlich überragt. Interessant ist, dass sie trotz der erhöhten Position deutlich weniger als Anführerin wirkt, als es die Idee des Überragens nahelegen könnte. Das hat ebenso mit der formalen Bildkomposition zu tun, die allen gleichermaßen ‚Niedlichkeit' und Zurückhaltung verleiht, wie mit der Körperhaltung.

Ikonologisch-ikonisch zeigt sich gutbürgerliche Geborgenheit, mädchenhafte Zurückhaltung und Unschuld sowie ein spielerischer, noch etwas unbeholfener Umgang mit körperlicher Selbstpräsentation. Mehr zur ikonologisch-ikonischen Interpretation des Fotos der Mädchen findet sich im unmittelbar folgenden Abschnitt, in der komparativen Analyse der beiden Fotos.

8.3 Fallinterne komparative Analyse der Bilder: Frauen zitieren Mädchen, Mädchen üben Weiblichkeit

Die Geste des Zurückstreichens der Haare erscheint auf den ersten Blick nahezu spiegelbildlich zu jener im H&M-Bild. Bei genauer Betrachtung zeigen sich jedoch in der Ausführung der Geste selbst interessante und weitreichende Unterschiede: Bei den Mädchen im Pool geht der ganze Körper mit der Bewegung mit, dementsprechend dreht sich die Halswirbelsäule in die andere Richtung, sodass der Kopf in Richtung Hand geht. Der Rumpf macht also die Bewegung des Armes mit und der Kopf bewegt sich in Richtung Arm. Diese doppelte Drehbewegung macht es wesentlich leichter, die Geste auszuführen, als eine statische Haltung der Wirbelsäule, die durch die frontale Körperpositionierung der Models im H&M-Bild erforderlich ist. Die Geste wird von dem Mädchen am Pool-Bild organischer ausgeführt als von der jungen Frau am H&M-Bild.

Die Drehbewegung führt auch dazu, dass der Unterarm wesentlich mehr vom Körper verdeckt wird. Der verhüllende Charakter der Geste wird auf diese Weise viel deutlicher. Im Pool-Bild ist die verschämt-zurückhaltende Geste mit einer insgesamt verschämt-zurückhaltenden Körperhaltung verknüpft. Man kann auch feststellen, dass die Geste im Gegensatz zum H&M-Bild viel umfassender in die gesamte Körperlichkeit eingebettet ist.

Diese körperliche Ebene ist aber nur die erste Ebene eines systematischen Unterschieds der beiden Bilder. Nicht nur der Arm verhüllt mehr vom Köper, auch im Outfit dokumentiert sich eine größere Zurückhaltung. Die Art und Weise der stärkeren Verhüllung des Körpers weist wiederum in dieselbe Richtung: Die Unbeholfenheit der Verhüllung zeigt Unsicherheiten im Umgang mit der eigenen Körperlichkeit und steht damit deutlich im Kontrast zu der offensiven Selbstpräsentation der Models am H&M-Bild.

Auch die planimetrische Komposition und die perspektivische Projektion bringen Zurückhaltung, Unschuldig-Kindliches, Ge- und Verborgenheit sowie Eingeschlossensein zum Ausdruck. Dies steht im Gegensatz zu grenzloser Weite bis zum Horizont und ungestümer Wildheit im H&M-Bild. Dort steht die zurückhaltend-verschämte, unschuldige Geste nicht nur im Widerspruch zur Gesamtorganisation des Körpers, sondern auch zu seiner selbstbewusst-offensiven Präsentation, die durch die Gesamtkomposition des Bildes unterstrichen wird.

Der systematische Unterschied liegt also darin, dass die Geste im Pool-Bild wesentlich umfassender eingebettet ist. Dazu zählen die Körperlichkeit, die formale Komposition des Bildes sowie auch die Ikonografie, während die Geste im H&M-Bild im Kontrast zu diesen Ebenen des Bildes steht. Als Ausdruck des Habitus lässt sich eine Geste dann verstehen, wenn sie Homologien zum übrigen körperlichen Ausdruck und zur Gesamtsituation aufweist. In diesem Sinn verstanden ist sie im Bild der Gruppe „Pool" authentischer als im Werbebild.

Als konjunktiver Erfahrungsraum der Gruppe „Pool" lässt sich ein behütetes Aufwachsen im bürgerlich-gepflegten, klar begrenzten Kontext rekonstruieren. Als Orientierungsrahmen dokumentiert sich mädchenhafte Unsicherheit mit der eigenen Körperlichkeit, kindliche Unschuld, Zusammengehörigkeit in der Peergroup ohne hierarchische Ordnung und eine Korporierung der Grenzen des elterlichen Rahmens. Wenn man das H&M-Bild einbezieht, dokumentiert sich zudem eine Freude am Nachspielen und Inszenieren, eine Sehnsucht nach Entgrenzung und Wildheit sowie nach erwachsener, selbstgewisser Weiblichkeit mit Führungsanspruch.

Das H&M-Bild enthält eine gekonnt inszenierte Pose (siehe Kapitel 11.1). Die Geste, die immanenter Bestandteil dieser Pose ist, ist dem Kontext der Mädchenhaftigkeit entlehnt. Die Mädchen knüpfen genau an dieser Geste an und bringen sie wieder zurück in einen Orientierungsrahmen, in dem sie sich als kongruent erweist; das heißt, sie eignen sich die Geste wieder an. Was heißt das aber nun in Bezug auf die weibliche Identitätsnorm, die sich im H&M-Bild zeigt, nämlich sich in seiner weiblichen Körperlichkeit zugleich selbstbewusst, erhaben und stark sowie mädchenhaft, unschuldig und zurückhaltend-verschämt zu präsentieren?

Die Mädchen üben. Das empirische Material, bestehend aus kommerziellem und privatem Bild, erlaubt einen Blick in den Prozess des Einübens weiblicher Hexis, bzw. genauer einen Einblick darin, wie innerhalb eines konjunktiven Erfah-

Abb. 8.21: „Pool", privates Bild; stehend am Poolrand.

Abb. 8.22: „Pool", privates Bild; Eintauchen ins Wasser 1.

rungsraums mit normativen Erwartungen umgegangen wird und wie Komponenten eines Orientierungsschemas bzw. Komponenten virtualer sozialer Identität (siehe Kapitel 4.2.1) zu einer Handlungspraxis werden, d. h. habitualisiert werden (Bohnsack 2014b, S. 39). Die ‚perfekten' Mädchen üben sich absichtsfrei, intuitiv und spielerisch darin ein, ‚perfekte' Frauen zu werden. Das bestätigt sich auch in dem zusätzlichen Material, das die Mädchen den Feldforscherinnen überlassen haben. Kein einziges der etwa zwanzig Bilder umfassenden Serie, die im elterlichen Garten entstanden sind, lässt die Geste des Zurückstreichens der Haare vermissen (siehe Abbildung 8.21–23).

Spielerisch nähern sie sich dem kommerziellen Bild genau über jenes Element an, das ihnen am nächsten ist, wie die drei Bilder zeigen. Mit diesen drei Bildern sind alle Bildtypen gezeigt: (1) im Pool (siehe Abbildung 8.21), wie jenes, das sie ausgewählt haben; (2) am Poolrand stehend (siehe Abbildung 8.22); (3) ins Wasser springend, unterschiedlich weit eingetaucht (siehe Abbildung 8.23).

Die Argumentation würde sich zu weit vom eigentlichen Erkenntnisinteresse entfernen, wenn auch diese drei Bilder aus der Serie, die „Forschungszwecken" dienen dürfen, „obwohl sie nicht so gut geworden sind" (aus dem Beobachtungsprotokoll zur Gruppendiskussion), noch einer intensiven Analyse unterzogen werden

Abb. 8.23: „Pool", privates Bild; Eintauchen ins Wasser 2.

würden. Interessant für das Thema der Habitualisierung bzw. Korporierung geschlechtstypischer Normen der Selbstpräsentation sind die systematischen Unterschiede zu dem autorisierten Bild im Verhältnis zum H&M-Bild. Beim zweiten Bild (siehe Abbildung 8.22) haben wir es mit einer deutlich anderen Perspektive zu tun. Hier sind die Mädchen in leichter Aufsicht aufgenommen und die anderen beiden sind wesentlich dynamischer, wilder – immerhin sind die Mädchen am Übergang zwischen Luft und Wasser bzw. tauchen gerade ins Wasser ein und das Wasser spritzt schon vom Eintauchen. Sowohl die andere Perspektive als auch das spritzende Wasser zeigen in bestimmten Aspekten mehr Ähnlichkeiten zum H&M-Bild als das schlussendlich gewählte Bild. Zwar muten die Sprungbilder deutlich spielerischer an, den drei Bildern ist dennoch gemeinsam, dass in ihnen der herausgearbeitete *Komplementärkontrast weniger* ausgeprägt ist. Das Geborgen-Behütete bzw. Zurückgenommen-Verschämte kommt in diesen Bildern etwas weniger stark zum Ausdruck.

Der Komplementärkontrast hat also System und ist daher Teil der Relevanzsetzung der Mädchen. Er liegt in den Kontrasten von Begrenzung vs. Entgrenzung, wild und frei vs. wohlerzogen und behütet, selbstbewusst-erwachsen auch in der Präsentation ihrer verspielten Seite vs. unsicher-adoleszent. Genau hier wird auch das Dilemma bzw. die Sehnsucht der jungen Mädchen deutlich: *noch* nicht Frau zu sein, sich nach „Auswilderung" zu sehnen und sich gleichzeitig im Behütetsein wohl und zu Hause zu fühlen. Noch ist Frausein fremd und weit entfernt.

Die Einübung in einen weiblichen Habitus besteht für diese Mädchen u. a. darin, sich Elemente ihrer Mädchenhaftigkeit zu bewahren, sie für eine andere Zeit zu konservieren bzw. zu retten, in der die Mädchenhaftigkeit sich in erwachsene Formen wandelt. Die Orientierung am Spielerischen, das Interesse am nächsten Entwicklungsschritt, die diese Einübung möglich machen, zeigen sich auch in der Gruppendiskussion (siehe Kapitel 8.5); die Erkenntnisse in Bezug auf die Geste – der Prozess des Habitualisierens von korporiertem Wissen – dagegen nicht.

8.4 Exkurs: Die Geste des Zurückstreichens der Haare in der Kunst

Die Interpretation dieses Falles konzentriert sich stark auf die Geste, die darin besteht, das Haar mit einer Hand auf der anderen Seite des Körpers, in der Nähe des Ohres, zu erfassen und zurückzustreichen bzw. zu bändigen. Ein Blick in die Kunstgeschichte erlaubt es, die Geste umfassender in ihrer Bedeutung zu begreifen. In welchen Kontexten bzw. Situationen finden wir diese Geste noch? Und lässt sich damit die bisherige Interpretation validieren oder eher nicht?

Im Gemälde „Hero und Leander" von Théodore Chassériau sowie im Bild „Susanna im Bade" von Rembrandt van Rijn findet sich eine ganz ähnliche Geste (siehe Abbildung 8.24 und 8.25).

Beide Gemälde stehen, wie es in der bildenden Kunst häufig der Fall ist, im Kontext einer klassischen Narration. Einer der Höhepunkte der Erzählung wird durch das Bild visuell formuliert. Die beiden Gemälde sind mithin ikonografisch dicht eingebettet: Die Geschichte von Hero und Leander ist ein vielbearbeiteter Stoff, der auf die griechische Mythologie zurückgeht. Die junge Priesterin der Aphrodite ist in heftiger, aber verbotener – die Familien sind verfeindet – Liebe zum Jüngling Leander entbrannt, der diese erwidert. Er durchschwimmt jede Nacht die Meerenge des Hellesponts, geleitet durch eine von Hero für ihn entzündete Fackel. Eines Nachts erlischt diese durch einen Gewittersturm. Hero findet ihren Geliebten am nächsten Morgen tot ans Ufer gespült und stürzt sich daraufhin von einer Klippe in den Tod.

Die Erzählung von „Susanna im Bade" oder auch „Susanna und die Älteren" ist eine Bibelgeschichte aus dem Buch Daniel (Apokryphen), die für den Ursprung der getrennten Zeugenbefragung steht. Auch Susanna liebt, und zwar ihren Mann. Als sie im Garten des ehelichen Anwesens ein Bad nimmt, lauern ihr zwei angesehene, deutlich ältere Richter auf, die im Hause verkehren und sich in sie verliebt haben. Sie werden von Susanna zurückgewiesen. Erzürnt darüber bezichtigen die beiden Susanna des Ehebruchs mit einem jungen Mann. Als sie getrennt befragt werden, wo genau der Ehebruch stattgefunden habe, machen sie widersprüchliche Aussagen. Susanna entgeht dem Schicksal der Steinigung und kommt frei. Stattdessen werden die beiden Richter gesteinigt.

In beiden Situationen handelt es sich um ganz junge Frauen, die erotisch anziehend sind und denen trotz ihrer Unschuld Unheil droht. Den beiden Erzählungen sind also sowohl die Unschuld als auch die Erotik und das Bedürfnis nach Schutz gemeinsam. Hinsichtlich der ikonografischen Bedeutung der Geste findet sich also in den beiden Kunstwerken Bestätigung.

Interessant ist auch die *vorikonografische* Ebene: Beide Mädchen auf den Gemälden zeigen eine Drehung der Wirbelsäule und daher auch des Kopfes, wie es für die Mädchen im Pool herausgearbeitet wurde. Hero ist aber im Vergleich zu Susanna aufrechter und frontaler abgebildet, die Wirbelsäule ist weniger gedreht.

Abb. 8.24 und 8.25: Hero und Leander (1839) von Théodore Chassériau (li.); Susanna im Bade (ca. 1634) von Rembrandt van Rijn (re.).[14]

Sie handelt auch selbstbestimmter, ist zwar vom Schicksal bedroht, stellt sich diesem aber durch eigene Entscheidung entgegen, während Susanna den Ereignissen völlig ausgeliefert ist, angeklagt wird, ohne Einfluss nehmen zu können. In beiden klassischen Werken wird auch der Busen bedeckt – wie im H&M-Bild und noch deutlicher im Bild der Gruppe „Pool". Die Interpretation des Werbebildes und des privaten Fotos erfährt durch den kurzen und reichlich unsystematischen Blick in die Kunstgeschichte eine gewisse Bestätigung.

8.5 Die Gruppendiskussion: Herstellung der Fiktion

In der Gruppendiskussion finden Orientierungen, die sich anhand des Bildvergleichs bereits abgezeichnet haben, Bestätigung. Dazu zählt, wie normativen Anforderungen auf der Grundlage bzw. im Rahmen eigener (habitueller) Orientierungen begegnet wird. Es finden sich auch weitere Orientierungen, die es erlauben, den Umgang mit den visuellen Formulierungen von Identitätsanforderungen weitreichender in den kollektiven Orientierungsrahmen der Gruppe einzubetten. Andererseits wird auch deutlich, was nur in den Bildern zum Ausdruck kommt.

---

14 Hero und Leander: http://deoinga.egloos.com/3825233 (letzter Aufruf: 13.10.2015); Susanna im Bade: http://upload.wikimedia.org/wikipedia/commons/4/49/Rembrandt_Harmensz._van_Rijn_151.jpg (letzter Aufruf: 13.10.2015).

Die Feldforscherinnen eröffnen die Gruppendiskussion zwar mit der Feststellung, dass sie alles interessiere, was die Mädchen interessiert. Sie schränken dieses breite Interesse dann allerdings auf die recht eng geführte Aufforderung ein, zunächst „genau" zu beschreiben, „was auf dem Bild (= H&M-Bild, A. P.) drauf ist" („Pool", Eingangspassage: 22). Die Mädchen benennen daraufhin jedes einzelne Bildelement, „Wasser", „Models", „Himmel" („Pool", Eingangspassage: 28–54), ohne etwas auszulassen, aber auch ohne die einzelnen Elemente in einen Satz oder ein Sinnganzes zu bringen. Die Gruppe kommt also der Aufforderung durch die erwachsenen Interviewerinnen exakt nach: Sie wurden zu einer vorikonografischen Beschreibung des Bildes aufgefordert und liefern diese mit Sorgfalt ab. In der übergenauen Erfüllung der Aufforderung in Form einer nahezu unverbundenen Aufzählung von Bildelementen liegt allerdings auch eine ironische Distanzierung. Die Bitte der Interviewerinnen wird von den Mädchen fast ad absurdum geführt. Das heißt, die Mädchen verhalten sich zugleich artig und kooperativ wie auch ironisch-distanzierend. Gleich am Beginn der Gruppendiskussion zeigt sich mithin performativ ein *spielerisch-kreativer, dabei zugleich kooperativer und provokanter Umgang* mit den Rahmensetzungen durch Erwachsene, also *mit Fremdrahmungen*.

Die vorikonografische Beschreibung des Bildes geht praktisch nahtlos in eine Verknüpfung des Dargestellten mit unterschiedlichen medialen Inhalten über, ihrem eigenen Rahmen:

Transkr. 8.1: „Pool", Eingangspassage: 73–97.

```
73  Cf:   Die eine schau-=äh die zwei schauen irgendwie, so=so=so: Actionfilm-
          mäßig aus.
74  Af:                                                      ⌊@( )@
75  Bf:                                                      ⌊@( )@
76  Cf:                                                      ⌊Also, so
          wie man die (.)
77        äh,äh,äh ( ) the heroines, äh (     ) die Heldinnen
78  ?:                                              ⌊(        )
79  Cf:                                             ⌊auf den, auf den ähm: auf
          den DVDs sieht.
80        Und die anderen drei-
81  Bf:         ⌊ Stimmt!
82  Af:         ⌊die vor allem @( )@
83  Cf:   @ja!@
84  Bf:         ⌊wie sie sich anschau'n
85  Cf:   Und die anderen drei sind irgendwie eher so-, keine Ahnung
86  Bf:   Die schaut so, als ob ihre Haare irgendwie nerven würden!
87  Me:   @( )@
88  Cf:   irgendwie so äh:: eher die Richtung: Germany's Next Topmodel (.)
89  ?:                                                        ⌊mhm
90  ?:                                                        ⌊mh
91  Cf:   Also unter Anführungszeichen.
```

```
92  Af:  Bei ihr kann ich mir richtig vorstellen, wie sie von einer crime-
         scene weggeht
93  Me:  @(.)@
94  Bf:  Ja @( )@
95  Cf:  Ja So hinten so eine (.) Feuer
                                  └Explosion
96  Af:
97  Cf:                                        └Ja @Genau!@
```

Die drei Mädchen sind an Actionfilme („Pool", Eingangspassage: 73) erinnert bzw. finden, dass die Models so aussehen wie Heldinnen auf einem DVD-Cover („Pool", Eingangspassage: 77–79) bzw. in „die Richtung Germany's Next Topmodel" („Pool", Eingangspassage: 88).[15] Sie können sich auch eine „Crime-Scene" („Pool", Eingangspassage: 92) mit „Feuer" und „Explosion" („Pool", Eingangspassage: 95–96) vorstellen. Das Bild – aus den Medien – wird mit weiteren medialen Bildern und Szenen verknüpft. Experimentell-spielerisch assoziieren die Mädchen verschiedene Szenen und Geschichten, die aus ihrer Sicht zum Erscheinungsbild der Models auf dem Werbeplakat passen. Darin dokumentiert sich, dass mediale Darstellungen in erster Linie als mediale Darstellungen wahrgenommen werden und wechselseitig füreinander den Referenzrahmen bilden. Die mediale Welt wird auf die mediale Welt bezogen.

Gemeinsam ist den Assoziationen das Heldinnenhafte bzw. Erfolg zu haben in einer herausfordernden oder gefährlichen Situation zusammen mit anderen und zugleich in mehr oder weniger subtiler Konkurrenz mit diesen. Als positiver Horizont wird die Bewältigung von Gefahren und Herausforderungen sowie die Lösung des Dilemmas von Konkurrenz und Zusammengehörigkeit deutlich. Diese Aspekte ikonologischen Verstehens werden zwar nicht expliziert, dokumentieren sich aber in Sequenzen, in denen imaginäres Wissen zum Ausdruck kommt. Insofern kann man von unmittelbarem Verstehen reden. Durch Referenzen auf andere mediale Produkte wird die positive Rahmung dieser Aspekte durch die Gruppe deutlich.

Dennoch stellt sich auch die Frage nach dem Verhältnis dieser medialen Welt zu der eigenen Realität, also dem Verhältnis von Fiktivem und Realem (siehe Kapitel 4.2.3). Anhand des H&M-Bildes haben sich die Mädchen schon vor der Diskussion Gedanken gemacht:

Transkr. 8.2: „Pool", Eingangspassage: 140–150.

```
140 Bf:  und was wir uns alle schon gefragt haben, dass es irgendwie unlogisch
         is, dass alle
```

---

[15] Germany's Next Topmodel, „GNTM", ist eine Castingshow im Reality-Format, in der sich junge Frauen in vielen unterschiedlichen Situationen in der Regel als Model oder Schauspielerin beweisen müssen. Eine aus einer Gruppe gewinnt die Fernsehshow. Siehe auch https://de.wikipedia.org/wiki/Germany's_Next_Topmodel (letzter Aufruf: 05.09.2015).

```
141          trockene Haare haben,
142   Me:                      └mhm
143   Bf:                            └obwohl sie aus dem Wasser kommen
144   Cf:  Is irgendwie ein wenig unrealistisch, dass das Wasser da so hinauf
           geht, obwohl sie
145        irgendwie nicht so ausschaun als würden sie das Wasser kicken, oder
           was weiß ich. Schaut
146        irgendwie so aus, als ob weiß ich, eine(.) was weiß ich, da hineinge-
           fallen wär und
147   Bf:  Das is so, wie wenn man künstlichen Wind macht, also
148   Cf:  Genau (4)
149   Af:  es schaut leicht künstlich aus überhaupt
150   Cf:  mhm (.) ups! (12)
```

Bea findet es „unlogisch", dass die Haare der Models trocken sind, obwohl sie aus dem Wasser kommen („Pool", Eingangspassage: 140–143). Auch die Gischt und der Wind werden als „unrealistisch" („Pool", Eingangspassage: 144) bzw. „künstlich" („Pool", Eingangspassage: 147) eingestuft, denn es sieht nicht so aus, als würde das Wasser ge„kick"t („Pool", Eingangspassage: 145) werden, also mit den Füßen zum Schäumen und Spritzen gebracht werden.

Im Herantragen möglicher bzw. machbarer Abläufe und kausaler Zusammenhänge an die im Bild dargestellte Szene dokumentiert sich der Versuch, einzelne Details wie das „trockene Haar", die Gischt oder den „Wind" auf die Authentizität ihrer Erscheinung hin zu prüfen. Da dies aber scheitert, werden sie als „unrealistisch" bzw. „künstlich" qualifiziert. Dabei geht es aber weniger darum, dass vermutet wird, das Bild sei realistisch, vielmehr geht es um die Qualität der Inszenierung. Eine „unlogische" Inszenierung ist eine weniger gute Inszenierung als eine logische, die dann auch „realistisch" ist, was den Profis scheinbar nicht immer gelingt und mit einem „ups!" („Pool", Eingangspassage: 150) quittiert wird. Man hat hier also kleine Fehler in der Inszenierung gefunden, die nicht in einen möglichen Ablauf passen. Das heißt, mediale Inhalte sind zwar prinzipiell inszeniert, man stolpert aber nur dann nicht über sie, wenn die Inszenierungen *nicht* als solche bemerkbar sind. Inszenierungen sind in den Augen der Mädchen also dann gut, wenn sie sich nicht als solche zeigen und sich damit nicht aufdrängen.

Die Frage nach dem Echten und Unechten beschäftigt die Mädchen auch in anderen Dimensionen:

Transkr. 8.3: „Pool", Eingangspassage: 309–317.

```
309   Bf:  Aber mich würd's auch interessieren, ob sie- ob genau das Foto das
           war, oder ob sie's sehr
310        viel verändert haben. mit(.)äh, also halt retuschieren
311   Cf:  Mich würd's auch interessieren, ob die, ob die fünf Mädchen eigent-
           lich irgendwie,
```

```
312            irgendwie Freunde sind, oder:::
313  Bf:       Stimmt! Oder ob sie ganz einfach durchgemig- halt
314  Cf:                                                      mhm (6)
315  Bf:       Aber ich find sie wirken schon so, als ob sie so eine Girls-Band wä-
               ren, oder so.
316  Cf:       Mhm
317  Af:       Mhm. °Auch wenn sie's nicht in echt sind° (6)
```

Über die Retuschen im Bild Bescheid zu wissen, würde die drei Mädchen interessieren, nämlich ob auf diese Weise „sehr viel verändert" („Pool", Eingangspassage: 309–310) wurde. Nahezu in einem Atemzug damit taucht die Frage auf, ob die Models miteinander befreundet sind („Pool", Eingangspassage: 312) oder ob sie lediglich der Job zusammengebracht hat. Den Freundschaftsaspekt transportiert das Bild offenbar gut, denn die drei Freundinnen würden ihnen abnehmen, eine „Girls-Band" zu sein („Pool", Eingangspassage: 315).

Es bestätigt sich, dass mediale Produkte von den Mädchen als gemacht und nicht als ein Fenster zur Welt eingestuft werden oder dem Anspruch standhalten müssten, die Welt, wie sie ist, zu zeigen. Denn die Frage der Mädchen lautet nicht, *ob* das Bild retuschiert ist, sondern wie viel. Allerdings wird wiederum deutlich, dass ein Bild gerade dann goutiert wird, wenn man nicht erkennt, ob es nun „echt" („Pool", Eingangspassage: 317) ist oder nicht.

Gerade Inszenierungen, die echt sein *könnten*, geben den eigenen Projektionen Raum. In zweifacher Weise sind sie Leitern für Zukunftsentwürfe: Erstens können die eigenen Phantasien detailliert entfaltet werden, indem sie den jungen Frauen auf dem Bild gemeinsam unterstellt werden; zweitens wird die Herstellung von derartigen Inszenierungen, also Inszenierungen, die echt sein könnten und gerade diese Unschärfe aufweisen, geübt. Zudem dokumentiert sich die Relevanz der Peergroup, die Wichtigkeit von Freundschaft mit gleichaltrigen Mädchen, wie sie durch die Gruppe ja selbst repräsentiert ist. Der Einstieg in das Bild wird wie im privaten Bild über die mädchenhafte Geste auch in der Gruppendiskussion über Anknüpfungspunkte aus dem konjunktiven Erfahrungsraum der Mädchen gesucht.

Zudem zeigt sich – wie auch im systematischen Vergleich der Bilder – die nächste Entwicklungsphase, nämlich eine junge Frau zu sein, als positiver Horizont, und zwar in der Frage, wie die jungen Frauen ‚wirklich' sind. So fragen sich die Mädchen beispielsweise, wie es wäre, wenn die Models einen „Lachanfall" („Pool", Eingangspassage: 368) bekommen würden. Darin dokumentieren sich die Fragen: „Haben wir es als erwachsene Frauen immer noch so lustig wie jetzt? Und wie sieht das dann aus, wie fühlt es sich an?"

Insbesondere, dass die Frage nach den Herstellungsprozessen der Inszenierung mit der Frage nach der Authentizität praktisch in eins fällt, verweist auf die Suche nach dem ‚Dahinter' bzw. dem Verhältnis von Inszenierung und Authentizität oder dem Verhältnis von Fiktion, Imaginativität und Imagination (siehe Kapitel 4.2.3). Die reale Welt der Models ist weiter entfernt, als die Herstellungsprozesse medialer Inszenierungen es sind.

Transkr. 8.4: „Pool", Eingangspassage: 318–330.

```
318  Bf:  Es wär irgendwie ur cool, aus einem Bild eine Geschichte zu machen
          und dann einen Film
319       darüber zu drehen.
320  Cf:  mhm
321  ?:   °@(.)@°
322  Bf:  Wo dann einmal genau dieses Bild vorkommt (9) Und es erinnert mich ein
          bisschen an Sex and
323       the City.
324  Af:  Stimmt! Nur, dass darf nur vier Mädchen sein
325  Bf:  ja
326  Af:  Mädchen; Frauen.
327  Bf:             ⌊Frauen
328  Cf:  Was mich inte-äh (.) Mich erinnert's an Wild Child
329  Bf:                              Stimmt genau ja
330  Af:                                          ⌊Ja (20)
```

Das Werbebild dient in dieser Überlegung als Anlass, selbst eine Geschichte zu erfinden oder einen Film zu drehen, mediale Vorbilder und zusätzliche Quellen sind rasch bei der Hand („Pool", Eingangspassage: 318–319). Zwei der Mädchen wollen, wie gegen Ende der Gruppendiskussion deutlich wird, einen kreativen Beruf im Bereich von Massenmedien ergreifen. Sie möchten Schriftstellerinnen oder Regisseurinnen werden. Selbst kreativ zu sein stellt mithin einen positiven Horizont dar, der auch ein gewisses Enaktierungspotenzial aufweist.

Das Erfinden, Spielen und Erleben von Geschichten liegt bei den Mädchen ganz nah beieinander. Das Bild erinnert sie an den Disney-Film „Cheetah Girls" („Pool", Eingangspassage: 433), in dem drei junge Frauen singend und tanzend auf eigene Faust in die Welt ziehen, um ihren Erfolg zu suchen, und dabei auch jede Menge shoppen. Der Name des Films hat einem Club der Mädchen seinen Namen gegeben. Zwei aus der Gruppe und noch einige andere Mädchen haben sich jeden Freitag getroffen, um „girlige Sachen" zu machen, wie „Schokoladeverkostungen", „Pillow-Fights", „Sleep-overs" und Internettests. Nach einem halben Jahr haben sie den Club aufgelöst, weil es schwierig wurde, sich jede Woche an einem bestimmten Tag zu treffen.

Eigene kreative Spiel- und Freizeitideen werden verwoben mit medialen Angeboten. Geschlechtstypische mehr oder weniger heteronome Angebote medialer Inszenierungen geben Impulse für Spiel und Spaß, wie für den Club, der Mädchen, die mitmachen wollten, offenstand – Jungen nicht. Hier werden z. T. heteronome Elemente von Weiblichkeit in den konjunktiven Erfahrungsraum integriert. Hier – auch, nicht nur – wird mit heteronomen Anforderungen gespielt, in diesem Spiel werden sie zugleich geübt und habitualisiert. Das Spiel, der imaginäre Raum zwischen Fiktion und Realität, erlaubt auch zu filtern und zu sortieren, inwieweit Elemente von Weiblichkeit als passend empfunden werden oder nicht.

Wecken derartige Projektionsflächen wie die H&M-Werbung Kaufinteresse? Die Antwort, die aufgrund der Gruppendiskussion gegeben werden kann, lautet: Ja.

Transkr. 8.5: „Pool", Eingangspassage: 254–269.

```
254  Bf:   Aber ich find's gut, dass sie halt so bunte Bikinis genommen haben
255  Cf:                                              ⌊mhm
256  Af:                                                        ⌊mh
257  Bf:   und nicht- Aber mich würds interessieren ob die wirklich zu
            kaufen (.) wären, also so
258              ⌊Ja=a!
259         Also genau die (4)
260  Af:   Ich denk aber mal, dass=dass der Style von diesem Jahr auch wahr-
            scheinlich sehr bunt is.
261  ?:    °Stimmt° (2)
262  Cf:   Und Ich glaub besonders die Bikinis sind irgendwie in der Mode. Also
            (2)
263  Af:   mhm
264  Cf:   So halbert. Trägerlos. Oder (.)
265  Bf:   mhm
266  Cf:   schaut irgendwie aus wie ne Masche
267  ?:    Stimmt
268  Bf:   Aber ich find, der is aber auch ur cool
269  Cf:   Mhm (4)
```

Prinzipiell könnten auch die Bikinis reine Inszenierung sein und nur dazu dienen, ein schönes Plakat zu gestalten, ohne ein erwerbbares Produkt von H&M zu sein. Jedenfalls wäre es aber interessant, dies zu wissen, denn immerhin gehen die Mädchen davon aus, dass der Style der gezeigten Bikinis wohl „in der Mode" („Pool", Eingangspassage: 262) ist, und zumindest einer der gezeigten Bikinis wird als „urcool" („Pool", Eingangspassage: 268) eingestuft. Der Schritt, bei H&M mal nachzuschauen, ob es die Bikinis nun gibt oder nicht, scheint nicht mehr sehr groß zu sein.

Auch hier dokumentiert sich die Fluidität von Imaginativität und Imagination. Es ist nicht klar, ob die Bikinis der fiktiven Welt, der reinen Inszenierung eines Styles, der *prinzipiell* nicht umsetzbar ist, angehören oder ob es sie tatsächlich gibt. Es ist jedenfalls interessant, das zu überprüfen. Die Bikinis gehören sozusagen einem intermediären Raum zwischen Fiktion und Realität, zwischen Imaginativität und Imagination an. Sie schaffen so gleichsam eine Verbindung zwischen den Phantasien, die sich mit der kommenden Entwicklungsphase verbinden, und der gegebenen Entwicklungsphase. Sie werden, ähnlich wie es Winnicott (2006) für Übergangsobjekte beschreibt, aufgeladen mit den Vorstellungen der Selbstpräsentation in der Zukunft.

Das eigene Bild finden die Mädchen – ähnlich wie die beiden jungen Männer der Gruppe „Schaum" – „urcool" („Pool", Eingangspassage privat: 326) bzw. „cool" („Pool", Eingangspassage privat: 368). Was das Bild cool macht, wird allerdings – wieder in Übereinstimmung mit der Gruppe „Schaum" – nicht formuliert bzw. bleibt implizit:

Transkr. 8.6: „Pool", Eingangspassage privat: 107–124.

```
107  Af:   und das Wasser ist so ein ur:, so ein ur:
108  Cf:                              Ltürkises
109  Af:                                       Lgenau, so ein urschönes irgend-
              wie
110  ?f:                                          Lä::h:::
111                                                  Lschönes Blau
112  Af:                                                    Lalso    irgendwie
              urkünstlich
113  Cf:                                                         L@Ja@ irgendwie
              so total
114          |Familienressort-werbunghaft
115  Af:    LJa genau
116  Bf:   @Stimmt@ (2) so wie fü-
117                       Lbei dir kann man ur gut die Familien=werbung machen
118  Cf:   Mhm
119  Af:   @Spiele und Spa-,Spiele, Spaß und Fun im Hotel Annika:::@ ((mit ver-
              stellter Stimme))
120  ?:    @(.)@
121  Af:   Pool und (.)
122  Cf:          Lda sieht man, wo wir gestanden sind
123  Bf:   Ja stimmt
124  Cf:   dort, wos nass ist
```

Das Wasser des Pools wird als „ur: türkises" („Pool", Eingangspassage privat: 107–108), als „schönes also irgendwie urkünstlich" („Pool", Eingangspassage privat: 111–112) gekennzeichnet. Es kommt einer Werbung für eine exklusive Ferieneinrichtung für Familien gleich. Im Garten von Annika kann man gut derartiges Werbematerial produzieren. Man kann auch sehen, wo am Pool die Mädchen gestanden sind, denn dort befinden sich nasse Stellen im Bild.

Im Gegensatz zum kommerziellen Bild finden die Mädchen die „Künstlichkeit", die sie wahrnehmen, gut. Das Wasser, dass auf dem Bild so türkis erscheint, dass es künstlich wirkt, öffnet den Assoziationsraum und damit einen implizit interpretativen Zugang zum eigenen Bild. Hier wird nun nicht an Gangs, Konkurrenz und Heldinnentum gedacht, sondern an Familie, einen geschlossenen Raum (ein „Ressort") und Ferien. Auch hier wird das Bild auf dieselbe Weise in Aspekten seiner ikonologischen Bedeutung verstanden, wie sie in der Bildinterpretation erarbeitet wurde. Allerdings wiederum nicht explizit, sondern durch imaginäre Beispiele, durch die Geschichten und Inszenierungen, die die Mädchen an ihr eigenes Bild herantragen.

Wie fluid die Grenzen zwischen der Konstruktion von Fiktion und der Rekonstruktion von Realität sind, zeigt der nahtlose Übergang vom erfundenen „Familienressort" („Pool", Eingangspassage privat: 114) zur Feststellung, dass man auf dem Bild sehen kann, wo man zuvor am Poolrand gestanden ist, denn dort seien Stellen, die „nass" („Pool", Eingangspassage privat: 124) sind.

Ein weiterer fiktiver Kontext, der an das Bild herangetragen wird, ist die Geschichte einer Mädchengruppe, die in den Ferien wegen eines jungen Mannes in heftigen Streit gerät, sich jedoch wieder versöhnt; das Foto dient dem Zweck, an diese Versöhnung, die den einzig richtigen Weg darstellt, zu erinnern. Auch hier dokumentiert sich wieder die Auseinandersetzung mit der überwundenen Konkurrenz. Die Mädchen verständigen sich implizit über ihren Zusammenhalt auch über Situationen der Konkurrenz hinaus. Da sich in der Gruppendiskussion zeigt, dass es noch keine ernsteren Kontaktaufnahmen mit jungen Männern gab, handelt es sich hier nur um die Vorwegnahme von Situationen, die den Zusammenhalt der geschlechtshomogenen Peergroup gefährden könnten.

Zusammenfassend lässt sich festhalten, dass der habitualisierte Umgang mit weiblicher, erwachsener Identitätsnorm in der Gruppendiskussion als spielerisch-kreativ und imitierend-mimetisch sowie mit gewissen ironischen Distanzierungen, die zu eigenständigen Neuschöpfungen führen können, rekonstruiert werden konnte. Das entspricht weitgehend der Bildinterpretation. Auch das Interesse am Inszenierungscharakter medialer Inhalte, über die sich die Mädchen an die eigene Herstellung von Inszenierungen herantasten, zeigt sich in der Gruppendiskussion ebenso wie in der Bildanalyse. Die Methodentriangulation führt hier also zu einer wechselseitigen Validierung in der Rekonstruktion des Habitus der Mädchen.

Ein Orientierungsrahmen, der sich anhand des *Bildes* allerdings *nicht* rekonstruieren lässt, ist die *Suche nach dem Authentischen hinter der Inszenierung* und damit verbunden die Frage nach der Realität des Erwachsenseins, jenseits der Alltagserfahrungen der Mädchen mit Eltern und Schule. Diese Erfahrungen werden zwar auf Nachfragen erläutert, sind aber für die Mädchen zurzeit offenbar ebenso unproblematisch wie uninteressant. Zudem zeigt sich, dass beide Bilder als fluid, zwischen Fiktion und Realität eingestuft werden.

Die *Gruppendiskussion* eröffnet *keinen Zugang zum* konkreten *Umgang mit Identitätsanforderungen auf der Ebene* körperlicher Selbstpräsentation und damit *von korporiertem oder korporierbarem Wissen*. Indem uns das Bild diesen Zugang eröffnet, erschließen sich auch elementare Einblicke in die Handlungspraxis der Mädchen bzw. in Prozesse der Einübung in geschlechtstypische Inszenierung und Selbstpräsentation.

Der methodische Beitrag der Arbeit liegt u. a. darin, dass die Kombination aus jeweils zwei unterschiedlichen Bildern und einer Gruppendiskussion von ein und derselben Gruppe es ermöglicht, den habituellen Umgang mit heteronomen Identitätsanforderungen systematisch zu untersuchen. Kommerzielle Bilder arbeiten häufig mit Lifestyles, also mit stereotypisierten Identitäten und Rollen, wie es hier für das H&M-Bild im Rahmen der Pose gezeigt wurde (siehe auch Kapitel 11.1 und Bohnsack/Przyborski 2015). Über diesen Bildertyp kommen also systematisch heteronome Strukturen in das empirische Material. Da auch diese Bilder von den Gruppen autorisiert sind, werden die sozialen Normen und Rollen, die sie beinhalten, in der Regel nicht nur in ihrem Anforderungs- und Zwangscharakter erlebt, sondern auch als Impuls innerhalb von Entwicklungsphasen. Die Triangulation von privatem Bild und Gruppendiskussion zeigt diesen positiven Umgang im Rahmen des kollektiven Habitus mit exterioren Strukturen auf zwei Ebenen:

(1) auf der Ebene des atheoretischen Wissens – im Fall „Pool" ist das neben dem spielerisch-kreativen Umgang die Suche nach dem Authentischen hinter den Inszenierungen (virtualer sozialer Rollenidentität) von Weiblichkeit – und

(2) auf der Ebene des korporierten Wissens. Im Fall „Pool" ist das der Zugang zum Bild auf der Basis mädchenhafter Unschuld und zurückhaltender Erotik in Form der Geste des Zurückstreichens der Haare, die wiederum durch die Rekonstruktion des Gesamthabitus im Rahmen eines prinzipiellen Interesses an Neuem und speziell an Formen des Erwachsenseins (jenseits von Schule und Elternhaus) als Einübung in korporierte Praxen kommender Entwicklungsphasen eingeordnet werden kann.

Mit Bohnsack (2014b, S. 43) lässt sich zusammenfassend festhalten, dass der „Habitus [...] sich u. a. im Wie d[ies]er Auseinandersetzung mit der Norm" dokumentiert, „durch welche er aber auch transformiert wird".

8.6 Fallinterne komparative Analyse Bild und Text: Der Zauber der Bikinis

Die komparative Analyse der Bilder zeigt einen spielerischen Umgang mit weiblicher Identitätsnorm. Die Mädchen der Gruppe „Pool" imitieren eine Geste eines Werbebildes. Sie konnte als mädchenhaft unschuldige, zurückhaltende Geste mit ein wenig subtiler Erotik rekonstruiert werden. Sowohl die Körperhaltung des Mädchens, das die Geste ausführt, als auch die Positionierung der Mädchen zueinander und die Gesamtkomposition des Bildes wiederholen Zurückhaltung, Unschuld und eine ein wenig unbeholfene körperliche Selbstpräsentation. Die Geste fügt sich organisch in die gesamte Körperhaltung ein, zeigt Homologien mit der Körperpraxis der anderen Mädchen und der gesamten Szene. Sie ist umfassend kontextuiert und insofern Ausdruck des Habitus der Mädchen.

Die jungen Frauen im H&M-Bild lassen sich dagegen als erhaben, offensiv und selbstbewusst charakterisieren. Die unschuldige Geste steht dazu im Kontrast. Diese Diskontinuität sowie u. a. eine Parallelisierung des Aussehens der fünf jungen

Frauen führt zu einer gewissen Entindividualisierung (siehe Kapitel 11.1 und Bohnsack/Przyborski 2015), die es ermöglicht, eine Identitätsnorm bildlich zu formulieren, frei von persönlichen Elementen. Die Übergegensätzlichkeit des Bildes vereint weibliches Selbstbewusstsein, wie es erwachsenen Frauen möglich ist, mit mädchenhafter Zartheit und Unschuld. Ein weibliches Identitätsproblem wird damit zugleich gelöst und geschaffen. Die Gefahr einer möglichen Objektivierung und Sexualisierung der selbstbewussten Präsentation von Körperlichkeit ist durch die unschuldige Geste (zusammen mit der jugendlich frischen Inszenierung) abgewandt. Der Preis dafür: eine stetige Balance von Zurückhaltung und Offensivität, von Mädchenhaftigkeit und Weiblichkeit, Zartheit und Stärke bei der Selbstpräsentation.

Die Mädchen der Gruppe „Pool" nehmen die fokussierte und zugleich mädchenhafte Geste als Einstieg in ein Bild, das die Vorstellung erlaubt, von erwachsener Weiblichkeit gar nicht so weit entfernt zu sein. Als positive Horizonte werden zudem Entgrenzung und Freiheit deutlich, die als nächster Entwicklungsschritt den Begrenzungen des eigenen Aufwachsens etwas entgegensetzen. Mitgenommen werden dabei allerdings weibliche Identitätsnormen. Die Mädchen *üben* einen Teil von Weiblichkeit, der beinhaltet, Mädchenhaftes nicht zu verlieren, sondern in die nächste Entwicklungsphase mitzunehmen.

Die Gruppendiskussion erlaubt den fluiden Charakter zwischen Fiktion und Realität, den das kommerzielle Bild in den Augen der Mädchen hat, herauszuarbeiten. Sie sind zum einen an den Details der Inszenierung interessiert, an der Herstellung der Darstellung imaginärer, sozialer Identität. Denn der Art und Weise, wie die Models auf dem Bild erscheinen, wird von den Mädchen kein realer Charakter zugeschrieben. Sie stellen sogar die Frage, ob es die Bikinis, die die jungen Frauen auf dem Bild anhaben, tatsächlich (zu kaufen) gebe oder ob diese nur Elemente der Herstellung der Fiktion auf dem Bild seien.

Zugleich gehen die Mädchen von einer Realität aus, die gleichsam hinter der Inszenierung vorhanden ist. Sie liegt im persönlichen Habitus der Models, über den sich die Mädchen Gedanken machen. So wird die Frage diskutiert, ob die Models manchmal Lachanfälle haben, und davon ausgegangen, dass sie tatsächlich miteinander befreundet sind. Das Bild ist also insofern imaginativ, als das virtuose Spiel mit der weiblichen Pose im Bild einen positiven Horizont darstellt, an dessen Enaktierung ‚fleißig' gearbeitet wird (siehe auch Kapitel 8.3). Es ist andererseits insofern imaginär, als es als massenmediales Produkt aufgefasst wird und vorwiegend in seinen Bezügen und Anschlüssen an fiktive mediale Welten ausgelotet wird.

In dieser Rekonstruktion wird deutlich, dass die Bikinis einem intermediären Raum zwischen Fiktionen und Realität angehören, der die beiden Welten miteinander verbindet. Im Bikini liegt quasi ein ‚Zauber': Er ist aufgeladen mit der Fiktion und zugleich Imagination einer neuen Rolle, Lebensphase, eines neuen Sommers mit einer neuen Identität.

Das private Foto zeigt die Körperpraxis und damit den Habitus der Mädchen, das Werbebild, das sie autorisiert haben, ihre Körperimagination und -fiktion in

Form von Identitätsnormen. Das Verhältnis der beiden Bilder stellt dementsprechend das Verhältnis von Habitus und Norm dar, bzw. wie sich die Mädchen auf der Basis ihres Habitus mit dieser Identitätsnorm auseinandersetzen. Auf dem Weg der Mimesis wird geprüft, inwieweit sich bestimmte Erwartungserwartungen in die eigene Körperpraxis integrieren lassen. Bei allen drei Komponenten, Habitus, Norm – insbesondere geschlechtstypische Identitätsnormen körperlicher Selbstpräsentation –, und dem Verhältnis der beiden zueinander, handelt es sich um weitgehend implizites Wissen, das nur auf dem Weg der Interpretation wissenschaftlich zugänglich ist.

Derselbe mimetisch-spielerische, handlungspraktische Umgang, wie mit Bezug auf normative Vorgaben herausgearbeitet werden konnte, zeigt sich in Bezug auf Produktionsprinzipien medialer Formate. Er kann wie auch bei der Gruppe „Schaum" auf dem Weg der Bildinterpretation als korporierte Praxis rekonstruiert werden.

8.7 Typologische, fallübergreifende Aspekte: Orientierungsdilemma vs. Habitustransformation

Eine deutliche Gemeinsamkeit der Fälle „Pool" und „Schaum" (siehe Kapitel 7) liegt darin, dass sie sich performativ mit den Herstellungsprozessen geschlechtstypischer Inszenierungen auseinandersetzen. Beide Gruppen nähern sich kommunikativ-generalisierten Anforderungen an Geschlechtsidentität durch spielerisches Reinszenieren. Die kommerziellen Bilder werden auf jeweils unterschiedliche Art und Weise nachgestellt, wobei die Beschäftigung mit der Reinszenierung Spaß macht, nicht in ein zweckrationales Handeln eingeordnet werden kann und daher aktionistischen Charakter hat. Dieses aktionistische Handeln kann als ein Probehandeln aufgefasst werden, in dem Möglichkeiten der Bezugnahme auf heteronome Strukturen – im Rahmen des eigenen Habitus – ausprobiert werden.

Auf der Ebene der Performanz scheint die Annäherung identisch. Allerdings unterscheiden sich die jeweiligen kommerziellen Bilder schon hinsichtlich der ihnen immanenten Kontextuierung der Norm. Das Werbeplakat von „Pulp Fiction" beinhaltet eine Distanzierung von einer spezifischen Variante konventioneller Männlichkeit, während das H&M-Plakat prototypische, zeitgemäße Weiblichkeit feiert. In der Beschäftigung der jungen Männer mit dem „Pulp-Fiction"-Plakat dokumentiert sich ein Orientierungsdilemma hinsichtlich der eigenen korporierten Männlichkeit. Bei den Mädchen dagegen zeigt sich bei der Beschäftigung mit dem H&M-Bild ein positiver Horizont, der zwar der Identitätsnorm entspricht, aber nicht so ohne Weiteres zu erreichen ist: ‚Girliges' soll mit (erwachsener) Weiblichkeit vermittelt werden.

In beiden Gruppen findet sich auch ein berufliches Enaktierungspotenzial für die mimetisch-handlungspraktische Aneignung medialer Inhalte. Die jungen Männer sind Spieleentwickler. Sie entwickeln weiter, was sie handlungspraktisch durchdrungen haben; die Mädchen entwickeln Geschichten und Inszenierungen weiter, nehmen sie zum Anlass, etwas Neues hervorzubringen, neue Spiele zu spielen, Geschichten zu erfinden, Clubs zu gründen und berufliche Perspektiven zu entwickeln.

Im Gegensatz zur Gruppe „Schaum" drückt sich bei der Gruppe „Pool" im Bild ein positiver Horizont aus und kein Dilemma. Das private Bild zeigt sie in ihrem milieutypischen und persönlichen Habitus. Mit ihrer Imitation verstellen sie den Blick auf ihre milieutypische Eingebundenheit nicht. Dies bildet einen Gegensatz zur Gruppe „Schaum", deren Hexis quasi völlig hinter ihrer professionellen Inszenierung versteckt bleibt. Die Mädchen sind in ihrer Mädchenhaftigkeit habituell sicher. Auch wenn das Einüben in eine weibliche Selbstpräsentation da und dort (noch) unbeholfen ist, zeigt sich eine Sicherheit in der spielerischen Prozessierung normativer Anforderungen der kommenden Lebensphasen. Für die Gruppe der jungen Männer dagegen lässt sich auf der Grundlage des privaten Bildes und der Gruppendiskussion eine habituelle Verunsicherung auf der Ebene männlicher Selbstpräsentation herausarbeiten.

Für die komparative Analyse und Typenbildung lässt sich daher festhalten, dass sich in den Gruppen „Pool" und „Schaum" unmittelbares Verstehen im Medium Bild zeigt. Als Basis dieses Verstehens konnten einerseits Aspekte des korporierten Wissens (sowohl hinsichtlich der Ebene von Zeuggebrauch und Geste als auch hinsichtlich des performativen Wissens um die Darstellung) herausgearbeitet werden. Anhand dieses Verstehens lässt sich jenes implizite Wissen rekonstruieren, das das Verhältnis von Habitus und Norm strukturiert, sowohl hinsichtlich der habituellen Bezugnahme auf normative Vorgaben als auch dahingehend, dass deutlich wird, wo die Darstellung der Norm Anleihen in habitualisierten Praxen nimmt (siehe Kapitel 11.1).

Das Bild erlaubt auf diese Weise einen Zugang zum Umgang mit (heteronomen) Anforderungen an geschlechtstypische Identitätsnormen auf der Ebene des korporierten Wissens: Im Fall „Pool" setzten diese Anforderungen den Habitus der Mädchen insofern unter Spannung, als sie einen positiven Horizont darstellen, dessen Enaktierung sie geübt haben. Die Mädchen sind an einer weiblichen Geschlechtsnorm orientiert, in der selbstbewusst kraftvolle Weiblichkeit mit Mädchenhaftigkeit und Zurückhaltung balanciert werden muss. Im Fall „Schaum" zeigt sich die Spannung zwischen Habitus und normativen Anforderungen als Orientierungsdilemma und damit verbunden einer habituellen Unsicherheit hinsichtlich des eigenen männlichen Habitus auf der Ebene von korporiertem Wissen.

9 Super normal Mann: DC Shoes

Die Gruppe „Tinte" besteht aus einem jungen Paar, die beide als Grafikdesigner arbeiten. Olivia stammt aus Brasilien und Paul aus einer deutschen Großstadt, wo sie einander bei der Arbeit in einer Agentur kennengelernt haben. Zur Zeit der Erhebung leben beide in Österreich und arbeiten freiberuflich. Die Gruppendiskussion findet in einem Szenelokal statt. Die beiden bringen vier Bilder mit. Paul hat ein kommerzielles und ein privates Bild gewählt. Olivia hat ihr kommerzielles Bild („Non-Format", siehe Kapitel 10) so gewählt, das es zu den beiden Bildern von Paul passt. Neben einigen anderen privaten Bildern hat sie eines mitgebracht, das ihr besonders wichtig ist, weil es Olivia und Paul als Paar zeigt. Beide beteiligen sich auch intensiv an der Diskussion jedes einzelnen der vier Bilder. Die beiden kommerziellen Bilder und das private Bild von Paul werden hinsichtlich der Stimmung ähnlicher empfunden als das Paarbild.

Olivia und Paul haben die Bilder nicht in einer spezifischen Reihenfolge ausgewählt. Der Gruppendiskussion ist zu entnehmen, dass im privaten Fundus sowie in Magazinen nach guten Bildern gesucht wurde, nach Bildern, die dem eigenen Lebensgefühl entsprechen.

Sowohl die Analyse der Bilder als auch die der Gruppendiskussion führen zu dem Ergebnis, dass in den Bildern jeweils geschlechtstypische Orientierungen zum Ausdruck kommen. Da es sich mithin um zwei Erfahrungsräume handelt, macht es Sinn, sich zunächst mit dem einen und dann mit dem anderen eingehender zu beschäftigen. In der komparativen Analyse wird die Beziehung der beiden Erfahrungsräume schließlich herausgearbeitet. In der Folge liegt der Fokus auf Pauls Bildern und den entsprechenden Passagen in der Gruppendiskussion („Tinte A"), in Kapitel 10 geht es um Olivias Bilder und die entsprechenden Passagen der Gruppendiskussion („Tinte B"). Die Reihenfolge der Darstellung folgt jener, die Olivia und Paul gewählt haben.

9.1 Das kommerzielle Bild: DC Shoes – Dompierre.

Auch die beiden folgenden Falldarstellungen sind ausführlich und zeigen die einzelnen Schritte der dokumentarischen Methode, insbesondere der Bildinterpretation. Sie folgen der Logik der Darstellung des *Falles* und bilden nicht die Interpretationspraxis ab. Letztere beginnt häufig damit, sich mit der Planimetrie zu beschäftigen (siehe Kapitel 6.3.2). Die Darstellung des Falles bewegt sich dagegen vom wiedererkennenden Sehen zum sehenden Sehen und schließlich zur ikonologisch-ikonischen Ebene bzw. zum Dokumentsinn. Diese Form der Darstellung hat sich weitgehend durchgesetzt (Bohnsack 2001c und 2009). Der erste Blick gilt der *vorikonografischen Ebene*, die die *formulierende Interpretation* einleitet (siehe Abbildung 9.1).

Abb. 9.1: „DC Shoes – Dompierre.", kommerzielles Bild.

Ein junger Mann vollführt mit einem Skateboard einen Trick auf einem Geländer. Er befindet sich im linken oberen Viertel des Bildes und nimmt nur wenig Fläche im Bild ein. Die Treppe und das Geländer sind Teil einer Wohnhausanlage. Hinter dem Treppengeländer links im Bild sind eine kleine Grünfläche, eine Fassade mit Balkon und ein Baum. In der rechten Hälfte des Bildes setzen sich Fassade und Bepflanzung fort. Am meisten Raum nimmt im rechten Teil eine weiße Mauer ein. Sie setzt sich nach links fort, wo sie sich verjüngt und die Treppe bildet, auf deren Geländer der Trick ausgeführt wird. Das sonst schwarz-weiße Bild wird in der rechten Hälfte von einem blauen Schriftzug dominiert. In serifenlosen, kursiv gesetzten Großbuchstaben ist der Name „Dompierre" zu lesen. Am Ende des Namens befindet sich ein Punkt. In der rechten Ecke steht vor der hellen Mauer ein niedriger, dunkler, fast schwarzer Busch. Von diesem heben sich zwei Zeilen – eine in roter, eine in weißer, sehr kleiner Schrift – und das DC-Logo in Weiß deutlich ab.

Im Einzelnen zeigt das Bild auf der vorikonografischen Ebene – zunächst im *Bildvordergrund* – Folgendes: Hinter einem Schriftzug in der rechten unteren Ecke befindet sich ein dunkler, kleinblättriger Busch, vereinzelte Blätter sind sehr hell, reflektieren Licht. Der Busch bedeckt das untere Drittel der rechten Bildhälfte.

Im *Mittelgrund* zeigt sich rechts eine hell verputzte Mauer, die fast zwei Drittel der rechten Bildhälfte einnimmt. An ihrem oberen Rand ist ein Geländer. Es ist teilweise von Ästen mit dunklen Blättern verdeckt. In der linken Bildhälfte verläuft die Mauer abwärts – von der Bildmitte bis circa in die linke untere Ecke. Eine Stufe weist darauf hin, dass sich hinter der Mauer eine Stiege verbirgt. Auch das Treppengeländer verläuft entlang der Mauer schräg nach unten. Ein kleines Stück weiter links ist ein zweites Treppengeländer, das parallel zum vorderen Geländer verläuft.

Über dem Geländer, etwa in dessen Mitte, befinden sich ein junger Mann und ein schmales, längliches, flaches Brett. Das Brett hat vorne und hinten jeweils eine kleine Achse, an denen jeweils zwei Rollen angebracht sind. Es ist abgerundet und an den beiden Enden leicht nach oben gewölbt. Das Brett ist etwa 10 Grad aus der Senkrechten nach rechts gekippt und berührt mit dem untersten Teil das Geländer. Es ist nur die Unterseite des Bretts zu sehen, darauf befinden sich eine nicht näher erkennbare Musterung und Rollen.

Der junge Mann ist zwischen 15 und 30 Jahre alt. Er trägt schwarze Schuhe, eine schwarze lange Hose und ein weißes kurzärmeliges T-Shirt. Vorn auf der Brust sind am T-Shirt in Schwarz die Buchstaben D und C aufgedruckt, als Halbkreise mit einem senkrechten Strich, der in der Mitte offen ist und in dessen Öffnung sich beim C ein kleiner Stern befindet (wie im Schriftzug in der rechten unteren Ecke). Auf dem Kopf trägt der junge Mann eine graue, schlichte Wollmütze.

Die *Geste* des jungen Mannes lässt sich folgend beschreiben: Der Oberkörper des jungen Mannes zeigt sich frontal. Er befindet sich etwa im 90-Grad-Winkel zur Schräge des Geländers. Die rechte Schulter ist locker, normal zum Körper und parallel zum Geländer, der rechte Arm ist leicht gebeugt und in Richtung des unteren Endes der Stiege ausgebreitet. Die Finger der rechten Hand sind leicht gespreizt, der Zeigefinger weist in der Verlängerung der scharfen Oberkontur des Armes in die Bewegungsrichtung. Der linke Arm ist gestreckt und weist parallel zum Boden nach rechts. Die linke Schulter fällt etwas nach vorn unten und verläuft parallel zum Boden, ebenso wie der gestreckte linke Arm. Die linke Hand fällt leicht nach unten. Die Arme sind wie Flügel oder wie auf stabilisierenden Fäden ruhend ausgebreitet.

Etwa ab der Taille ist der Körper gedreht, sodass sich die Hüfte und die linke Seite des Gesäßes von der Seite zeigen. Das rechte Bein ist leicht, das linke Bein stark angewinkelt, wobei das Knie bis über Hüfthöhe nach oben gezogen ist. Der rechte Fuß des jungen Mannes steht auf dem unteren Ende des Bretts. Die Fußspitze ist knapp oberhalb des Geländers, das von der schmalen Seite des Bretts berührt wird. Der linke Fuß berührt das obere Ende des Bretts nur leicht an seiner Außenkante. Die Beine, die kaum einen Untergrund berühren, befinden sich in einer lockeren Sprungbewegung. Alles in allem ist die Körperhaltung entspannt und balanciert.

In Abbildung 9.2 ist derselbe Trick abgebildet, die Körperhaltung mutet aber viel extremer an und auch deutlich angespannter.

Hinsichtlich der *Mimik* lässt sich festhalten, dass das Gesicht sich am Bild „DC" im Dreiviertel-Profil zeigt. Der Kopf ist nach rechts vorne gebeugt und gibt nur ein kleines Stück von der linken Seite des Halses frei. Die Augenlider verdecken den Blick, der nach unten gerichtet wirkt, da auch der ganze Kopf nach rechts unten geneigt ist. Die Mimik ist kaum erkennbar, wirkt aber entspannt-konzentriert. Ein wenig dunkles Haar sowie das rechte Ohr werden von der Wollmütze freigegeben. Die Augenbrauen sind dunkel, die Hautfarbe erscheint weiß.

Abb. 9.2: Nosebluntslide.[1]

Im *Bildhintergrund* befindet sich in der linken Bildhälfte ein Abhang, an den eine Treppe anschließt. Der Hang verläuft parallel zu den Treppen im Hinter- und im Mittelgrund, er ist mit Gras und einem Busch bewachsen. Etwa in seiner Mitte steht ein Baum. Die Blätter des Baumes verschwimmen in einer dunklen Fläche mit einzelnen hell leuchtenden Blättern oder Blattteilen.

Von der Mitte bis zum rechten Bildrand erstreckt sich ein Gebäude, eine Fassade, bestehend aus zwei Stockwerken mit einem oder mehreren Balkonen und dessen bzw. deren Geländern. Genau hinter dem Kopf des jungen Mannes ist ein Rundbogen im oberen Stockwerk des Gebäudes. Die Fassade in der linken oberen Ecke ist von den dunklen Blättern eines Baumes bedeckt.

Im Bild befinden sich zwei Schriftzüge. Der *Schriftgrund* lässt sich wie folgt beschreiben: Ein Schriftzug ist rechts unten in der Ecke in Rot (1. Satz) und Weiß (2. Satz): „Welcome Race Fans. See Nick's Footage at DCSKATEBOARDING.TV". Rechts davon befinden sich in Weiß, größer als der Schriftzug, zwei halbkreisförmige Symbole mit Serifen, ein D und ein C ineinander verschlungen, im C ist ein weißer Stern. Der zweite Schriftzug befindet sich in der rechten Bildhälfte, auf mittlerer Höhe: „DOMPIERRE.". Die Höhe der Schrift entspricht etwa einem Sechstel der Gesamthöhe des Bildes und nimmt in etwa so viel Raum ein wie der Skater. Die Buchstaben sind fett, leicht kursiv, eine blau-grau-weiße Schattierung erweckt den Eindruck einer reflektierenden Metalloberfläche.

In *ikonografischer* Sicht zeigt das Bild einen Skateboarder, der auf einem Treppengeländer vor einem Wohnbau ‚slidet', d. h., er führt ein Kunststück aus, das Skater als „Nosebluntslide" bezeichnen. Mit kleiner Auflagefläche rutscht der Skater ebenso schnell wie kontrolliert das Treppengeländer hinunter. Er befindet sich etwa drei Meter über dem Boden. Die Bewegung verlangt viel Übung und Balance, so erinnert die ganze Körperhaltung an einen Hochseilakt, besonders die ausgebreiteten Arme.

---

[1] (letzter Aufruf: 06.07.2013).

Abb. 9.3: „DC Shoes – Dompierre.", Goldener Schnitt.

Die Umgebung im Bild erlaubt keine spezifischen Rückschlüsse auf einen konkreten Ort. Es handelt sich um eine eher moderne, *unspektakuläre* Wohnhausanlage. Die unspezifische Architektur gibt kaum einen Hinweis darauf, wo sie sich befinden könnte: Großstadt, Kleinstadt, Dorf, Amerika, Europa, Asien, Afrika? Eine derartige Anlage könnte fast überall stehen. Sie ist gepflegt, Balkon und Grünfläche signalisieren eine gewisse Lebensqualität. Der Balkon, der so aussieht, als würde er sich im Gebäude wiederholen, ist aber klein und schmucklos, ebenso die Grünfläche, die so steil ist, dass sie letztlich nicht als Naherholungsbereich infrage kommt. Die Bewohner dieser Anlage gehören vermutlich der Mittelschicht an. Insgesamt hat die Wohnhausanlage einen unspektakulären, alltäglichen, eher kalten als anheimelnden Charakter.

Das Bild ist ein Printsujet der Marke „DC Shoes". DC ist ein US-amerikanischer Schuh- und Kleidungsartikelhersteller, der ein eigenes professionelles Skaterteam sponsert, dem Nick Dompierre seit 2009 angehört. DC wurde 1994 gegründet und ist eine der bekanntesten Skate-Marken. Die Firma produziert nur Kleidung und Accessoires, keine Hardware, d. h. keine Boards, Rollen oder dergleichen. 75 % des Umsatzes wird mit Schuhen gemacht. DC gehört seit 2004 zu Quicksilver. Abgebildeter Bildproduzent (siehe Kapitel 4.3.2.) ist Nick Dompierre, ein junger Skater aus New Bedford, Massachusetts (USA), der unter anderem von DC gesponsert wird.

Das Bild hat die Gruppe in einer Ausgabe des VICE Magazins (Vol. 6/No. 5) gefunden. Dabei handelt es sich um ein sogenanntes „Lifestyle-Magazin", das nicht in Zeitschriftenläden zu finden ist, sondern z. B. in Modegeschäften, Platten- und Designläden gratis zur Mitnahme aufliegt.

Die *reflektierende Interpretation* richtet den Blick zunächst auf die *ikonische Ebene* und hier auf die *planimetrische Komposition*. Das Skateboard befindet sich im Goldenen Schnitt (siehe Abbildung 9.3).

Interessanter ist allerdings, dass sich das Board auch durch die Rekonstruktion der bildimmanenten Linien als Schwerpunkt erweist (siehe Abbildung 9.4).

Eine Linie verläuft waagrecht und liegt dem Schriftzug „DOMPIERRE." auf. Sie berührt den Skater an der Stelle, an der der rechte Fuß bzw. Schuh das Skateboard,

Abb. 9.4: „DC Shoes – Dompierre.", planimetrische Komposition.

und das Skateboard das Geländer berühren, und markiert damit einen Schnittpunkt mehrerer Bildgegenstände.

Eine zweite Linie verläuft schräg entlang der Oberkante des Geländers. Diese Linie beschreibt die Richtung der Bewegung des Skaters. Die Linien kreuzen einander genau in jenem Punkt, der eben als „Schnittpunkt mehrerer Bildgegenstände" gekennzeichnet wurde. Dieser Kreuzungspunkt zeigt eine, wenn nicht *die* fokussierte Stelle des Bildes. Genau hier ist der einzige kleine Kontaktpunkt des sich in Bewegung befindenden Skaters mit der statischen Umwelt. Von dem fokussierten Punkt aus lässt sich eine weitere Linie entlang des Boards bis zur rechten Hand des Skaters beschreiben. Sie validiert die Bedeutung des Schnittpunkts und zeigt die Bewegungsrichtung des Bildes: von oben etwas links der Mitte nach links unten.

Die Neigung des Schriftzugs ist schräg zu allen Bildelementen außer zum Skateboard – zu diesem verläuft er parallel.

Die Verlängerungen der ausgebreiteten Arme des Skaters beschreiben ebenfalls interessante Linien. Sie haben aber nicht denselben Stellenwert wie die drei zuvor beschriebenen und sind daher punktiert: Der Rand der linken Schulter setzt sich fort in der Verlängerung des rechten Armes und trifft am linken Bildrand auf die Linie, die entlang des Geländers verläuft. Am höchsten Punkt der Schulter des Skaters setzt eine weitere Linie an. Sie beschreibt die Haltung des linken Armes. Sie wird gestützt von der Ecke des Balkons und verläuft parallel zu einer der zentralen Linien der planimetrischen Komposition – jener entlang des Schriftzugs „Dompierre." – bzw. ist nahezu waagrecht.

Die Verbindung zwischen dem Schnittpunkt dieser beiden Linien an der Schulter des Skaters mit dem schon beschriebenen mehrfach fokussierten Schnittpunkt markiert wiederum die Köperachse und den Schwerpunkt des Skaters. Die Körperhaltung – insbesondere des Oberkörpers und der Arme – ist zwischen derjenigen beim Fliegen und derjenigen beim Abseilen angesiedelt. Es wirkt, als lasse der Skater ein Seil über die Schulter laufen und halte dieses mit beiden Händen. Insgesamt machen diese Linien eine erstaunlich stabile Lage des Skaters in der Luft sichtbar, eine *Balance*, als könne er sich auf unsichtbaren Fäden (wie ‚Spiderman') in der Verlängerung seiner Arme nach oben und nach unten stabilisieren.

Abb. 9.5: „DC Shoes – Dompierre.", planimetrische Komposition: Mittellinien und Diagonalen.

Auf der Linie, die den Körperschwerpunkt markiert, also jener der Balance, liegt das *DC-Logo*, das sich deutlich schwarz von dem weißen Hintergrund des T-Shirts abhebt.

Der Kopf, insbesondere die hell beleuchtete Mütze, überragt das Feldliniensystem. Zudem ist er von einem Bogen, der Gebäudearchitektur, gerahmt. Kopf und Arme weisen einen besonders starken Kontrast zum Hintergrund auf.

Mittellinien und Diagonalen (siehe Abbildung 9.5) machen deutlich, dass das Bild als *Doppelseite* eines Magazins funktioniert: Die Mittellinie teilt das Bild in zwei Hälften und wird dabei von der Architektur unterstützt, und zwar von der Ecke des Balkons, die auch die Verlängerung des Armes stützt. Auch das Ende der Schräge, die durch die Treppe gebildet wird, ist in etwa auf der Mittellinie. Die Diagonale zeigt, dass die Linie, die vorwiegend durch das Geländer getragen ist, parallel zur Bilddiagonalen verläuft. Der Schnittpunkt würde in dieser Bildhälfte nur durch zwei der planimetrischen Hauptlinien gestützt, bleibt aber derselbe. Die aufgespannten Arme erhalten in dieser Bildhälfte fast noch etwas mehr Unterstützung, was sie bestätigt.

Die bisher herausgearbeitete planimetrische Komposition funktioniert auch in dieser Bildhälfte allein. In der rechten Bildhälfte spielt sich vergleichsweise wenig ab. Wir sehen nur, dass das Schriftlogo „Dompierre." exakt in der Mitte platziert ist. Auch in dieser Bildhälfte spricht nichts gegen die Gesamtkomposition, eher im Gegenteil. Deutlich sichtbar werden die Positionierungen der beiden Schriftlogos. Man sieht auch deutlich, dass das Weiß der Mauer mehr als ein Viertel des gesamten Bildes einnimmt.

In der Rekonstruktion der *szenischen Choreografie* lässt sich darauf Bezug nehmen, dass der Skater nur einen sehr kleinen Teil der Fläche des Bildes einnimmt, die baulichen Gegebenheiten sowie die Vegetation und der Schriftzug dagegen einen großen Teil einnehmen. Umgebung und Person haben ein spezifisches Verhältnis: Der Skater ist vor allem im Vergleich mit der Schräge der Treppe bzw. der durch sie markierten Höhe klein. Indem sich der Skater hoch oben befindet und die Entfernung zum Boden sehr groß ist, wird deutlich, wie tief er fallen kann bzw. wie hoch er springt oder fliegt. Der Trick wird also gerade dadurch spektakulär,

Abb. 9.6: „DC Shoes – Dompierre.", szenische Choreografie „leer".

Abb. 9.7: „DC Shoes – Dompierre.", perspektivische Projektion.

dass der Skater im Verhältnis zum Bildausschnitt und damit zur Architektur klein ist. Schrift und Person haben im Gegensatz zum Verhältnis von Person und Umgebung etwa die gleichen Bildanteile.

Ohne den Skater funktioniert das Bild nicht – oder maximal als Provokation. Es zeigt dann lediglich eine wenig aussagekräftige, recht gepflegte, eher kalte, scharfkantige Gebäudekulisse, die durch die rammbockartig weiße Mauer eine gewisse Härte erhält (siehe Abbildung 9.6).

Die Rekonstruktion der *perspektivischen Position* macht sichtbar, dass der Skater in Aufsicht aufgenommen ist (siehe Abbildung 9.7). Obwohl er sehr wenig Fläche im Bild einnimmt, wirkt er auf diese Weise dennoch erhaben. Zudem wird der große Abstand zum Boden bzw. Treppenabsatz unterstrichen.

Im Bild selbst finden sich keine gravierenden Unterschiede hinsichtlich des *Verhältnisses von Schärfe und Unschärfe.* Es ist insgesamt eher grobkörnig und nicht sehr scharf. Das zeigt eine Gegenüberstellung des Werbebildes mit einer Vorversion des Bildes, in dem z. B. eine Retusche im Bildvordergrund fehlt. Diese Vorversion ist wesentlich feiner gekörnt, schärfer, und die schattigen Bereiche sind stärker belichtet und damit heller (siehe Abbildung 9.8 und 9.9).

Im Werbebild zeigen sich diesbezüglich folgende Effekte: Der Oberkörper des Skaters und das Board heben sich heller vom insgesamt düsterer erscheinenden Hintergrund ab und sind damit besser sichtbar. Das Bild wirkt flacher, da in den dunklen Bereichen weniger zu erkennen ist und somit weniger Tiefe ins Bild kommt. Das Licht fällt von schräg links oben auf den Kopf und die Schultern des

Abb. 9.8 und Abb. 9.9: „DC Shoes – Dompierre.", Vergleich Werbung zu Vorversion des Bildes.

Skaters. Es lässt den Oberkopf hell erscheinen und erinnert an einen Nimbus. Das scharfe Licht gibt besonders dem Kopf und dem Oberkörper sowie den Armen scharfe Konturen, die durch die Veränderung der Belichtung der dunkleren Bereiche des Bildes noch verstärkt werden.

Die Inszenierung wird durch das Festhalten eines winzigen Augenblicks im Bewegungsablauf möglich. *Ikonologisch-ikonisch* gesehen ist das Bild zwar die Aufnahme eines Moments, dennoch aber keine Momentaufnahme oder gar ein Schnappschuss.[2] Kontext und Protagonist stehen in einem mehrschichtigen Verhältnis zueinander, das den spezifischen Charakter der Szene hervorbringt:

Die Umgebung ist unspektakulär und gewöhnlich. Die weiße Mauer, die wie ein Rammbock massiv ins Bild ragt, sowie die scharfen Kontraste geben ihr etwas Kaltes und leicht Brutales. Gewöhnlichkeit und Schlichtheit wiederholen sich in der Kleidung des Skaters. Der Skater zeichnet sich durch Ausgewogenheit und Balance aus, die nur durch eine perfekte Mischung von Entspannung und Spannung zu erreichen ist und sich in der gesamten Körperlichkeit ausdrückt. Auch die Mimik ist vollständig auf den Trick konzentriert und zugleich entspannt. Der Körper scheint durch die Stabilität, die sich in der Planimetrie rekonstruieren lässt, ins Schweben geraten zu sein, mühelos und leicht in der Bewegung.

Gerade die ganz alltägliche, unspektakuläre Kulisse der normalen Wohnsiedlung lässt die ebenso riskante wie spektakuläre Akrobatik besonders hervortreten. Zudem ist der architektonische Kontext für das Skaten zwar üblich, gleichwohl aber denkbar ungeeignet. Es finden sich keine Flächen und Bauteile, die den Trick leichter machen würden, vielmehr sind nur scharfe Kanten vorhanden. Auch die Planimetrie unterstreicht die Performance des Könners: Im Kreuzungspunkt von drei Linien, getragen durch das Geländer (1), den Schriftzug (2) und das Skateboard (3), befindet sich die winzige, kaum mehr wahrnehmbare Auflagefläche des Boards auf dem Geländer. Das Board löst sich hier scheinbar vom Untergrund.

---

[2] Zum Schnappschuss: Przyborski 2014, S. 118 ff.

Der Skater hebt sich über die kalte Normalität hinweg, fliegt gleichsam darüber hinaus, springt aus einem Käfig und überwindet damit die Unzulänglichkeiten, Widrigkeiten, Bedrohlichkeiten und kleinen Brutalitäten des Alltags, indem er sie sich in ungewöhnlicher und gekonnter Weise zu Nutze macht. Dabei trotzt er den Ecken und Kanten und der Härte des Betons ohne Schutzkleidung.

Das Feldliniensystem, die szenische Choreografie und die Veränderung des Schärfe-Unschärfe-Verhältnisses bzw. der Kontraste fokussieren homolog den Skater, ganz besonders den Punkt, an welchem sich Board und Körper vom Untergrund ablösen, sie fokussieren damit den Grenzgang bzw. die Grenzüberwindung, das Herauskatapultieren aus einem nichtssagenden, etwas brutal-kalten Alltagsszenario. Das Bild zeigt einen *mühelosen Grenzgang, der den Protagonisten über die Gewöhnlichkeit und Härte des Alltags hebt.*

Die Übergegensätzlichkeiten, die das Bild interessant machen, sind zum einen die Gleichzeitigkeit von Entspannung und Gefahr und von Gewöhnlichkeit (der Kleidung und der Architektur) und Außergewöhnlichkeit bzw. von *Understatement und Ekstase.*

Die Beleuchtung – das Sonnenlicht von schräg oben und das Leuchten der Mütze, das fast einen Nimbus erzeugt – unterstreicht die Personifizierung dieses mühelosen Grenzgangs: Unser Skater ist ein Held, der Schwerkraft nahezu enthoben, hält er sich quasi nah am Göttlichen (Nimbus, Flughaltung) auf. Die Kleidung lenkt nicht vom Eigentlichen ab und fokussiert so allein das körperliche Können des Skaters. Sie zeichnet sich durch klares Understatement aus und zeigt auf diese Weise Distanzierung – sowohl von der herausgehobenen Situation als auch von kommunikativ-generalisierten und damit kommerziellen Inszenierungen von Mode und Kleidung.

Weder spiegelt das Styling, wie z. B. beim Popstar, eine herausgehobene Position, noch wird Funktionskleidung in Szene gesetzt. Letztere bedient gerade durch ihre Distanz zum Modischen und zur reinen ästhetischen Inszenierung körperlicher Vorzüge mittlerweile einen riesigen Markt und erreicht längst nicht mehr nur oder in erster Linie Sportbegeisterte. Kaum ein Designer zeigt keine stilisierten Facetten von Funktionskleidung, keines der großen internationalen Bekleidungshäuser wie H&M, Mango oder Zara verzichtet auf eine ‚sportlich-rotzige Linie', die sichtbare Elemente von Funktion modisch in Szene setzt. Und auch von diesem Style distanziert sich das Outfit auf dem Bild. Denn gerade die Distanz zu kommunikativ-generalisierten Stilen, also Styles, wird hier vermarktet: Die schlichteste Hose, das schlichteste Shirt und der schlichteste Schuh – solange er das Skaten an sich unterstützt – sind Symbole des erhabenen Understatements des Könners und der Distanz zur Mode- und Bekleidungsindustrie – und erhalten ausgerechnet dadurch Kultcharakter.

Die Distanz zum Normativen ist aber auch hier Teil einer Inszenierung einer bestimmten Normativität: Gesicht und Blick des Protagonisten, die eindeutigen Zugang zur persönlichen Identität eröffnen würden, sind zu klein, zu unscharf und zu sehr abgewandt, um ihn erkennen zu können. Die fehlende Möglichkeit der Identifikation des Protagonisten entpersönlicht ihn, er wird alleine durch den Bildtext identifiziert.

Die *Interpretation des Bildtextes* macht das Spannungsverhältnis von Normativität und Einzigartigkeit besonders deutlich: Er besteht aus dem Namen „Dompierre.", der am Ende mit einem Punkt versehen ist, einem Hinweis auf Videos von der genannten Person im Internet sowie dem Logo der Marke, für die das Bild wirbt. An sich verstehen den Hinweis auf das Video nur Insider, denn dazu muss man wissen, dass Dompierre der Nachname des abgebildeten Skaters ist (und Nick sein Vorname). Das heißt, neben dem Offensichtlichen – der Nennung eines Namens und dem Hinweis auf die Marke – findet sich noch ein ganz klein gedruckter Satz, eine Botschaft für die, die ‚dazugehören'. Damit wird eines der größten Dilemmata von Identität, nämlich einzigartig zu sein, sich abzugrenzen und zugleich dazuzugehören, in den übergegensätzlichen Aspekten des Bildes gelöst.

Dies bestätigt sich auch in der Zusammenschau der *Interpretation von Bildtext und Bild:* Sowohl das Heldenhaft-Göttliche als auch das Understatement werden durch die schlichte Nennung des Namens und seine starke Einbindung in die Komposition unterstrichen. Die Identität des jungen Mannes erkennen wir nicht, dennoch hat er einen Namen. Die Message lautet also, dass einen *Namen* zu haben und ein Held mit Understatement zu sein weniger mit der persönlichen Identität als mit besonderen Fähigkeiten verknüpft ist, die letztlich jeder erwerben kann, durch Skateboard-Fahren – oder durch Skateboard-Kleidung.

Der Skater ist ein Held. Allerdings ist er dies nicht als Individuum, nicht qua persönlicher Identität, sondern aufgrund von Kunstfertigkeit, Technik und der dazugehörigen Ausstattung, die hier beworben wird. Obschon er als Individuum nicht identifizierbar ist (wie dies der Fall wäre, wenn seine Physiognomie und seine Physiologie erkennbar wären), wird sein Name in Kombination mit dem darunter stehenden Firmenlogo groß ins Bild gebracht. Da die sonstigen persönlichen Identifizierer ausgeklammert bleiben, wird der Name gleichsam Bestandteil der Firma und ist auch in Lettern gesetzt, hinter denen vom uneingeweihten Betrachter zunächst das Firmenlogo vermutet wird. Die Namen Dompierre und DC werden damit nahezu in eins gesetzt. Die Bedeutung des beworbenen Produkts von DC, also der Skater-Schuhe, wird noch dadurch hervorgehoben, dass die sonstige Bekleidung und das gesamte Outfit vollkommen alltäglich sind.

Die Marke selbst zeigt sich als Rahmen des heldenhaften Tricks. Nur hier findet die Überhöhung des Alltags statt – und diese kann prinzipiell für jeden erfolgen. Die Distanzierung vom Kommerziellen wie vom Gewöhnlichen erfolgt, ohne dieser Dimension etwas entgegenzusetzen, weder durch die Kleidung noch durch die Komposition: Skater und Mauer fügen sich nicht in die Architektur ein. Sie fallen im Gegenteil komplett aus ihr heraus. Gerade die Zerstörung dieser Struktur, dieser – langweiligen – Harmonie macht etwas möglich, nämlich eine Ästhetik der Disharmonie, die sich nur dem Connaisseur erschließt.

Wie in den Bildern „Pulp Fiction" und „H&M-Bademode" haben wir es also auch hier mit der Formulierung einer – männlichen – Identitätsnorm zu tun. In diesem Fall: der zurückgenommene, der schlichte Held, ein Held, der nichts anderes braucht als sein Können oder völlig unauffällige DC-Kleidung, die auf dieses Können verweist, das ihn aus dem Gemeinen, dem Gewöhnlichen katapultiert.

9.2 Das private Bild: Junger Mann am Berg

Das private Bild zeigt einen jungen Mann am Fuße eines Gletschers. Wie der Protagonist in der DC-Anzeige trägt er T-Shirt, Hose und Mütze (siehe Abbildung 9.10).

Im *Bildvordergrund* befindet sich, *vorikonografisch* betrachtet, ein Fels – braun, zum Teil leicht zerklüftet, zum Teil scharfkantig, etwa einen halben Meter aufra-

Abb. 9.10: „Berg", privates Bild.

gend und etwa zwei Meter lang. Er ist (wie sämtliche Bildelemente) vom schräg rechts einfallenden Sonnenlicht beleuchtet.

Zwar hinter dem Felsen, aber immer noch im Vordergrund steht ein junger Mann, Mitte bis Ende 20, in dunkler bzw. brauner Hose mit aufgesetzten Taschen, kräftig rotem T-Shirt mit kurzen Ärmeln und bräunlich-olivfarbener (Norweger-/Inka-)Mütze. Unterschenkel und Füße werden vom Fels verdeckt. Gesicht und Körper zeigen sich im Halbprofil.

Sein rechtes Bein (Standbein) ist gestreckt, der linke Oberschenkel leicht nach oben angehoben, der Oberkörper aufgerichtet und die Hüfte minimal nach vorn gekippt. Die Schultern fallen ein klein wenig nach vorn, wodurch auch der Hals ein klein wenig nach vorn gestreckt ist. Die rechte Hand befindet sich völlig entspannt neben dem Körper, es zeigen sich ein schmaler Rand des rechten Armes und des T-Shirt-Ärmels. Die linke Hand ist in den linken unteren Teil der Hüfte gestützt. Ringfinger, Mittelfinger und Zeigefinger liegen fest auf der Hüfte, der kleine Finger ist ein wenig nach unten weggespreizt. Der Arm ist entspannt, die Schulter entlastet. Insgesamt stellt sich durch die beschriebene *Gestik* bzw. Körperhaltung eine sehr entspannte und dennoch aufrechte Position ein.

Die Mütze lässt die Hälfte der Stirn unbedeckt, die Augenbrauen sind kräftig und fast gerade, die Augen ein klein wenig zusammengekniffen. Der Mund ist entspannt und leicht geöffnet, das Kinn wahrscheinlich von einem Bart umrandet. Der leicht geöffnete Mund ist ebenfalls Hinweis auf entspannte, wache Aufmerksamkeit, die die gesamte *Mimik* kennzeichnet.

Im *Mittelgrund* fällt links und rechts der Berg in Form von braunen, steinigen Hängen steil ab, dazwischen liegt ein nur sanft abfallender Hang, der so wirkt, als würde er nach unten breiter werden. Im hinteren Teil ist er lückenlos und glatt von Schnee bedeckt. Im Mittelteil mischen sich hellbrauner Sand und Schnee. An der rechten Seite des sich trichterförmig öffnenden Hanges ist es sandig.

Im Hintergrund formen sich schneebedeckte, sanftere und steilere Hänge, nackter Fels und schneebedeckte Areale bis zu den Gipfeln. Ein Gipfel befindet sich links im Bild, ein anderer, entfernterer, rechts. Dazwischen verschwindet das Ende des Berges (Kamm, Gipfel) in den Wolken.

Den raumgreifenden, sanften Hang des Bildmittelgrundes säumen zum Bildhintergrund hin steilere Hänge bis zu einer kammartigen Bergformation. Dahinter zeigen sich weiße, leicht transparente Wolken, die kaum ein Stückchen des blauen Himmels freigeben. Weiter rechts erhebt sich der zweite, ganz spitz zulaufende, fast pyramidenförmige Gipfel, der zum Teil mit Schnee bedeckt ist. Die von der Sonne beschienenen Wolken strahlen rechts und oben.

In *ikonografischer* Sicht hat man es mit einem jungen Mann in unaufgeregter, leichter Freizeitkleidung im Hochgebirge zu tun. Es könnte ein Sommertag sein, worauf das kurzärmlige Shirt und die legere Hose hinweisen. Der Schnee und das gänzliche Fehlen von Vegetation weisen auf einen Gletscher hin. Das Foto zeigt also einen jungen Mann, der sich – ohne sichtbare Hilfe und leicht bekleidet – am Fuße einer Moräne, an der Grenze zum ewigen Eis befindet.

Abb. 9.11: „Berg", planimetrische Komposition.

Entlang der Felsen ganz vorn, der Schneefelder und Hänge bis hin zur Formation der Gipfel lassen sich Linien markieren, die auf den Mann zulaufen und so die *planimetrische Komposition* des Bildes sichtbar machen (siehe Abbildung 9.11).[3]

Die obere und die untere Linie schließen den Rumpf ein, bzw. kann umgekehrt der junge Mann als Zentrum, von dem die Landschaft ausgeht, gesehen werden. Die Linien verlaufen entlang der Grenze von Himmel und Gebirge, Sonne und Schatten, Schnee und Fels.

Der junge Mann ist sehr nah am Bildrand positioniert, und dennoch ist er am Bild nicht marginal. Denn durch die Komposition zeigt er sich stark eingebunden – sowohl als Ausgangspunkt wie als prismenartiger Spiegel der Berglandschaft.

Die szenische Choreografie, hier als Verhältnis von abgebildeten Personen und Gegenständen verstanden, lässt sich wie folgt formulieren: Die abgebildete Landschaft bzw. das abgebildete Gebirge kann auch für sich alleine stehen; der Berg als Motiv bleibt auch ohne abgebildete Person interessant (siehe Abbildung 9.12).

Die perspektivische Projektion lässt sich nicht exakt rekonstruieren, da es keine rechtwinkligen Körper im Bild gibt. Nähern kann man sich durch die Betrachtung des Gesichtes bzw. Kopfes im Verhältnis zur Kopfhaltung. Der Kopf wird an sich gerade gehalten. Er fällt vielleicht ein klein wenig in den Nacken, aber nicht so sehr, dass man in einer Aufsicht die Öffnung der Nasenlöcher und den Übergang vom Kinn zum Hals sehen könnte. Diese sieht man nur bei einer Untersicht. Da beides im Originalbild sichtbar wird, kann es sich daher nur um eine leichte Untersicht handeln, die dem abgebildeten jungen Mann etwas Erhabenes verleiht.

---

[3] Die Rekonstruktion der planimetrischen Komposition dieses Bildes verdanke ich einem Vorschlag von Ralf Bohnsack bei einer Projektwerkstatt im Rahmen meines Projekts „Iconic Communication" in Wien.

Abb. 9.12: „Berg", szenische Choreografie „leer".

Der Blick auf das Verhältnis von *Schärfe und Unschärfe* ist weniger ergiebig als jener auf Kontraste bzw. Licht und Schatten, denn letzterer offenbart eine interessante Strukturierung des Bildes durch das scharfe (schräg einfallende) Sonnenlicht: Es lässt die Gebirgsformationen besonders plastisch und damit eindrucksvoll erscheinen. Zugleich zeichnet es auch die Silhouette des jungen Mannes besonders scharf nach und gibt ihm zudem eine Art Nimbus. Es mutet an wie eine subtile Kraft von schräg hinten, die alles in Richtung Erhabenheit steigert.

Indem das Sonnenlicht von rechts oben kommt, taucht es den oberen Teil der Mütze – bis zu einer Krempe oder leichten Verdickung rund um das Gesicht – in gleißendes Licht. In diesem Teil ist die Mütze dadurch ganz hell, fast weiß, rund um das Gesicht hingegen ganz dunkel, fast schwarz. Auch die „Ohren" der (Norweger-/Inka-)Mütze sind fast zur Gänze im Schatten. Nur auf den untersten kleinen Zipfel und den auf der Schulter aufliegenden Zopf, der die ‚Ohren' der Mütze ziert, fällt das Sonnenlicht. Die Sonne hebt das leuchtende Rot des T-Shirts hervor, und zwar am äußeren Rand der beiden Schultern, am linken, hinteren Teil des Oberarms und links entlang des Rückens. Der Rest des Shirts ist im Schatten und das Rot dadurch wesentlich dunkler und deutlich weniger satt. Schließlich werden noch die Innenseiten der Finger der rechten Hand und ein winziger Teil der Hosenkante vom Sonnenlicht erreicht.

Der Vordergrund ist schärfer als der Hintergrund, wodurch das Bild Tiefe bekommt. Am schärfsten ist der Fels ganz vorn im Bild dargestellt. Schon der junge Mann ist nicht mehr so scharf, die Berggipfel, die Nebelschwaden teilweise verschleiern, sind am wenigsten scharf. Die Unschärfe des jungen Mannes lässt ihn stärker mit der Umgebung verschmelzen.

Ikonologisch-ikonisch betrachtet scheint der gesamte Berg sich auf den jungen Mann zu richten und ihn auf diese Weise einzubinden. Alle Linien verlaufen entlang von Grenzen: zwischen Himmel und Erde, Licht und Schatten, Schnee und Felsen oder Felsblock und Auslauf der Moräne. Sie finden in der Figur des jungen Mannes zusammen und offenbaren, dass sich die imposante Berglandschaft in ihm wie in einem Prisma reflektiert bzw. umgekehrt die Landschaft von ihm ausgeht. Es ist ein Bild der Grenzen von Naturgewalten, die den jungen Mann gleichsam einnehmen bzw. die er einnimmt. Er ist zugleich Betrachter und Projektionsfläche des gesamten Panoramas: Er steht am Rand und ist in dieser Hinsicht Betrachter. Trotz dieser Randstellung ist er elementar eingebunden und in der Komposition gehalten.

Das Gehaltenwerden verstärkt – als zweite Funktion – die ungemein entspannte, in sich ruhende Körperhaltung des jungen Mannes, die suggeriert, er würde sich fallen lassen. Ergänzt wird dies durch die entspannte Mimik mit den nahezu geschlossenen Augen und dem leicht geöffneten Mund.

Trotz aller Harmonie enthält auch dieses Bild eine Diskontinuität: Was macht ein Mann in salopper Freizeithose und T-Shirt am Übergang zum ewigen Eis? Und vor allem: Wer ist er? Wie im kommerziellen Bild ist die abgebildete Person zu klein, unscharf und abgewandt, um sie identifizieren zu können, es sei denn, man ist persönlich sehr gut mit ihr vertraut. Auch das private Bild enthält dadurch entpersönlichende Elemente, die im Fall „Pool" (siehe Kapitel 8.1 und 8.3) als Charakteristikum der Pose herausgearbeitet werden konnte (siehe auch Kapitel 11.1 und Bohnsack/Przyborski 2015). Dadurch und durch seine ausgewogene planimetrische Komposition wirkt das Bild professionell, kommerziell. Wie in Kapitel 5.3 schon bemerkt, findet sich das Gegenteil im Bild aus dem Situation Room. Hier handelt es sich zwar nicht um ein privates Bild. Es mutet aber wie ein solches an, da die Komposition in der Fläche eben nicht ausgewogen ist (Przyborski 2014).

Es zeigt sich eine Integration, Geborgenheit und Sicherheit mit der Komponente des Überwältigt- und Gebanntseins in einer Landschaft, die aufgrund ihrer elementaren Naturgewalten und der Rauheit risikoreich ist. Diese Sicherheit und Gelassenheit findet ihren Ausdruck in der Kleidung. Sie ist unkompliziert und unambitioniert, lässt keinen Rückschluss auf einen bestimmten Modetrend oder eine Sportart zu. So ist „Mann" in der Freizeit gekleidet, gelassen, ‚unaufgeregt'. Es ist also auch dieser junge Mann ein Grenzgänger, was sich nicht wie in der DC-Anzeige in der Diskontinuität, sondern in der maximalen Integration in die archaischen Grenzen der Natur ausdrückt.

9.3 Komparative Analyse der Bilder: Unaufgeregter Grenzgänger

Das Foto „Berg" repräsentiert in bestimmter Hinsicht einen maximalen Kontrast bzw. Komplementärkontrast zum DC-Foto. Im Foto „Berg" ist der Akteur vollkommen integriert. Die totale Einbindung der Person in die Berglandschaft lässt sich als organische Integration oder *Eleganz der Inklusion* bezeichnen. Im DC-Foto dagegen katapultiert sich der Akteur aus der Komposition heraus. Er springt gleichsam aus dem Käfig eines langweiligen bis brutalen Alltags heraus – eine *Eleganz der Desintegration bzw. Exklusion*.

In diesem Komplementärkontrast gewinnt die Gemeinsamkeit der beiden Bilder Kontur: Sowohl die Hingabe an bzw. die Inklusion in die Gewalten der Natur („Berg") als auch der Akt der Exklusion, der waghalsige Sprung aus der Normalität des Alltags („DC"), sind risikoreich. Auf unterschiedliche Weise fokussieren die Bilder also einen Bedeutungsgehalt: den Grenzgang. Dennoch finden wir beide jungen Männer völlig gelassen und entspannt vor.

Völlig identisch ist die Kleidung, die die beiden jungen Männer tragen. Sie besteht aus der unauffälligsten Freizeitkleidung, die gegenwärtig zur Verfügung steht: Jeans (oder eine andere Baumwollhose) und T-Shirt. Der einzige ‚Pfiff' ist die Mütze. Und selbst diese findet sich bei *beiden* Männern, bis in winzige Details ähnlich: Beide Mützen liegen eng am Kopf an und sind von oben intensiv mit Licht beschienen, sodass ein moderner Nimbus entsteht. In diesem Verzicht auf eine Bekleidung, einem spezialisierten ‚Outdoor-Outfit', welches der immer mehr expandierende Markt für Sport- und Outdoor-Ausrüstung zur Verfügung stellt, dokumentiert sich nicht nur eine Gelassenheit in Bezug auf die Bewältigung außeralltäglicher Situationen, sondern auch in Bezug auf die gesellschaftlichen Konsumerwartungen und Modetrends und die damit verbundenen Erwartungen an Lifestyles. In Kombination mit der ausgesetzten Position der beiden Männer entsteht ein unaufgeregtes, supernormales Heldentum. Der Held der Gegenwart zeigt sich völlig ohne Pomp. Gerade die Distanz zur Rolle macht ihn souverän und heldenhaft.

9.4 Komparative Analyse mit den Bildvergleichen der anderen Fälle

Wie im Fall „Schaum" (siehe Kapitel 7) zeigen sich deutliche Bezugnahmen auf ikonologisch-ikonischer Ebene: Die Gruppe „Schaum" bricht durch eine Reproduktion des Bildes die ironische Brechung des kommerziellen Bildes erneut. Im Fall „Tinte A" zeigt sich in deutlich unterschiedlichen Bildern unmittelbares Verstehen. Es gewinnt auf beiden Achsen der ikonologisch-ikonischen Analyse Kontur: Das *unmittelbare Verstehen des ikonischen Prinzips* zeigt sich im *Komplementärkontrast* der Bilder. Der *Ästhetik der Exklusion* im kommerziellen Bild wird eine *Ästhetik der Inklusion* im privaten Bild *gegenübergestellt*, wobei sich das Bildprinzip jeweils in der abgebildeten Person und ihrem Verhältnis zur Umgebung manifestiert.

Ein *unmittelbares Verstehen auf ikonologischer* Ebene offenbart sich dadurch, dass in beiden Bildern dasselbe Orientierungsschema, *dieselbe männliche Geschlechtsnorm*, zum Ausdruck kommt: der entspannte Grenzgänger, der völlig unaufgeregte, *supernormale Held*.[4] Beide Protagonisten signalisieren durch ihre

---

4 Als würde Superman seine Übermenschlichkeit auch ohne sein (lächerliches) blaues Kostüm besitzen.

Kleidung und Körperhaltung Alltäglichkeit. Zugleich befinden sie sich in außeralltäglichen Situationen, in Grenzsituationen mit entsprechendem Risiko. Beide Bilder kennzeichnet dieselbe Übergegensätzlichkeit.

In den bisher besprochenen Fällen lassen sich in den kommerziellen Bildern jeweils visuelle Formulierungen von Identitätsnormen rekonstruieren. In den kommerziellen Bildern, die von den jungen Männern ausgewählt wurden, zeigt sich in der Norm zugleich eine Distanz zum Normativen. Die Darstellung der Norm erhält auf diese Weise eine gewisse Virtuosität, im Bild „Pulp Fiction" durch das Prinzip der Reflexivität, das alle Ebenen der Bildgestaltung durchzieht. Die Norm erkennt sich quasi selbst und verliert letztlich damit ihre normative Kraft. Im Bild „DC" liegt die Überhöhung in der Distanz zu allem, was überhöht, und damit ebenfalls in einem reflexiven Selbstbezug des Dargestellten auf sich selbst. Die Norm wird insofern unterlaufen, als ihr mit größter Gelassenheit begegnet wird, und zwar mit einem gelassenen Selbstbezug. Eine derartige Distanz zum Normativen zeigt sich im Bild der Marke H&M nicht. Die Übergegensätzlichkeit liegt nicht in einer Selbstbezüglichkeit des Bildes, sondern in der Simultaneität von mädchenhafter Zartheit und Zurückhaltung und offensiver Kraft und Weiblichkeit.

In den bildlichen Bezugnahmen der privaten Bilder auf die kommerziellen zeigen sich folgende Unterschiede und Gemeinsamkeiten: In allen Bildern wird zumindest auf Aspekte der Identitätsnorm positiv Bezug genommen, und zwar insofern, als sie sich homolog in den Bildern rekonstruieren lassen. Die jungen Männer, sowohl aus der Gruppe „Schaum" als auch aus der Gruppe „Tinte", reinszenieren quasi die Identitätsnorm zusammen mit ihrer Distanz dazu. Dabei ist der Könner, der über allem steht und sich zugleich nicht von den anderen unterscheidet, wohl prinzipiell alltagstauglicher als der selbstreflexive Killer.

Im Bild „Berg" zeigt sich ein gekonnter Umgang mit Norm und Pose. Es könnte fast ebenso gut als Bild für eine Anzeige dienen wie das kommerzielle Bild des Skaters. Als Element des Habitus wird hier ein gekonnter Umgang mit dieser männlichen Geschlechtsnorm deutlich, denn diese kann inklusive ihrer Distanz zum Kommunikativ-Generalisierten, also in ihrer Distanz zu sich selbst, eingenommen bzw. hergestellt werden. Paul ist dieses Wissen um die Herstellung der Darstellung dieser männlichen Identitätsnorm sowohl als abgebildeter als auch als abbildender Bildproduzent geläufig. (Wie wir in der Gruppendiskussion erfahren, erfolgten Auswahl des Bildes „Berg" aus einer Serie und der Beschnitt des Bildes durch Paul.) Darüber hinaus lässt sich aber kaum etwas hinsichtlich des persönlichen Habitus von Paul im Bild „Berg" herausarbeiten.

Auch die komplette Reinszenierung der Gruppe „Schaum" zeigt eine habitualisierte Reflexivität hinsichtlich der männlichen Geschlechtsnorm des „Bad Boy" oder „Bad Ass", wie es in der Gruppe heißt. Andere Facetten des Habitus werden hier durch die bildliche Inszenierung systematisch verstellt.

Im privaten Bild der Gruppe „Pool" dagegen zeigen sich Facetten des persönlichen kollektiven Habitus deutlich. Dazu zählt die mädchenhafte Unschuld und Unbeholfenheit im Umgang mit der eigenen Körperlichkeit, die spielerisch-mimetische Annäherung an Heteronomes über Vertrautes und das bürgerliche Behütetsein. In ihrer Selbstpräsentation zeigt sich Distanz zur Norm lediglich insofern, als sie – noch – nicht ganz beherrscht wird, die Bezugnahme auf sie nicht nur spielerisch-mimetisch, sondern passend zum Habitus auch unbeholfen wirkt.

9.5 Die Gruppendiskussion: Skateboardfahren

In der Gruppendiskussion wird die Auswahl der Bilder auf den ersten Blick eher unspezifisch begründet: Man habe „nur mal schnell durchgeblättert und (.) gesagt ok: das Bild (.) spricht mich jetzt an" („Tinte", Eingangspassage: 3). „Schnelles Durchblättern" könnte bedeuten, dass geringe Aufmerksamkeit für ein Thema besteht, das vielleicht wenig Relevanz besitzt. Der weitere Diskussionsverlauf spricht gegen diese Lesart. Neben dem Auswahlkriterium, dass ein Bild ansprechend ist, wird gleich in dieser ersten Äußerung noch ein anderer Aspekt hinsichtlich der Auswahl thematisiert: dass man über ein Bild „hier auch reden" („Tinte", Eingangspassage: 5) kann. Das heißt, dass es in Bezug auf das Bild etwas gibt, das man begrifflich-theoretisch fassen kann

Diese Unterscheidung ist insofern interessant, als sie einen der Ausgangspunkte der vorliegenden Arbeit empirisch stützt, nämlich den Unterschied zwischen der Verständigung *im* Medium Bild, die in der Dimension der Visualität bleibt, und der Verständigung *über* das Bild, mit der die begrifflich-theoretisch gefasste Auseinandersetzung mit der Visualität gemeint ist und die mit einem Wechsel des Mediums einhergeht (siehe Kapitel 3.1).

Die Entscheidung, welches Bild in der Gruppendiskussion zuerst thematisiert werden soll, erfolgt ohne Umschweife. Dabei wird die Auswahl des Bildes in einem zweiten Zugriff eingehender erläutert:

Transkr. 9.1: „Tinte", Eingangspassage: 20–29.

```
20   Y:        └ja mit wem wollts ihr anfangen?
21   O:           (              skate    Foto    )  °@(.)@°
22   P:                                           └also genau, dass is ja hier ne:
              Doppelseite (.) eine,
23   Y:          └mhm
24   P:      eine (.) eine Werbung für die Marke DC, ich hab dis auf- ausgesucht,
25           Skateboard gefahren bin und °ich kann mich°
26   Y:                                      └°ich leg das hier einfach hier so
             her, wenn das okay
27           is°
28   O:      └°is ok°
29   P:      └weil ich mich selber damit identifizieren kann (.)
```

Olivia schlägt vor, mit dem „skate" („Tinte", Eingangspassage: 21) zu beginnen, also mit Pauls kommerziellem Bild. Dann geht Paul auf einen formalen Aspekt des Bildes ein, nämlich, dass es sich um eine „Doppelseite", also eine „Werbung" einer bestimmten Marke auf einer Doppelseite („Tinte", Eingangspassage: 22) handelt, um schließlich ohne weitere Umschweife auszuführen, dass seine Auswahl darin begründet sei, dass er selbst „viel Skateboard gefahren" („Tinte", Eingangspassage: 24–25) sei.

Damit werden gleich zu Beginn der Gruppendiskussion zwei handlungspraktisch verankerte Zugänge zum Bild aufgemacht: der professionelle Blick des Grafikers und des Skaters. Die Auswahl des Bildes ist also – entgegen einem möglichen Eindruck aufgrund der ersten Äußerungen – eng mit zentralen Lebensbereichen der auswählenden Personen verknüpft und daher sehr spezifisch und präzise. Dass für diese präzise Entscheidung kein Aufwand notwendig ist, sie wie zufällig, ganz rasch nebenbei fällt, zeigt, dass das Bild Pauls unmittelbaren Geschmack trifft. Geschmack lässt sich als Ausdruck des Habitus (Bourdieu 1982, S. 104 ff.) verstehen, d. h., dass er einen habituellen, einen konjunktiven Zugang zu dem Bild hat, der wie bei der Gruppe „Schaum" gleichsam an der bewussten Wahrnehmung vorbei arbeitet. Die Auswahl des Bildes wird in beiden Gruppen zunächst als beiläufig und zufällig beschrieben. Paul bringt seine Wahl schließlich doch mit dem Terminus „identifizieren" („Tinte", Eingangspassage: 29) auf den Begriff.

Als Grafiker hebt er fast reflexartig auf einen bestimmten formalen Aspekt ab, der die Komposition des Bildes vorstrukturiert. Eine „Doppelseite" („Tinte", Eingangspassage: 22) muss bestimmte formale Anforderungen erfüllen. Paul und Olivia erläutern in der Folge immer wieder, was ihnen an der visuellen Lösung solcher Anforderungen gefällt.

Beide Aspekte – der konjunktive Erfahrungsraum des Skatens und die Gestaltung ikonischer Formate – werden häufig ineinander verwoben ausgeführt („Tinte", Eingangspassage: 78–86):

Transkr. 9.2: „Tinte", Eingangspassage: 78–86.

```
78   P:                                      … n Außenstehender kann
79   Y:                                          ᴸmhm
80   P:   sich jetzt auch nicht vorstellen was jetzt am u am Ende passiert ja.
          sieht sehr wacklig aus
81   ?:                                                     ᴸ@hmhm@
82   P:   auf der einen Seite geht's halt irgendwie drei Meter runter (.) u:nd
          ä:hm (2) steht aber
83        so ganz (.) (wg. Micro leise) °(        ) lässig drauf des is ja ge-
          nau es is° des Bild
84        is eben schwarz weiß, was halt dadurch halt noch stärkere
85   Y:                  ᴸmhm
86   P:   Kontraste hat einfach? es is ähm es is ne gefährliche **Sache s- gell
          gefährliche Situation**
```

Personen, die mit dem Skateboardfahren nicht so vertraut sind, „Außenstehende" („Tinte", Eingangspassage: 78), hätten kaum eine Vorstellung davon, „was am Ende passiert" („Tinte", Eingangspassage: 80), führt Paul aus. Es sieht nicht nur „wacklig" aus, sondern es geht auch noch „drei Meter" tief hinunter. Dennoch steht der Skater „lässig", also entspannt und nicht berührt von der Gefahr, auf seinem Board („Tinte", Eingangspassage: 82–83). Paul kennt selbstverständlich den Namen des Tricks. Es ist eine „Nosebluntslide" („Tinte", Eingangspassage: 202).

Paul ist Teil einer Ingroup, eines konjunktiven Erfahrungsraums, den er nur mit anderen Skatern teilt. Aus Erfahrung kann er sagen, was sich auf dem Bild abspielt, kann es auch anderen erklären, z. B., dass es sich um eine „gefährliche Sache" („Tinte", Eingangspassage: 86) handelt. Zudem stellt er fest, dass es gelinge, diese Gefahr im Bild auch sichtbar werden zu lassen. Es ist gerade diese Leistung der visuellen Formulierung, die ihn anspricht. Darin werden letztlich zwei positive Horizonte deutlich:

(1) Gefahr und Risiko gehören zu diesem Sport. Derartige Herausforderungen bilden einen positiven Horizont.
(2) Die Gestaltung des Bildes, z. B., dass es schwarz-weiß ist, unterstreicht diesen Aspekt, macht ihn sichtbar. Eine visuelle Formulierung wird also dann als gelungen empfunden, wenn sie das Erlebte zum Ausdruck bringt, wenn Bild und Erleben als kongruent wahrgenommen werden.

Paul hat als Skater und Medienprofi einen doppelten konjunktiven Zugriff auf das Bild. Er kann sich aber auch in Personen hineinversetzen, für die das nicht so ist. Seine Erfahrung in der Kommunikationsbranche dokumentiert sich als habitualisierter Umgang mit Perspektivenwechsel.

In der folgenden Sequenz zeigt sich die enge Verwobenheit der beruflichen mit der sportlichen Praxis noch schärfer:

Transkr. 9.3: „Tinte", Eingangspassage: 122–134.

```
122  O:              Ldis is kein dis is auch ein bisschen illegal
123  Y:    @hmhm@
124  O:         Lein bisschen (illegalite) diese mache auch (°      °) @(.)@
125  P:                                              Lja, es is so
        urba:n Stadt (.) ä:h
126  O:  typisch, ja
127  P:  vielleicht (.) wo man auch nicht fahren darf oder so u:nd (.) und dieses
        ähm (räuspern) es is
128     die Stadt sich mit dem (.) Skateboard @erfahren@ (.) u:nd äh aus allen
        möglichen Sachen dann
129     noch (.) die fahren oder die: die nutzen irgendwie und des (.) da ham au
        was Kreatives draus
```

```
130         macht (.) ja e- es is auch so ne Herausforderung irgendwie immer wie-
            der (.)
131   Y:         Lhm          Lhm
132   P:    der man sich stellt so ja schaff ich das ähm (.) das is ja immer so de
            der **Reiz,** der dabei is
133         wenn : man jetzt selber als Skateboardfahrer da jetzt des macht u::nd
            ja es ist ganz klar ich
134         mein du unten is des Logo groß (.) und er trägt eben auch n T-shirt (.)
            °es is° einfach klar
```

Skaten ist urban, Ausdruck eines Lebens in der Stadt, und zwar ohne ihren Gesetzmäßigkeiten komplett untergeordnet zu sein. Verbote sind kein Hindernis. Man bewegt sich durchaus auch „illegal". Diese Grenzüberschreitungen sind Teil des Erfahrens (in doppeltem Sinn) von Stadt. Sie stellt einen immer wieder vor Grenzen, vor „Herausforderungen", die bewältigt werden wollen und aus denen man etwas „Kreatives" („Tinte", Eingangspassage: 129) machen kann. Die Grenze ist der „Reiz" („Tinte", Eingangspassage: 132), ist ein positiver Horizont. Das Bild überträgt diesen Reiz, diesen Motor für Kreativität direkt. Skaten ist Teil von Pauls Leben, nichts Fremdes, nichts Heteronomes.

Kaum ist dieser Aspekt formuliert, praktisch noch im selben Atemzug, geht Paul auf Gestaltungsmerkmale ein: Mit der doppelten Platzierung des Logos im Bild und auf dem T-Shirt ist „°es° ... einfach klar" („Tinte", Eingangspassage: 134). Klar ist, welches Lebensgefühl das Logo verkaufen will – eine Ausrichtung am Urbanen mit all seinen Möglichkeiten und Grenzen sowie einen mutigen, kreativen Umgang damit. Und es ist offenbar exakt jene Orientierung, die Pauls berufliches und privates Engagement hervorbringt. Die Stadt erfahren und sich mit der grafischen Gestaltung einer Doppelseite zu beschäftigen wird durch dieselbe Orientierung hervorgebracht. Dass es sich um eine biografisch relevante Orientierung handelt, macht folgende Sequenz deutlich:

Transkr. 9.4: „Tinte", Eingangspassage: 158–163.

```
158   P:    ich glaub mich würd das jetzt auch noch wenn ich vierzig oder fünfzig
            bin a- ansprechen
159         weil ich mich da: weil ich diesen Sport (.) mach oder gemacht dann haben
            werde (.) und
160         deshalb würds mich dann auch immer (.) zurück
161   Y:                                              Lja
162   P:    erinnern oder so
163   O:                   Lmhm (3) ja (2)
```

So rasch das Bild auch ausgewählt wurde, nach kurzer Auseinandersetzung damit kommt Paul zu dem Schluss, dass dieses Bild ihn auch in 10, ja 20 Jahren noch ansprechen würde. Es bringt eine seiner Orientierungen zum Ausdruck. Dabei handelt es sich nicht nur um die körperliche Praxis, wie in der ersten Sequenz deutlich wurde, also um korporiertes Wissen, sondern auch um ein umfassendes Lebensgefühl, das überdauert, auch wenn die körperliche Praxis nicht mehr ausgeübt wird.

Transkr. 9.5: „Tinte", Eingangspassage: 228–242.

```
228  P:    ⌊ja, da muss man jung und dumm anfangen und dann wächst man in son Art
           ja °wie äh wie
229        nennt sich des° ja in son (.) Lifestyle rein irgendwie ja also dis is
           auch ne Art Subkultur
230        Skater die sich treffen, irgendwo hinfahren, abhängen ähm auf Partys
           gehen (.)
231        Gleichgesinnte halt ja (.) die bei (.) bei jeder
232  O:                                   ⌊(       ) wa was ich finde lustig,
           dass jede jeder Platz
233        kennt kann er finde alte Freunde vom vom Skateboard, wir war in Barce-
           lo:na mit der Gruppe
234        und finde er eine Freund das hat Skateboard gefahren mit dem wir dann
           in in Wien hat auch
235  Y:                                       ⌊echt?
236  O:    gefunden eine Freund das hat er schon lange Skateboard gefahren so kann
           man seh das ist
237        eine Subkultur das das is immer dass Leute (.) sind ja, also immer zu-
           sammen irgendwie ja
238  Y:                    ⌊ja
239  P:                    ⌊ja                                      ⌊ja
           wenn man mit
240        den Leuten ke lernt man kennen beim Skateboard fahren und ja entweder
           macht man nur
241        das zusammen oder man findet sich so sympathisch, dass man halt auch
           länger
242  Y:    ja
```

Beim Skaten finden sich „Gleichgesinnte" („Tinte", Eingangspassage: 231). Man muss früh genug damit anfangen, denn so wächst man in einen „Lifestyle", in eine „Subkultur" („Tinte", Eingangspassage: 229) hinein. In dieser Begriffswahl dokumentiert sich erneut, dass es sich um etwas Umfassenderes als eine bestimmte Bewegungsform handelt: Freizeit wird miteinander verbracht, man feiert zusammen und hat ein internationales Netzwerk, in dem Beziehungen entstehen, die weit über die gemeinsame Praxis des Skateboardfahrens hinausweisen. Und eigentlich geht es nicht um einen „Lifestyle" („Tinte", Eingangspassage: 229), wie Paul es nennt, sondern um einen Habitus, der es erfordert, „jung und dumm an[zu]fangen" („Tinte", Eingangspassage: 228) und damit in eine bestimmte Gruppe hineinzuwachsen.

Interessant an dieser Sequenz ist darüber hinaus die Positionierung von Olivia. Obwohl sie selbst kaum Skateboard fährt (siehe Kapitel 10), ihr also letztlich die Eintrittskarte für diesen konjunktiven Erfahrungsraum fehlt, wird er ganz explizit von ihr positiv anerkannt und damit validiert. Sie teilt offenbar besonders die Orientierung an der Möglichkeit, über nationale Grenzen hinweg Freundschaften zu finden und zu pflegen. Hinsichtlich der geschlechtstypischen Orientierungen, die mit dem Skaten verbunden sind, zeigen sich dagegen Unterschiede (siehe Kapitel 10).

Die Besprechung des privaten Bildes verläuft nach demselben Muster. Paul hat „ganz schnell eines aus[ge]sucht" („Tinte", Bild Berg: Kapitel 9.2), das sich bei näherer Betrachtung dann aber als besonders gut geeignet herausstellt. Paul ist mit diesem Bild auf einer Social-Media-Plattform präsent. Es ist dort sein Profilbild, was die Interviewerin sehr positiv kommentiert, woraufhin Paul schließlich meint: „Also das Bild also das ist jetzt einfach toll" („Tinte", Bild Berg: 17).

Was Paul an dem Bild begeistert, was er „interessant" („Tinte", Bild Berg: 33) findet, drückt er wie folgt aus:

Transkr. 9.6: „Tinte", Bild Berg: 33–40.

```
33  P:  So find ich das Bild irgendwie sehr interessant, weil (.) das schaut
        aus als würd ich da
34      sehr (.) na:h stehen, aber eigentlich isses relativ weit weg=also ich
        steh an sonem Hang,
35      (.) da gehts noch weißich hundert Meter runter, und dann hatman hier
        sonen Gletscher,
36      sieht alles sehr nah aus, aber der Gletser, eh Gletscher ist vielleicht
        hundert Meter
37      unten und der is (.) °prff°, ich kann das nur schätzen, der ist viel-
        leicht bis zu diesem:
38      Gipfelmassiv bestimmt (.) nochmal (.) vier Kilometer lang, also ich
        steh da jetzt im T-
39      Shirt da, es schaut sehr kalt aus, aber das ist am Nachmittag, war jetzt
        so zwar windig
40      und es war frisch aber die Sonne hat gewärmt
```

Der Gletscher sieht sehr nah aus, obwohl er weit weg ist. Pauls Position an einem steil abfallenden Hang ist tatsächlich gefährlich. Spannend macht das Bild aber seine Nähe zum Gletscher und zu dem imposanten Gipfelmassiv, gepaart mit seiner lässig-leichten Bekleidung, dem „T-Shirt" („Tinte", Bild Berg: 38), obwohl es sehr kalt wirkt.

Für ihn ist offenbar eben das, was in der Bildinterpretation gezeigt werden konnte, also der entspannte Grenzgang, interessant, der durch die (scheinbare) Unangemessenheit der Kleidung entsteht – oder besser der coole, entspannte Look, der erst durch den Kontrast mit der optischen Nähe des Gletschers und damit von Kälte und Gefahr zustande kommt.

In der Beschreibung des Bildes dokumentiert sich homolog eben jene zentrale Spannung, die auch in der Bildinterpretation herausgearbeitet werden konnte. Das spricht für die Durchgängigkeit des geschlechtstypischen Orientierungsrahmens.

Was in der Gruppendiskussion nicht aufscheint, ist die Gemeinsamkeit der Bilder. Man sieht zwar, dass sie zusammenpassen, und sie gefallen ihm auch beide gut, doch weitere Entsprechungen werden in der Gruppendiskussion nicht angesprochen. Der Habitus als Grundlage dieser Gemeinsamkeit, das zeigt sich auch in diesem Fall, entzieht sich weitgehend einer bewussten Wahrnehmung insofern, als er auf den Begriff gebracht werden könnte. Er bleibt implizit. Zudem wird im Bild deutlich, dass man insofern von einer weitreichenden Übereinstimmung mit einer verfügbaren Identitätsnorm von Männlichkeit sprechen kann, als es sich um ein korporiertes Wissen handelt.

Das, was in der Analyse der beiden Bilder opak geblieben ist, nämlich *wie* es zu den fast kunstvollen Übereinstimmungen der beiden Bilder gekommen ist, erschließt sich in der Gruppendiskussion, denn hier lässt sich ihre *Genese im konjunktiven Erfahrungsraum* rekonstruieren: Der Zugang zu dem Werbebild beruht auf der praktischen Erfahrung mit dem Skaten. Paul verfügt über ein grundlegendes korporiertes Wissen, das ihm die Abbildung des Skaters auf der Ebene eines habitualisierten Wissens um Geste und Zeuggebrauch (siehe Kapitel 4.2.1) unmittelbar zugänglich macht. Das Erfahren von Risiken und Grenzen (der Stadt mit dem Skateboard), ihrer kreativen Bewältigung, ist habitualisiert und weitreichend transformiert, jedenfalls in die professionelle Sphäre, sowie eine gekonnte – strategische – Selbstpräsentation. Denn Paul kann über diese Art der Selbstpräsentation sagen, dass sie „einfach toll" („Tinte", Bild Berg: 17) ist. Er weiß zudem, wie er diese Form der Selbstpräsentation, die er uneingeschränkt gut findet, herstellen kann. Das Prinzip lässt sich allerdings nur in der dokumentarischen Interpretation – in der Konzentration darauf, implizites Wissen explizit zu machen – begrifflich-theoretisch formulieren.

In der Gruppendiskussion wurde auch deutlich, dass Bilder in ihrer formalen Gestaltung betrachtet werden. Der professionalisierte Blick auf Bilder ist durch ein sehendes Sehen gekennzeichnet, das zumindest teilweise auch auf den Begriff gebracht wird. Ein Bild gefällt dann, wenn es gelingt, Aspekte des Erlebens visuell auf den Punkt zu bringen. Ganz selbstverständlich wird zudem in der Gruppendiskussion die Kommunikation *im* Medium Bild, über die man nicht reden kann, von jener *über* das Bild unterschieden, die in Sprache erfolgt.

9.6 Zusammenfassung und typologische Einordnung

Die komparative Analyse der Bilder macht eine Fokussierung einer männlichen *Geschlechtsnorm* deutlich: die des *entspannten Grenzgängers* – oder pointierter formuliert: des *supernormalen Helden*. Die Bilder zeigen jeweils einen jungen Mann in betont unaufgeregt-zurückhaltender Freizeitkleidung in unterschiedlichen Situationen: Auf dem kommerziellen Bild ist es ein Skater, der waghalsig ein Geländer hinunterslidet, auf dem privaten ein junger Mann an der Grenze zum ewigen Eis, am Fuße einer Moräne. Beide Männer befinden sich also in einer ausgesetzten, gefährlichen Situation, die durch ihre Kleidung konterkariert wird. Explizit wird diese Gemeinsamkeit der Bilder in der Gruppendiskussion nicht. Sie werden lediglich beide als gelungene Bilder eingestuft. In der *Fokussierung desselben Orientierungsrahmens* durch die beiden Bilder dokumentiert sich ein *ikonologisches Verstehen*. Es zeigt sich u. a. in der Gemeinsamkeit des Verhältnisses von Gestik (gelassen und entspannt) und Situation (risikobehaftet).

Die Gelassenheit konnte nicht nur in Bezug auf die Bewältigung außeralltäglicher Situationen herausgearbeitet werden, sondern auch in Bezug auf gesellschaftliche Konsumerwartungen und Modetrends. In Letzteren allerdings ist die Gelassenheit, wie das kommerzielle Bild zeigt, bereits wiederum Teil eines Lifestyles, der sich lukrativ vermarkten lässt. Der Fall „Tinte A" macht mit seinen ganz unterschiedlichen Bildern deutlich, dass nicht nur in Bildern, die durch Imitation gekennzeichnet sind, wie in den Fällen „Schaum" (siehe Kapitel 7) und „Pool" (siehe Kapitel 8), unmittelbares Verstehen im Medium Bild zum Ausdruck kommen kann.

Das unmittelbare Verstehen im Fall „Tinte A" hat noch weitere Facetten. Dazu zählt die Achse des *ikonischen Verstehens*, das im *Komplementärkontrast* der Bilder Kontur gewinnt: Im Bild „DC" findet sich eine *Ästhetik der Exklusion*, im Bild „Berg" eine *Ästhetik der Inklusion*. Beide unterstreichen das gemeinsame Prinzip der Bilder, das im Verhältnis der abgebildeten Person zur Umgebung liegt. Ebenso zählt die Achse des *korporierten Wissens* dazu, das sich in einer homologen Körperhaltung in situativ ähnlichen Umständen dokumentiert und sich in der Praxis des Skatens verankern lässt.

In den Gemeinsamkeiten der Bilder kommt also einerseits ein habitualisiertes Erkennen formaler Strukturen von Bildern zum Ausdruck. Andererseits zeigen sich Risiko und Balancieren an der Grenze des Möglichen sowie das Überwinden des Gewöhnlichen als positiver Horizont. Der Grenzgang beflügelt, vermag den Alltag zu überwinden, auch in einer ästhetischen Überhöhung. Das trifft auf das Skaten wie auf das Bergsteigen im T-Shirt zu und findet sich in der beruflichen Praxis wieder. Das Überwinden des Gewöhnlichen wie die Übung im „sehenden Sehen" (Imdahl 1996b) sind Teile davon, wie sich in der Gruppendiskussion zeigt.

Hier wird auch deutlich, dass die Attraktion der Grenze auch als Element der Selbstpräsentation eingesetzt wird und dass das Skaten sowohl Genese als auch Ausdruck dieses Spiels mit Grenzen ist, denn es ist bei Paul erfahrungsgebunden und so zum habitualisierten Stil geworden. Identitätsnorm und Habitus haben im Fall „Tinte A" weitreichende Gemeinsamkeiten.

Begünstigt wird dies wohl dadurch, dass dieser Norm eine Distanzierung zu Normen und damit zu bestimmten Zwängen immanent ist. Dieser Style bzw. Stil hilft quasi, die Zumutungen von Styles zu unterlaufen. Der Style des Protagonisten im Werbebild von DC ist Pauls Stil. Wie Olivia heftig bestätigt, geht Paul nie ohne seine Skaterschuhe aus dem Haus. In Pauls Fall erfolgt die handlungspraktische Bewältigung der diskrepanten normativen Anforderungen also durch ein habitualisiertes (Auf-)Suchen von Grenzen – durchaus im weitesten Sinn – und durch ein entsprechend entspanntes Ausloten bzw. Inszenieren der eigenen Position in den diversen Grenzgebieten. Sein Umgang mit männlicher Identitätsnorm und entsprechenden Erwartungserwartungen ist doppelt entspannt und habituell sicher: Er hat seinen Stil gefunden. Es verunsichert ihn auch nicht, wenn Elemente dieses Habitus als Style in einen kommunikativ-generalisierten Rahmen gestellt werden.

Beide Bilder können insofern als professionelle Selbstpräsentation charakterisiert werden, als in ihnen alle Verweise auf Individualität verwischt sind und sich zudem eine Übergegensätzlichkeit bzw. prinzipielle Widersprüchlichkeit zeigt. Beides sind Kennzeichen virtualer sozialer Identitäten (siehe Kapitel 4.3.1). Zugleich bildet sich in den Bildern der Habitus des Könners ab. Für diejenigen, die diesen Habitus nicht korporiert haben, mögen diese Bilder als imaginäre Bilder dienen. Sie zeigen dann eine unerreichbare Meisterschaft. In Pauls Rahmung sind beide Bilder imaginativ, denn er verkörpert diesen Stil, hat ihn übergreifend in sein Leben integriert. Dieser Stil gehört zu seinem Habitus.

10 Stark fluid, ostentativ Frau: Non-Format

Im letzten Kapitel wurde die Gruppe „Tinte" bereits genauer beschrieben. Es handelt sich um ein junges Paar, Olivia und Paul, die im Grafikdesign arbeiten. Das Paar hat zusammen vier Bilder mit unterschiedlichen Gewichtungen ausgewählt: Paul vorwiegend eine Anzeige der Marke „DC Shoes" – ein Skater wirbt hier für Skaterschuhe – und ein privates Urlaubsbild, das ihn auf einem Berg zeigt. Die Analyseergebnisse dieser Bilder und der Gruppendiskussion waren ebenfalls Gegenstand des letzten Kapitels. Olivias Schwerpunkt bei der Bilderwahl liegt auf einer Anzeige der Agentur „Non-Format", die eine junge Frau zeigt. Olivia und Paul validieren einander wechselseitig in ihrer Wahl. Olivia hat auch ein privates Bild aus dem gemeinsamen Fundus ausgewählt, ein Porträt des Paares, das konsensual nicht als Entsprechung zu den drei anderen Bildern eingestuft wird. Beide nehmen den Hinweis erfreut zur Kenntnis, dass sie alle vier Bilder besprechen können und nicht weiter einschränken müssen.

Im Lauf der Analyse stellte sich heraus, dass in den unterschiedlichen Gewichtungen der Bilder durch die Gruppenmitglieder unterschiedliche geschlechtstypische Erfahrungsräume zum Ausdruck kommen. Sie werden daher jeweils in einem eigenen Kapitel besprochen. Am Ende des Kapitels findet sich eine komparative Analyse der Bilder von Paul und Olivia und der entsprechenden Beiträge aus der Gruppendiskussion mit einem Fokus auf dem Geschlechterverhältnis.

10.1 Das kommerzielle Bild: „Non-Format"-Anzeige

Die erste Annäherung an Olivias kommerzielles Bild erfolgt mit einer *groben Betrachtung der vorikonografischen Ebene* (siehe Abbildung 10.1).

Eine Hälfte des Bildes ist schwarz, die andere weiß. In der Mitte der linken, schwarzen Hälfte steht in serifenlosen, kursiv gesetzten Blockbuchstaben (nahezu derselben Schrift wie in der DC-Anzeige) in Weiß „Non-Format". Darunter – ebenfalls in Weiß: „Im Jahre 2000 gründeten der Norweger Kjell Ekhorn und der Brite Jon Forss ihr Designatelier Non-Format in London./Norwegian Kjell Ekhorn and Brit Jon Forss established the Non-Format firm in London in 2000."

Auf der rechten, weißen Seite ist eine Frau von der Seite abgebildet. Sie steht auf den Zehenspitzen ihres rechten Beins. Das linke Bein und der linke Arm sind abgewinkelt. Der Kopf ist nach links gedreht und etwas in den Nacken gelegt. Sie trägt ein schwarzes, kurzes Kleid, das sich an der Vorderseite ihres Körpers nach vorne aufbläht, und Schuhe mit hohen Absätzen. Das Kleid zerfließt am unteren Saum, als wäre es nicht aus Stoff, sondern aus schwarzer Flüssigkeit – z. B. Tinte –, die sich in transparenter Flüssigkeit – z. B. glasklarem Wasser – löst. Auch der Ärmel bzw. die Stulpe zerfließt in derselben Art am oberen Saum und bildet eine Art Flügel.

Abb. 10.1: „Tinte", „Non-Format"-Anzeige.

Eigentlich handelt es sich um zwei Bilder, die nur durch eine schwarze Tintenwolke, die keilförmig zum obersten Zipfel des Kleides, der sich etwa auf Brusthöhe befindet, quillt, miteinander verbunden sind. Wie das Kleid zerfließt der scharfe Rand der schwarzen Hälfte und verliert dadurch an einer Stelle seine klare Form.

Die Auflösung der schwarzen Seite und des schwarzen Kleides steht der klaren Form der Schrift und dem scharfen Kontrast des Körpers der jungen Frau vor dem weißen Hintergrund gegenüber. Die Anmutung des Zerfließens findet sich jeweils an scharfen Grenzen, am Farbrand und am Saum. Dort, wo die Grenzen zwischen Schwarz und Weiß am längsten sind, zerfließen sie. „Non-Format", was so viel heißen könnte wie „keine Form" oder „ohne Gestalt", wird in seiner übergegensätzlichen Visualisierung von einer Verneinung zum *Oxymoron*: Die Aufteilung des Blattes und die Kleidung *lösen sich auf und bleiben* doch, was sie sind: Kleidung und Grenze. Der Name der Agentur und der Körper des Models sind von der Auflösung nicht betroffen: Auch wenn sich der Rahmen (die Kleidung, das Styling, die äußere Hülle) ändert – der Name (die Identität in Form des Eigennamens und des individuellen Körpers und Gesichts, die auf diesem Bild erkennbar sind) bleibt stabil. So betrachtet ist der Name Programm.

Eine *detaillierte vorikonografische Betrachtung* richtet den Blick auf die Körperhaltung: Die junge Frau steht auf der Zehenspitze des rechten, sehr schlanken, etwas gebeugten Beins. Der Wadenmuskel zeichnet sich deutlich ab, was auf Anspannung schließen lässt. Das linke Bein ist nach oben gezogen und stark angewinkelt, sodass das Knie auf der Höhe des halben Oberschenkels spitz nach vorn

Abb. 10.2 und 10.3: Läuferinnen.[1]

und der Fuß, mit dem ebenfalls spitzen High Heel, nach hinten ragt. Der rechte Arm ist gebeugt und von der Schulter aus nach hinten gezogen, sodass der Ellenbogen etwa auf Taillenhöhe nach hinten zeigt. Der Arm wirkt locker. Die Finger der entspannten rechten Hand sind leicht in Kontakt mit dem unteren Rücken. Der Kopf fällt etwas in den Nacken und ist durch eine Drehung der oberen Halswirbelsäule frontal zu sehen. Die Haare flattern, wie von einer Windbö aus dem Gesicht getragen. Durch die abgewinkelten Beine, die nach vorn gestreckte und leicht rotierte Brustwirbelsäule und die zurückgezogene Schulter entsteht ein Hohlkreuz.

Das hochgezogene Bein und der zurückgezogene Arm erinnern an Laufen (siehe Abbildung 10.2 und 10.3). Beim Joggen ist das Bein nicht so hochgezogen, beim Sprint schon eher. Dabei wird das Bein wiederum nicht so weit abgewinkelt, und der Fuß gerät nie so weit hinter das gestreckte Bein. Die Position auf der Zehenspitze wäre für den Sprint passend, auch der Arm, weniger allerdings der Kopf (und natürlich das Schuhwerk), der bei Sprinterinnen kaum so weit aus der Achse gerät. Zudem ist der Körper beim Sprint nicht ganz senkrecht. Sein Schwerpunkt ist nach vorn, in die Laufrichtung, verlagert. Im Bild dagegen ist die Körperachse kerzengerade (siehe weiße Linie in Abbildung 10.4).

Die senkrechte Körperachse führt zu einem zweiten hypothetischen Vergleichshorizont: der Tänzerin, genauer, der Bewegung bei einer Pirouette (siehe Abbildung 10.5). Übereinstimmend mit der Pirouette ist die senkrechte Körperachse, die bei der Pirouette die Stabilität für die Drehung gibt: Arme und Beine können auf diese Weise entspannt den Körper in Bewegung umspielen. Bei der klassischen Pirouette ist im Idealfall das Standbein ganz gestreckt, das Knie zwar ähnlich hochgezogen wie bei der jungen Frau im „Non-Format"-Bild, aber die Hüfte geöffnet

---

1 (letzter Aufruf: 10.07.2014); https://s3.amazonaws.com/ksr/assets/001/516/334/ 3c8f7a39ea9c74a73d22a2c847651894_large.jpg?1389456634 (letzter Aufruf: 10.07.2014).

Abb. 10.4: „Tinte", „Non-Format"-Anzeige; planimetrische Komposition, Mittellinien, Körperachse (weiß).

Abb. 10.5 und 10.6: Tänzerin, Pirouette (li.); Posing (re.).[2]

und der Fuß am Oberschenkel, nicht dahinter. Die Armhaltung ist auch ähnlich – entspannt und abgewinkelt. Bei der Pirouette ist der Arm aber nicht hinter die Körperachse gezogen, sondern an die Seite usw. Die „organische Plausibilität" (Imdahl 1996a, S. 578) der Körperhaltung bleibt fraglich. Insofern kann sie als Pose bezeichnet werden (siehe auch Kapitel 11.1). Zwar können deutliche Ähnlichkeiten mit bestimmten Bewegungsmustern gefunden werden. Sie werden aber in der Pose der Frau nur zitiert. Selbst der Vergleich mit Posing-Vorschlägen für Mode und Werbung führt zum Eindruck von Auflösung (siehe Abbildung 10.6).

Obwohl sich die Grundhaltungen ähneln, ist die Pose der Frau auf der Anzeige von Non-Format dynamischer. Sie ist aber vermutlich deswegen interessant, weil sie *klassische Formen auflöst*. Das Prinzip „Non-Format", im Sinne eines zwar vorhandenen (zitierten), aber aufgelösten Formats, realisiert sich auch in der Körperhaltung bzw. Pose.

---

2 http://www.jolie.de/bildergalerien/blick-ueber-schulter-1169611.html (letzter Aufruf: 30.07.2014).

Der Vergleich mit ähnlichen Gesten macht vor allem die Dynamik der Bewegung deutlich: Analog zur Pirouette und zum Posing-Vorschlag hat die junge Frau eine stabile Körperachse. Diese erlaubt die *spielerische* Bewegung von Armen, Beinen und Kopf. Wie bei den beiden Vergleichsbewegungen geht es um Balance in der vertikalen Position sowie um Stabilität und Dynamik bzw. *Gleichförmigkeit und Veränderung.*

Versuche einer *ikonografischen Einordnung* der gesamten Szene laufen ins Leere. Weder die Körperhaltung noch die Kleidung lassen einen Rückschluss auf eine bestimmte Szene zu. Da die Frau auf weißem Hintergrund abgebildet ist, gibt es auch keine Anhaltspunkte auf eine Umgebung. Die Frau tut nichts Konkretes und ist nicht Teil einer Situation. Sie zeigt nur sich selbst.

Zur ikonografischen Einordnung des Outfits[3] gibt es mehr zu sagen: Das Kleid kann eindeutig als „kleines Schwarzes" eingeordnet werden. Ein Blick in die Typengeschichte (Panofsky 2002 [1955], S. 46) des kleinen Schwarzen weist ihm eine Sonderstellung in der weiblichen Garderobe der sogenannten westlichen Welt zu. Wie kein anderes Kleidungsstück besitzt es einen Namen, der ohne Bezeichnung des Kleidungsstücks auskommt.[4] Beispiele für andere Bezeichnungen sind z. B. auf den Anlass (Braut- oder Abendkleid …) bezogen oder den Kontext, die Funktion oder die stilistische Einordnung (Tracht – z. B. Dirndl; Regenjacke …), den Schnitt oder den Stoff (Hemdblusenkleid, Samtkleid …) oder auf den männlichen Anzug[5] (Hosenanzug, Kostüm). Auch in der Bezeichnung „Marlenehose" steckt zumindest noch die Hose im Wort.

Der Name beinhaltet das Grundprinzip des Kleidungsstücks: Es ist *schwarz und klein*, wobei „schwarz" kompromisslos schwarz bedeutet, weder dunkles Grau noch Details in einer anderen Farbe, und „klein" die Länge bezeichnet. Es ist jedenfalls nicht lang, reicht bis maximal unter die Wade, mindestens unter den Po. Es bleibt also der Idee „Kleid" (kein Pullover oder Oberteil) verpflichtet.

---

3 Zur *vorikonografischen* Beschreibung des Outfits: Die junge Frau trägt ein kurzes, schwarzes Kleid, das nur von den Schultern am Körper gehalten wird und A-förmig nach unten fällt: ein sogenannter Hänger. Es ist ärmellos, hochgeschlossen und reicht bis knapp unter den Po. Am Rücken schmiegt es sich sanft an den Körper. Die deutliche S-Form von Rücken, Taille und Po wird damit zugleich ent- und verhüllt, zumal das Kleid schwarz und der Hintergrund weiß ist. Nach vorn bläht es sich dreiecksförmig auf, als würde es von einem Windstoß von hinten erfasst oder von einer Zauberkraft nach vorn gezogen. Die Schulter und der halbe Oberarm sind nackt, der Rest des Armes wird von einer Stulpe, die knapp über das Handgelenk reicht, bedeckt. Die Beine sind nackt oder unsichtbar bestrumpft. An den Füßen trägt die Frau knöchelhohe Stiefeletten mit offener Zehenpartie in Schwarz.
4 Es findet sich seit den 1930er-Jahren, also seit mehr als 80 Jahren, in der Modegeschichte (Haarmann 2005, Holman Edelman 2001). Ob es auf Coco Chanel zurückgeht, ist nicht eindeutig geklärt (Haarmann 2005, S. 140). Seine breite, bis in die Gegenwart wachsende Popularität startete in den 1950er-Jahren mit dem Film „Frühstück bei Tiffany" (Haarmann 2005, S. 136).
5 Siehe Kapitel 7.1.

Alles andere wandelt sich – Material, Schnitt und Dekoration –, und gerade deshalb besteht es so konstant. Es ist nahezu universell einsetzbar und fällt, fast wie der Anzug (siehe Kapitel 7.1), prinzipiell nicht auf. Es ist also ein Kleidungsstück, an dem das Prinzip *Wandelbarkeit mit stabiler Identität* hervorragend zum Ausdruck gebracht werden kann.

Letztlich treibt genau dieses Prinzip, bei dem „die ständige Veränderung zur einzigen Konstanten gerät" (Esposito 2004, S. 16), die Mode an. Das kleine Schwarze zeigt dies en miniature: Es wurde unzählige Male verändert, neu erfunden und gestaltet. Es ist immer neu und immer anders und bleibt doch das kleine Schwarze. Mode und Kleid bleiben, was sie sind, und indem sie sich wandeln, schöpfen sie ihre Identität aus der Wandlung. Schauplatz dieser Wandlung ist (primär) der weibliche Körper. In diesem Bild passiert allerdings noch etwas anderes: Eines der stabilsten, weil wandelbarsten Kleidungsstücke der weiblichen Garderobe löst sich auf und bleibt dabei umso mehr, was es ist: maximal klassisch, maximal modern, maximal stabil, maximal gewandelt. Das Prinzip Mode löst sich auf. In dieser *Hyperstilisierung des kleinen Schwarzen* drücken sich zugleich *Distanz zum Modischen* und *Huldigung des Prinzips Mode* aus. Diese – übergegensätzliche – Idee wiederum ist gerade modern und wird – wie auch dieses Bild zeigt – vermarktet. Letztlich bleibt Mode nur modisch, indem sie zu sich selbst, also gerade zum Modischen in Distanz geht (Esposito 2004, Vinken 2013). Hier zeigt sich eine Parallele zum Werbebild von DC, das ebenfalls das Prinzip der Unterwanderung des Modischen zur Mode erhebt.

Außer dem kleinen Schwarzen sind die langen, schlanken Beine prominent im Bild. Sie zeigen sich fast bis zum Schritt. Die Plateau-Sohle der Booties ermöglicht einen extrem hohen Absatz, der von einer extra geschwungenen Ferse spitz nach unten zuläuft. Der Schuh endet wie ein kurzer Stiefel knapp unterhalb des Knöchels und ist vorne offen. Er vereint Winter- und Sommerschuh. Der Schuh streckt das Bein noch weiter, konterkariert aber seine Zartheit und die der übrigen Erscheinung. Die Ästhetik dieses Schuhs liegt in seiner maximalen Widersprüchlichkeit. Er vereint einen zarten Absatz und einen sommerlich offenen Ausschnitt für die Zehen mit der Schwerfälligkeit eines Stiefels, verlängert das an sich lange, schlanke Bein und lässt es in einer Art gefährlichem und wuchtigem Tierfuß enden.

Das Zeigen des Beins ist ebenfalls typengeschichtlich interessant: Nackt oder (bunt) bestrumpft, war seine öffentliche Präsentation lange Zeit den Männern vorbehalten[6] und ist in der Geschichte der Mode der Frauen eine der jüngsten und – auch im öffentlichen Leben – präsentesten Entwicklungen. Sie waren, bevor der

---

6 In Bildern der frühen Neuzeit sieht man das Bein nur bei Soldaten, Folterknechten und Henkern. Es „weist auf ihre Fähigkeit und Bereitschaft hin, ihren Körper einzusetzen, um zu verletzen, [...]" (Vinken 2013, S. 18). Das trifft auch auf den Schuh zu, denn „Schuhe mit Absätzen waren [...] nicht zum Gehen, sondern zum Reiten gemacht", „um reitend im Bügel stehend Bogen schießen zu können" (Vinken 2013, S. 15).

Anzug sie völlig verbarg und schließlich entsinnlichte, die muskulösen Vorzeigeobjekte der Männer. Die Freiheit des Beines mit Bewegungsfreiheit zu assoziieren und damit als Ausdruck von Gleichberechtigung zu sehen, greift zu kurz (Vinken 2013, S. 36 ff.). Vielmehr spricht sich auch hier das Modische aus: „Es ist diese Ostentation des Phallischen, die den Frauen, die jetzt die alten [damaligen, Anm. A. P.] Beine der Männer zeigen, etwas kühn Kriegerisches und damit auch etwas Verruchtes gibt." (Vinken 2013, S. 18) Denn um die „Weiblichkeit von gestern hinter sich zu lassen, macht man" immer neue „Anleihen bei der Männermode" (Vinken 2013, S. 24). Die eher *subtile Erotik* des zarten Kleids, das durch seine stark S-förmige Rückenlinie die Taille betont, wird durch das nackte Bein und den Tierfuß mit etwas subtiler Wildheit pointiert.

Die planimetrische Komposition (siehe Abbildung 10.7) führt von der Betrachtung der Frau zunächst wieder zum Gesamtbild. Die Anordnung von Schrift, Tintenwolke und Kleid kann durch eine waagrechte Linie entlang der Oberkante des Schriftzugs, durch die Spitze des Keils, den die Farbwolke bildet, und den Zipfel des Kleides sowie entlang der Stulpe am Oberarm anschaulich gemacht werden – und mit ihr die Verbindung der beiden Bildhälften bzw. von Schrift und Figur. Die Bildmittelwaagrechte erweist sich als homolog dazu: Sie verläuft entlang der Unterkante der Schrift, entlang der Hüfte und exakt durch jenen Punkt, an welchem die Hand zart die Hüfte berührt. Das stellt eine Gemeinsamkeit mit dem „DC-Shoes"-Bild aus dem letzten Abschnitt (siehe Kapitel 9.1) dar. Hier bildet ein prominenter Schriftzug ebenfalls ein Bildelement, das eine zentrale Bedeutung für die Gesamtkomposition hat. Eine dritte Linie wird hauptsächlich durch die Unterkante des angewinkelten Beins und die Spitze des Absatzes getragen. Eine Verlängerung in die schwarze Bildhälfte macht Sinn, da sie genau den doppelten Abstand wie die obere Linie zur Bildmittelwaagrechte hat. Alle drei Linien halten zusammen, was an sich durch den Kontrast von Schwarz und Weiß getrennt ist. Das *diszipliniert getrennte* Schwarz und Weiß wird *durch unkontrollierbare* Tinte und *dynamische Bewegung zusammengeführt*.

Obwohl das Kleid nahezu die Form eines Dreiecks bzw. eines liegenden Herzens bildet, kann seine Einbindung in die Gesamtkomposition nicht mit einem sparsamen Feldliniensystem gezeigt werden. Vielmehr erlaubt die Darstellung der Frau im Kleid vielfältige Möglichkeiten für sinnvolle Linien, was für eine grundsätzliche Ausgewogenheit der Komposition ohne spezifische Fokussierung spricht. Auch der Hintergrund bietet nichts, was mögliche Linien stützen könnte, und überlässt so allein der Figur die Strukturierung der Fläche. Verstärkt wird diese Strukturierungsleistung dadurch, dass die Abbildung der Frau wenig Tiefe hat und besonders im Bereich des Rumpfes nahezu flächig ist. Zusammen mit den Tintenklecksen gerät die *junge Frau* dadurch *zur Arabeske*, zum Schemabild, und wird so zu ihrer eigenen Abstraktion. Wie das zerfließende Outfit letztlich nicht in erster Linie modisch ist, sondern für das Prinzip Mode steht, wird hier das Foto zur Skizze und legt sein Prinzip der Zweidimensionalität frei.

Die Schwarz-Weiß-Anmutung der Abbildung verstärkt die arabesken Formen. Sieht man genauer hin, so deutet sich im Kleid ein tiefblauer Schimmer an, der es noch schwärzer erscheinen lässt. Dasselbe gilt für den dunklen Lidschatten. Die Haut wiederum lässt einen Hauch von Rosa- und Brauntönen erkennen. Das gilt für das Gesicht, hier vor allem für das Ohr, sowie für die Beine, hier vor allem den oberen Innenschenkel des abgewandten Beins.

Dieses Spiel mit der Farbe betont erotisch-sinnliche Momente: Dem Stoff des Kleides verleiht es ein wenig Textur, Schenkel und Ohr gibt es Wärme und Anziehung, der Augenpartie wiederum Tiefe und Hingabe. Es zeigt sich also ein sinnlich-attraktiver weiblicher Körper in einem subtilen Spiel von Schwarz-Weiß- und Farbfotografie. Die Sinnlichkeit des Körpers wird hier nicht nur und in erster Linie durch die übliche Spannung von Zeigen und Verhüllen in Szene gesetzt. Sie besteht mehr noch in einer gleichzeitigen *Distanzierung und Hervorhebung von Sinnlichkeit*. Die Distanzierung liegt in der Abstraktion, die Betonung in der Konkretisierung ganz bestimmter Zonen des Körpers durch die Farbgebung. *Sinnlichkeit* ist zugleich *hyperstilisiert* und *unvollständig gebrochen*.

Die perspektivische Projektion folgt einem nun schon aus anderen Fällen bekannten Prinzip. Im „Non-Format"-Bild sind sublime Ansichten, ein wenig in die Achselhöhle und fast zum Schritt, einer leichten Untersicht geschuldet, die die junge Frau hier nicht nur stark, selbstbewusst und erhaben zeigt – ähnlich den jungen Frauen im H&M-Bild –, sondern auch weitere erotische Momente schafft. Die Zartheit der Figur und der arabesken Formen werden von diesem Effekt der Erhabenheit und Stärke konterkariert.

Ikonologisch-ikonisch betrachtet verkörpert die junge Frau eine *Hyperstilisierung des Prinzips Mode sowie von sinnlicher und damit auch im Wandel begriffener Weiblichkeit*. Sie wirbt nicht für ein Kleid, einen Schuh, einen Style oder ein Label. Mode ist hier als Prinzip visualisiert, und zwar folgend: *In der Veränderung liegt die Konstante* und *in Sinnlichkeit und Spontanität liegt die Attraktion*. Damit dokumentiert sich in der weiblichen Figur dasselbe wie in der Auflösung der schwarzen in die weiße Fläche hinein.

Wie der Name der Agentur weiß auf einem schwarzen Hintergrund steht und keine andere Funktion hat, als ein Kontrastfeld abzugeben, hebt sich die junge Frau dunkel, fast schwarz von einem bis auf die Tintenwolke vollkommen weißen Hintergrund ab. Die junge Frau tut nichts, außer zu posieren. Die ästhetische Überhöhung geschieht allein durch die immer neue Inszenierung des Körpers. Diese Idee dokumentiert sich im Zerfließen und in der gleichzeitigen Konstanz des Kleides. Der Körper der Frau ist der Schauplatz der Übergegensätzlichkeit von ständigem Wandel bei gleichbleibender Identität. Das ist, wie sich durch die planimetrische Verbindung von Schrift und Körper zeigt, die Visualisierung des Prinzips „Non-Format".

Die junge Frau zeigt also etwas, indem sie sich zeigt. Sie führt keinen Trick vor wie der Skater, steigt auf keinen Berg, wie Paul in seinem privaten Bild. Sie geht auch nicht am Strand entlang, wie die fünf jungen Frauen auf dem H&M-Plakat, oder zielt mit der Pistole auf jemanden, wie im „Pulp-Fiction"-Plakat, ja, sie steht nicht einmal in einem Pool, wie die drei Freundinnen aus dem Fall „Pool", in der Natur oder in einem Raum. Sie ist/wird vor weißem Hintergrund präsentiert, ist ostentativ weiblich, sinnlich, sexy, verrucht und immer modern durch ihre Fluidität.

Solange das Geschlechterverhältnis durch eine hegemoniale Männlichkeit bestimmt ist, ist auch eine ständige Neubesetzung von Weiblichkeit notwendig. Denn ‚das Weibliche' repräsentiert die schwächere Position und will daher immer wieder neu aufgeladen werden, will sich von sich selbst distanzieren. Diese Absetzbewegung wird auch am Begriffswandel, der sich entsprechend langsamer vollzieht, sichtbar. „Weib" war bis ins 19. Jahrhundert das Pendant zu „Mann" und prinzipiell nicht abwertend besetzt. Heute wird es in abwertender oder sexualisierender Weise verwendet. Es ist durch die Bezeichnung „Frau" ersetzt worden, die zunächst Aristokratinnen und Patrizierinnen vorbehalten war. Sich weiblich zu kleiden heißt nur immer wieder, sich altmodisch zu kleiden. Will eine Person aber nicht dem männlichen Kollektivkörper zugerechnet werden (siehe Kapitel 7.1) und nur in ihrer Individualität, nicht aber als Geschlechtswesen markiert sichtbar werden, bleibt nichts anderes als eine neue Mode.

Durch diese doppelte Absetzbewegung, vom ‚altmodisch' Weiblichen und vom Männlichen (vgl. Vinken 2013, S. 26), ist es gerade die ständige Auflösung der Grenzen des Stylings, die Weiblichkeit – vorübergehend und immer wieder – stark macht. Wenn sie wirbelt wie eine Tänzerin, sich ständig neu erfindet, behält sie ihre Kraft: Ostentativ Frau heißt ostentativ in Veränderung. Der Frauenkörper dient der Agentur dazu, ihre Stärke – ihr Prinzip der ständigen ästhetischen und sinnlichen Neuerfindung – zu visualisieren. Attraktion durch Sinnlichkeit spielt dabei eine wichtige Rolle. Durch mehrfache Brechung bleibt sie sublim und elegant.

10.2 Komparative Analyse der Bilder Tinte A und B: Männer zeigen etwas, Frauen sich

Die Gruppe erwähnt in der Diskussion, dass die beiden kommerziellen Bilder zusammenpassen, allerdings Stereotypen von Männlichkeit und Weiblichkeit entsprechen. Pauls privates Bild wiederum wird als dem männlichen kommerziellen Bild ähnlich eingestuft, das private von Olivia als keinem der drei anderen Bilder ähnlich. Im unmittelbaren ikonischen Verstehen, das von Olivia und Paul mit großer Selbstverständlichkeit benannt wird, bildet sich quasi eine Trilogie. Worin allerdings die Unterschiede und Gemeinsamkeiten nun genau liegen, wird kaum weiter expliziert, weder selbstläufig noch im Anschluss an Fragen der Interviewerinnen in der Gruppendiskussion. Die Leistung der Rekonstruktion besteht nun darin, diese Ähnlichkeiten und damit das ikonologisch-ikonische Verstehen – methodisch kontrolliert – zu explizieren. Die komparative Analyse folgt aus diesem Grund der von der Gruppe benannten Trilogie.

Abb. 10.7 und 10.8: Vergleich planimetrische Komposition Bild „Non-Format" und Bild „DC".

Die Wahrnehmung der Untersuchten ermöglicht also die Rekonstruktion des unmittelbaren, ikonischen Verständnisses insofern, als grundsätzlich geklärt ist, dass bestimmte Unterschiede und Gemeinsamkeiten in den Bildern gesehen werden.

Die augenfälligste *Gemeinsamkeit* der beiden kommerziellen Bilder liegt auf der Ebene der planimetrischen Komposition (siehe Abbildung 10.7): Beide haben ein doppelseitiges Format, wobei eine Seite von einer Figur und die andere von Schrift dominiert wird. Letztere ist sehr ähnlich gestaltet. Es handelt sich jeweils um eine serifenlose, schlanke, kursiv und fett gesetzte Schrift in Großbuchstaben. In beiden Bildern ist die Schriftgestalt tragender Teil der Gesamtkomposition. Planimetrisch betrachtet verbindet sie jeweils die beiden Bildhälften. Das Problem der Doppelseite, zugleich zwei und eine Seite zu sein, ist in beiden Anzeigen auf dieselbe Weise gelöst. Es ist eine Lösung, die aus einer Not bzw. Notwendigkeit eine Tugend macht.

Mit der formalen Lösung der doppelseitigen Anzeige ist auch eine ikonologisch-ikonische Strukturidentität verbunden: die wechselseitige Rahmung der Marke (auf der einen Seite) und der Person (auf der anderen Seite). „Dompierre." ist auf der rechten Seite der Doppelseite so gesetzt, dass der Eigenname des Skaters praktisch Teil der Marke wird bzw. als Marke wahrgenommen werden kann. Da der Skater aufgrund seiner Darstellung am Bild nicht persönlich identifiziert werden kann, kann jeder, der entsprechendes Können mitbringt, Dompierre sein. Dompierre ist zugleich DC. DC ist Dompierre, ist ein herausragender Skater und alles, was er verkörpert. Dasselbe gilt für „Non-Format". „Non-Format" ist die Agentur, ist die junge Frau, die das Prinzip verkörpert. In dieser Homologie dokumentiert sich wohl der *professionelle Habitus der Gruppe als Grafikdesigner:* In beiden Bildern zeigt sich kompromisslos das Prinzip der Visualisierung – der Schrift wird durch ihre Einbindung in Ikonizität Bedeutung eingehaucht.

Eine *Homologie* der beiden kommerziellen Bilder auf der ikonologisch-ikonischen Ebene deutet in Richtung einer gemeinsamen Komponente des Habitus, die sich nicht allein auf den professionellen Habitus beschränkt. Sie liegt in einer Distanz zum Modischen, ohne Mode prinzipiell zu transzendieren. Distanz und Gelassenheit gegenüber kommunikativ-generalisierten und folglich besonders leicht durchschaubaren Stilen (Styles) ist das Prinzip. Dieser Habitus wird durch das private Bild validiert. In ihm kommt dieselbe Distanz gegenüber dem Modischen zum Ausdruck, die das Spielerische, die Arbeit und einen persönlichen Umgang mit Mode erst möglich macht. In allen drei Bildern zeigt sich ein höchst elaborierter Umgang, ein *gekonntes Spiel mit Mode, das auf Distanzierung* und der dadurch gesteigerten Möglichkeit der Brechung und (Über-)Stilisierung *basiert.*

In einem Komplementärkontrast der Bilder von Paul und Olivia wird ein *systematischer Unterschied* deutlich: In der Anzeige der Agentur „Non-Format" ist die Person völlig ohne Umgebung abgebildet, die Spannung entsteht allein in der Präsentation einer körperlichen Inszenierung. In beiden Bildern von Paul dagegen ist die Umgebung, in welcher sich die Figur befindet, essenziell, denn die Spannung bzw. Übergegensätzlichkeit der Bilder entsteht im Verhältnis von Umgebung und Person. Die beiden jungen Männer zeigen etwas: Der Skater zeigt einen waghalsigen Trick, Paul erreicht eine ebenso imposante wie riskante Gegend. Die junge Frau dagegen zeigt nur sich. Das heißt, Träger des Sinns in Pauls Bildern ist die Tätigkeit mithilfe des Körpers, in Olivias Bild ist es allein die Präsentation des Körpers.

Die Bezeichnung der Bilder als Stereotype von Männlichkeit und Weiblichkeit durch die Untersuchten (vgl. die Interpretation der Gruppendiskussion in Kapitel 10.4) weist deutlich darauf hin, dass sie als Ausdruck geschlechtstypischer Rollenerwartungen und Identitätsnormen wahrgenommen werden. Stereotype Männlichkeit besteht hier mithin in Aktion, darin, etwas zu machen, Weiblichkeit in (Selbst-)Präsentation, darin, sich zu zeigen. Für die Aktion konnte in Pauls Bildern zudem eine bestimmte Struktur herausgearbeitet werden: Sie ist mit Risiko und Könnerschaft verbunden, die gelassen, distanziert mit Understatement präsentiert werden. Je näher der habitualisierte Stil dabei dem Lifestyle kommt, desto eher ist es auch möglich, diesen Style entsprechend in Szene zu setzen, denn er geht mit einer authentischen Geste einher. Der abgebildete Skater eröffnet Paul einen konjunktiven Zugang zum Bild. In seinem privaten Bild wiederholt sich der Stil des kommerziellen. Identitätsnorm und Habitus zeigen hier eine sehr große Schnittmenge.

Auch für die Selbstpräsentation in Olivias Bild wurde eine bestimmte Struktur rekonstruiert: Es gilt, attraktive Leiblichkeit und Sinnlichkeit ständig neu zu erfinden. Die Möglichkeit, eine derartige Fluidität aufrechtzuerhalten, basiert auf Distanzierung, Abstraktion und Brechung. Die dafür notwendige Geste ist eine Pose. Für das Verhältnis zum (weiblichen) Habitus führt möglicherweise doch ein Blick auf das private Bild weiter, wenngleich es als nicht passend gewertet wurde, nicht als Teil der Trilogie, worin jedenfalls zum Ausdruck kommt, dass es sich um ein strukturell anderes Bild handelt. Das private Bild, das Olivia vorgeschlagen hat, wird in der Folge diskutiert.

10.3 Privates Bild „Das Paar": Alle Bilder „Tinte" in komparativer Analyse

Das private Bild zeigt Paul und Olivia im Freien (siehe Abbildung 10.9): Auf dem Bild sind Kopf bzw. Gesicht und Schultern einer jungen Frau und eines jungen Mannes zu sehen. Die Köpfe sind aneinandergelehnt. Im Hintergrund links ist eine Felswand, die vor blauem Himmel mit wenigen Wolken goldgelb leuchtet, im Hintergrund rechts und in der Mitte ist nur blauer Himmel. Die Gesichter sind klar zu erkennen und offenbaren die persönliche Identität der beiden. Ihr Gesichtsausdruck ist entspannt und heiter. In der Berührung von Stirn und Wangen drückt sich Nähe und Intimität aus. Das warme Licht verweist auf die Abend- oder Morgensonne.

Ikonografisch betrachtet handelt es sich um ein Paarbild. Der ausgestreckte Arm der jungen Frau weist das Bild als Selfie,[7] als Selbstporträt mit einem Smartphone oder einer Digitalkamera, aus. Das heißt, die beiden sind nur auf sich und aufeinander bezogen. Die bloßen Schultern lassen auf milde Temperaturen schließen, die Formation der Felsen erinnert an Klippen am Meer. Das Bild hält offenbar einen entspannt-heiteren Moment der Zweisamkeit eines Paares in angenehmer und wildromantischer Umgebung fest.

Abb. 10.9: „Tinte", Strand.

---

[7] „Ein Selfie ist eine Fotografie in der Art eines Selbstporträts, oft auf Armeslänge aus der eigenen Hand aufgenommen. Selfies sind oft in sozialen Netzwerken vorhanden und bilden eine oder mehrere Personen (Gruppenselfies) ab." (http://de.wikipedia.org/wiki/Selfie [letzter Aufruf: 31.10.2016]).

Abb. 10.10: „Tinte", Strand; planimetrische Komposition – Mittellinien und Diagonalen.

Lediglich der Bart und der Hals, wo sich ganz leicht ein Adamsapfel andeutet, geben eindeutige Anhaltspunkte für eine geschlechtliche Zuordnung, vielleicht noch der Stil der Haare, obwohl auch dieser auf den ersten Blick ähnlich ist, denn auch der junge Mann trägt das Haar so, dass es lang über die Stirn fällt und sich seine Locken über dem Ohr und im Nacken zeigen. Beim Haar der jungen Frau ist die Länge nicht genau auszumachen, da das Haar unterhalb des Kinns im Nacken verschwindet. Der Seitenscheitel über dem Auge mit einer Haarlänge, die nicht viel weiter als bis über die Ohren reicht, ist jedoch eher männlich konnotiert, während ein fransig geschnittener Pony eher von jungen Frauen getragen wird.

Die Köpfe treffen einander genau an der Bildmittelsenkrechte. Die Diagonalen laufen entlang der Grenze von Haaren und Gesicht sowie entlang der Nasenflügel. Der Kopf der Frau ist zwar ein wenig tiefer positioniert, der Kopf des Mannes dafür stärker geneigt. Diese planimetrische Rekonstruktion durch die bildexmanenten Linien zeigt die Ausgewogenheit des Bildes, signalisiert Egalität (siehe Abbildung 10.10).

Entlang des Felsens ist eine Linie möglich, die durch die Augenbrauen der Frau und entlang der Schulter des Mannes führt. Eine markante Wolke erlaubt eine Linie, die weiter entlang von Wange und Kinn des Gesichts der Frau und schließlich am Oberarm des Mannes verläuft. Beide Köpfe sind nicht nur in Harmonie zueinander und zum Bildausschnitt, sondern auch im Einklang mit der Umgebung positioniert, wie diese Rekonstruktion auf der Basis von bildimmanenten Linien zeigt (siehe Abbildung 10.11).

Auf allen Ebenen dieses privaten Bildes, bzw. ikonologisch-ikonisch betrachtet, drücken sich Balance und Harmonie, Nähe und Intimität sowie Wärme und heitere Gelassenheit aus. Beherrscht ist das Bild von den beiden Gesichtern und damit von der Darstellung persönlicher Identität, weder die Umgebung noch die Haartracht oder das Wenige, was von der Kleidung zu sehen ist, gibt Hinweise auf soziale Rollen und Identitäten. Das Bild zeigt ein zugewandtes, harmonisches Paar in seiner ganz persönlichen Identität.

Ein essenzieller *Unterschied zu den drei anderen Bildern* besteht genau darin, dass der Fokus des Bildes auf der persönlichen Identität liegt. In keinem der ande-

Abb. 10.11: „Tinte", Strand; planimetrische Komposition.

ren Bilder der Gruppe „Tinte" ist diese sonst zu finden. Ein zweiter Unterschied liegt im Fehlen jeglicher Distanzierung, Brechung und Stilisierung, die zu den zentralen Merkmalen der anderen Bilder zählen. Es finden sich auch keine Gegensätzlichkeiten in diesem Paarbild – selbst die Schroffheit des Felsens ist in warmes, goldenes Licht getaucht – oder Übergegensätzlichkeit, die Spannung erzeugen könnte.

Die Gemeinsamkeiten aller vier Bilder bestehen in Gelassenheit und formaler Ausgewogenheit, die zuvor schon angesprochen wurde.

Im Verhältnis des kommerziellen und des privaten Bildes von Olivia zeigt sich dieser prinzipielle Unterschied noch schärfer. Einer hyperstilisierten Pose, die systematisch den Blick auf einen persönlichen Habitus verstellt, steht ein maximal persönliches, authentisches Bild gegenüber. Die weibliche Identitätsnorm beinhaltet eine sich ständig wandelnde Inszenierung von sinnlicher Körperlichkeit, die, sobald sie sich stabilisiert, ihre Stabilität verliert, billig wird, wenn sie nicht genügend Distanz und Brechungen aufweist, altmodisch und zahnlos wird, wenn sie nicht durch ständig neue Elemente aufgeladen wird. Selbst wenn der persönliche Habitus hier anschließt, ist es schwer, ein unbewegtes Bild dafür zu finden. Dafür braucht es schon „artwork" („Tinte", Werbung: 28), wie es Olivia in der Gruppendiskussion ausdrückt, oder Imaging, wie man die Herstellung des „Non-Format"-Bildes bezeichnen kann.

Die persönliche Identität, die hier fast pur dargestellt ist, nur durch Sonnenlicht, blauen Himmel und eine Felswand in ihrer Authentizität ein wenig unterstrichen wird, zeigt etwas prinzipiell anderes, nämlich den persönlichen ‚Grund', der die ‚Figur' erst möglich macht. Dieser Grund macht das Spiel mit der weiblichen Identitätsnorm möglich, die sich als Figur(en) immer wieder neu abheben kann/können. Insofern lässt sich die Rahmung des Bildes als *nicht* zugehörig verstehen. Olivias Position für das private Bild ist (scheinbar) leer, denn es bezieht sich weder direkt oder spezifisch auf ihr kommerzielles Bild noch auf das private oder kommerzielle Bild von Paul. Und tatsächlich fehlt dem Bild nahezu jegliche Bezugnahme auf einen (kommerzialisierbaren) Style, es zeigt zudem kaum etwas, das die Geschlechter voneinander unterscheidbar macht, und gibt auch keinen Hinweis auf den persönlichen Stil.

Diese Leere im Hinblick auf Stil und Style und zugleich Totalität des Individuell-Persönlichen verhindert eine stilistische Einordnung und ermöglicht damit prinzipiell einen freien Bezug auf verschiedene Moden, Styles und Identitätsnormen. Ein deutlich ausgeprägter persönlicher Stil verhindert das freie Spiel mit wechselnden Styles. So gesehen besetzt Olivias Bild doch eine eigene Stelle und es handelt sich nicht um eine Trilogie von Bildern, sondern eine Tetralogie, in der die vierte Position, das private weibliche Bild, in gewisser Hinsicht als Leerstelle formuliert sein muss, nämlich um den ewigen Wandel des Weiblichen nicht prinzipiell zu bremsen. Als übergreifender Rahmen aller vier Bilder zeigt sich so umso mehr der gekonnte und hochprofessionalisierte Umgang mit Identitätsnormen.

Ein Bezug zur männlichen Identitätsnorm könnte im Unterschied dazu leicht gefunden werden. Riskante Szenen mit normierter Kleidung können eher in ein unbewegtes Bild gebracht werden als dynamischer Wandel. „Er ist an die Norm gebunden; sie von Normen frei, muss sich ständig als ästhetisches Objekt neu erfinden." (Vinken 2013, S. 25)

Olivias privates Bild liegt daher auf einer ganz anderen Ebene. Darin dokumentiert sich keine Abkehr von den gezeigten geschlechtstypischen Identitätsnormen oder ein rein professionell-distanziertes Verhältnis dazu. Das Verhältnis von privatem und kommerziellem Bild, das Paul vorgeschlagen hat, wird durch dieses vierte Bild nicht infrage gestellt: ein spielerisch-positiver, über konjunktive Erfahrung vermittelter Umgang mit gängigen Geschlechtsrollenerwartungen im professionellen und privaten Leben.

Was sich jedoch zeigt, ist, dass das Gesicht nicht Teil dieser Inszenierung und damit auch nicht die persönliche Identität ist. Das ungeschminkte Gesicht ist Teil des (Privat-)Lebens, das auch in der öffentlichen Situation der Gruppendiskussion selbstverständlich gezeigt wird – als Foto und in der konkreten Begegnung.

Interessant ist darüber hinaus, dass und wie sich Olivia im privaten Bild zusammen mit Paul zeigt. Die beiden sind nahezu ohne männliche/weibliche Attribute oder Stereotypisierungen und fast egalitär in diesem Foto abgebildet. Sie wählt ein Paarbild, als wäre ein wesentlicher Teil ihrer Identität die Paaridentität, er eines, das ihn selbst in Aktion zeigt. Er zeigt sich privat im Umgang mit der Bewältigung einer dramatischen Natur. Sie zeigt sich in ihrer Beziehung zu einem Mann. Insofern gibt es eine merkwürdige Spiegelung von Bezogenheit und Selbstbezüglichkeit: Das Modebild der Frau ist reine Selbstbezüglichkeit. Im privaten Bild aber zeigt sie sich bezogen auf den Mann. Der Mann zeigt sich in Aktion, aber darin – privat – letztlich auch selbstbezüglich: in einer Umgebung, die er bewältigt, nicht in Beziehung zu einer Frau. Im Vergleich der beiden Bilder steht in Pauls privatem Bild sein männlicher Habitus offenbar für sich selbst, während sich Olivias weiblicher Habitus in ihrem Bild aus dem Verhältnis zu Paul definiert.

Und doch ist Olivias privates Bild keines, das Geschlechterdifferenz zeigt. Es zeigt – in der Bezogenheit – Egalität, keine inszenierte Weiblichkeit, keine inszenierte Männlichkeit. Das ist eben auch Teil der Gesamtkonstellation. Ein Paar – ohne Geschlechterinszenierung – inmitten von Inszenierungen.

10.4 Die Gruppendiskussion: Frauen sind süß, Männer stark

In der Interpretation der Bilder wurde auf die Einordnung der Bilder durch die Gruppe schon mehrfach Bezug genommen. In der folgenden Sequenz spricht vor allem Olivia diese Wahrnehmung der Bilder an („Tinte", Werbung: 5–30):

Transkr. 10.1: „Tinte", Werbung: 5–30.

```
5    Of:                                          ⌊Wir können
6         nicht (1) e:hm sich entscheiden für eine (.) weil (.) ich denke, dass
          beide sind e:h (1)
7         Stereotype oder so (.) die Frau, Highheels, Fashion und wenn die der
          Männer
8         gefährlich machen se:hr (stripped, strict) ehm gemein und eh das ist
          (.) weil (.)
9         e:hm (2) weil Sachen dass die Leute suchen das, für eine Frau suchst
          du immer sein
10        ( ) süß; schön, mehr und mehr stark e:h (1) etwas böse oder etwas wie
          diese andere
11        Komparation ( .) was die Leute suchen für Männer und Frauen ( ) in Mode
          (.) oder im Bild
12        im Advertising (2)
13   Pm:                     ⌊Ja ich mein wir ham=s ja relativ schnell ausge-
          sucht; (.) so wie
14        eigentlich dann auch Werbung funktioniert so auf der Straße; (.) kurz
          schnell
15        durchschaun, (.) jetzt ohne irgendwie jetzt lang zu suchen, ja gfällt
          mir das jetzt oder
16        net oder so (.) ok, das ist interessant; da würd ich jetzt sag=ma wenn
          das jetzt auf der
17        Straße hängt auch mal kurz stehn bleiben und sagen ok; (.) und schaun
          (.) warum?
18        weils halt irgendwie sehr kontrastreich ist; es ist so: (.) da is so=
          n (.) Ungleichgewicht
19        (1) und dann sieht man das, und dann eh sieht man halt diese (.) diese
          diese Frau
20        vielleicht die man dann auch attraktiv findet, aber das ist °jetzt
          sagen wir mal°
21        @sekundär@, aber (2) irgendwie: also mich hat's angesprochen, halt
          diese Art
22        Formen, und ich habs also ich mein ich seh das von der (.) ja weils
          halt irgendwie von
```

```
23            der Machart vielleicht her interessant ist (.) okay
24    Yf:      ⌊Jajaja
25    Of:         ⌊is sehr sehr
26    Pm:                ⌊Wie ist das jetzt eigentlich gemacht, und es is=ne sehr
               schöne Komposition,
27             (1) ja;
28    Of:                           ⌊Es ist schön, schöne Artwork (1) es is schön ge-
               macht mit e:h e:hm (1)
29             mit e:h (2) (ate) mit dem (ate) of the pictures (.) gut balanciert
30    Yf:                                                              ⌊//mm// (1)
```

Olivia beginnt damit, dass die beiden sich nicht entscheiden konnten, welches der beiden Bilder sie nehmen sollten, worin deutlich wird, dass sie es jedenfalls versucht haben. Sie fährt damit fort, Gründe für den gescheiterten Versuch anzuführen. Es mag aus ihrer Sicht daran liegen, dass es sich um geschlechtsbasierte „Stereotype" („Tinte", Werbung: 7) handelt. Frauen werden dabei „Highheels" und „Fashion" („Tinte", Werbung: 7) – also erotisch aufgeladene Accessoires und Mode – zugeordnet, Männern „gefährlich machen" („Tinte", Werbung: 8), also wohl gefährliche, riskante Dinge tun. Die Grundprinzipien normativer Rollenerwartungen werden hier letztlich von Olivia expliziert: Frauen gestalten ihren Körper, Männer dagegen machen etwas Gefährliches, zeigen ihr Können und ihren Mut.

Es dokumentiert sich in der Folge, dass Olivia die Stereotypen auch zu bedienen weiß. Wenn sie, wohl in ihrem Beruf, etwas sucht, das für Weiblichkeit steht, muss das „süß; schön" sein, soll es für Männlichkeit stehen, muss es „stark" und „etwas böse" („Tinte", Werbung: 10) sein, denn so werden Männer und Frauen in der Werbung dargestellt. Im klaren Ansprechen dieser Geschlechtsrollenstereotype ohne jede persönliche Bewertung drückt sich eine *distanziert-pragmatische und utilitaristische Haltung gegenüber* diesen *Stereotypen* aus. In ihrem Beruf als Grafikdesignerin nutzt sie dieses Wissen vollkommen selbstverständlich als Richtlinie, wenn Bilder hinsichtlich eines bestimmten Geschlechts attraktiv gemacht sein sollen. Zwar wird diese Haltung primär professionell gerahmt, sie wird aber nicht grundsätzlich auf diesen Rahmen beschränkt. Die distanziert-gelassene Haltung ermöglicht es zwar, mit Rollenerwartungen zu arbeiten, persönlich-kritische Distanz zu diesen heteronomen Schemata zeigt sich allerdings nicht.

In Pauls Äußerungen dokumentieren sich erneut der habitualisierte Umgang mit Bildern und der unmittelbare Zugang zu ikonischen Darstellungen. Alles wurde „relativ schnell ausgesucht" („Tinte", Werbung: 13). Schnelligkeit ist für ihn auch das Funktionsprinzip von Werbung. Erst muss die Aufmerksamkeit geweckt werden, z. B. durch Kompositionsparameter wie scharfe Kontraste. Es dokumentiert sich, dass Paul als Grafiker ziemlich klar ist, dass Gestaltungsprinzipien auf der Ebene des impliziten Wissens funktionieren müssen, um die rasche Wahrnehmung eines Bildes zu sichern.

Aber auch eine zweite Ebene muss funktionieren: Denn es muss auch gefallen, wie diese Frau vielleicht, „die man dann auch attraktiv findet" („Tinte", Werbung: 20). Worin dieses Gefallen liegt, kann nicht so klar benannt werden wie die Prinzipien der formalen Gestaltung. Das unterscheidet seinen Zugang von Olivias, die die Funktionsprinzipien der dargestellten Geschlechtsrollenstereotypen klar anspricht: Männer sind stark und Frauen süß. Zumindest aus seiner (persönlich-privaten) Perspektive bestätigt Paul die Attraktivität der dargestellten Frau. Im Gegensatz zu Olivia benennt er nicht, was die Frau attraktiv macht, und distanziert sich wieder von der Einschätzung der Attraktivität. Denn sie sei „@sekundär@" („Tinte", Werbung: 21). Durch sein Lachen wird die Aussage, dass die weibliche Attraktivität weniger wichtig ist, allerdings wieder unernst. Er distanziert sich von der Distanzierung. Tatsache ist („irgendwie" [„Tinte", Werbung: 21], was man hier als ‚trotz allem' oder ‚jedenfalls' verstehen kann), dass ihn das Bild mit seinen „Formen" „angesprochen" („Tinte", Werbung: 21–22) hat, d. h., dass er ganz unmittelbar positiv auf das Bild reagiert hat; dass ihm die abgebildete Frau gefällt.

Die Attraktivität einer stereotyp dargestellten Frau auszusprechen scheint ihn (im Gegensatz zu Olivia) zu verunsichern (zumindest in Anwesenheit von zwei Frauen). Es mag an einem Tabu kratzen, die sexuelle Objektivierung einer Frau ansprechend zu finden. Olivia ist von dieser Grenze nicht berührt. Männer dürfen ihr Können in risikoreichen Situationen zeigen, auch wenn das einem Stereotyp von Männlichkeit entspricht, und dies darf dabei attraktiv für Frauen, also auch für Olivia, sein. Sie spricht ohne jedes Anzeichen der Distanzierung an, dass Frauen süß und Männer stark sein müssen, wenn sie für öffentliche Darstellungen attraktiv sein sollen. Sie distanziert sich auch nicht davon, derartig dargestellte Männer und Frauen attraktiv zu finden. Olivia nimmt ihre Einschätzungen nicht wie Paul durch gleichzeitige Distanzierungen zurück.

Eine Erklärung für Pauls unklare Positionierung mag sich im Fall „Schaum" (siehe Kapitel 7.4) finden. Die beiden Männer erwarten von Frauen, abgewertet zu werden, wenn sie sich als Männer zeigen, die Frauen aufgrund ihrer äußeren Erscheinung attraktiv finden. Sie erwarten mit der Erwartung konfrontiert zu werden, zu jenen Männern zu gehören, die Frauen nach ihrer äußeren Erscheinung beurteilen. Dafür mag nun wieder der Fall „Tinte" Aufklärung geben, denn eine attraktive Frau zeigt sich hier selbst, während sich der attraktive Mann in Bezug zu etwas zeigt. Attraktive Männlichkeit zeigt sich im Bezug zu einem Objekt bzw. zu etwas. Attraktive Weiblichkeit zeigt sich selbst und wird so in ihrer Attraktivität zum Objekt. Die stereotype Weiblichkeit, die im Fall „Tinte" herausgearbeitet werden konnte, beinhaltet die Gefahr der Entwürdigung für Frauen durch Objektivierung und ebenso der Diskreditierung von Männern (und Frauen) durch eine positive Beurteilung dieser Objektivierung.

Dennoch herrscht innerhalb der Paarbeziehung des Falles „Tinte" Übereinstimmung, was für den/die jeweils andere/n auf der Ebene der geschlechtstypischen Inszenierung attraktiv ist.

In der Diskussion zum privaten Bild geht es letztlich ausschließlich um den privaten Augenblick, für den es steht:

Transkr. 10.2: „Tinte", Werbung: 38–52.

```
38  Of:  Wo war das?
39  Pm:  In Südeuropa in-
40  Of:            └Der Ort. is eine Strand in (.) Mitte:s- Südeuropa? vielleicht
            ist (.) zwe:i Stunden
41          von wo ich wohne, dann da gibt's sehr schöne Strand. ist vielleicht
            nicht der
42  Y:   Mhm
43  Of:  schönst zum Ba:den in Meer ist auch zu sta:rk und zu wi:ndig
44  Y:                                          └Mhm           mhm
45  Of:  Aber ist schön weil schön landscape und der Stei:n und sehr traditio-
         ne:ll auch (.)
46  Y:   Mhm
47  Of:  Ja ist Ort.
48  Pm:  Ja, (.)
49  Of:  Wir wir habene: (.) Tourismus am Meer der letzte Mal (  in Südeuropa
                                                              )
         gemacht (.) °@(.)@°
50       an de coast
51  Y:            └Ah, °cool°
52  Of:  °Das war ganz schön° (3)
```

Olivia erinnert sich zuerst nicht, wo die beiden waren, als das Bild entstand. Ein kleiner Hinweis von Paul genügt aber, und alle Erinnerungen werden wieder wach. Es handelt sich um ein Foto, das am Strand in der Nähe ihrer Heimat entstanden ist. Das Bild ist nicht nur persönlich, sondern gibt auch unmittelbar Anlass zu Erinnerungen und persönlichen Beschreibungen des letzten Urlaubs, den das Paar zwar als Touristen, zugleich aber in unmittelbarer Nähe zu Olivias Heimatort verbracht hat. Hier dokumentiert sich erneut Olivias kosmopolitische Orientierung. Sie ist in ihrer Heimat zugleich Touristin und Einwohnerin, Fremde und Einheimische. Viel mehr als bei der Diskussion von Pauls privatem Bild finden sich in der Diskussion von Olivias privatem Bild persönliche Äußerungen. Sie stellt dem imaginären Bild stereotypisierter Weiblichkeit ein ganz persönliches, individuelles Bild ihrer Selbst gegenüber. Das Spiel mit weiblichen Normen lässt ihre persönliche Identität unberührt. Dies wiederum steht in scharfem Kontrast zu Paul, wo beides nahezu ineinander übergeht.

10.5 Fallübergreifende, gruppenimmanente komparative Analyse

Die *Gruppe* „Tinte" wurde als zwei *Fälle* behandelt. Es lässt sich von einer Gruppe sprechen, weil das Paar einige durchaus weitreichende habituelle Übereinstimmungen zeigt. Dazu zählen Orientierungen, die sich im beruflichen Bereich manifestieren, wie das übereinstimmende visuelle bzw. ikonisch-ästhetische Empfinden, ebenso wie professionelle Gelassenheit und Distanz gegenüber kommunikativ-generalisierten Stilen und dem Modischen. Auch Orientierungen, die die angesprochenen Skate-Communitys strukturieren, werden geteilt. Dazu zählt ein kreativer Umgang mit den Möglichkeiten der (Groß-)Stadt, besonders das ‚Erfahren', Überwinden und Transzendieren ihrer Grenzen. Das gilt auch für das Entgrenzen oder Überschreiten lokaler Bindungen im Kontakt zu anderen und verweist auf eine kosmopolitische Orientierung.

Angesichts der ersten beiden Fälle – „Schaum" und „Pool" – erscheint es nicht verwunderlich, dass sich Paul und Olivia jedoch im Hinblick auf geschlechtstypische Identitätsnormen und Rollenerwartungen unterscheiden. Wie Letztere im Rahmen des Habitus verhandelt werden, wurde hier und auch dem Vergleich der anderen Fälle als Tertium Comparationis zugrunde gelegt. In diesem Sinn handelt es sich bei Olivia und Paul um zwei Fälle, denn sie haben nicht etwa zusammen das Bild eines Paares, einer Gruppe oder einer Familie ausgewählt oder sich für das Bild eines Mannes oder einer Frau entschieden. Sie haben vielmehr jeweils ein – männliches und ein weibliches – kommerzielles und privates Bild zum Erhebungstermin mitgebracht.

Der Vergleich der Bilder ergibt, dass der Mann in seiner körperlichen Bezogenheit auf etwas zeigt, während die Frau nur sich zeigt. Das private Bild von Paul bestätigt dieses Verhältnis. Das private Bild von Olivia unterscheidet sich davon. Es zeigt sie weder *bezogen auf etwas* noch *allein,* sondern *bezogen auf jemanden.* Das heißt, die beiden weiblichen Bilder zeichnen sich im Gegensatz zu den beiden männlichen nicht durch Ähnlichkeit, sondern durch Gegensätzlichkeit aus. Der ostentativen und zugleich fluiden weiblichen Identitätsnorm steht die Darstellung eines totalen persönlichen Habitus gegenüber. Das Verhältnis der Bilder lässt sich als Verhältnis von Figur und Grund beschreiben: Der sichere weibliche Geschlechtshabitus, der allein im Verhältnis zum männlichen Partner und damit nahezu frei von der Möglichkeit einer Einordnung in kommunikativ-generalisierte Stile oder Styles dargestellt wird, kann als Grund für alle erdenklichen Figuren, Lifestyles, weiblichen Inszenierungen und Moden gesehen werden. Er erlaubt ein freies Spiel auf der Grundlage habitueller Sicherheit. Ein virtuoses Spiel mit den rasch wechselnden Moden scheint eine derartige Sicherheit vorauszusetzen, die es ermöglicht, die Styles inklusive der Distanz zu ihnen performativ umzusetzen, denn „das Bemühen", so kann man heute immer noch in diesem Zusammenhang mit Goffman (1981 [1976], S. 200) formulieren, „eine bestimmte Erscheinung zu bieten, bedeutet nicht notwendig eine tiefe und zwingende Identifikation mit dieser Erscheinung". Goffman sagt allerdings nicht, was für das Gelingen dieses Bemühens *notwendig* ist. Auf der Grundlage der vorgelegten Interpretation lässt sich mutmaßen: habituelle Sicherheit.

Auch in der Gruppendiskussion drückt sich sowohl bei Olivia als auch bei Paul keine prinzipielle Distanz zur Identitätsnorm aus, sondern ein jeweiliger spezifischer – habitueller – Umgang damit. Olivia weiß, was auf der Ebene von geschlechtstypischen Identitätsnormen in ihrer Arbeit, der Werbung und dem Grafikdesign, funktioniert. Sie bedient sich dieses Wissens pragmatisch und distanziert. Diese professionelle Distanz und ein utilitaristisches Verhältnis zu geschlechtstypischen Identitätsnormen führen nicht notwendigerweise zu einer persönlichen Distanz dazu. Die handlungspraktische Bewältigung der diskrepanten Anforderungen, die durch die dargestellte weibliche Identitätsnorm gestellt werden, lässt sich kaum greifen. Das passt allerdings zum Aspekt der Fluidität. Olivia lässt keinen Zweifel an ihrer Kompetenz, die Anforderungen des gesellschaftlichen Identifiziert-Werdens als Frau erfüllen zu können. Sich selbst mit einem ‚authentischen Stil' zu präsentieren würde einer Habitualisierung des Umgangs mit der Diskrepanz, zugleich stark und fluid zu sein, widersprechen. Dagegen hält Olivia mit spielerischer Leichtigkeit stand, sie lässt sich nicht festlegen, bleibt fluid.

Das Verhältnis von Habitus und Norm bei Paul ist dagegen von einer großen Schnittmenge der beiden gekennzeichnet. Die bevorzugten geschlechtstypischen Identitätsnormen werden von den Partnern wechselseitig validiert, wobei sich in dieser Hinsicht eine ebenso große Klarheit wie Leichtigkeit zeigt. Pauls Validierung ist brüchig. Das mag mit der immanenten Objektivierung von Frauen in der dargestellten Identitätsnorm zu tun haben, was sich aber am Material nicht bestätigen lässt.

11 Bildkommunikation: Ergebnisse der Studie

Das empirische Material der hier zugrunde gelegten Untersuchung besteht aus jeweils (mindestens) einem kommerziellen und einem privaten Bild, die von Realgruppen ausgewählt wurden, sowie aus den Diskussionen zu den Bildern (siehe Kapitel 6). Die Bildinterpretationen zeigen, dass die kommerziellen Bilder als visuelle Formulierung geschlechtstypischer Identitätsnormen auf der Ebene von Körperimaginationen[1] verstanden werden können. Olivia aus der Gruppe „Tinte" macht diesen Rahmen, der in den anderen Fällen implizit bleibt, explizit: Man habe sich für „Stereotype" entschieden, und zwar solche von „Männern und Frauen", wie sie „in Mode oder im Bild im Advertising" („Tinte", Werbung 11–12) zu finden sind.

Obwohl die insgesamt 23 Gruppen, die untersucht wurden, nicht nach Mode- oder Werbebildern gefragt wurden, entschieden sich 20 Gruppen für Bilder aus diesem Bereich. Auch wurde nicht nach Bildern gefragt, auf denen die Untersuchten zu sehen sind, dennoch zeigen die privaten Bilder (bis auf eines) die Untersuchten selbst in mehr oder weniger alltäglichen Situationen. In ihnen findet sich daher ein Zugang zur korporierten Seite ihres Habitus bzw. zu ihrer Hexis, zu ihrer Körperpraxis. In den Gruppendiskussionen dokumentieren sich die Einbettung der Körperpraktiken und der Körperimaginationen in den privaten und den beruflichen Alltag und die damit verbundenen Orientierungen.

Dem Fallvergleich habe ich als Tertium Comparationis das Verhältnis von Habitus und Norm zugrunde gelegt, bzw. genauer gesagt: die Bezugnahme auf imaginatives und imaginäres, kommunikativ-generalisiertes Wissen im Rahmen des konjunktiven, korporierten Wissens und – umgekehrt – die Anleihen, die die bildlichen Darstellungen von kommunikativ-generalisiertem Wissen, also Körperimaginationen, bei habitualisiertem Wissen, also Körperpraktiken, machen.

Im internen Fallvergleich wurden für die Rekonstruktion dieses Verhältnisses Homologien zwischen Medienangebot und Dokumenten aus der Alltagspraxis herausgearbeitet. In diesen Homologien kommt unmittelbares Verstehen auf den unterschiedlichen Ebenen des performativen Wissens, das sowohl konstitutiv für die Medienangebote als auch für die Alltagspraxis ist, zum Ausdruck. In den Bildern ist dies insbesondere die Ebene des Wissens um die Praxis der Geste und des Zeuggebrauchs, ein zentraler Bereich des korporierten Wissens, der *nur* auf dem Weg der Bilder und nicht auf dem der Gruppendiskussionen zugänglich ist. Der Blick auf die Homologien von privatem (Dokument aus dem Verwendungszusammenhang) und kommerziellem Bild (Medienangebot) dient der Rekonstruktion des Verhältnisses von Körperpraxis und Körperimagination, bzw. von Habitus und Norm auf der Ebene des performativen Wissens.

---

[1] Zu den Begriffen „Körperimagination" und „Körperpraxis" siehe Bohnsack (2015).

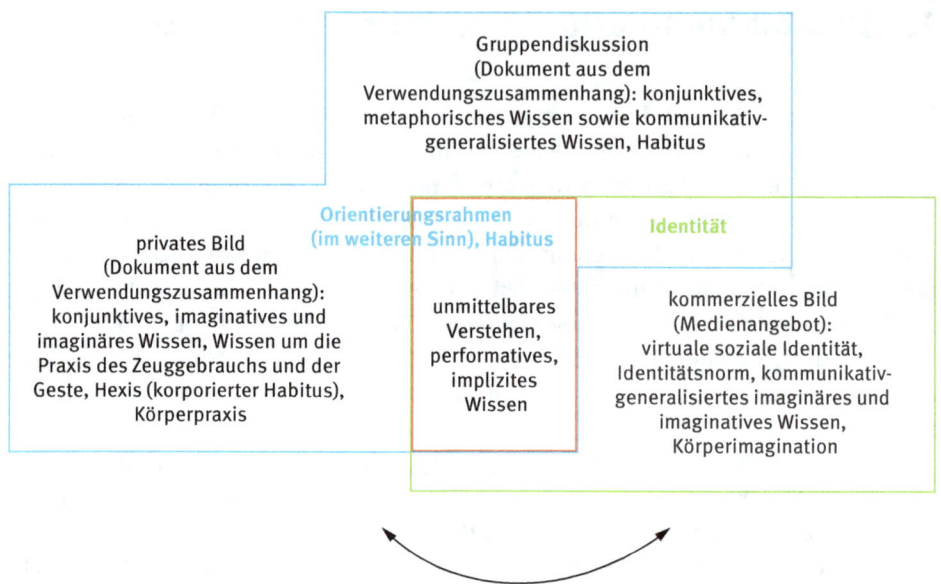

Abb. 11.1: Theoretische Einordnung und Vergleichsachsen des empirischen Materials.

Zudem wurde rekonstruiert, ob es sich jeweils um imaginative oder fiktive (imaginäre) Bilder handelt, d. h., ob den Bildern eine prinzipielle Realisierbarkeit zugeschrieben wird, ob sie ein Enaktierungspotenzial enthalten, oder im Gegenteil der Welt der Phantasien und Vorstellungen angehören. Denn geht man von einer prinzipiellen Möglichkeit einer Performanz aus, kann diese, auch wenn sie zunächst den Charakter einer virtualen sozialen Identität hat, angestrebt werden. Sie hat einen anderen Stellenwert für den Orientierungsrahmen als eine als fiktiv wahrgenommene Darstellung. Letztere verweist mit dem Charakter ihrer Nichtexistenz in der Regel auf einen bestimmten Widersinn, eine Absurdität, auf etwas, das über der Realität steht, surreal ist, ein Traum, und bringt so ein Dilemma der Alltagsexistenz zum Ausdruck.

Die Einbettung dieses Wissens im Hinblick auf Körperpraxis und Körperimagination in andere Dimensionen der Alltagspraxis erfolgte über die Gruppendiskussionen (Dokument aus dem Verwendungszusammenhang). Die unterschiedlichen Medialitäten der empirischen Grundlagen, Bild und Text, fanden dabei systematisch Beachtung (siehe Abbildung 11.1).

Die Basistypik – das Verhältnis von Habitus und Norm –, die an vier detailliert dargestellten Fällen entwickelt wurde, kann als Ertrag einer Analyse von Kommunikation verstanden werden, die erstens auf der Basis der Rekonstruktion von Medialität (des Eigensinns der jeweiligen Medien, hier von Bild und Sprache; siehe

Kapitel 2 und 4) einen Zugang zum unmittelbaren Verstehen gewinnt, zweitens die wechselseitige Konstitution von Alltag und Medien (Massenmedien/Social Media; siehe Kapitel 3) im Blick hat und sich drittens nicht auf die Analyse einer von der Handlungspraxis losgelösten Botschaft konzentriert, sondern Kommunikation grundsätzlich in Handlungspraxis eingebettet auffasst (siehe Kapitel 5). Diese Auffassung macht einen metatheoretischen Rahmen notwendig, der Kommunikation und Verständigung im Zusammenhang mit Handlungspraxis zu erfassen vermag, also einen praxeologischen Zugang (siehe Kapitel 4).

Dementsprechend stützt sich die Typologie weitgehend auf diesen grundlagentheoretischen Rahmen und seine Terminologie. Der praxeologische Zugang wird durch den hier vorgeschlagenen Weg und die theoretische Weiterentwicklung um die Möglichkeit der systematischen Betrachtung von Medien (Massenmedien/Social Media) erweitert. Die Kommunikationsforschung wird um den Zugang zu unmittelbarem Verstehen und implizitem Wissen erweitert, insbesondere wie es in die Herstellung von medialen und fiktiven Welten einfließt (siehe Kapitel 5).

Die Rekonstruktion der Konstitution von Medien und Alltag in ihrer Wechselseitigkeit findet sich in den Fallbesprechungen (siehe Kapitel 7–10). Denn ihr Dreh- und Angelpunkt sind die Fokussierungen aufgrund der drei unterschiedlichen Materialformen, die in den Fallbesprechungen herausgearbeitet werden. In ihnen zeigt sich jener Aspekt der Kommunikation, der als *unmittelbares Verstehen* bezeichnet wurde. In der folgenden Typik hebe ich in einem ersten Schritt die Konstitution der Medienangebote bzw. der Werbebilder durch den Alltag hervor, die als Ergebnis der Analyse der Rahmungen der kommerziellen Bilder im Alltag der Gruppen zu sehen ist (siehe Kapitel 11.1). In einem zweiten Schritt diskutiere ich die Bezugnahmen auf die Medienangebote im Rahmen des Habitus der Gruppen (siehe Kapitel 11.2). Dabei entsteht ein erster Ansatz einer Typologie. Das verbindende Moment der beiden Seiten des Konstitutionsprozesses von Alltag und Medien – die Homologien von Medienangeboten und den Dokumenten aus dem Alltag –, das im unmittelbaren Verstehen liegt, spielt sowohl bei der Typik der Konstitution von Medienangeboten durch den Alltag als auch bei der Typologie der Konstitution des Alltags durch die Medienangebote eine Rolle. Das Kapitel endet mit der Diskussion der Ergebnisse und einem Ausblick (siehe Kapitel 11.3).

11.1 Typik: Konstitution der Medienangebote durch den Alltag

Die Homologie der beiden Bilder im Fall „Schaum" liegt auf der ikonisch-ikonologischen Ebene. Es handelt sich um die Brechung bzw. Reflexion hegemonialer Männlichkeit (Connell 2005 [1995]), sowohl in ihrer unvollständigen Verdoppelung innerhalb des Bildes als auch mit dem zweiten privaten Bild. Hegemonie als Prinzip des praktischen Durchsetzens von Entscheidungen und Interessen, wie es auf dem Plakat unter anderem mit der Schusswaffe, die in Schussposition gehalten wird, ins Bild gesetzt ist, steht in totalem Kontrast bzw. in einem übergegensätzlichen Verhältnis zum Prinzip der Reflexion bzw. Brechung als Prinzip des Zurückwerfens, der Beugung, Richtungsänderung, Teilung oder Rückbezüglichkeit. Die Reinszenierung zeigt, dass die Beherrschung des Prinzips der Reflexion unter Einbeziehung einer virtuosen Performanz der Darstellung immer wieder nur zur Herstellung neuer reflexiver Darstellungen führt und damit grundsätzlich auf die Fiktion und die Herstellung von Fiktionen – im Gegensatz zum Realen – verweist. Aus der Sicht der Handlungspraxis stellt dies ein Dilemma dar, aus der Sicht der Produktion von Fiktionen, als einträgliches Produkt von Massenmedien, eine nicht versiegende Quelle.

Mehr lässt sich allein auf der Grundlage des Bildes nicht sagen, denn die Körperpraktiken der Untersuchten zeigen sich nur dahingehend, dass ihnen das Schauspielen liegt. In der Gruppendiskussion wird allerdings deutlich, wie sehr die Darstellung an negativ gerahmten normativen Erwartungserwartungen der jungen Männer partizipiert, an Vorstellungen, die sie zu ihrer Fremdidentifizierung haben. Von Frauen, denen gegenüber sie sich männlich verhalten, vor allem indem sie ihnen zu verstehen geben, sie attraktiv zu finden, erwarten sie negative Stereotypisierungen im Sinn einer hegemonialen Männlichkeit.

In der Gruppe „Pool" zeigt sich eine Homologie auf der vorikonografischen Ebene, d. h. jener des Wissens um die Praxis des Zeuggebrauchs und der Geste. Es handelt sich um das Zurückstreichen der Haare. Diese Geste ist in beiden Bildern vorhanden und zudem ikonisch-ikonologisch fokussiert. Die Interpretation des privaten Bildes der Mädchen aus der Gruppe „Pool" ergab, dass die Geste dort umfassend in die Gesamtkomposition des Bildes eingebettet ist, und zwar, weil sie Homologien mit mehreren Facetten des Bildes auf unterschiedlichen Sinnebenen aufweist. Sie kann insofern als Ausdruck des Habitus der Mädchen aufgefasst werden.

Dieses *Prinzip der Homologien* (u. a. Mannheim 1980 [1922–1925]) gilt nicht nur für Bilder, sondern auch für Texte, wie Literatur, Diskussionen und Gespräche (Przyborski 2004, Przyborski/Wohlrab-Sahr 2014, Bohnsack/Przyborski 2015). Ein Habitus bzw. Orientierungsrahmen wird ganz grundsätzlich durch Homologien eines Falles in seinen unterschiedlichen Dimensionen begründet. Eine Bewegung oder eine Geste, jede Äußerung, verweisen auf einen Habitus, wenn sie umfassend kontextuiert werden können, wenn sie im Material, d. h. in einem Bild, einem Text oder auch in einer Videosequenz, umfassend eingebettet sind.

Der Vergleich mit dem Bild der Mädchen im Pool macht die fehlende Einbettung der Geste in die Gesamtkomposition des H&M-Bildes besonders deutlich. Die schamhaft-zurückhaltende Geste konterkariert, was in anderen Dimensionen des Bildes zum Ausdruck kommt. Sie kann so als dekontextuiert und *konstitutiv für die Übergegensätzlichkeit* des Bildes herausgearbeitet werden. Eine prinzipiell fragliche „organische Plausibilität", wie sie beim H&M-Bild herausgearbeitet wurde, ist darüber hinaus für Imdahl (1996c, S. 578) Kennzeichen der *Pose* im Unterschied zur „organischen Beweglichkeit" (Imdahl 1996c, S. 580). Letztere zeigt sich im Pool-Bild. Durch die fragliche Einbettung in die gesamte Körperlichkeit kann die „Pose" als „eine falsche, eigentlich unwirkliche Ausnahmesituation" charakterisiert werden. Sie beruht, laut Imdahl (1996c, S. 575), „auf Selbstmanipulation oder Manipulation durch einen anderen". Die „Pose" ist damit für ihn im Gegensatz zur „Gebärde" (entspricht hier einer „habituellen Geste") auferlegt und „entpersönlicht", bzw. sie „entindividualisiert denjenigen, der sie vollzieht" (Imdahl 1996c, S. 575).

Im Verständnis der Pose von Söntgen (2012, S. 103) klingt jener Teil von Imdahls Argumentation an, in welchem er von „Selbstmanipulation oder Manipulation durch einen anderen" (Imdahl 1996c, S. 575) spricht: „Die Pose", so Söntgen, „schließt immer einen anderen ein, einen Zuschauer, an den sie sich richtet, einen Blick, dem sie sich zeigt." Man wird gewissermaßen von jemandem, dessen Blick sich auf einen oder eine richtet, manipuliert.

Diese Sicht entspricht weitgehend dem Common Sense. Hier wird der Begriff „Pose" in der Regel verwendet, wenn körperliche Haltungen gekennzeichnet werden sollen, die man als dem vorweggenommenen Blick der anderen geschuldet einordnet, weil sie nicht organisch, authentisch, sondern gestellt oder eben posierend wirken. Abgesehen davon, dass die innere Motivlage sich der empirischen Forschung verschließt, zeigt die Analyse der Fotos, dass es Sinn macht, gerade umgekehrt zu argumentieren: Die Diskontinuität provoziert eine Erklärung, da sie eine Lücke lässt (Bohnsack/Przyborski 2015). Sie wirft im Rahmen unseres Beispiels die Frage auf, die in der Regel implizit bleibt: Wie passt die Geste mit der Hand überhaupt zum Bild als Gesamtsystem? Eine mögliche Antwort ist: Es geht darum, dem Blick der anderen zu entsprechen.

Durch die Wahrnehmung einer Dekontextuierung schließen wir gleichsam auf die Unechtheit einer Geste. Das kehrt letztlich die Richtung des von Goffman (1974, S. 290) Beschriebenen um, der dieses Verhältnis ebenfalls im Blick hat, wenn er meint: „Style strikes us as false if it is intentionally aimed at." Im hier vorgeschlagenen Ansatz dagegen wird nicht von der Intention her argumentiert, sondern von der Diskontinuität. Sie verstellt in körperlichen Präsentationen systematisch den Blick auf den verkörperten Teil des Habitus, die Hexis. Die dadurch bedingte Leerstelle eröffnet nicht nur Raum für die Motivunterstellung des Posierens, sondern vielfältige Projektions-, Imaginations- und Identifikationsmöglichkeiten. Auf diese Entpersönlichung stützt sich die Werbung. Die Präsentation eines Lifestyles, eines reinen Styles ohne persönlich-individuelle Elemente, ist also auf die Pose nachgerade angewiesen.

Die Pose ist daher sowohl prädestiniert dafür, Lifestyles zu propagieren, als auch dafür, Rollen und Identitätsnormen visuell zu formulieren. Die komparative Analyse mit der umfassend eingebetteten Geste der Mädchen ermöglicht somit einen Zugang zu *Diskontinuitäten*, die konstitutiv für die *Pose* sind. Mit dieser Analyse ist auch ein Beitrag zur Präzisierung des „Habitus"-Begriffs geleistet. Als theoretischer Grundbegriff kann er seine analytische Kraft dann entfalten, wenn er von Gegenhorizonten systematisch begrenzt wird. Der Begriff der „Pose" in dem hier definierten Sinn kann als ein derartiger Gegenhorizont fungieren (Bohnsack/Przyborski 2015).

Im Fall „Tinte A" findet sich die Homologie der Bilder, wie im Fall „Schaum", auf der ikonisch-ikonologischen Ebene. Unter Einbeziehung der Gruppendiskussion wird deutlich, dass diese Gemeinsamkeit eine Funktion der Praxis des Skatens ist. Denn sie liegt in dem Habitus, der durch diese Praxis strukturiert ist und wird. Sie findet sich im kommerziellen Bild, in der Gruppendiskussion als konjunktiver Erfahrungsraum mit seinem Orientierungsrahmen, und dieser dokumentiert sich wiederum im privaten Bild. Er kann als männlicher Habitus zusammenfassend durch den positiven Horizont des Grenzgangs, des Spiels mit Grenzen, ihrer Überschreitung und kreativen Neudefinition auf der Grundlage von Könnerschaft, Risiko und Gefahr im Modus der Gelassenheit und des Understatements charakterisiert werden. Letztere stehen im Widerspruch zu Risiko und Gefahr, die insbesondere mit körperlichen Grenzgängen verbunden sind.

In der Peergroup-Aktivität des Skatens wird dieses umfassende Prinzip – inklusive seiner Widersprüche – korporiert: ein männlicher Habitus, der seine kompetitive Struktur, die im Beherrschen und in der Könnerschaft liegt, systematisch verschleiert. Die hegemoniale Struktur[2] wird performativ balanciert. Wie im Bild „Pulp Fiction" spielt das Gegengewicht zu hegemonialer Männlichkeit (Connell 2005 [1995]) also eine Rolle. Im Unterschied zu „Pulp Fiction" allerdings ist das Prinzip des supernormalen Helden handlungspraktisch einlösbar.

Das Bild bringt fokussiert eine habitualisierte, handlungspraktische Bewältigung von widersprüchlichen normativen Anforderungen des geschlechtlichen Identifiziert-Werdens zum Ausdruck, wie auch die Validierung durch Olivia zeigt. Das heißt, es wird Ähnliches geleistet wie durch die Pose im H&M-Bild. Die Voraussetzung ist hier gerade nicht die fehlende organische Plausibilität der Bewegung, diese ist höchst ökonomisch, man könnte fast sagen: mit größter organischer Plausibilität ausgeführt. Die Spitzenleistung wird allerdings dadurch konterkariert, dass die Bewegung anstrengungsfrei und ohne spezielle Kleidung ausgeführt wird. Wie bei der Pose, die ein Verhältnis von Gesten und Bewegungen innerhalb des Körpers ausdrückt, erfolgt die Brechung – hier durch die gelassene Distanz zur Leistung – durch die Rahmung der Leistung.

In der Rahmung des Bildes durch die Gruppe wird deutlich, wie eine Form der Darstellung einer männlichen Identitätsnorm an einer bestimmten jugendkulturellen Praxis partizipiert. Der Fall zeigt, dass diese Bilder als imaginative Bilder funktionieren und – wie für Paul, der sich „jung und dumm", aktionistisch auf diese Jugendkultur eingelassen hat – einen positiven Horizont für die Aufnahme bestimmter Praktiken darstellen können. Inwieweit sie auch als imaginäre Bilder fungieren können, für einen Traum, der nicht realisierbar ist – oder „surreal", wie es die Gruppe „Schaum" ausdrückt –, kann am Material nicht gezeigt werden. Die Industrie, die hinter diesem Bild steht, spricht allerdings dafür.

---

2 Frauen sind zwar beim Skaten dabei, wie die Gruppendiskussion zeigt, letztlich handelt es sich aber um eine homosoziale Männergemeinschaft mit kompetitiven Strukturen, wie sie auch von Meuser (2001b) beschrieben wird.

11.1 Typik: Konstitution der Medienangebote durch den Alltag — 277

Eine Homologie der Bilder fehlt im Fall „Tinte B" zur Gänze. Olivia hat zwei völlig unterschiedliche Bilder ausgewählt, die keine Gemeinsamkeit zeigen, außer dass auf beiden Bildern eine Frau abgebildet ist. Das Verhältnis von kommerziellem und privatem Bild lässt sich – zumindest auf den ersten Blick – auch nicht auf der Grundlage der Gruppendiskussion ermitteln, denn auch Olivia findet, dass die Bilder nichts miteinander zu tun haben. Eine Rekonstruktion gelingt mit den Fragen, was die Bilder so unterschiedlich macht und wie sich das Bild in den Gesamtzusammenhang der Bilder der Gruppe „Tinte" als ein viertes, das (systematisch) nicht dazupasst, einordnen lässt. Es muss sich um etwas handeln, das den anderen Bildern fehlt. Die Leerstelle aller anderen Bilder ist der (individuelle) persönliche Habitus. Er kommt am deutlichsten im Gesicht zum Ausdruck, besonders, wenn auch dieses in seiner organischen Plausibilität – also nicht in einer Pose – dargestellt ist, wie es bei Olivias privatem Bild der Fall ist.

Der Aspekt der persönlichen Identität – im Gegensatz zur Identitätsnorm – fehlt in den drei anderen Bildern. Insofern passt Olivias privates Bild auch nicht dazu, denn es zeigt etwas, das allen anderen Bildern fehlt. Die ikonische Formulierung dieser Leerstelle mit Olivias Bild spricht für die Notwendigkeit der systematischen Ausblendung der persönlichen Identität, für eine Vermittlung von Lifestyles und Identitätsnormen, wie sie z. B. auch am Fall „Pool" herausgearbeitet wurde.

Ein Überblick über die im Kapitel dargestellten Ergebnisse findet sich in Tabelle 11.1.

Tab. 11.1: Konstitution von Medien durch den Alltag.

Typik: Alltag in Medienangeboten	Schaum	Pool	Tinte A	Tinte B
Homologie zwischen den Bildern	ikonologisch-ikonische Ebene: Reflexion hegemonialer Männlichkeit	vorikonografische Ebene: Geste des Zurückstreichens der Haare	ikonologisch-ikonische Ebene: gelassener Grenzgang	keine: Lifestyle vs. persönliche Identität
Funktionsweisen der Medienangebote	Selbstreferenzialität der Fiktion (Partizipation an negativ gerahmten normativen Erwartungserwartungen)	Verhältnis Habitus/Pose (Partizipation der Darstellung eines Lifestyles an einem geschlechts- und entwicklungstypisch geprägten Milieu)	Ineinanderfallen von Habitus und Norm (Partizipation der Darstellung eines Lifestyles an einer Jugendkultur)	Abblenden des persönlichen Habitus als Prinzip der Darstellung von Lifestyles

11.2 Medienangebote im Alltag: Typologische Überlegungen zum Verhältnis von Habitus und Norm

In Kapitel 11.2 geht es um die Fragen, wie die Medienangebote Relevanz im Alltag gewinnen und in welcher Form sie als konstitutiv für den Alltag verstanden werden können. Dabei wurde die handlungspraktische Bewältigung des Spannungsverhältnisses von Habitus und Norm als zentraler Faktor zum Ausgangspunkt genommen. In allen vier Medienangeboten zeigte die Analyse eine Übergegensätzlichkeit: Im Fall „Schaum" liegt sie in der Relation von hegemonialer Männlichkeit und Reflexion, im Fall „Pool" von offensiver Weiblichkeit und mädchenhafter Zurückhaltung, im Fall „Tinte A" von Risiko und Gelassenheit und im Fall „Tinte B" von Stabilität und Wandel. Diese immanente Widersprüchlichkeit kann, wie theoretisch und anhand der Fälle ausgeführt, mit Goffman (1963, S. 122) als Charakter von Identitätsnormen verstanden werden, als „phantom normalcy" (Goffman 1963, S. 122), der man prinzipiell kaum durchgängig gerecht werden kann. Es sind solche Normen, die in den Medienangeboten zum Ausdruck kommen. Die Rekonstruktion ihrer Einbettung in den Alltag durch das private Bild und die Gruppendiskussion gibt Aufschluss darüber, wie der Habitus der Untersuchten durch derartige Normen unter Spannung gesetzt ist und wie diese Spannung handlungspraktisch bewältigt werden kann. Die Darstellung beginnt mit dem Fall „Pool" und folgt damit einer entwicklungstypologischen Überlegung, die allerdings mit weiteren Fällen und einer Abgrenzung zu anderen Typiken zukünftig bestätigt werden müsste.

11.2.1 Üben auf der Basis habitueller Sicherheit – zwischen Fiktion und Realität

Im Fall „Pool" gibt die unterschiedliche Kontextuierung der Körperhaltung bzw. der Geste in den jeweiligen Bildern nicht nur Aufschluss über das Verhältnis von Habitus und Pose, sondern auch über das Verhältnis von Körperpraxis und Körperimagination der Mädchen.

Der Einstieg der Gruppe „Pool" in das Werbebild, auf dem zwar auch junge, aber doch deutlich erwachsenere Frauen zu sehen sind, die u. a. durch gekonntes Posieren und eine uniforme Körperlichkeit eine weibliche Identitätsnorm darstellen, erfolgt über eine Geste, die durch die komparative Analyse mit dem Foto der Mädchen als mädchenhafte Geste identifiziert werden konnte. Es ist diese Geste, die für die Mädchen die Verheißung enthält, von einer erwachsenen Weiblichkeit gar nicht so weit entfernt zu sein.

Abbildender Bildproduzent ist der Vater eines der Mädchen. Das Bild lässt sich trotzdem als Dokument für den Habitus und die Körperpraxis der Mädchen heranziehen, weil es in einem aufwendigen Auswahlprozess von den Mädchen selbst aus einer Fülle von Fotos ausgesucht wurde. Wie sich am Bild und auch auf den anderen Bildern der Serie sowie in der Gruppendiskussion zeigt, ist der Zugang zu den in der Werbung präsentierten geschlechtstypischen Identitätsnormen ein spielerischer. Die Mädchen setzen sich spielerisch mit diesen normativen Anforderungen auseinander. Dieser spielerische Umgang scheint aber nicht entwicklungstypisch zu sein, wie man passend zum Alter der Mädchen annehmen könnte. Er zeigt sich vielmehr in allen vier Fällen. Der Unterschied liegt darin, ob die Bilder als Bilder einer (Körper-)Praxis, einer umsetzbaren, enaktierbaren Imagination oder als Fiktion verstanden werden können.

In der Gruppendiskussion zeigt sich, dass es zum einen höchst interessant ist, welcher persönliche Habitus sich hinter der Inszenierung verbirgt: ob die Models wohl Lachanfälle bekommen oder miteinander befreundet sind, worüber sich die Mädchen ziemlich sicher sind, weil sie meinen, dass man auf dem Foto sofort sehen würde, wenn es anders wäre. Darin mag sich die Neugier auf das Lebensgefühl in der kommenden Entwicklungsphase zeigen. Als positiver Horizont kann jedenfalls ein Überdauern ihrer Freundschaft, ihrer Form der Vergemeinschaftung herausgearbeitet werden. Zum anderen wird das Bild in zahlreiche weitere – den Mädchen bekannte oder von ihnen erfundene – mediale Inszenierungen eingebunden. Gemeinsam ist diesen zwar ebenfalls der Freundschafts- bzw. Bandenaspekt, was allerdings darüber hinaus deutlich wird, ist, dass das Bild sowohl imaginativen als auch imaginären Charakter hat. Es gehört sowohl der Welt des Fiktiven als auch jener des Realen an.

In homologer Weise gehen die Mädchen mit dem eigenen Bild um. Es wird in der Gruppendiskussion auf zweierlei Weise diskutiert: sowohl in seinem realen Charakter – als Bild von ihnen im Garten – als auch als fiktives Bild, mit dem beispielsweise für einen Urlaub in einem Familienresort geworben wird. Beide Bilder sind mithin sowohl imaginär als auch imaginativ. Das erlaubt die Interpretation, dass die Mädchen in einem von Handlungszwängen und -druck entlasteten Rahmen, jenem der Phantasie und Fiktion, geschlechtstypische Körperpraxen tatsächlich ausprobieren und einüben. Diese hybride Rahmung des Bildes kommt auch dem eigentlichen Zweck des Werbebildes entgegen, denn die Mädchen stellen sich die Frage, welcher Welt die Bikinis eigentlich angehören und ob es sie zu kaufen gibt – was man gleich in einer Filiale nachprüfen kann.

In ihrer Mädchenhaftigkeit sind die Freundinnen habituell sicher. Ihre weibliche Selbstpräsentation wirkt (noch) ein wenig unbeholfen, der Weg, die Balance zwischen Identitätsnormen und -anforderungen und persönlichem Habitus zu üben und zu festigen, zu routinisieren und damit zu habitualisieren, scheint aber bereits klar. Medienangebote mit Identitätsnormen, die in ihnen zum Ausdruck kommen, spielen dabei eine konstitutive Rolle.

**11.2.2 Reflexion auf der Basis habitueller Unsicherheit –
Fiktion und Orientierungsdilemma**

Am Fall „Schaum", wie auch am Fall „Tinte", konnte an der Art und Weise des alltäglichen Umgangs mit dem Medienangebot gezeigt werden, dass sich die Relevanz des Medienangebots stillschweigend entfaltet. Das Plakat zum Film „Pulp Fiction" hängt zunächst in der Wohnung der jungen Männer, um eine schäbige Stelle an der Wand zu verdecken. Eines Morgens stellen sie fest, dass sie den beiden Männern auf dem Bild frappierend ähnlich sehen. Die beiden beschließen, das Bild nachzustellen. Was in der bewussten Wahrnehmung zunächst kaum wichtiger als ein Stück Tapete war, beinhaltete etwas, das so nahe war, dass sie sich den Männern auf dem Bild ähnlich fühlten.

Die anschließende Reinszenierung des Bildes diente keinem Zweck, hatte keinen Sinn, außer Spaß zu machen. Sie kann daher als aktionistisches Handeln verstanden werden, wie es für die Phase der Jugend typisch ist, insbesondere für die sogenannte „Negationsphase" (zuerst Bohnsack 1989, Przyborski/Slunecko 2009b), die mit einer episodalen Negation der Alltagsexistenz und einem mehr oder weniger stark ausgeprägten Verlust habitueller Sicherheit einhergeht. Die Aktionismen dienen in dieser Phase der Suche nach habitueller Übereinstimmung und Sicherheit.

In der Reinszenierung des Bildes fungieren die jungen Männer als abbildende und als abgebildete Bildproduzenten zugleich. Sie stehen beide vor und hinter der Kamera. Grundlage des Bildes sind mehrere Aufnahmen zu verschiedenen Tageszeiten. Als Requisiten dienen ein Anzug und eine Schusswaffe. Wie sich in der Gruppendiskussion und im Bild zeigt, funktioniert das Zusammenspiel ausgezeichnet und ist Ausdruck einer habituellen Übereinstimmung u. a. hinsichtlich ihrer Praxis des Mediengebrauchs. Es deutet sich in der Bildproduktion, die schon etwas zurückliegt, ein Orientierungsrahmen an, der in die berufliche Praxis der beiden jungen Männer als Spieleentwickler mündete. Dieser ist aber kaum spezifisch für das Bild. Um der Bewandtnis, die es mit der Ähnlichkeit auf sich hat, welche die jungen Männer selbst mit dem Bild wahrgenommen haben, auf die Spur zu kommen, war es notwendig, sich mit dem Verhältnis der beiden Bilder zu beschäftigen:

Die Analyse zeigt, dass die Reinszenierung des Bildes nicht als schlichte Imitation aufgefasst werden kann. Vielmehr drückt sich in ihr etwas aus, das bereits im Ausgangsbild enthalten ist: nämlich das Prinzip der Brechung bzw. Reflexion. Es handelt sich um eine Reflexion der Reflexion und damit eine Schleife, die auf sich selbst verweist. Reflektiert wird eine brutale Seite hegemonialer Männlichkeit. In ihrer mannigfaltigen Brechung erhält sie, insbesondere durch die unvollständige Nachahmung, die sich ebenfalls schon im Ausgangsbild selbst findet, einen absurd-komischen Zug.

Das Ausgangsbild zeigt sich durch mehrere Elemente der Komposition als ein imaginäres, als ein fiktives Bild. Das gilt auch für seine Reinszenierung. Wir finden die jungen Männer letztlich ganz und gar nicht in einer alltäglichen Situation, sondern als Schausteller, was den Blick auf ihren Habitus, auf ihre Körperpraxis systematisch verstellt. So wie auf dem Bild würden sie sich in der Öffentlichkeit kaum zeigen, denn ihre Darstellung auf dem Bild hat nichts mit der Realität zu tun, ist in den Augen der jungen Männer surreal bzw. absurd. Beide Bilder können als Prototypen einer geschlechtlichen Phantom-Normalität verstanden werden, nämlich ein maximal harter, überlegener und unbeeindruckter Mann zu sein – und zugleich maximal reflektiert und witzig. Was macht diese Identitätsnorm zugleich so attraktiv und absurd? Das völlige Verschwinden der eigenen Körperpraxis hinter der Inszenierung des witzigen Killers lässt eine Verunsicherung in diesem Bereich vermuten. In der Gruppendiskussion erfährt man dazu etwas mehr:

Mit attraktiven Frauen in Kontakt zu treten, verbindet sich mit der Vorstellung des durch negative Fremdidentifizierung unbeeindruckten, hegemonialen Mannes, der Frauen nach ihrem Äußeren beurteilt und sie auf diese Weise objektiviert. Diese Objektivierung geschieht schon durch die Kontaktaufnahme, denn sie zeigt an, dass man sich der Frau zugewandt hat, weil sie attraktiv ist. Man(n) schenkt ihr wegen ihrer äußeren Erscheinung Aufmerksamkeit, was auch in den Augen der beiden Männer stimmt. Dies muss nun, wieder in den Augen der Männer, von den Frauen als oberflächliches, diskreditierendes, objektivierendes männliches Verhalten eingeordnet werden. Die Kontaktaufnahme selbst löst, in der Perspektive der Gruppe „Schaum", also eine negative Fremdidentifizierung aus. Hier tut sich ein unentrinnbares Dilemma auf. Denn zu einer Kontaktaufnahme mit interessanten Frauen kommt es dann erst gar nicht.

Die habituelle Verunsicherung speist sich also aus der Gefahr der Fremdidentifizierung, die einen negativen Horizont bildet. Verunsicherung und Dilemma bestehen darin, dass es offenbar keinen handlungspraktisch umsetzbaren positiven Horizont gibt. Kernbereiche des männlichen Habitus sind verunsichert.[3] Die Lösung, welche die Fiktion anbietet, liegt in der maximalen Sicherheit einer völlig unbeeindruckten, überlegen männlichen Position mit maximaler Reflexion bzw. Selbstironisierung.

Den „bad ass", wie es in der Gruppendiskussion heißt, als Schauspieler und Regisseur darzustellen, macht wohl auch insofern Spaß, als derartige Typen nicht erreichbar sind für die Abwertungen jener Männlichkeit, die sie verkörpern. Andererseits erinnert das Spiel mit den „bad-ass"-Typen an den *Labeling Approach*, erscheint wie eine Parodie auf ihn: „The young delinquent becomes bad because he is defined as bad", um es mit einem Vorläufer des Ansatzes (Tannenbaum 1938, S. 17 f.) zu formulieren. Die Erwartungserwartung, vor allem in der Interaktion mit Frauen praktisch ständig in Gefahr zu sein, als ‚schlecht' wahrgenommen zu werden, führt dazu, sich als ‚schlecht' – ‚bad' – zu inszenieren und sich damit über sich selbst und die anderen lustig zu machen.

In beiden Bildern drückt sich die Spannung aus, unter welche die Norm den Habitus in Form von Fremdidentifizierungen insofern setzt, als sie den Erwartungserwartungen Gestalt geben, zugleich aber auch die Sehnsucht, sie zu transzendieren.

---

3 Von einer „Krise" oder Verunsicherung der „Männlichkeit" kann man mit Meuser (2001a, S. 11) dann sprechen, wenn Männer „Routinen unterbrechen und sie in einer geschlechtlich konnotierten Begrifflichkeit reflektieren".

In geschlechtshomogenen Gruppen bewegen sich die Männer auf der Basis habitueller Sicherheit. Die geschlechtstypischen Vorlieben wie Wettbewerbsspiele (u. a. Computerspiele) werden keiner wie immer gearteten Reflexion unterzogen und im Rahmen habitueller Sicherheit vollzogen. Versuche einer Balance von Fremdidentifizierungen mit ihrem persönlichen Habitus finden erst gar nicht statt. Die fiktiven Inszenierungen haben auch keinen Übungscharakter für Begegnungen mit Frauen und ihre männliche Selbstpräsentation in Interaktionssituationen, wie es bei der Gruppe „Pool" der Fall ist. Ihre spielerischen Auseinandersetzungen mit Identitätsnormen laufen insofern ins Leere, als sie auf keine Realität, sondern immer wieder nur auf neue Fiktionen verweisen.

Ein spielerischer Umgang mit diesen Normen jenseits der Fiktion scheint (noch) nicht möglich zu sein, das unterscheidet den Fall „Schaum" von den anderen Fällen. Habitus und Norm, Körperpraxis und Körperimagination stehen, wenn es um die Frage der Männlichkeit geht, also in einem Verhältnis der Unvereinbarkeit zueinander. Die Bilder drücken daher auch keine Integration aus, sondern eine fiktive Transzendenz des Dilemmas und einen reflexiven Selbstbezug.

11.2.3 Habituell sichere Integration – Spiel mit Fiktion und Realität

Im Fall „Tinte A" zeigen sich kaum Elemente von Nachahmung oder Imitation. Im Gegensatz zu den beiden bisher besprochenen Fällen sind das kommerzielle und das private Bild auf den ersten Blick sehr unterschiedlich: eine Wohnhausanlage mit einem Skater in Bewegung und ein Gebirgsmassiv mit einem statischen Wanderer. Paul hat die Bilder rasch, eher zufällig gewählt, ohne dieser Auswahl besondere Aufmerksamkeit zu schenken, und nicht etwa bewusst bzw. intentional besonders interessante oder wichtige Bilder genommen. Dennoch wirkt Paul mit seiner Wahl zufrieden und zeigt sich in der Gruppendiskussion zunehmend überzeugt von ihr. Wie im Fall „Schaum" erfolgt die Wahl der Bilder offensichtlich nach dem Geschmack als Funktion des Habitus. Relevanzsetzungen treten auf diese Weise nicht ins Bewusstsein. Im kommerziellen Bild, so lässt sich unter Einbeziehung der Gruppendiskussion herausarbeiten, kommt Pauls jugendkulturelle Verankerung zum Ausdruck. Das private Bild ist sein Profilbild auf Social-Media-Plattformen. Beide haben in Pauls Alltag eine maßgebende Bedeutung.

Die Gemeinsamkeiten der Bilder erschließen sich erst in ihrer dokumentarischen Interpretation. Die Homologien liegen in erster Linie auf der Ebene des ikonisch-ikonologischen Sinns. Auf dieser Ebene lässt sich im kommerziellen Bild, das einen waghalsigen Trick zeigt, mit dem sich der Skater aus der Gewöhnlichkeit einer Wohnhausanlage quasi herauskatapultiert, ein ebenso risikoreicher wie entspannter Grenzgang im Modus einer ebenso imposanten wie gelassenen Könnerschaft zeigen. Diese Übergegensätzlichkeit eignet sich zur Darstellung einer männlichen Identitätsnorm, die ich als ‚supernormaler Held' bezeichnet habe.

Dieser ‚Superheld' braucht kein Kostüm, er unterscheidet sich ganz im Gegenteil in seiner äußeren Erscheinung nicht von der Masse (auch nicht, wenn er fliegt). So präsentiert er sich bei seinem kühnen Trick, nahezu jenseits der Schwerkraft, in ebenso unaufgeregter wie normierter Kleidung. Darin drückt sich allerdings nur eine scheinbare Distanz zu allem Exaltierten und Modischen aus. Denn gerade die Geste, sich von sich selbst immer wieder aufs Neue zu distanzieren, zählt zu den stärksten Triebkräften der Mode.

Es ist dieselbe gelassene und normierte Kleidung, die Paul auf seinem privaten Bild trägt, und auch hier bildet sie einen Kontrast, zwar nicht zu einer an sich risikoreichen Bewegung, aber zur Umgebung und der Szene, die durch diese Umgebung entsteht. Er befindet sich in kaum wärmender Freizeitkleidung in einer ausgesetzten Lage am Fuße eines Gletschers. Das Bild lässt sich also durch dieselbe Übergegensätzlichkeit kennzeichnen, nämlich als eindrucksvoller Grenzgang (zwischen Eis und Fels) auf eine unwirklich erscheinend gelassene Weise. Die Selbstpräsentation von Pauls Profilbild korrespondiert mit der Körperimagination auf dem Werbebild.

Die Frage, die sich angesichts der Homologie von kommerziellem und privatem Bild stellt, lautet: Beherrscht Paul die Herstellung der Darstellung der Identitätsnorm oder fallen Habitus und Identitätsnorm in eins? Die Antwort ist: beides. Trotz der perfekten Darstellung einer Übergegensätzlichkeit verschwindet Pauls Körperpraxis nicht völlig hinter der Inszenierung wie im Fall „Schaum". Das lässt sich u. a. an der Kleidung festmachen. Paul verlässt das Haus nicht ohne seine Skaterschuhe. Die jungen Männer der Gruppe „Schaum" tragen wohl nie eine Schusswaffe mit sich, wenn sie das Haus verlassen, es sei denn, sie brauchen sie für ein Fotoshooting.

Die Typisierungen, Ritualisierungen und Normierungen, die in einem sicheren Geschlechtshabitus mit persönlichen Elementen ständig balanciert werden müssen, hat Paul routinisiert und habitualisiert. Im Bild des Skaters zeigt sich nicht nur eine (fiktive) Körperimagination, sondern auch (s)eine Körperpraxis. Es zeigt einen jugendkulturellen Orientierungsrahmen und ebenso Pauls Vergangenheit, Gegenwart und Zukunft. Denn dieser Orientierungsrahmen ist für Paul ein ganz wesentlicher geworden. Er findet sich gleichermaßen in seiner Selbstpräsentation wie in seinem beruflichen und privaten Engagement. In Pauls Bildern findet sich ein sicherer männlicher Habitus, dem eine gewisse Distanzierung immanent ist und der sich daher eignet, geschlechtskonforme Selbstpräsentationen hervorzubringen. Der Umgang erscheint, wie in den bisherigen Fällen, auch hier spielerisch, allerdings findet das Spielerische im Realen und nicht im Fiktiven (wie bei „Schaum") statt und es fehlt ihm auch jeglicher Übungscharakter (wie bei „Pool"). Die Pose ist souverän in den Habitus integriert.

Es lassen sich jedoch auch bestimmte Gemeinsamkeiten mit dem Fall „Pool" herausarbeiten. So sind die Mädchen – ebenso wie Paul, der in seiner Männlichkeit habituell sicher ist – sicher, wenn es um ihre *Mädchenhaftigkeit* geht. Hier ist auch die verbindende Geste angesiedelt. Dahingehend können die Rahmungen der Bilder insofern als imaginativ eingeordnet werden, als sie die prinzipielle Möglichkeit des handlungspraktischen Anschließens an sie beinhalten. Die Mädchen können sich in bestimmter Hinsicht vorstellen, so zu sein wie die Models, und zwar hinsichtlich der Vergemeinschaftungsform einer Peergroup, welche die Models verkörpern und die in mancher Hinsicht so ist wie ihre. Wenn es um Weiblichkeit geht, werden die Bilder als fiktive Darstellungen eingeordnet, auf denen nichts zu finden ist, was mit der eigenen gegenwärtigen und zukünftigen Realität zu tun hat. Dahingehend findet sich eine Gemeinsamkeit zum Fall „Schaum", bei dem ebenfalls beide Bilder als fiktiv eingeordnet werden.

11.2.4 Habituell sichere Transzendenz – Habitus als Basis für das Spiel mit der Pose (Fiktion)

Den beiden Bildern des Falles „Tinte B" fehlt nicht nur auf den ersten Blick eine Ähnlichkeit. In den Bildern lässt sich durch eine gründliche Bildinterpretation keine Homologie rekonstruieren. Ohne Bezugnahme auf den Fall „Tinte A" ließen sich die Bilder kaum interpretieren. Im Gesamtzusammenhang der vier Fälle bzw. der typologischen Überlegungen wird es noch leichter, den Fall bzw. das Verhältnis der beiden Bilder zueinander zu verstehen: Alle Darstellungen, in denen eine Artikulation von Identitätsnormen rekonstruiert wurde, sparen Hinweise auf einen persönlichen Habitus aus. Dazu zählen alle kommerziellen Bilder – die Gangster im „Pulp-Fiction"-Plakat, die H&M-Mädchen, der Skater und die junge Frau im kleinen Schwarzen – und die privaten Bilder, die ebenfalls normative Aspekte haben, wie die Reinszenierung von „Pulp Fiction" und der junge Mann auf dem Berg. Der persönliche Habitus der Mädchen im Pool ist dagegen deutlich erkennbar. Hier wird keine Norm formuliert. In Olivias Bild ist außer ihr und Paul kaum etwas zu sehen – ein wenig schroffer Fels und Himmel, die die authentische Darstellung zu unterstreichen scheinen. Das Selfie zeigt ein innig aufeinander bezogenes Paar, egalitär, nahezu ohne Hinweise auf geschlechtliche Typisierungen, ausgeglichen und selbstbewusst bzw. habituell sicher.[4]

Olivias kommerzielles Bild reiht sich in die Serie derselben mit ihren Charakteristiken ein: Wie in allen anderen findet sich kein Hinweis auf einen persönlichen Habitus, dafür aber eine übergegensätzliche Struktur: maximaler Wandel bei maximaler Konstanz und Stabilität. Eine junge Frau in dynamischer Pose mit stabiler Körperachse zeigt in einem kleinen Schwarzen, das wie Tinte im Weiß des Hinter-

---

[4] Eine gründliche Interpretation des Gesichts bzw. der Gesichter hätte diesen Fall wahrscheinlich noch wesentlich bereichern können. Zur Zeit der Materialauswertung waren aber noch kaum methodisch-technische Ansätze dafür publiziert. Nun wurden von Breckner (2014) dazu Grundlagen ausgearbeitet.

grunds zerfließt und sich so zur Arabeske wandelt, sich selbst, ostentativ und dabei zugleich ebenso stabil wie fluid. Der stabilen Kraft durch höchste Fluidität als weiblicher Identitätsnorm steht eine pure persönliche Identität gegenüber. Letztere lässt sich als Grund verstehen, auf dem immer wieder neue Figuren möglich sind. Auch dieses Verhältnis erlaubt einen spielerischen Umgang mit – weiblichen – Identitätsnormen: Ohne im Kern des persönlichen weiblichen Habitus berührt zu sein, kann mit immer neuen Weiblichkeiten gespielt werden.

Im Verhältnis von Figur und Grund drückt sich zwar eine grundlegende Verschiedenheit von Habitus und Norm aus, aber nicht notwendigerweise eine Distanz gegenüber normativen Ansprüchen, sondern ein spezifischer habitueller Umgang damit. In der Gruppendiskussion wird deutlich, dass Olivia sich für ihre professionelle Arbeit der jeweiligen Stereotype bedient. Das radikal persönliche private Bild zeigt einen anderen Aspekt ihres – weiblichen – Habitus. Dieser nährt sich aus dem Verhältnis zu Paul, also aus dem Verhältnis zu einem Mann. Professionelle Distanz und eine utilitaristische Beziehung zur Identitätsnorm führen nicht notwendigerweise zu einer persönlichen Distanz dazu. Wie die handlungspraktische Bewältigung der Anforderungen, die diskrepante weibliche Identitätsnormen mit sich bringen, erfolgt, lässt sich zunächst kaum greifen. Olivia lässt keinen Zweifel an ihrer Kompetenz, die Anforderungen des gesellschaftlichen Identifiziertwerdens als Frau erfüllen zu können – so ist es auch dem Beobachtungsprotokoll zu entnehmen. Dabei zeigt sie eine distanziert-pragmatische und utilitaristische Haltung gegenüber diesen Anforderungen. Sich selbst im Rahmen ihres Stils zu präsentieren, würde einer Habitualisierung des Umgangs mit der Diskrepanz, zugleich höchst stabil und fluid zu sein, widersprechen. Dagegen hält Olivia mit spielerischer Leichtigkeit stand, sie lässt sich nicht festlegen, bleibt fluid.

Die jeweiligen geschlechtstypischen Identitätsnormen werden von Olivia und Paul wechselseitig validiert. Ihr gefällt das Bild des Skaters ebenso wie Pauls Profilbild. Umgekehrt gefällt ihm die Anzeige der Agentur „Non-Format" bzw. die Darstellung der Frau in diesem Bild, wenngleich er sich, während er sein Gefallen an der Darstellung bekundet, von diesem auch unmittelbar distanziert. Frauen in ihrer Weiblichkeit positiv zu beurteilen scheint, wie im Fall „Schaum", problematisch zu sein. Möglicherweise erwartet auch Paul eine negativ gerahmte Fremdidentifizierung.

Das Verhältnis von Habitus und Norm unterscheidet sich bei Paul und Olivia deutlich. Paul verfügt über einen bestimmten männlichen Habitus, der eine männliche Identitätsnorm bereits integriert hat, was ihn gewissermaßen festlegt. Habitus und Norm stehen allerdings für sich, definieren sich nicht aus dem Verhältnis zu Weiblichkeit. Anders bei Olivia. Weiblichkeit bzw. ihr weiblicher Habitus zeigt sich im Verhältnis zu Männlichkeit. Sie ist jedoch nicht durch ihren weiblichen Habitus schon auf bestimmte Identitätsnormen festgelegt.

11.2.5 Zusammenfassung der typologischen Überlegungen

An den Vergleich der vier Fälle mit dem Tertium Comparations des Verhältnisses von Habitus und Norm lassen sich typologische Überlegungen in folgenden drei Typiken anschließen: Entwicklung, habituelle Sicherheit/Verunsicherung und Geschlecht (siehe Tabelle 11.2). Die entwicklungstypologischen Überlegungen korrespondieren mit der Entwicklungsphasentypik, die Bohnsack (zuerst 1989, Bohnsack/Loos/Schäffer/Städtler/Wild 1995) anhand von umfangreichem empirischen Material ausgearbeitet hat. Auch die theoretischen und empirischen Grundlagen des Konzepts von habitueller Sicherheit und habitueller Verunsicherung sind u.a. dort konkretisiert. Dass dieser Aspekt das Verhältnis von Habitus und Norm mitstrukturiert, ist zwar nicht verwunderlich, aber bisher nicht empirisch untersucht. Die geschlechtstypischen Unterschiede lassen sich an verschiedene Geschlechterdiskurse und -untersuchungen anschließen (siehe Kapitel 11.3).

Die jüngste Gruppe („Pool": Mädchen, die sich in der Pubertät befinden) zeigt sich hinsichtlich ihrer mädchenhaften körperlichen Selbstpräsentation habituell sicher. Beide Bilder werden, was den Aspekt der Mädchenhaftigkeit anbelangt, als imaginativ gerahmt, in dem Sinn, dass es sich um im Alltag umgesetzte oder umsetzbare Formen handelt. Das gilt für ihr privates Bild ebenso wie für das kommerzielle. Letzteres wird zwar als mediale Inszenierung gesehen, allerdings mit einem realen Hintergrund, der vor allem in der Vergemeinschaftung und Freundschaft der Models liegt, worin sich Orientierungen ihrer Peergroup spiegeln. Das medial vermittelte Bild erlaubt auf der Basis der mädchenhaften Geste die Vorstellung, gar nicht weit entfernt von einer erwachsenen Weiblichkeit zu sein und die sichere Mädchenhaftigkeit zu transzendieren. Fast hat das Bild den Charakter einer Anleitung für eine Körperpraxis, eine Praxis der Selbstpräsentation, würden die Mädchen die mädchenhafte Geste nicht schon beherrschen. Durch die Übung kann sie allerdings in ein Repertoire der Selbstpräsentation auf- und in kommende Phasen

Tab. 11.2: Typologie: Habitus und Norm.

Typologie zum Verhältnis Habitus und Norm (w/m)			Medienangebot/kommerzielles Bild: Körperimagination, Norm	
privates Bild: Körperpraxis	Habitus	Entwicklungsphase	imaginär/fiktiv	imaginativ
imaginär/fiktiv	unsicher	Pubertät	Pool (Weiblichkeit): Übung	
		Negation	Schaum: Reflexivität/ Unvereinbarkeit	
imaginativ	sicher	Reorientierung	Tinte B: Transzendenz	Tinte A: Integration Pool (Mädchenhaftigkeit): Transzendenz

mitgenommen werden. Das Bild verheißt die Lösung des Identitätsproblems, dass sich den Mädchen unmittelbar stellt, nämlich die Integration von mädchenhafter Verspieltheit und Zurückhaltung und selbstbewusster, erwachsener Weiblichkeit.

Dieses Identitätsproblem gilt allerdings auch für erwachsene Frauen. Eine selbstbewusste weibliche Selbstpräsentation erfordert einen Bruch, da sie sonst negativ gerahmt wird – als zu selbstbewusst, aufdringlich, anzüglich oder billig. Es erfolgt damit also gleichzeitig eine Einübung in die Bewältigung diskrepanter normativer Anforderungen, die auch für erwachsene Frauen gelten, ohne unmittelbaren Handlungsdruck, in der Welt der Fiktion. Auf der Basis ihrer Sicherheit als Mädchen findet eine spielerische, eine mädchenhafte Annäherung an normative Erwartungen an Frauen statt, und zwar durch konkretes Üben einer Körperpraxis in Auseinandersetzung mit medial verbreiteten Körperimaginationen.

Als habituell sicher erweist sich auch die Gruppe „Tinte". Beide privaten Bilder werden hier ebenso als imaginativ gerahmt. Im kommerziellen Bild von „Tinte A" geht es aus der Sicht der Gruppe um eine reale Situation, die aus der eigenen jugendkulturellen Beschäftigung bekannt ist. Das Bild von „Tinte B" dagegen kann schon aufgrund seiner formalen Gestaltung als ein fiktives Bild eingeordnet werden. Es dokumentiert sich darin eine Metaperspektive auf weibliche Identitätsanforderungen, wie auch die Gruppendiskussion bestätigt. Olivias persönlicher Habitus im Hinblick auf Selbstpräsentation und Körperlichkeit ist insofern ein weiblicher, als sie sich in Bezug auf Paul zeigt, im Verhältnis zu einem Mann. Die Stabilität des weiblichen Habitus als ein Verhältnis zum Männlichen erlaubt ein utilitaristisches Verhältnis zu normativen Vorgaben sowie das Spiel mit einer vorhersehbar kontingenten Mode (Esposito 2007 und 2004) und ihren ständig wechselnden Lifestyles.

In diesem letzten Punkt unterscheiden sich Paul („Tinte A") und Olivia („Tinte B") deutlich. Paul hat bestimmte geschlechtstypische normative Anforderungen in seiner jugendkulturellen Praxis des Skatens bereits in seinen Habitus integriert, und dies strukturiert seine Selbstpräsentation wie auch andere zentrale Lebensbereiche. Diese Form der Integration ist wesentlich unflexibler gegenüber wechselnden normativen Anforderungen als das Verhältnis zwischen Norm und Habitus, wie es bei Olivia deutlich wird. Olivia und Paul sind nicht nur in ihrer geschlechtstypischen Selbstpräsentation sicher, sondern auch in vielen anderen Lebensbereichen, wie ihrer beruflichen Praxis. Das entspricht der Phase der Reorientierung, in welcher sich ein Orientierungsrahmen stabilisiert und mit der Bewältigung der unterschiedlichen Anforderungen des Alltags einhergeht. Hier zeigt sich ein kleiner Unterschied zur Gruppe „Pool", deren *weibliche* Selbstpräsentation (noch) unsicher ist, sowie ein größerer zur Gruppe „Schaum".

Von Verunsicherung gekennzeichnet ist in der Gruppe „Schaum" vor allem die direkte Interaktion mit Frauen wegen der drohenden Gefahr einer negativen Fremdidentifizierung. Im Bild kann die Gefahr dieser Erwartungserwartung aufgehoben werden: Sie ist visuell formuliert und auf eine andere Ebene gehoben. Die performatorischen, aktionistischen, reflexiven Schleifen, welche die jungen Männer in der Beschäftigung mit derartigen reflexiven Darstellungen männlicher Identitätsnormen ziehen, erlauben ihnen, sich über sich selbst lustig zu machen und damit einer Distanzierung vom eigenen Dilemma sowie der Sehnsucht nach Transzendenz der Unvereinbarkeit von Habitus und normativen gesellschaftlichen Erwartungen Ausdruck zu verleihen. Das Bild zeigt sich damit auch in einer weiteren Funktion innerhalb des kollektiven Aktionismus. Es dient dazu, sich der Gemeinsamkeiten innerhalb der männlichen Gruppe zu vergewissern und damit die Zugehörigkeit zu einem bestimmten männlichen Milieu zu erproben und zu bestätigen. Es unterstützt so bei der Suche nach habitueller Sicherheit in der geschlechtshomogenen Gruppe. Diese Funktion kommt dem Bild wiederum dadurch zu, dass in ihm ein gemeinsames geschlechtstypisches Orientierungsdilemma zum Ausdruck kommt, das verbindet.

Die geschlechtstypischen Unterschiede im Verhältnis von Habitus und Norm liegen mit Blick auf die vier Fälle in der Form der Bezugnahme auf die normativen Ansprüche: In den weiblichen Fällen erlaubt eine stabile habituelle Basis eine spielerische Annäherung an *unterschiedliche* normative Anforderungen, erlaubt das Ausprobieren, Einüben, die Auseinandersetzung mit Wechsel und Wandel. Die weitgehende Integration *einer bestimmten* Identitätsnorm in den Habitus wie im Fall „Tinte A" ist dagegen vergleichsweise unflexibel, aber auch weniger aufwendig. Die Transzendenz verlangt immer wieder neue Schleifen der Erprobung und des Übens. Die Gruppe „Schaum" setzt sich einer Konfrontation mit möglichen Fremdidentifizierungen im Alltag nicht aus. Das Orientierungsdilemma, Frauen zwar attraktiv zu finden, aber keiner männlichen bzw. genauer: hegemonialen normativen Zuschreibung ausgesetzt zu sein, wird spielerisch mit reflexiven Aktionismen begegnet. Norm und Habitus finden hier (momentan) nicht zusammen, sind durch Unvereinbarkeit gekennzeichnet.

Selbstpräsentation geht bei den jungen Frauen mit einer aktiven Beschäftigung einher. Gegenstand sind sie dabei selbst. Bei den jungen Männern gestaltet sich schon die Bildauswahl eher an der bewussten Wahrnehmung vorbei. Die Auseinandersetzung mit Identitätsnormen ist eher unmarkiert. Ihre Form der Selbstpräsentation ist weniger eine, die nur sie in ihrer Körperlichkeit enthält, sondern ihre Körperlichkeit bezogen auf etwas. Frauen zeigen sich auf den Bildern selbst, Männer im Bezug zu etwas.

11.3 Theoretische Implikationen, Kritik und Ausblick: Gender, Schönheit, Mode, Politik

Medienangebote in Form von Bildern zeigen sich in der empirischen Analyse als (ständig neue) Anregungen für die Bewältigung der Paradoxien der normativen Anforderungen geschlechtstypischer Selbstpräsentationen, die sie zugleich aufwerfen bzw. stabilisieren. Das gilt u. a. für die Analyse des Spiels mit den Paradoxien der Mode und ihren ständig wechselnden Lifestyles, für die Beobachtung der Einübung in bestimmte Körperpraxen der Selbstpräsentation, die Lösungen von Identitätsproblemen verheißen, oder der Rekonstruktion der Suche nach habitueller Sicherheit und Übereinstimmung in der geschlechtshomogenen Gruppe. Bilder dienen als Ausdruck für bestimmte Lebensgefühle, die in Praktiken verankert sind, und als imaginative positive Horizonte, die zur Aufnahme bestimmter Praxen und damit zur kreativen Veränderung des Habitus beitragen. Bildliche Medienangebote partizipieren an alltäglichen, habitualisierten Körperpraxen, die sie in andere Kontexte setzen. Und sie bringen Sehnsüchte und Orientierungsdilemmata zum Ausdruck, die in diskrepanten normativen Anforderungen begründet sind.

Medial vermittelte Bilder zeigen sich in der empirischen Studie insofern als konstitutiv für den Alltag, als sie Erwartungsstrukturen virtueller sozialer Identitäten artikulieren. In der Rahmung der Werbebilder durch Bilder und Gruppendiskussionen zeigt sich, wie mit den normativen Anforderungen, die mit virtualen sozialen Identitäten einhergehen, umgegangen wird. Habitus zeigt sich im Wie dieses Umgangs. Er erweist sich dabei als eine Habitualisierung des Umgangs mit den diskrepanten Anforderungen des gesellschaftlichen Identifiziert-Werdens (Bohnsack 2014b). Sie können auf diese Weise zur Transformation des Habitus beitragen und erweisen sich als Herausforderung für habituelle Sicherheit.

Die Bildkommunikation hat sich für die Analyse dieses Verhältnisses insofern als ertragreich erwiesen, als die Bilder Zugang zu normativem, kommunikativ-generalisiertem Wissen eröffnen, das auch und vor allem ein körperliches ist. Dieses ist, obwohl es sich um ein allgemeines Wissen handelt, implizit und kann in Bildern in einer privilegierten Form zur Darstellung gebracht werden. Erwartungsstrukturen auf der Ebene der körperlichen Selbstpräsentation lassen sich empirisch in der hier vorgelegten inhaltlichen Detaillierung nur auf dem Weg der Bildinterpretation, die den Eigensinn von Bildern systematisch berücksichtigt, untersuchen.

Ein weiterer Faktor prädestiniert Bilder für die Darstellung der diskrepanten Anforderungen virtueller sozialer Identitäten: Dieser liegt in ihrem hohen Potenzial, Widersprüchliches simultan zur Darstellung zu bringen, also im Potenzial der Darstellung von Übergegensätzlichkeit als Spezifikum des Bildes. Zu zeigen, wie das auf der Ebene körperlicher Selbstpräsentation im Medium Bild erfolgt, hat die Betrachtung der Rahmung bildlicher Medienangebote im Alltag ermöglicht. Die Dekontextuierung von Gesten, wie sie sich im Vergleich der Gesten im Werbefoto und im Foto aus dem Alltag rekonstruieren ließ, vermag – wie einige andere Formen, z. B. Spiegelungen und Verdoppelungen von Mimik und Gestik – Hinweise auf persönlichen Habitus auszulöschen. Mit derartigen Posen, wie sie in Werbefotos in der Regel zu sehen sind, kommt es zu einem besonderen Typus von Körperimaginationen, die es vermögen, Lifestyles bzw. virtuale soziale Identitäten durch ihre Verstellung des Blicks auf den persönlichen Habitus besonders rein darzustellen und damit ganz unterschiedliche Milieus anzusprechen sowie darüber hinaus eine Leerstelle zu erzeugen, die Räume für Projektionen eröffnet. Diese Möglichkeit zur

Projektion hat wiederum zwei Seiten gezeigt: einerseits als positiven Horizont, der Beiträge zur Aufnahme neuer Praxen leisten kann, andererseits als Manifestation fiktiver Lösungen von Orientierungsdilemmata, die mit diskrepanten Anforderungen des gesellschaftlichen Identifiziert-Werdens einhergehen.

Die Beschäftigung mit Habitus und Norm auf der Ebene von Bildern hat weit in das Thema von Körperpraxis und körperlicher Selbstpräsentation sowie Körperimagination geführt und damit auch mitten in das Thema Geschlecht bzw. Geschlecht und Medien. Auch Goffman (1981, S. 327) hatte in seiner klassischen Untersuchung von Werbefotos schon die Pose in ihrem Verhältnis zum Alltag im Blick. Denn „man kann sagen" formuliert er in der Studie abschließend, „dass die tatsächlichen Ausdrucksweisen der Geschlechter ebenfalls künstliche Posen sind." Den „Unterschied zwischen den in der Reklame abgebildeten Szenen und den Szenen des wirklichen Lebens" sieht er in der „Hyperritualisierung", der „Standardisierung, Übertreibung und Vereinfachung".

Die hier vorgelegten empirischen Ergebnisse bestätigen Goffmans Fazit prinzipiell. Allerdings kommt es sowohl hinsichtlich der Frage des Verhältnisses von Werbung und wirklichem Leben bzw. von Pose und Alltag als auch hinsichtlich der Pose selbst zu Differenzierungen. Der Unterschied zum Alltag wird in der vorgelegten Arbeit mit dem Begriff des Habitus markiert und ist folglich weniger als Unterschied zur Pose konzipiert, sondern als Verhältnis einander wechselseitig konstituierender Kategorien: Die Pose wird in ihrem Verhältnis zum Habitus definiert, und zwar in erster Linie durch empirisch zugängliche Kriterien: vor allem die Dekontextuierung von Gesten bei Posen im Unterschied zur umfassenden Kontextuierung des Habitus (Bohnsack/Przyborski 2015).

Vor diesem Hintergrund lässt sich sagen, dass, wie auch das Material zeigt, ein sicherer Geschlechtshabitus nicht ohne eine positive Integration von geschlechtlichen Identitätsnormen und eine habitualisierte performative Bewältigung derselben im Alltag – ohne Einübung in bestimmte Posen – auskommt. Was geschieht, wenn dieses „doing gender" nicht vollzogen wird, bzw. wie essenziell es für die Bewältigung des Alltags ist, ist in der Literatur umfangreich beschrieben und theoretisch ausgearbeitet (vgl. Garfinkel 2004 [1967], Goffman 1977, Kotthoff 2002, Wade/Ferree 2015). Inwieweit dieses Doing und die Stilisierungen, die damit einhergehen, als intentional oder habitualisiert zu sehen sind, wurde bisher kontrovers diskutiert (vgl. Kotthoff 2002, Wade/Ferree 2015). Was im vorliegenden Material deutlich wird, ist, dass jene normativen Typisierungen, Stilisierungen und Ritualisierungen, die Körperpraxen betreffen, jedenfalls weitgehend implizit bleiben. Sie stellen sich trotz ihres hohen Grades an Generalisierung als *implizite* Anforderungen. Bei *expliziten* Anforderungen sinkt der Grad der Verbindlichkeit mit jenem der Generalisierung. Die Untersuchung legt nahe, dass sich dies bei impliziten normativen Anforderungen umgekehrt verhält: Je weniger Anforderungen zu einer Explikation zugänglich sind, desto höher ist ihr Grad an Verbindlichkeit.

Bilder leisten so gesehen nicht nur eine Rückbindung des Geschlechts an den Körper. Sie könnten auch auf andere Weise eher zu einer Stabilisierung als zu einer

Dynamisierung des Geschlechterverhältnisses beitragen: Explizite, begrifflich-theoretisch formulierte Regeln und Normen postulieren eine Gleichstellung der Geschlechter. Sie beinhalten Meta-Normen und -Regeln einer möglichst einheitlichen Behandlung (Meuser 2001a). Geschlechtstypisches Wissen auf der Ebene von Körperpraxis und Körperimagination ist weitgehend implizit, wird in Bildern kommuniziert und gewinnt mit dem Grad ihrer Universalisierung im Gegensatz zu schriftlich niedergelegten Postulaten an Verbindlichkeit.

Ob nun Normen und Regeln auf der Ebene von Körperimaginationen ein hegemoniales Geschlechterverhältnis stabilisieren, lässt sich auf der Grundlage der wenigen analysierten Fälle nicht sagen. Hier deutet sich die Notwendigkeit des Ausbalancierens hegemonialer Männlichkeit in der Gruppe der untersuchten jüngeren Männer an. Aktuell diskutiert wird die Frage, inwieweit insbesondere die bildliche Re-Sexualisierung des männlichen Körpers, der vor der französischen Revolution vor allem in der Aristokratie immer als sinnlich-sexueller Körper inszeniert wurde (Vinken 2013), zu einer Transformation der Geschlechterordnung führt (Meuser 2013 und 2014).

Diese Frage kann letztlich nur durch eine inhaltliche Analyse von Körperimaginationen und Körperpraxen empirisch beantwortet werden, d. h. auf der Basis der Analyse von Bildkommunikation, die einen Zugang zum impliziten Wissen im Bild ermöglicht, wie sie hier vorgeschlagen wurde. Denn die konstitutive Rolle medial vermittelter Bilder dabei kann schon aufgrund der geringen Fallzahl eingeräumt werden. Inwieweit allerdings unterschiedliche geschlechtstypische normative Anforderungen, die insbesondere in bildlichen Medienangeboten kommuniziert werden, milieutypisch geprägte Geschlechterverhältnisse eher dynamisieren oder stabilisieren, kann nur auf der Grundlage von deutlich mehr Fällen geklärt werden. Bezieht man die Medialität der Bilder ein, lässt sich ihre visuelle Artikulation von Orientierungsrahmen rekonstruieren. Durch den systematischen Vergleich von Medienangeboten und Dokumenten aus dem Alltag lässt sich zudem rekonstruieren, wie welches Orientierungswissen Relevanz gewinnt.

Diese wenigen Gedanken sollen das Potenzial des vorgelegten Ansatzes für die empirische Erforschung des Geschlechterverhältnisses zeigen, insbesondere für den sogenannten „body turn" (Gugutzer 2006), der hier nicht mehr ausgelotet werden kann. Ein verwandtes Thema stellt die Schönheitsforschung dar (vgl. Penz 2010, Ruck 2014). Das große Potenzial der Arbeit mit Bildkommunikation liegt hier darin, dass Schönheit hinsichtlich des impliziten Wissens, das in ihr zum Ausdruck kommt, differenziert werden kann. Mit welcher Schönheit, mit welchen Schönheiten haben wir es zu tun? Welches Orientierungswissen kommt in dem, was als schön gesehen wird, zum Ausdruck? Was kommt in den durch eine Fülle von Schönheitspraktiken – von der täglichen Körperpflege über den Erwerb von Kleidern und der körperlichen Ertüchtigung bis zu durch ästhetische Eingriffe optimierten Körpern – zum Ausdruck? Geht es dabei um eine möglichst reine Verkörperung normativer Anforderungen? Hat die neue Flut der Bilder und damit ständige

Präsenz von zweidimensionalen Körpern etwas damit zu tun? Auch diese Fragen können hier nicht mehr diskutiert werden. Das gilt ebenso für die Möglichkeiten der empirischen Erforschung der „Paradoxien der Mode" (Esposito 2004) und ihrer Leistungen für das Balancieren zwischen Identitätsnormen und Habitus sowie für die Stabilisierung oder Dynamisierung des Geschlechterverhältnisses.

Ein anderes Feld für den Einsatz des Modells kann in der politischen Kommunikation liegen. Auch Bilder aus den Machtzentren sowie von politischen und (zeit-)geschichtlichen Ereignissen enthalten implizites Wissen mit einem hohen Grad an Generalisierung, und auch hier kann die Analyse der Bilder im Rahmen anderer Bilder zur Entschlüsselung dieses impliziten Wissens beitragen, ebenso wie zur Beantwortung der Frage, in welcher Form sie im Alltag relevant werden. Die Arbeit von Kanter (2015), die Bilder von Politikerinnen und Politikern in unterschiedlichen Beschnitten vorlegt, geht in diese Richtung. Eine Analyse des Bildes aus dem Situation Room, das zur Ikone des politischen Ereignisses der Tötung Osama Bin Ladens wurde, im Licht von Mash-ups, liegt an anderer Stelle vor (Przyborski 2014).

Mit einem Blick auf die gesamte Arbeit erscheint die Gewichtung von Theorie- und Methodenentwicklung im Verhältnis zu den empirischen Analysen kritisch. Die Komplexität des Materials und das Ausmaß an methodologisch unbeackertem Feld hat viel grundlagentheoretische und methodologische Arbeit notwendig gemacht, um das Material in den Griff zu bekommen. Sie mündete in das Modell der Praxis in und mit Medien sowie einer Entfaltung unterschiedlicher Ebenen des performativen Wissens, insbesondere jenes um die Praxis der Darstellung. Die dargestellte Materialgrundlage ist vergleichsweise gering, was unter anderem an der hohen Detaillierung der Fallbesprechungen liegt. Die Datenbasis ist allerdings wesentlich breiter und die Methodenentwicklung in einem größeren Korpus verankert. Die Diskussion weiterer Fälle und ihre Einbindung in die typologischen Überlegungen steht noch bevor.

Die vorliegende Arbeit beinhaltet den Entwurf eines Kommunikationsmodells, das die Rede von der wechselseitigen Konstitution von Medien und Alltag (u. a. Lünenborg/Maier 2013) ernst nimmt und daher im Alltag wie in den Medien die Rekonstruktion der Herstellungsprinzipien von Praxen und Fiktionen im Blick hat. Ein wesentliches Potenzial des Modells, das hier in ersten Ansätzen ausgelotet wurde, liegt in der Bezugnahme auf das Verhältnis von Habitus und Norm als Tertium Comparationis. Die Besonderheit des vorgelegten Ansatzes liegt allerdings in erster Linie in der Integration der Analyse von unmittelbarem Verstehen in ein Konzept von Kommunikation, das Massenmedien und Social Media umfasst. Denn im unmittelbaren Verstehen wird die Verständigung auf der Ebene des performatorischen Wissens zugänglich. In diesem handlungsleitenden Wissen liegen die Prinzipien der Herstellung von Wirklichkeiten, also für die Konstitution von Medien und Alltag. Ziel der Arbeit war es, dahingehend fruchtbare Ergebnisse zu liefern und konkrete Inspiration für eine empirisch fundierte Theoriebildung zu geben, die zwar im Methodischen „akribisch" bleibt, aber die „Bescheidenheit des Kleinen hinter sich lässt" (Wohlrab-Sahr 2015, o. S. 14). Die Frage, die mit dieser Arbeit aufgeworfen wurde und in kommenden Forschungsarbeiten beantwortet werden muss, lautet daher: Eignet sich das vorgeschlagene Kommunikationsmodell mit seiner zentralen Achse des unmittelbaren Verstehens für die Untersuchung der wechselseitigen Konstitution von Medien und Alltag und die Generierung empirisch fundierter Theorie auch über den hier gewählten Gegenstand hinaus? Dies muss der weitere Einsatz des Modells in der Forschungspraxis erweisen.

Nachwort

Bilder und Bildpraktiken verstehen: Aglaja Przyborskis praxeologische Hermeneutik ikonischer Kommunikation

Im Kontext einer längst zur interdisziplinären Bildwissenschaft erweiterten Kunstgeschichte kreisen viele Bemühungen um die wahrlich vielschichtige Frage, was es denn eigentlich heißt, *ein Bild zu verstehen*. Diese Frage ist niemals unabhängig von Vorverständnissen zu beantworten. Solche vorgängigen Auffassungen machen – manchmal theoretisch reflektiert (vgl. Belting 2007, Boehm 2004, Boehm 2007), häufiger stillschweigend und unkontrolliert – irgendwelche Annahmen darüber, *was denn ein Bild sei* und welche möglichen – psychischen, sozialen, kulturellen – *Funktionen* es erfüllen könne (oder solle). Suspendiert man hier einmal (der Einfachheit halber) die Was-Frage – die häufig allzu schnell zu ungebührlich vereinheitlichenden und vereinfachenden Bestimmungen „des" Bildes führt – und hält sich fürs Erste an geläufige Funktionszuschreibungen, hat man es immer noch mit einer schwindelerregenden Vielzahl möglicher Ansichten zu tun. Verschiedene Bilder (oder Arten von Bildern) erfüllen bekanntlich *alle möglichen* Funktionen, sie fungieren in unserer Praxis auf höchst vielfältige Weise und nisten sich oft unmerklich in unser Selbst- und Weltverhältnis ein.

Aglaja Przyborski Interesse richtet sich in unserer von allerlei Bildern durchdrungenen Welt – in der die Massenmedien sowie allgemein verfügbare technische Mittel der Produktion und Distribution, Rezeption, Verwendung und Verarbeitung von Bildern den Alltag so gut wie aller Menschen erheblich mitbestimmen – nun nicht einfach auf „alles und jedes". In sozialwissenschaftlicher Perspektive fokussiert sie *bestimmte soziale* (psychosoziale und soziokulturelle) Funktionen von Bildern und Bildpraxen. Sie richtet ihr Augenmerk auf die Spezifität des Bildes als soziale Ausdrucksform und Medium der Sinnkonstitution in der Alltagswirklichkeit bestimmter Gruppen. Sie will vor allem wissen, wie Bilder und ein immer komplexer werdender Bildmediengebrauch die soziale Kommunikation und Handlungskoordination strukturieren, wie diese Verständigung in ikonischen Medien abläuft und wie sie Milieus und Kulturen, Habitus und Identitäten schafft und stabilisiert (oder untergräbt und verändert). Auch der Einfluss alltäglicher Praxen auf mediale Angebote, insbesondere die Präsenz bestimmter Bilder, interessiert sie. Das sind konkrete Fragen, wie sie für die Sozialwissenschaften charakteristisch sind.

Der spezifische Fokus macht ihr ambitioniertes, innovatives Projekt zwar nicht einfacher, aber doch überschaubar und klar: Als Ausgangspunkt wählte sie eine Einsicht, die in der avancierten Kunst- und Bildwissenschaft – spätestens seit den bahnbrechenden Arbeiten von Erwin Panofsky und Max Imdahl – etabliert ist und heute wohl als nicht mehr hintergehbar gilt. Gottfried Boehm formuliert den auf jeden Akt des Sehens bezogenen hermeneutischen Grundsatz folgendermaßen: „Etwas als etwas zu bestimmen, ist ein bedeutungsstiftender Grundakt, der sich aber nicht nur sprachlich, sondern auch zwischen dem Auge und der materiellen Welt einspielt." (Boehm 2007, S. 37 f.) Die mit dieser theoretischen Position verbundene Provokation gipfelt in einer gerade für die Sozialwissenschaften besonders herausfordernd wirkenden Erkenntnis. Sie lautet: Die Sprache, wie unverzichtbar sie auch sein mag – nicht zuletzt in Konstellationen und Kontexten des Zeigens und Sehens, des bildhaften Vorstellens und schauenden Betrachtens oder ikonischen Verstehens –, reicht *niemals* ganz an das heran, was Augen erblicken, wahrnehmen und auskundschaften, erfahren und erkennen können. Analoges gilt für die soziale Kommunikation, Kooperation und Koexistenz *in* Bildern (für die sich Przyborski vorrangig interessiert, allerdings ohne die verbale Verständigung, speziell den kommunikativen Austausch *über* Bilder, zu vernachlässigen. Beides ist gleichermaßen wichtig und schlicht unverzichtbar in der empirischen Sozialforschung und Kulturanalyse). Methodisch bedeutet das, sequenzanalytische Auswertungen, z. B. von Gruppendiskussionen, in denen Bilder mit im Zentrum des Austauschs stehen, mit eigens entwickelten bildhermeneutischen Verfahren zu kombinieren (welche die *Synchronizität* des Gezeigten und Geschauten betonen und beachten, mithin eine eigenartige holistische Qualität der visuellen Wahrnehmung). All das wurde im Rahmen eines innovativen Forschungsdesigns, in dem neben der erwähnten Methodentriangulation systematische komparative Analysen wesentlich sind, in Angriff genommen.

Bilder und Bildpraktiken in ihrer Eigen*logik* zu respektieren und in ihrem Eigen*sinn* auszulegen zu versuchen, und zwar so, dass die praxeologisch fundierte Anwendung der dokumentarischen Methode – in gewohnter, bewährter Manier – etwas von den konjunktiven Erfahrungsräumen und Erwartungshorizonten sowie dem darin wurzelnden kollektiven Habitus und den Identitäten der untersuchten Gruppen ans Licht bringt: Genau dies ist das übergeordnete, alles überwölbende Ziel der im vorliegenden Buch akribisch dargestellten Untersuchungen. Dabei hat sich die beneidenswert kreative, höchst umsichtig vorgehende Forscherin die besagte Einsicht der avancierten Bildwissenschaft zu eigen gemacht: Sprache (und erst recht Texte) einerseits (diskursive Symbole also), Bilder andererseits (präsentative Symbole mithin) sind *zweierlei*, genauso wie das (sich eben in verschiedenen „Medien" abspielende) sprachliche und ikonische Verstehen. Das eine ist nicht durch das andere ersetzbar. Übersetzungen zwischen diesen Medien sind freilich möglich (und oft unerlässlich). Sie verändern jedoch das Übersetzte unweigerlich und bleiben auf das jeweils Andere angewiesen. Dieses wird niemals obsolet, überflüssig, substituierbar ohne Verlust oder Verwandlung. Prinzipiell nicht.

Dieser Gedanke steht also – wie es sich für ein Prinzip gehört – am Anfang einer praxeologisch ausgerichteten Sozialwissenschaft, in der das auf dem Weg rekonstruktiver Forschung sich vollziehende Verstehen von Bildern und Bildpraktiken zu einer methodisch kontrollierten Empirie gerät. Diese empirische Forschung ist zwar den Grundsätzen der Unvoreingenommenheit und Offenheit verpflichtet und konsequent an einem Erfahren der gerade auch *in Bildern* und *Bildpraktiken*

Gestalt annehmenden *Erfahrungen anderer* interessiert (vgl. Matthes 1992). Die Naivität, dies könne völlig ohne theoretische Voraussetzungen geschehen, ist Przyborskis Sache aber nicht. Die Sozialwissenschaftlerin knüpft ja, wie erwähnt, ganz bewusst – wie schon Ralf Bohnsack, dessen „dokumentarische Methode" der interpretativen Analyse (auch) ikonischer Praktiken sie adaptiert und auf originelle Weise weiterentwickelt, – an die bestens begründeten, wohl noch eine ganze Weile bleibenden Einsichten der zeitgenössischen Bildwissenschaft an.

Schon Erwin Panofsky und sodann mit besonderer Verve Max Imdahl – der bedeutende Bochumer Kunsthistoriker, dessen Bilderdenken im Zeichen eines „sehenden Sehens" jedes traditionelle Selbstverständnis dieser Disziplin weit hinter sich ließ – beharrten auf der „Unersetzbarkeit des Bildes" (vgl. Imdahl 1996d, Liesbrock 1996). Imdahl tat das jedoch nicht, ohne zugleich und ziemlich unermüdlich *sagen*, be*sprechen* und be*schreiben* zu wollen, was denn auf diesem oder jenem Bild (vor allem der abstrakten modernen Malerei) zu sehen sei. Sein *sehendes Sehen* ist ohne den unaufhörlichen, paradoxen Versuch der Artikulation des Nichtsagbaren kaum denkbar. Wie heutzutage etwa Gottfried Boehm plädiert er emphatisch für die (seines Erachtens geradezu von allgemeiner Evidenz geadelte) Auffassung, dass sich im Medium der sehenden Wahrnehmung das Verstehen auf ganz andere Weise einstellt, als es die mit Sprache befasste Hermeneutik zu denken erlaubt. Sehen und Zu-sehen-Geben: das seien eben ganz eigene Weisen, sich ins Verhältnis zur Welt zu setzen (und sich dabei als ein sinnliches Selbst zu formieren, das unentwegt mit der Bildung aisthetischer Erfahrung und sinnlicher Erkenntnis beschäftigt sei, oft auf der Grundlage bildlicher Widerfahrnisse und körpernaher Erlebnisse, einer sozialen Praxis *in* Bildern mithin). Bilder machen Sinn und schaffen Bedeutungen auf eigene Weise, und just dies hat eine nicht logozentrisch eingehegte, sprach- und textfixierte Sozialwissenschaft zur Kenntnis zu nehmen. Und sie hat entsprechende Konsequenzen daraus zu ziehen.

Neben wenigen anderen macht das Aglaja Przyborski im Feld der qualitativen empirischen Sozialforschung auf besonders eindrucksvolle Weise. Kommunikation in Bildern, mithin das (alltagsweltliche und wissenschaftliche) Verstehen von Bildern und Bildpraktiken folgt einer Eigenlogik. Diese theoretische Prämisse hat für die Sozialwissenschaften erhebliche methodologische und methodische Konsequenzen. Diese präzise auszubuchstabieren und in der Forschungspraxis sorgfältig umzusetzen, sodass die geneigte Leserschaft jeden eigens entwickelten methodischen Schritt sowie die gesamte Anlage des innovativen Forschungsdesigns gut nachvollziehen und selbst bedenken kann, das ist vielleicht das größte Verdienst dieser insgesamt überaus lehrreichen, anregenden Monografie. Es versteht sich von selbst, dass es im Buch einer praxeologischen „Stoffdenkerin" nicht ausschließlich um theoretische, methodologische und methodische Fortschritte geht. Alles, was diesbezüglich vorgestellt wurde, ist ja in empirischen Projekten entwickelt und erprobt worden. Das heißt: Die an einer ausgefeilten, praxeologisch begründeten dokumentarischen Methode zur Analyse von Bildern interessierte Leserschaft verlässt die Arena nun, am Ende, mit einer Fülle empirischer Befunde.

Die Resultate beziehen sich auf Geschlechternormen, auf die Körperpraxis und Hexis bestimmter (junger) Menschen, auf die korporierte Seite ihres jeweiligen Habitus bzw. ihrer Geschlechtsidentitäten, auf deren prekären Status oder beobachtbaren Wandel in bestimmten Entwicklungsphasen usw. Konkret geht es um (noch) „mädchenhafte Mädchen", um coole Formen „reflektierter Männlichkeit" (wie in *Pulp Fiction* ins Bild gesetzt), um „supernormale Männer", die sich und ihresgleichen als „unaufgeregte Grenzgänger" sehen (und wiederum auf den bereitgestellten Fotos als solche zeigen), oder aber um eine starke Frau, die (als auch mit Mode befasste Grafikdesignerin) ostentative Inszenierungen von Weiblichkeit und Sexyness durchaus mag, ohne sich jedoch dem objektivierenden Blick sexistischer Interaktionspartner zu unterwerfen. Dass die einzelnen Befunde im Rahmen systematischer Fallvergleiche typisiert und für die Entwicklung von theoretischen Modellen und Typologien (etwa zum Verhältnis von Habitus und Norm) genutzt werden, versteht sich wiederum von selbst. Gerade die am Ende platzierten Überlegungen zu den Themen „Gender", „Schönheit", „Mode", „Politik" verdeutlichen noch einmal, dass Przyborski wohl auf kein letztes Wort hinauswollte, sondern manches gerade erst beginnen lässt und anstößt.

Wie so vieles in der von stetiger Methodenentwicklung abhängigen Sozialforschung ist auch das vorliegende Buch Zeugnis eines *work in progress*. Gut und schön, so darf ein Nachwort in diesem Fall wohl schließen, dass es dabei nun nicht mehr nur um Worte, sondern auch um Bilder, um ihr längst unüberschaubares Vorkommen und ihre mannigfaltigen Bedeutungen in unserer Praxis geht.

Jürgen Straub

Transkriptionssystem

Zum Transkriptionssystem „TiQ" (Talk in Qualitative Research), das in dieser Arbeit verwendet und von der Autorin mitentwickelt wurde, finden sich ausführliche Erläuterungen in Przyborski und Wohlrab-Sahr (2014) sowie Bohnsack (2014). Hier erfolgt lediglich eine Zeichenerklärung:

⌊	Das ‚Häkchen' markiert den Beginn einer Überlappung bzw. den direkten Anschluss beim Sprecherwechsel.
(.)	kurzes Absetzen, Zeiteinheiten bis knapp unter einer Sekunde
(3)	Anzahl der Sekunden, die eine Pause dauert. Ab einer Pause von vier Sekunden erfolgt die Notation in einer Extrazeile. Auf diese Weise wird beim Lesen des Transkripts das Schweigen allen an der Interaktion Beteiligten zugeordnet (dem Interviewer und den Interviewten gleichermaßen oder etwa der ganzen Gesprächsgruppe), was bei längeren Pausen meist dem Eindruck des Gehörten entspricht. Ein technischer Vorteil liegt darin, dass Verschiebungen durch Korrekturen nur bis zu diesen Pausen Veränderungen bei den Häkchen nach sich ziehen.
nein	Betonung
Nein	laut in Relation zur üblichen Lautstärke des Sprechers/der Sprecherin
°nee°	sehr leise in Relation zur üblichen Lautstärke des Sprechers/der Sprecherin
.	stark sinkende Intonation
;	schwach sinkende Intonation
?	deutliche Frageintonation
,	schwach steigende Intonation
brau-	Abbruch eines Wortes. So wird deutlich, dass man hier nicht einfach etwas vergessen hat.
oh=nee	zwei oder mehr Worte, die wie eines gesprochen werden (Wortverschleifung)
nei:n ja:::	Dehnung von Lauten. Die Häufigkeit der Doppelpunkte entspricht der Länge der Dehnung.
(doch)	Unsicherheit bei der Transkription und schwer verständliche Äußerungen
( )	unverständliche Äußerungen. Die Länge der Klammer entspricht etwa der Dauer der unverständlichen Äußerungen.
((hustet))	Kommentar bzw. Anmerkungen zu parasprachlichen, nichtverbalen oder gesprächsexternen Ereignissen. Soweit das möglich ist,

	entspricht die Länge der Klammer etwa der Dauer des lautlichen Phänomens.
`@nein@`	lachend gesprochene Äußerungen
`@(.)@`	kurzes Auflachen
`@(3)@`	längeres Lachen mit Anzahl der Sekunden in Klammern
`//mhm//`	Hörersignale; „mhm" der Interviewerin werden ohne ‚Häkchen' im Text des Interviewten notiert, vor allem, wenn sie in einer minimalen Pause, die ein derartiges Hörerinnensignal geradezu erfordert, erfolgen.

Groß- und Kleinschreibung

Nach Satzzeichen wird klein weitergeschrieben, um deutlich zu machen, dass Satzzeichen die Intonation anzeigen und nicht grammatikalisch gesetzt werden. Nomen werden großgeschrieben. Beim Neuansetzen eines Sprechers oder einer Sprecherin, d. h. unmittelbar nach dem ‚Häkchen', wird das erste Wort mit Großbuchstaben begonnen.

Maskierung

Allen Personen, die an einer Erhebung teilnehmen, wird (zumindest) ein Buchstabe zugewiesen. Um deutlich zu machen, dass es sich dabei um Maskierungen handelt, wird alphabetisch, mit „A" beginnend, vorgegangen. Diesem Buchstaben wird je nach Geschlecht ein „f" (für feminin) oder ein „m" (für maskulin) hinzugefügt. Dieser Buchstabe bleibt bei allen Erhebungen (Beobachtungsprotokollen, weiteren Gruppendiskussionen) bestehen, an denen die Person beteiligt ist. Die Zuteilung von erdachten Namen, beginnend mit den zugeordneten Buchstaben, erleichtert die Lesbarkeit von Interpretationen, Fall- und Ergebnisdarstellungen und wird in diesen verwendet. Kann eine Äußerung keinem/keiner Gesprächsteilnehmer/-in eindeutig zugeordnet werden, wird dies mit einem Fragezeichen (?) anstelle des Buchstabens notiert. Wenn das Geschlecht zuordenbar ist, kann dem Fragezeichen der entsprechende Buchstabe für das Geschlecht folgen (?m oder ?f). Die Interviewer/-innen erhalten die Maskierung Y1 und Y2 etc. Namen, die von Teilnehmer/-innen genannt werden, werden durch erdachte Namen ersetzt. Bei allen Namen wird versucht, den kulturellen Kontext, aus dem ein Name stammt, beizubehalten, beispielsweise kann Mehmet zu Kamil oder Nadine zu Juliette werden.

Ortsangaben und Jahreszahlen werden ebenfalls maskiert, es sei denn, dass der historische Sachbezug eine genaue Orts- oder Zeitangabe erfordert.

Abbildungsverzeichnis

Abb. 1.1:	Jacob von Ruisdael, Die Mühle von Wijk (um 1670) —— 19
Abb. 1.2:	Codex Egberti, Der Hauptmann von Kapernaum —— 20
Abb. 1.3:	Montage (Verschiebung der Figur Christi in die Mitte) —— 20
Abb. 1.4:	Montage (Verschiebung der Figur Christi nach links) —— 21
Abb. 2.1:	Claude Monet, Le jardin de l'artiste à Giverny (1900) —— 46
Abb. 2.2:	Joseph-Marie Vien, Der Heilige Dionysius predigt in Frankreich (1767), mit Einzeichnung der von Diderot beschriebenen Kompositionslinie durch Rosenberg —— 49
Abb. 2.3:	Norbert Kricke, Zeichnung 76/30 und Raumplastik 1975/K VI —— 50
Abb. 2.4:	Giotto, Gefangennahme Christi (um 1305), einmal ohne und einmal mit Feldlinie —— 52
Abb. 2.5:	Max Imdahl, Schemazeichnung zu Giottos Kreuztragung —— 54
Abb. 2.6:	Rechenschieber —— 56
Abb. 4.1:	Aufschichtung von Erfahrungsräumen —— 89
Abb. 5.1:	Medienangebote als Dokumente —— 133
Abb. 5.2:	Praxis in und mit Medien —— 136
Abb. 6.1:	Erhebung im Überblick —— 150
Abb. 6.2:	Sinn- und Interpretationsebenen des Bildes —— 154
Abb. 7.1:	Werbeplakat „Pulp Fiction" —— 163
Abb. 7.2:	Gene Kelly und Fred Astaire in „That's Entertainment!" (1974) —— 164
Abb. 7.3:	Jason Statham aus „Killer Elite" (2011) —— 165
Abb. 7.4:	Werbeplakat „Pulp Fiction"; planimetrische Komposition – Pistolenlauf —— 167
Abb. 7.5:	Werbeplakat „Pulp Fiction"; planimetrische Komposition – 3×3-Feldschema —— 167
Abb. 7.6:	Werbeplakat „Pulp Fiction"; Mittelpunkt und Mittellinien —— 169
Abb. 7.7:	Louis-Vuitton-Werbung 2013 —— 170
Abb. 7.8:	„Pulp Fiction", privates Bild —— 172
Abb. 7.9:	„Pulp Fiction", privates Bild; planimetrische Komposition —— 173
Abb. 7.10:	Überblendung: Werbeplakat „Pulp Fiction" und privates Bild —— 174
Abb. 7.11–14:	Unterschiedliche Reproduktionen des „Pulp-Fiction"-Plakats —— 175
Abb. 8.1 und 8.2:	Plakate im Straßenbild —— 189
Abb. 8.3:	„H&M-Bademode", kommerzielles Bild —— 190
Abb. 8.4 und 8.5:	Tiefere Horizontlinie (li., Marilyn Monroe) und keine Horizontlinie (re., Halle Berry) —— 194
Abb. 8.6:	„H&M-Bademode"; planimetrische Komposition —— 195
Abb. 8.7:	„H&M-Bademode"; Bildmittelsenkrechte, Goldener Schnitt —— 196
Abb. 8.8:	„H&M-Bademode"; Bildmittelsenkrechte, Goldener Schnitt und planimetrische Komposition —— 196
Abb. 8.9 und 8.10:	„H&M-Bademode"; szenische Choreografie 1: Original (li.) und Verschiebung (re.) —— 197
Abb. 8.11 und 8.12:	„H&M-Bademode"; szenische Choreografie 2: Original (li.) und Verschiebung (re.) —— 197
Abb. 8.13:	Sailor Moon —— 198
Abb. 8.14 und 8.15:	„H&M-Bademode"; größerer (li.) und gewählter Bildausschnitt (re.) —— 199
Abb. 8.16:	Pferde am Strand —— 200
Abb. 8.17:	„Pool", privates Bild —— 202

Abb. 8.18:   „Pool", privates Bild; planimetrische Komposition —— 204
Abb. 8.19:   „Pool", privates Bild; Mittellinie und Goldener Schnitt —— 204
Abb. 8.20:   „Pool", privates Bild; perspektivische Projektion —— 204
Abb. 8.21:   „Pool", privates Bild; stehend am Poolrand —— 207
Abb. 8.22:   „Pool", privates Bild; Eintauchen ins Wasser 1 —— 207
Abb. 8.23:   „Pool", privates Bild; Eintauchen ins Wasser 2 —— 208
Abb. 8.24 und 8.25:   Hero und Leander (1839) von Théodore Chassériau (li.); Susanna im Bade (ca. 1634) von Rembrandt van Rijn (re.) —— 210
Abb. 9.1:   „DC Shoes – Dompierre.", kommerzielles Bild —— 224
Abb. 9.2:   Nosebluntslide —— 226
Abb. 9.3:   „DC Shoes – Dompierre.", Goldener Schnitt —— 227
Abb. 9.4:   „DC Shoes – Dompierre.", planimetrische Komposition —— 228
Abb. 9.5:   „DC Shoes – Dompierre.", planimetrische Komposition: Mittellinien und Diagonalen —— 229
Abb. 9.6:   „DC Shoes – Dompierre.", szenische Choreografie „leer" —— 230
Abb. 9.7:   „DC Shoes – Dompierre.", perspektivische Projektion —— 230
Abb. 9.8 und 9.9:   „DC Shoes – Dompierre.", Vergleich Werbung zu Vorversion des Bildes —— 231
Abb. 9.10:   „Berg", privates Bild —— 234
Abb. 9.11:   „Berg", planimetrische Komposition —— 236
Abb. 9.12:   „Berg", szenische Choreografie „leer" —— 237
Abb. 10.1:   „Tinte", „Non-Format"-Anzeige —— 251
Abb. 10.2 und 10.3:   Läuferinnen —— 252
Abb. 10.4:   „Tinte", „Non-Format"-Anzeige; planimetrische Komposition, Mittellinien, Körperachse (weiß) —— 253
Abb. 10.5 und 10.6:   Tänzerin, Pirouette (li.); Posing (re.) —— 253
Abb. 10.7 und 10.8:   Vergleich planimetrische Komposition Bild „Non-Format" und Bild „DC" —— 259
Abb. 10.9:   „Tinte", Strand —— 261
Abb. 10.10:   „Tinte", Strand; planimetrische Komposition – Mittellinien und Diagonalen —— 262
Abb. 10.11:   „Tinte", Strand; planimetrische Komposition —— 263
Abb. 11.1:   Theoretische Einordnung und Vergleichsachsen des empirischen Materials —— 272

Tabellenverzeichnis

Tab. 1.1: Vorikonografie – Ikonografie – Ikonologie: Tabelle von Panofsky —— 17
Tab. 4.1: Tabellarische Darstellung der Wissensformen in ihrem Bezug zueinander —— 112
Tab. 11.1: Konstitution von Medien durch den Alltag —— 277
Tab. 11.2: Typologie: Habitus und Norm —— 286

Transkripteverzeichnis

Transkr. 4.1:	Gruppe „Tinte", Eingangspassage, Z. 104–133	**92**
Transkr. 7.1:	„Schaum", privates Bild 15–37	**177**
Transkr. 7.2:	„Schaum", privates Bild 38–61	**178**
Transkr. 7.3:	„Schaum", Eingangspassage: 54–68	**179**
Transkr. 7.4:	„Schaum", Eingangspassage: 108–122	**180**
Transkr. 7.5:	„Schaum", Frauen 118–125	**182**
Transkr. 7.6:	„Schaum", Frauen 173–182	**183**
Transkr. 7.7:	„Schaum", Computerspiele: 76–100	**185**
Transkr. 8.1:	„Pool", Eingangspassage: 73–97	**211**
Transkr. 8.2:	„Pool", Eingangspassage: 140–150	**212**
Transkr. 8.3:	„Pool", Eingangspassage: 309–317	**213**
Transkr. 8.4:	„Pool", Eingangspassage: 318–330	**215**
Transkr. 8.5:	„Pool," Eingangspassage: 254–269	**216**
Transkr. 8.6:	„Pool", Eingangspassage privat: 107–124	**217**
Transkr. 9.1:	„Tinte", Eingangspassage: 20–29	**241**
Transkr. 9.2:	„Tinte", Eingangspassage: 78–86	**242**
Transkr. 9.3:	„Tinte", Eingangspassage: 122–134	**243**
Transkr. 9.4:	„Tinte", Eingangspassage: 158–163	**244**
Transkr. 9.5:	„Tinte", Eingangspassage: 228–242	**245**
Transkr. 9.6:	„Tinte", Bild Berg: 33–40	**246**
Transkr. 10.1:	„Tinte", Werbung: 5–30	**265**
Transkr. 10.2:	„Tinte", Werbung: 38–52	**268**

Literaturverzeichnis

Ackermann, F. (1994). Die Modellierung des Grauens. Exemplarische Interpretationen eines Werbeplakates zum Film „Schlafwandler" unter Anwendung der „objektiven Hermeneutik" und Begründung einer kultursoziologischen Bildhermeneutik. In: D. Garz & K. Kraimer (Hrsg.), *Die Welt als Text* (S. 195–225). Frankfurt a. M.: Suhrkamp.

Adelmann, R., Hesse, J., Keilbach, J., Stauff, M. & Thiele, M. (Hrsg.). (2002). *Grundlagentexte zur Fernsehwissenschaft: Theorie, Geschichte, Analyse.* Konstanz: UVK.

Alloa, E. (2013). Symbol, Sprache, Zeichen, Bild. Eine Einführung in die Kulturmedienphilosophie: Studienbrief für die Fernuniversität Hagen. Hagen: Fernuniversität Hagen.

Altmeppen, K.-D. (2012). Einseitige Tauschgeschäfte: Kriterien der Beschränkung journalistischer Autonomie durch kommerziellen Druck. In: O. Jarren, M. Künzler & M. Puppis (Hrsg.), *Medienwandel oder Medienkrise? Folgen für Medienstrukturen und ihre Erforschung* (S. 37–52). Baden-Baden: Nomos Verlagsgesellschaft.

Ambrose, G. & Harris, P. (2008). Designraster. Struktur oder Muster aus Linien, die als Gerüst für die Anordnung der Elemente eines Designs dienen. München: Stiebner Verlag.

Asbrand, B. (2005). Unsicherheit in der Globalisierung. Orientierungen von Jugendlichen in der Weltgesellschaft. *Zeitschrift für Erziehungswissenschaft , 8* (2), S. 223–239.

Aufenanger, S. & Lenssen, M. (Hrsg.). (1986). Handlung und Sinnstruktur: Bedeutung und Anwendung der objektiven Hermeneutik. München: Kindt.

Baacke, D. & Kübler, H.-D. (Hrsg.). (1990). *Qualitative Medienforschung. Konzepte und Erprobungen.* Halle: Niemeyer.

Baltruschat, A. & Hampl, S. (2013). Das Bild im Film – der Film im Bild. Zur Interpretation von Filmen nach der dokumentarischen Methode. In: P. Loos, A.-M. Nohl, A. Przyborski & B. Schäffer (Hrsg.), *Dokumentarische Methode. Grundlagen – Entwicklungen – Anwendungen* (S. 243–267). Leverkusen, Berlin, Toronto: Barbara Budrich.

Barthes, R. (1993 [1980]). *Camera Lucida.* London: Vintage Books.

Baur, N. & Blasius, J. (Hrsg.). (2014). *Handbuch der empirischen Sozialforschung.* Wiesbaden: Springer Fachmedien.

Beck, K. (2013). Kommunikationswissenschaft. 4., überarbeitete Auflage. Konstanz: UVK (UTB Basics).

Belting, H. (2001). Bild-Anthropoloie. Entwürfe für eine Bildwissenschaft. München: Wilhelm Fink.

Belting, H. (Hrsg.). (2007). Bilderfragen. Die Bildwissenschaften im Aufbruch. München: Fink.

Benetka, G. (2012). Wovon handeln wissenschaftliche Texte? Zur erkenntnistheoretischen Bedeutung von Visualisierung in der Wissenschaft. *Journal für Psychologie, 20* (3).

Bergmann, J. (2006). Qualitative Methoden der Medienforschung – Einleitung und Rahmung. In: R. Ayaß & J. Bergmann (Hrsg.), *Qualitative Methoden in der Medienforschung* (S. 13–41). Reinbek b. H.: Rowohlt.

Bernau, P., Hank, R. & von Petersdorff, W. (10.08.2014). *Zeitungen in der Krise, Medienwandel und Internet.* Abgerufen von Aktuelle Nachrichten online – FAZ.NET: http://www.faz.net/aktuell/wirtschaft/unternehmen/zeitungen-in-der-krise-medienwandel-und-internet-13089556.html (letzter Aufruf: 31.10.2016).

Beutelspacher, A. & Petri, B. (1996). *Der goldene Schnitt.* Heidelberg: Spektrum Akademischer Verlag.

Bippus, E. & Mink, D. (Hrsg.). (2007). Fashion Body Cult/Mode Körper Kult (Schriftenreihe der Hochschule für Künste Bremen, 3). Stuttgart.

Boehm, G. (Hrsg.). (1994). *Was ist ein Bild?* München: Wilhelm Fink.

Boehm, G. (Hrsg.). (1996a). Max Imdahl. Reflexion. Theorie. Methode. Gesammelte Schriften, Band 2. Frankfurt a. M.: Suhrkamp.

Boehm, G. (Hrsg.). (1996b). *Max Imdahl. Reflexion. Theorie. Methode. Gesammelte Schriften*, Band 3. Frankfurt a. M.: Suhrkamp.
Boehm, G. (2004). Jenseits der Sprache? Anmerkungen zur Logik der Bilder. In: C. Maar & H. Burda (Hrsg.), *Iconic Turn. Die neue Macht der Bilder* (S. 28–43). Köln: DuMont.
Boehm, G. (2007). *Wie Bilder Sinn erzeugen: Die Macht des Zeigens*. Berlin: Berlin Univeristy Press.
Böhme, G. (1995). *Atmosphäre. Essays zur neuen Ästhetik*. Frankfurt a. M.: Suhrkamp.
Bohnsack, R. (1989). Generation, Milieu und Geschlecht. Ergebnisse aus Gruppendiskussionen mit Jugendlichen. Opladen: Westdeutscher.
Bohnsack, R. (1998). Rekonstruktive Sozialforschung und der Grundbegriff des Orientierungsmusters. In: D. Siefkes, P. Eulenhöfer, H. Stach & K. Städtler (Hrsg.), *Sozialgeschichte der Informatik. Kulturelle Praktiken und Orientierungen* (S. 105–122). Wiesbaden: Springer Fachmedien.
Bohnsack, R. (1999). *Rekonstruktive Sozialforschung* (3. Auflage). Opladen: Barbara Budrich.
Bohnsack, R. (2001a). Dokumentarische Methode. In: T. Hug (Hrsg.), *Wie kommt Wissenschaft zu ihrem Wissen?* (S. 326–345). Baltmannsweiler: Schneider.
Bohnsack, R. (2001b). Typenbildung, Generalisierung und komparative Analyse. Grundprinzipien der dokumentarischen Methode. In: R. Bohnsack, I. Nentwig-Gesemann & A. Nohl (Hrsg.), *Die dokumentarische Methode und ihre Forschungspraxis. Grundlagen qualitativer Sozialforschung* (S. 225–252). Opaden: Leske+Budrich.
Bohnsack, R. (2001c). Die dokumentarische Methode in der Bild- und Fotointerpretation. In: R. Bohnsack, I. Nentwig-Gesemann & A.-M. Nohl (Hrsg.), *Die dokumentarische Methode und ihre Forschungspraxis. Grundlagen qualitativer Sozialforschung* (S. 67–89). Opaden: Leske+Budrich.
Bohnsack, R. (2003). Die dokumentarische Methode in der Bild und Fotointerpretation. In: Y. Ehrenspeck & B. Schäffer (Hrsg.), *Film- und Fotoanalyse in der Erziehungswissenschaft. Ein Handbuch* (S. 73–120). Opladen: Leske+Budrich.
Bohnsack, R. (2005). Standards nicht-standardisierter Forschung in den Erziehungs- und Sozialwissenschaften. *Zeitschrift für Erziehungswissenschaft, 8* (Beiheft 4), S. 63–81.
Bohnsack, R. (2006). Performativität, Performanz und Dokumentarische Methode. In: C. Wulf & J. Zirfas (Hrsg.), *Pädagogik des Performativen. Theorien. Methoden, Perspektiven* (S. 200–212). Weinheim, Basel: Beltz.
Bohnsack, R. (2007). Dokumentarische Methode. In: R. Buber & H. Holzmüller (Hrsg.), *Qualitative Marktforschung: Konzepte – Methoden – Analysen* (S. 319–330). Wiesbaden: Gabler.
Bohnsack, R. (2009). Qualitative Bild- und Videointerpretation. Die dokumentarische Methode. Opladen: Verlag Barbara Budrich.
Bohnsack, R. (2011). Qualitative Bild- und Videointerpretation. Einführung in die dokumentarische Methode. 2. Auflage. Opladen, Farmington Hills: Barbara Budrich/UTB.
Bohnsack, R. (2012). Orientierungsschemata, Orientierungsrahmen und Habitus. Elementare Kategorien der Dokumentarischen Methode mit Beispielen aus der Bildungsmilieuforschung. In: K. Schittenhelm (Hrsg.), *Qualitative Bildungs- und Arbeitsmarktforschung. Grundlagen, Perspektiven, Methoden* (S. 119–154). Wiesbaden: Springer VS Verlag für Sozialwissenschaften.
Bohnsack, R. (2013). Dokumentarische Methode und die Logik der Praxis. In: A. Lenger, C. Schneickert & F. Schumacher (Hrsg.), *Pierre Bourdieus Konzeption des Habitus. Grundlagen, Zugänge, Forschungsperspektive* (S. 175–200). Wiesbaden: VS Verlag für Sozialwissenschaften.
Bohnsack, R. (2014a). *Rekonstruktive Sozialforschung. 9. Auflage*. Opladen & Toronto: Verlag Barbara Burdrich.
Bohnsack, R. (2014b). Habitus, Norm und Identität. *Schülerhabitus, Studien zur Schul- und Bildungsforschung, 50*, S. 33–55.

Bohnsack, R. (2015). *Körperpraxis und Körperimagination in der Fotointerpretation*. Berlin: unveröffentlichtes Manuskript.
Bohnsack, R. (2017). *Praxeologische Wissenssoziologie*. Opladen: Verlag Barbara Budrich.
Bohnsack, R. & Geimer, A. (2015). Filminterpretation als Produktananalyse in Relation zur Rezeptionsanalyse. In: R. Bohnsack, B. Fritzsche & M. Wagner-Willi (Hrsg.), *Dokumentarische Video- und Filminterpretation. Methodologie und Forschungspraxis, Band 3, 2. Auflage* (S. 295–318). Opladen, Berlin, Toronto: Barbara Budrich.
Bohnsack, R. & Przyborski, A. (2006). Diskursorganisation, Gesprächsanalyse und die Methode der Gruppendiskussion. In: R. Bohnsack, A. Przyborski & B. Schäffer (Hrsg.), *Das Gruppendiskussionsverfahren in der Forschungspraxis* (S. 233–248). Opladen: Barbara Budrich.
Bohnsack, R. & Przyborski, A. (2012). Zur Vermögenskultur von Familienunternehmen und ihren generations- und milieutypischen Differenzierungen. In: T. Druyen (Hrsg.) *Verantwortung und Bewährung. Eine vermögenskulturelle Studie*. Wiesbaden: Springer VS, S. 1–12.1.
Bohnsack, R. & Przyborski, A. (2015). Pose, Livestyle und Habitus in der Ikonik. In: R. Bohnsack, B. Michel & A. Przyborski (Hrsg.), *Dokumentarische Bildinterpretation*. Opladen: Barbara Budrich.
Bohnsack, R. & Schäffer Burkhard. (2002). Generation als konjunktiver Erfahrungsraum. Eine empirische Analyse generationsspezifischer Medienpraxiskulturen. In: G. Burkart & J. Wolf (Hrsg.), *Lebenszeiten. Erkundungen zur Soziologie der Generationen (Martin Kohli zum 60. Geburtstag)* (S. 249–273). Opladen: Leske+Budrich.
Bohnsack, R., Fritzsche, B. & Wagner-Willi, M. (Hrsg.). (2015). *Dokumentarische Video- und Filminterpretation. Methodologie und Forschungspraxis, Band 3. 2. Auflage*. Opladen, Berlin, Toronto: Barbara Budrich.
Bohnsack, R., Loos, P., Schäffer, B., Städtler, K. & Wild, B. (1995). *Die Suche nach Gemeinsamkeit und die Gewalt der Gruppe. Hooligans, Musikgruppen und andere Jugendcliquen*. Opladen: Leske+Budrich.
Bohnsack, R., Michel, B. & Przyborski A. (2015b). Dokumentarische Bildinterpretation. In: R. Bohnsack, B. Michel & A. Przyborski (Hrsg.), *Dokumentarische Bildinterpretation. Methodologie und Forschungspraxis, Band 4* (S. 11–36). Opladen: Barbara Budrich.
Bohnsack, R., Michel, B. & Przyborski, A. (Hrsg.). (2015). *Dokumentarische Bildinterpretation. Methodologie und Forschungspraxis, Band 4*. Opladen: Barbara Budrich.
Bohnsack, R., Nentwig-Gesemann, I. & Nohl, A.-M. (Hrsg.). (2001). *Die Dokumentarische Methode und ihre Forschungspraxis. Grundlagen qualitativer Sozialforschung*. Wiesbaden: VS Verlag für Sozialwissenschaften.
Bohnsack, R., Przyborski, A. & Schäffer, B. (Hrsg.). (2006). *Das Gruppendiskussionsverfahren in der Forschungspraxis*. Opladen: Barbara Budrich.
Bohnsack, R., Przyborski, A. & Schäffer, B. (Hrsg.). (2010). *Das Gruppendiskussionsverfahren in der Forschungspraxis*. Opladen: Barbara Budrich.
Bourdieu, P. (1976). Entwurf einer Theorie der Praxis. Frankfurt a. M.: Suhrkamp.
Bourdieu, P. (1982). Die feinen Unterschiede. Kritik der gesellschaftlichen Urteilskraft. Frankfurt a. M.: Suhrkamp.
Bourdieu, P. (1993). Sozialer Sinn. Kritik der theoretischen Vernunft. Frankfurt a. M.: Suhrkamp.
Bourdieu, P. (2010 [1965]). Eine illegitime Kunst. Einleitung. In: B. Stiegler (Hrsg.), *Texte zur Theorie der Fotografie* (S. 270–276). Stuttgart: Reclam.
Brandl-Risi, B., Brandstetter, G. & Diekmann, S. (Hrsg.). (2012). *Hold it! Zur Pose zwischen Bild und Performance*. Berlin: Verlag Theater der Zeit.
Breckner, R. (2003). Körper im Bild. Eine methodische Analyse am Beispiel einer Fotografie von Helmut Newton. *Zeitschrift für qualitative Bildungs-, Beratungs- und Sozialforschung (ZBBS)*, 1/2003, S. 33–60.
Breckner, R. (2010). *Sozialtheorie des Bildes. Zur interpretativen Analyse von Bildern und Fotografien*. Bielefeld: transcript.

Breckner, R. (2012). Bildwahrnehmung – Bildinterpretation. Segmentanalyse als methodischer Zugang zur Erschließung bildlichen Sinns. *Österreichische Zeitschrift für Soziologie (ÖZS),2* (12), S. 143–466.
Breckner, R. (2014). Offenheit – Kontingenz – Grenze? Interpretation einer Porträtfotografie. In: M. Müller, J Raab & H. Soeffner (Hrsg.), *Grenzen der Bildinterpretation* (S. 123–153). Wiesbaden: Springer VS.
Bredekamp, H. (2004). Drehmomente. Merkmale und Ansprüche des iconic turn. In: C. Maar & H. Burda (Hrsg.), *Iconic turn. Die neue Macht der Bilder* (S. 15–26). Köln: DuMont.
Bredekamp, H. (2015). Der Bildakt. Frankfurter Adorno Vorlesungen 2007, Neufassung 2015. Berlin: Wagenbach.
Brinker, K. & Sager, S. (2010). Linguistische Gesprächsanalyse. Eine Einführung. 5., neu bearbeitete Auflage. Berlin: Erich Schmidt Verlag.
Brosius, H.-B., Koschel, F. & Haas, A. (2012). Methoden der empirischen Kommunikationsforschung. Eine Einführung. 4., überarbeitete und erweiterte Auflage. Wiesbaden: Verlag für Sozialwissenschaften.
Buber, R. & Holzmüller, H. (Hrsg.). (2007). *Qualitative Marktforschung: Konzepte – Methoden – Analysen.* Wiesbaden: Gabler.
Burkart, G. & Wolf, J. (Hrsg.). (2002). Lebenszeiten. Erkundungen zur Soziologie der Generationen (Martin Kohli zum 60. Geburtstag). Opladen: Leske+Budrich.
Burri, R. V. (2008a). Doing Images. Zur Praxis medizinischer Bilder. Bielefeld: transcript.
Burri, R. V. (2008b). Bilder als soziale Praxis: Grundlegungen einer Soziologie des Visuellen. *Zeitschrift für Soziologie, 37* (4), S. 342–358.
Burri, R. V. (2009). Aktuelle Perspektiven soziologischer Bildforschung. Zum Visual Turn in der Soziologie. *Soziologie, 38* (1), S. 24–39.
Bußmann, H. (2002). Lexikon der Sprachwissenschaft. 3., aktualisierte und erweiterte Auflage. Stuttgart: Alfred Kröner Verlag.
Cappai, G., Shimada, S. & Straub, J. (Hrsg.). (2010). *Interpretative Sozialforschung.* Bielefeld: transcript.
Cicourel, A. V. (1968). *The Social Organization of Juvenile Justice.* London, New York, Sydney.
Collins, H. (2010). *Tacit and Explicit Knowledge.* Chicago: University of Chicago Press.
Connell, R. (2005 [1995]). *Masculinities* (2. Auflage). Cambridge: Polity Press.
Corbin, A. (1984). *Pesthauch und Blütenduft.* Berlin: Verlag Klaus Wagenbach.
Corliss, R. (2010.01.15). *Pulp Fiction/Best Movies of All Time/TIME.com.* Abgerufen von TIME – Current & Breaking News: http://entertainment.time.com/2005/02/12/all-time-100-movies/slide/pulp-fiction-1994-2/ (letzter Aufruf: 31.10.2016).
Dax, P. (03.10.2014). *Musik-Streaming funktioniert finanziell nicht.* Abgerufen von futurezone. technology news: http://futurezone.at/b2b/musik-streaming-funktioniert-finanziell-nicht/89.079.329 (letzter Aufruf: 31.10.2016).
Diderot, D. (1995). Salons III et IV, Ruines et paysages, et Héros et martyrs. Textes établis et présentés par Else Marie Bukdahl, Michel Delon, Annette Lorenceau, Dider Kahn et Gita May. Paris: Hermann.
Dörner, O. (2013). Orte des Bildes. Überlegungen zur Typologie und Ikonotopie dokumentarischer Bildinterpretation. In: P. Loos, A. Nohl, A. Przyborski & B. Schäffer (Hrsg.), *Dokumentarische Methode.* Opladen: Barbara Budrich.
Dovifat, E. (1968). Handbuch der Publizistik. Band 1: Allgemeine Publizistik. Berlin: de Gruyter.
Dux, G. & Luckmann, T. (Hrsg.). (1976). *Internationales Jahrbuch für Wissens- und Religionssoziologie. Band 10.* (Bd. 10). Opladen: Westdeutscher Verlag.
Ebersbach, A., Glaser, M. & Heigl, R. (2010). *Social Web.* Konstanz: UVK.
Ehrenspeck, Y. & Schäffer, B. (Hrsg.). (2003). *Film- und Fotoanalyse in der Erziehungswissenschaft. Ein Handbuch.* Opladen: Leske+Budrich.

Eibel-Eibesfeldt, I. (1997). *Die Biologie des menschlichen Verhaltens: Grundriß der Humanethnologie*. München: Piper.
Engell, L. & Siegert, B. (2013). Editorial. *Zeitschrift für Medien- und Kulturforschung, 4* (1), S. 5–10.
Englisch, F. (1991). Bildanalyse in strukturalhermeneutischer Einstellung. Methodische Überlegungen und Analysebeispiele. In: D. Garz & K. Kraimer (Hrsg.), *Qualitativ-empirische Sozialforschung. Konzepte, Methode, Analysen* (S. 133–176). Opladen: Westdeutscher.
Esposito, E. (2004). *Die Verbindlichkeit des Vorübergehenden: Paradoxien der Mode*. Frankfurt a. M.: Suhrkamp.
Esposito, E. (2007). The Imitation of Originality in Fashion/Die Imitation der Originalität in der Mode. In: E. Bippus & D. Mink (Hrsg.), *Fashion Body Cult/Mode Körper Kult (Schriftenreihe der Hochschule für Künste Bremen, 3)* (S. 200–207). Stuttgart.
Fleing, E. (23.08.2012). *Trends in der Werbung: Interaktive Werbung, Geruchs-Marketing, Gesichtserkennung*. Abgerufen von deutsche-startups.de: http://www.deutsche-startups.de/2012/08/23/trends-in-der-werbung-2/ (letzter Aufruf: 31.10.2016).
Flusser, V. (2000 [1983]). *Für eine Philosophie der Fotografie*. Göttingen.
FORMAT.at. (07.02.2013). *Das große Sterben der Druckereien*. Abgerufen von FORMAT.at: http://www.format.at/finanzen/bonitaet/das-sterben-druckereien-351993 (letzter Aufruf: 31.10.2016).
Forschungsstelle Politische Ikonografie (Hrsg.). (1993). *Bildindex zur politischen Ikonographie*. Hamburg.
Friebertshäuser, B., von Felden, H. & Schäffer, B. (Hrsg.). (2007). *Bild und Text. Methoden und Methodologien visueller Sozialforschung in der Erziehungswissenschaft*. Opladen, Farmington Hills: Barbara Budrich.
Fritzsche, B. & Wagner-Willi, M. (2015). Dokumentarische Interpretation von Unterrichtsvideografien. In: R. Bohnsack, B. Fritzsche & M. Wagner-Willi (Hrsg.), *Dokumentarische Video- und Filminterpretation. Methodologie und Forschungspraxis. Band 3, 2. Auflage* (S. 131–152). Opladen, Berlin, Toronto: Barbara Budrich.
Fröhlich, G. (1999). Habitus und Hexis. Die Einverleibung der Praxisstrukturen bei Pierre Bourdieu. In: H. Schwengel & B. Höpken (Hrsg.), *Grenzenlose Gesellschaft?* (Bd. II Teil 2, S. 100–102). Pfaffenweiler: Centaurus.
Fuhse, J. & Stegbauer, C. (Hrsg.). (2011). *Kultur und mediale Kommunikation in sozialen Netzwerken*. Wiesbaden: VS Verlag für Sozialwissenschaften.
Garfinkel, H. (1976). Bedingungen für den Erfolg von Degradierungszeremonien. In: K. Lüderssen & F. Sack (Hrsg.), *Seminar Abweichendes Verhalten III – Zur gesellschaftlichen Reaktion auf Kriminalität* (S. 31–40).
Garfinkel, H. (2004 [1967]). *Studies in Ethnomethodology*. Cambridge: Polity Press.
Garz, D. & Kaimer, K. (1994). Die Welt als Text. Zum Projekt einer hermeneutisch-rekonstruktiven Sozialwissenschaft. In: D. Garz & K. Kaimer (Hrsg.), *Die Welt als Text* (S. 7–22). Frankfurt a. M.: Suhrkamp.
Garz, D. & Kraimer, K. (Hrsg.). (1991). *Qualitativ-empirische Sozialforschung. Konzepte, Methode, Analysen*. Opladen: Westdeutscher Verlag.
Garz, D. & Kraimer, K. (Hrsg.). (1994a). *Die Welt als Text. Theorie, Kritik und Praxis der objektiven Hermeneutik*. Frankfurt a. M.: Suhrkamp.
Gehlen, A. (1956). *Die Seele im technischen Zeitalter. Sozialpsychologische Probleme in der industriellen Gesellschaft*. Reinbek: Rowohlt.
Geimer, A. (2010). *Filmrezeption und Filmaneignung. Eine qualitativ-rekonstruktive Studie über Praktiken der Rezeption bei Jugendlichen*. Wiesbaden: VS.
Goertz, L. (1995). Wie interaktiv sind Medien? Auf dem Weg zu einer Definition von Interaktivität. *Rundfunk und Fernsehen, 43* (4), S. 477–493.
Goffman, E. (1963). *Stigma. Notes on the management of spoiled identity*. Englewood Cliffs, N.J.: Prentice-Hall.

Goffman, E. (1974). *Frame Analysis. An Essay on the Organization of Experience.* Boston: Northeastern University Press.
Goffman, E. (1977). The Arrangement between the Sexes. Theory and Society 4/3: 301–331.
Goffman, E. (1981 [1976]). *Geschlecht und Werbung.* Frankfurt a. M.: Suhrkamp.
Goffman, E. (1981). *Forms of Talk.* Oxford: Blackwell.
Goffman, E. (1983). Interaktion: Spaß am Spiel/Rollendistanz. München: Piper.
Goffman, E. (1994). *Interaktion und Geschlecht.* (H. Knoblauch, Hrsg.) Frankfurt a. M.: Campus.
Göpfert, H., Meyer, R., Muth, L. & Rüegg, W. (Hrsg.). (1975). Lesen und Leben. Eine Publikation des Börsenvereins des Deutschen Buchhandels in Frankfurt am Main zum 150. Jahrestag der Gründung des Börsenvereins der Deutschen Buchhändler am 30. April 1825 in Leipzig. Frankfurt a. M.: Buchhändler-Vereinigung GmbH.
Grimm, J. (1999). Fernsehgewalt. Zuwendungsattraktivität – Erregungsverläufe – sozialer Effekt. Zur Begründung und praktischen Anwendung eines kognitiv-physiologischen Ansatzes der Medienrezeptionsforschung am Beispiel von Gewaltdarstellungen. Opladen, Wiesbaden: Westdeutscher Verlag.
Gugutzer, R. (Hrsg.). (2006). *Body Turn. Perspektiven der Soziologie des Körpers und des Sports.* Bielefeld: transcript.
Haarmann, H. (2005). *Schwarz: eine kleine Kulturgeschichte.* Frankfurt a. M.: Peter Lang.
Habermas, J. (1962). Strukturwandel der Öffentlichkeit. Untersuchungen zu einer Kategorie der bürgerlichen Gesellschaft (Habilitationsschrift). Luchterhand, Neuwied.
Habermas, J. (1973a). Notizen zum Begriff der Rollenkompetenz. In: J. Habermas, *Kultur und Kritik* (S. 195–231). Frankfurt a. M.: Suhrkamp.
Habermas, J. (Hrsg.). (1973). *Kultur und Kritik.* Frankfurt a. M.: Suhrkamp.
Habermas, J. (1981). *Theorie des kommunikativen Handelns* (Bd. 1). Frankfurt a. M.: Suhrkamp.
Habermas, J. (1990). Strukturwandel der Öffentlichkeit. Untersuchungen zu einer Kategorie der bürgerlichen Gesellschaft. Frankfurt a. M.: Suhrkamp.
Hall, S. (2002 [1973]). Kodieren und Dekodieren. In: R. Adelmann, J. O. Hesse, M. Stauff & M. Thiele (Hrsg.), *Grundlagentexte zur Fernsehwissenschaft: Theorie, Geschichte, Analyse* (S. 105–124). Konstanz: UVK.
Hall, S. (2004 [1973]). Encoding/decoding. In: S. Hall, D. Hobson, A. Lowe & P. Willis (Hrsg.), *Culture, Media, Language* (S. 128–139). London: Taylor & Francis.
Hall, S., Hobson, D., Lowe, A. & Willis, P. (Hrsg.). (2004 [1973]). *Culture, Media, Language.* London: Taylor & Francis.
Haller, G. (2014). Der historische Moment – eine journalistische Recherche. In: *Das politische Bild. Situation Room: Ein Foto – vier Analysen. Band 6* (S. 11–64). Opladen: Barbara Budrich.
Hampl, S. (2015a). Zur Videointerpretation von Fernsehshows und Musikvideos: Neue Perspektiven der Dokumentarischen Methode (Sozialwissenschaftliche Ikonologie: Qualitative Bild- und Videointerpretationen). Leverkusen, Berlin, Toronto: Verlag Barbara Budrich.
Hampl, S. (2015b). Zur Rekonstruktion von Montage und Farbkontrasten im Video am Beispiel der dokumentarischen Interpretation von Musikvideos. In: R. Bohnsack, B. Fritzsche & M. Wagner-Willi (Hrsg.), *Dokumentarische Video- und Filminterpretation. Methodologie und Forschungspraxis. Band 3, 2. Auflage* (S. 351–388). Opladen, Berlin Toronto: Barbara Budrich.
Hartmann, M. & Wimmer, J. (Hrsg.). (2011). *Digitale Medientechnologien. Vergangenheit – Gegenwart – Zukunft.* Wiesbaden: VS Verlag für Sozialwissenschaften.
Hartmann, M., Berker, T., Punie, Y. & Ward, K. (Hrsg.). (2006). *Domestication of Media and Technology.* London: Open UP.
Haupert, B. (1994). Objektiv-Hermeneutische Fotoanalyse am Beispiel von Soldatenfotos aus dem zweiten Weltkrieg. In: D. Garz & K. Kraimer (Hrsg.), *Die Welt als Text* (S. 281–314). Frankfurt a. M.: Suhrkamp.
Hegel, G. (2013 [1812–1816]). *Wissenschaft der Logik.* Frankfurt a. M.: Suhrkamp Verlag.

Heidegger, M. (1975 [1950]). *Holzwege*. Frankfurt: Klostermann.
Heidegger, M. (1989). *Sein und Zeit*. Halle: Max Niemeyer Verlag.
Heidelberger Akademie der Wissenschaften. (Hrsg.). (2011). *Jahrbuch der Heidelberger Akademie der Wissenschaften für 2010*. Heidelberg: Universitätsverlag Winter.
Heider, F. (2005 [1926]). *Ding und Medium*. Berlin: Kulturverlag Kadmos.
Helfrich, H. (2013). *Kulturvergleichende Psychologie*. Wiesbaden: Springer VS.
Hensel, T. (2011). Wie aus der Kunstgeschichte eine Bildwissenschaft wurde. Aby Warburgs Graphien. Berlin: Akademie.
Hepp, A. (2008). Medienkommunikation und deterritoriale Vergemeinschaftung. Medienwandel und die Posttraditionalisierung von translokalen Vergemeinschaftungen. In: R. Hitzler, A. Honer & M. Pfadenhauer (Hrsg.), *Posttraditionale Gemeinschaften. Theoretische und ethnografische Erkundungen* (S. 132–150). Wiesbaden: VS Verlag für Sozialwissenschaften.
Hepp, A. (2010). Medienkultur kritisch erforschen: Cultural Studies und Medienanalyse. In: M. Wohlrab-Sahr (Hrsg.), *Kultursoziologie. Paradigmen – Methoden – Fragestellungen* (S. 227–249). Wiesbaden: VS Verlag für Sozialwissenschaften.
Hepp, A. (2011a). Kommunikationsnetzwerke und kulturelle Verdichtungen: Theoretische und methodologische Überlegungen. In: J. Fuhse & C. Stegbauer (Hrsg.), *Kultur und mediale Kommunikation in sozialen Netzwerken* (S. 13–29). Wiesbaden: VS Verlag für Sozialwissenschaften.
Hepp, A. (2011b). Netzwerke, Kultur und Medientechnologie: Möglichkeiten einer kontextualisierten Netzkulturforschung. In: M. Hartmann & J. Wimmer (Hrsg.), *Digitale Medientechnologien. Vergangenheit – Gegenwart – Zukunft* (S. 53–74). Wiesbaden: VS Verlag für Sozialwissenschaften.
Hepp, A. (2013). *Medienkultur. Die Kultur mediatisierter Welten*. Wiesbaden: VS Verlag für Sozialwissenschaften.
Hepp, A. & Winter, R. (Hrsg.). (1997). *Kultur – Medien – Macht*. Wiesbaden: VS Verlag für Sozialwissenschaften.
Hepp, A., Krotz, F. & Thomas, T. (Hrsg.). (2009). *Schlüsselwerke der Cultural Studies*. Wiesbaden: VS Verlag für Sozialwissenschaften.
Hitzler, R. & Honer, A. (Hrsg.). (1973). *Sozialwissenschaftliche Hermeneutik*. Opladen: Leske+Budrich.
Hitzler, R., Honer, A. & Pfadenhauer, M. (Hrsg.). (2008). *Posttraditionale Gemeinschaften. Theoretische und ethnografische Erkundungen*. Wiesbaden: VS Verlag für Sozialwissenschaften.
Holman Edelman, A. (2001). *Das kleine Schwarze*. München: dtv.
Horkheimer, M. & Adorno, T. (1988 [1944]). *Dialektik der Aufklärung*. Frankfurt a. M.: Fischer.
Imdahl, M. (1979). Überlegungen zur Identität des Bildes. In: O. Morquard, K. Stierle (Hg.). *Identität (Reihe: Poetik und Hermeneutik, Bd. VII)*. München: Fink Verlag, S. 187–211.
Imdahl, M. (1994). Ikonik. Bilder und ihre Anschauung. In: G. Boehm (Hrsg.), *Was ist ein Bild?* (S. 300–324). München: Wilhelm Fink Verlag.
Imdahl, M. (1996a). Giotto – Arenafresken. Ikonographie – Ikonologie – Ikonik. München: Wilhelm Fink.
Imdahl, M. (1996b). Giotto. Zur Frage der ikonischen Sinnstrukturen. In: G. Boehm (Hrsg.), *Max Imdahl. Reflexion. Theorie. Methode. Gesammelte Schriften, Band 2* (S. 424–464). Frankfurt a. M.: Suhrkamp.
Imdahl, M. (1996c). Pose und Indoktrination. Zu Werken der Plastik und Malerei im Dritten Reich. In: G. Boehm (Hrsg.), *Max Imdahl. Reflexion. Theorie. Methode. Gesammelte Schriften, Band 3* (S. 575–589). Frankfurt a. M.: Suhrkamp.
Imdahl, M. (1996d). Reflexion. Theorie. Methode. Gesammelte Schriften in 3 Bänden. Band 3. Frankfurt a. M.: Suhrkamp.
Jäger, J. (2000). Photographie. Bilder der Neuzeit. Einführung in die Historische Bildforschung (Historische Einführungen, Bd. 7). Tübingen: Edition Diskord.

Janshen, D. & Meuser, M. (Hrsg.). (2001). Schriften des Essener Kollegs für Geschlechterforschung (Bd. 1).
Jarren, O., Künzler, M. & Puppis, M. (Hrsg.). (2012). *Medienwandel oder Medienkrise? Folgen für Medienstrukturen und ihre Erforschung*. Baden-Baden: Nomos Verlagsgesellschaft.
Johnson, R. (1986). What is Cultural Studies Anyway. *Social Text, 16* (Winter 1986–1987), S. 38–80.
Kaemmerling, E. (Hrsg.). (1979). Bildende Kunst als Zeichensystem 1: Ikonographie und Ikonologie. Köln: Dumont.
Kanter, H. (2015). Vom fotografierten Körper zum veröffentlichten Bild. Zur dokumentarischen Interpretation von Pressefotografien. In: R. Bohnsack, B. Michel & A. Przyborski (Hrsg.), *Dokumentarische Bildinterpretation. Methodologie und Forschungspraxis, Band 4* (S. 147–168). Opladen, Berlin, Toronto: Barbara Budrich.
Katz, E. & Foulkes, D. (1962). On the Use of Mass Media as 'Escape': Clarification of a Concept. *Public Opinion Quarterly, 26* (3), S. 377–388.
Kauppert, M. & Leser, I. (Hrsg.). (2014). *Hillarys Hand. Zur politischen Ikonographie der Gegenwart*. Bielefeld: transcript Verlag.
Keppler, A. (1994). Tischgespräche. Über Formen kommunikativer Vergemeinschaftung am Beispiel der Konversation in Familien. Frankfurt a. M.: Suhrkamp.
Keppler, A. (2006). Mediale Gegenwart. Eine Theorie des Fernsehens am Beispiel der Darstellung von Gewalt. Frankfurt a. M.: Suhrkamp.
Keppler, A. (2010). Perspektiven einer kultursoziologischen Medienanalyse. In: M. Wohlrab-Sahr (Hrsg.), *Kultursoziologie. Paradigmen – Methoden – Fragestellungen* (S. 101–126). Wiesbaden: VS Verlag für Sozialwissenschaften.
Keppler, A. (2012). Bilder des Unsichtbaren. Zur Darstellung latenter Gewalt im Fernsehen. In: J. Knape & A. Ulrich (Hrsg.), *Fernsehbilder im Ausnahmezustand. Zur Rethorik des Televisuellen in Krieg und Krise, Reihe: „Neue Rhetorik"* (S. 163–174). Berlin: Weidler Verlag.
Kettner, T. (01.04.2014). *Mit diesen Strategien kannst du mit Musik noch Geld verdienen*. Abgerufen von noisey. music by vice: http://noisey.vice.com/de/blog/mit-diesen-strategien-kannst-du-mit-musik-noch-geld-verdienen (letzter Aufruf: 31.10.2016).
Knape, J. & Ulrich, A. (Hrsg.). (2012). Fernsehbilder im Ausnahmezustand. Zur Rethorik des Televisuellen in Krieg und Krise, Reihe: „Neue Rhetorik". Berlin: Weidler Verlag.
Knorr-Cetina, K. (1984). Die Fabrikation von Erkenntnis. Zur Anthropologie der Naturwissenschaft. Frankfurt a. M.: Suhrkamp.
Kohli, M. & Robert, G. (Hrsg.). (1984). *Biographie und soziale Wirklichkeit. Neue Beiträge und Forschungsperspektiven*. Stuttgart: Metzlersche Verlagsbuchhandlung.
König, R. (Hrsg.). (1967). *Handbuch der empirischen Sozialforschung*. Stuttgart: Enke.
Kotthoff, H. (2002). Was heißt eigentlich „doing gender". Zu Interaktion und Geschlecht. In: J. van Leeuwen-Turnovcová, K. Wullenweber, U. Doleschal & F. Schindler (Hrsg.), *Gender-Forschung in der Slawistik. Gender – Sprache – Kommunikation – Kultur (= Wiener Slawistischer Almanach, Bd. 55)*. Wien: Institut für Slawistik.
Kraimer, K. (Hrsg.). (2000). *Die Fallrekonstruktion*. Frankfurt a. M.: Suhrkamp.
Krämer, S. (15.11.2010). Punkt, Strich, Fläche. Über die Erkenntniskraft der Linie. Wien.
Krämer, S. (1998a). Das Medium als Spur und als Apparat. In: S. Krämer (Hrsg.), *Medien, Computer, Realität. Wirklichkeitsvorstellungen und Neue Medien* (S. 73–94). Frankfurt a. M.: Suhrkamp.
Krämer, S. (Hrsg.). (1998). Medien, Computer, Realität. Wirklichkeitsvorstellungen und Neue Medien. Frankfurt a. M.: Suhrkamp.
Krämer, S. (2009). 'Epistemology of the line'. Reflections on the diagrammatical mind. Berlin.
Krotz, F., Despotović, C. & Kruse, M.-M. (Hrsg.). (2014). *Die Mediatisierung sozialer Welten: Synergien empirischer Forschung*. Wiesbaden: VS Verlag für Sozialwissenschaften.
Kubicek, H. (1997). Das Internet auf dem Weg zum Massenmedium? Ein Versuch, Lehren aus der Geschichte alter und anderer neuer Medien zu ziehen. In: R. Werle & C. Lang (Hrsg.), *Modell*

Internet? Entwicklungsperspektiven neuer Kommunikationsnetze (S. 213–139). Frankfurt a. M., New York: Campus.
Kuhn, T. S. (1973). *Die Struktur wissenschaftlicher Revolutionen*. Frankfurt a. M.: Suhrkamp.
Labov, W. (1980). Sprache im sozialen Kontext. Eine Auswahl von Aufsätzen. Königstein/Ts.: Athenäum.
Lämmert, E. (Hrsg.). (1982). *Erzählforschung*. Stuttgart: Metzler.
Latour, B. (1998). Über technische Vermittlung. Philosophie, Soziologie, Genealogie. In: W. Rammert (Hrsg.), *Technik und Sozialtheorie* (S. 29–81). Frankfurt a. M.: Campus.
Latour, B. (2002). Die Hoffnung der Pandora. Untersuchungen zur Wirklichkeit der Wissenschaft. Frankfurt a. M.: Suhrkamp.
Lenger, A., Schneickert, C. & Schumacher, F. (Hrsg.). (2013). *Pierre Bourdieus Konzeption des Habitus. Grundlagen, Zugänge, Forschungsperspektive*. Wiesbaden: VS Verlag für Sozialwissenschaften.
Lepa, S., Krotz, F. & Hoklas, A.-K. (2014). Vom ‚Medium' zum ‚Mediendispositiv': Metatheoretische Überlegungen zur Integration von Situations- und Diskursperspektive bei der empirischen Analyse mediatisierter sozialer Welten. In: F. Krotz, C. Despotovic & M. Kruse (Hrsg.), *Die Mediatisierung sozialer Welten: Synergien empirischer Forschung* (S. 115–141). Wiesbaden: VS.
Levinson, S. C. (1994 [1983]). *Pragmatics*. München: Cambridge.
Liebes, T. & Katz, E. (1990). *The Export of Meaning: Cross-Cultural Readings of Dallas*. New York: Oxford University Press.
Liesbrock, H. (Hrsg.). (1996). Die Unersetzbarkeit des Bildes. Zur Erinnerung an Max Imdahl. Düsseldorf: Wesfälischer Kunstverein.
Lobinger, K. (2012). Visuelle Kommunikationsforschung. Medienbilder als Herausforderung für die Kommunikations- und Medienwissenschaft. Wiesbaden: VS.
Loer, T. (1994). Werkgestalt und Erfahrungskonstitution. In: D. Garz & K. Kraimer (Hrsg.), *Die Welt als Text* (S. 341–382). Frankfurt a. M.: Suhrkamp.
Loer, T. (1996). Halbbildung und Autonomie. Über Struktureigenschaften der Rezeption Bildender Kunst. Opladen: Westdeutscher.
Lohmann, F. (28.07.2014). *Süddeutsche Societäts-Druckerei soll Ende 2014 schließen*. Abgerufen von print.de – Vorstufe/Druck/Weiterverarbeitung: http://www.print.de/News/Markt-Management/Sueddeutsche-Societaets-Druckerei-soll-Ende-2014-schliessen_3464 (letzter Aufruf: 31.10.2016).
Loos, P. (1999). Zwischen pragmatischer und moralischer Ordnung. Der männliche Blick auf das Geschlechterverhältnis im Milieuvergleich. Opladen: Springer VS.
Loos, P., Nohl, A.-M., Przyborski, A. & Schäffer, B. (Hrsg.). (2013). *Dokumentarische Methode: Grundlagen – Entwicklungen – Anwendungen*. Opladen, Berlin, Toronto: Barbara Budrich.
Lüderssen, K. & Sack, F. (Hrsg.). (1976). Seminar Abweichendes Verhalten III – Zur gesellschaftlichen Reaktion auf Kriminalität. Frankfurt a. M.: Suhrkamp.
Luhmann, N. (1987). Soziale Systeme: Grundriß einer allgemeinen Theorie. Frankfurt a. M.: Suhrkamp.
Luhmann, N. (1990). *Die Wissenschaft der Gesellschaft*. Frankfurt a. M.: Suhrkamp.
Luhmann, N. (1995). *Die Kunst der Gesellschaft*. Frankfurt a. M.: Suhrkamp.
Luhmann, N. (1998). *Die Gesellschaft der Gesellschaft*. Frankfurt a. M.: Suhrkamp.
Luhmann, N. (2002). *Einführung in die Systemtheorie*. Heidelberg: Carl-Auer.
Lünenborg, M. & Maier, T. (2013). *Gender Media Studies. Eine Einführung*. Konstanz, München: UVK.
Maar, C. & Burda, H. (2004). *Iconic turn. Die neue Macht der Bilder*. Köln: DuMont.
Mander, J. (1978). Four Arguments for the Elimination of Television. New York: Quill.
Mangold, W. (1960). Gegenstand und Methode des Gruppendiskussionsverfahrens. Aus der Arbeit des Instituts für Sozialforschung. Frankfurt a. M.: Europäische Verlagsanstalt.

Mangold, W. (1967). Gruppendiskussionen. In: R. König (Hrsg.), *Handbuch der empirischen Sozialforschung* (S. 209–225). Stuttgart: Enke.
Mannheim, K. (1952 [1929]). *Ideologie und Utopie*. Frankfurt a. M.: Schulte-Bulmke.
Mannheim, K. (1952a [1931]). Wissenssoziologie. In: K. Mannheim, *Ideologie und Utopie*. Frankfurt a. M.: Schulte-Bulmke.
Mannheim, K. (1964 [1921–1928]). *Wissenssoziologie*. Neuwied: Luchterhand.
Mannheim, K. (1964a [1921–1922]). Beiträge zur Theorie der Weltanschauungsinterpretation. In: K. Mannheim, *Wissenssoziologie* (S. 91–154). Neuwied: Luchterhand.
Mannheim, K. (1980 [1922–1925]). *Strukturen des Denkens*. Frankfurt a. M.: Suhrkamp.
Marotzki, W. & Niesyto, H. (Hrsg.). (2006). Bildinterpretation und Bildverstehen. Methodische Ansätze aus sozialwissenschaftlicher, kunst- und medienpädagogischer Perspektive. Wiesbaden: VS Verlag für Sozialwissenschaft.
Matthes, J. (1992). Über das Erfahren von Erfahrung (oder: Von den Schwierigkeiten des erfahrungswissenschaftlich orientierten Soziologen, mit gesellschaftlicher Erfahrung umzugehen). In: H. J. Schneider & R. Inhetveen (Hrsg.), *Enteignen uns die Wissenschaften? Zum Verhältnis zwischen Erfahrung und Empirie*. München: Fink, S. 101–123.
Mayring, P. (2000). Qualitative Content Analysis [28 paragraphs]. *Forum Qualitative Sozialforschung/Forum Qualitative Social Research, 1* (2, Art. 20).
McLuhan, M. & Powers, B. (1989). The global village: transformations in world life and media in the 21st century. New York: Oxford University Press.
MEEDIA.de. (28.09.2015). *Facebook meldet über 2,5 Millionen Werbekunden und kündigt neue Anzeigen-Formate für Mobile an*. Abgerufen von MEEDIA.de: http://meedia.de/2015/09/28/facebook-meldet-ueber-25-millionen-werbekunden-und-kuendigt-neue-anzeigen-formate-fuer-mobile-an/ (letzter Aufruf: 31.10.2016).
Merten, K. (2007). Einführung in die Kommunikationswissenschaft. Berlin: LIT Verlag.
Meuser, M. (1998). Geschlecht und Männlichkeit. Soziologische Theorie und kulturelle Deutungsmuster. Opladen: Leske+Budrich.
Meuser, M. (2001a). Repräsentation sozialer Strukturen im Wissen. Dokumentarische Methode und Habitusreproduktion. In: R. Bohnsack, I. Nentwig-Gesemann & A.-M. Nohl (Hrsg.), *Die Dokumentarische Methode und ihre Forschungspraxis* (S. 207–221). Opladen: Leske+Budrich.
Meuser, M. (2001b). Männerwelten. Zur kollektiven Konstruktion hegemonialer Männlichkeit. In: D. Jahnshen & M. Meuser (Hrsg.), *Schriften des Essener Kollegs für Geschlechterforschung* (Bd. 1, Heft II).
Meuser, M. (2013). Soziologie der Geschlechterverhältnisse und/oder Soziologie der Männlichkeit?. In: C. Behnke, D. Lengersdorf & S. Scholz (Hrsg.). *Wissen – Methode – Geschlecht: Erfassen des fraglos Gegebenen*. Wiesbaden: Springer, S. 19–32.
Meuser, M. (2014). Körperarbeit – Fitness, Gesundheit, Schönheit. In: A. Bellebaum & R. Hettlage (Hrsg.). *Unser Alltag ist voll von Gesellschaft: sozialwissenschaftliche Beiträge*. Wiesbaden: Springer VS, S. 65–81.
Mey, G. & Mruck, K. (2007). *Grounded Theory Reader. Historical Social Research* (Supplement 19 Ausg.). Köln: Zentrum für Historische Sozialforschung.
Michel, B. (2003). Dimension der Offenheit. Kollektive Sinnbildungsprozesse bei der Rezeption von Fotografien. In: Y. Ehrenspeck & B. Schäffer (Hrsg.), *Film und Photoanalyse in der Erziehungswissenschaft. Ein Handbuch* (S. 227–249). Opladen: Leske+Budrich.
Michel, B. (2006). Bild und Habitus. Sinnbildungsprozesse bei der Rezeption von Fotografien. Wiesbaden: VS.
Michel, B. (2007). Vermittlung und Aneignung von visuellem Wissen. In: B. Friebertshäuser, H. von Felden & B. Schäffer (Hrsg.), *Bild und Text. Methoden und Methodologien visueller Sozialforschung in der Erziehungswissenschaft* (S. 61–78). Opladen; Farmington Hills: Barbara Budrich.

Michel, B. (2010). Das Gruppendiskussionsverfahren in der (Bild-)Rezeptionsforschung. In: R. Bohnsack, A. Przyborski & B. Schäffer (Hrsg.), *Das Gruppendiskussionsverfahren in der Forschungspraxis* (S. 219–232). Opladen: Barbara Budrich.

Michel, B. & Wittpoth, J. (2013). Habitus und Bildsinn(e). In: P. Loos, A.-M. Nohl, A. Przyborski & B. Schäffer (Hrsg.), *Dokumentarische Methode*. Opladen: Barbara Budrich.

Mirzoeff, N. (Hrsg.). (1998). *The Visual Culture Reader*. New York: Routledge.

Mitchell, W. J. (2010). Image. In: W. J. Mitchell & M. Hansen (Hrsg.), *Critical Terms for Media Studies* (S. 35–48). Chicago: University of Chicago Press.

Mitchell, W. J. (1994). *Picture Theory. Essays on verbal and visual representation*. Chicago: Chicago University Press.

Mitchell, W. J. & Hansen, M. B. (Hrsg.). (2010). *Critical Terms for Media Studies*. Chicago: University of Chicago Press.

Müller-Doohm, S. (1973). Bildinterpretation als struktural hermeneutische Symbolanalyse. In: R. Hitzler & A. Honer (Hrsg.), *Sozialwissenschaftliche Hermeneutik* (S. 81–108). Opladen: Leske+Budrich.

Müller, M. (2003). Grundlagen der visuellen Kommunikation. Konstanz: UVK.

Müller, M. & Raab, J. (2014). Die Produktivität der Grenze. Das Einzelbild zwischen Rahmung und Kontext. In: M. Müller, J. Raab & H.-G. Soeffner (Hrsg.), *Grenzen der Bildinterpretation* (S. 197–221). Wiesbaden: Springer VS.

Müller, M., Raab, J. & Soeffner, H.-G. (Hrsg.). (2014). *Grenzen der Bildinterpretation*. Wiesbaden: Springer VS.

Müller-Doohm, S. (1997). Bildinterpretation als struktural hermeneutische Symbolanalyse. In: R. Hitzler, A Honer (Hrsg.). *Sozialwissenschaftliche Hermeneutik*, Opladen: Springer, S. 81–108.

Münker, S. & Roesler, A. (Hrsg.). (2012). *Was ist ein Medium? 2. Auflage*. Frankfurt a. M.: Suhrkamp.

Münte, P. (2005). Institutionalisierung der Erfahrungswissenschaft in unterschiedlichen Herrschaftskontexten. Zur Erschließung historischer Konstellationen anhand bildlicher Darstellungen. *sozialer sinn, 6* (1), S. 3–43.

Neumann, K. & Charlton, M. (1990). Strukturanalytische Rezeptionsforschung: Theorie, Methode und Anwendungsbeispiele. In: D. Baacke & H.-D. Kübler (Hrsg.), *Qualitative Medienforschung. Konzepte und Erprobungen* (S. 177–193). Halle: Niemeyer.

Nohl, A.-M. (2001). *Migration und Differenzerfahrung. Junge Einheimische und Migranten im rekonstruktiven Milieuvergleich*. Opladen: Leske+Budrich.

Nohl, A.-M. (2013). *Relationale Typenbildung und Mehrebenenvergleich: Neue Wege der dokumentarischen Methode*. Wiesbaden: Springer VS.

Nohl, A.-M., Schäffer, B., Loos, P. & Przyborski, A. (2013). Einleitung: Zur Entwicklung der dokumentarischen Methode durch Ralf Bohnsack. In: P. Loos, A.-M. Nohl, A. Przyborski & A. Schäffer (Hrsg.), *Dokumentarische Methode: Grundlagen – Entwicklungen – Anwendungen* (S. 9–42). Opladen, Berlin, Toronto: Barbara Budrich.

Northrup, D. (1996). *The problem of the self-report in survey research*. Institute for Social Research. *11* (3).

Oevermann, U. (1986). Kontroversen über sinnverstehende Soziologie. Einige wiederkehrende Probleme und Mißverständnisse in der Rezeption der „objektiven Hermeneutik". In: S. Aufenanger & M. Lenssen (Hrsg.), *Handlung und Sinnstruktur: Bedeutung und Anwendung der objektiven Hermeneutik* (S. 19–83). München: Kindt.

Oevermann, U. (2000). Die Methode der Fallrekonstruktion in der Grundlagenforschung sowie der klinischen und pädagogischen Praxis. In: K. Kraimer (Hrsg.), *Die Fallrekonstruktion* (S. 58–153). Frankfurt a. M.: Suhrkamp.

Oevermann, U. (2014). Ein Pressefoto als Ausdrucksgestalt der archaischen Rachelogik eines Hegemons. Bildanalyse mit den Verfahren der objektiven Hermeneutik. In: M. Kauppert &

I. Leser (Hrsg.), *Hillarys Hand. Zur politischen Ikonographie der Gegenwart*. Bielefeld: transcript, S. 31–58.

Panofsky, E. (1964). *Aufsätze zu Grundfragen der Kunstwissenschaft*. Berlin: Hessling Verlag.

Panofsky, E. (1979a [1932/1964]). Zum Problem der Beschreibung und Inhaltsdeutung von Werken der bildenden Kunst. In: E. Kaemmerling (Hrsg.), *Bildende Kunst als Zeichensystem 1: Ikonographie und Ikonologie* (S. 185–206). Köln: Dumont.

Panofsky, E. (Hrsg.). (1999). Stil und Medium im Film & die ideologischen Vorläufer des Rolls-Royce-Kühlers. Frankfurt a. M.: Dumont.

Panofsky, E. (1999a). Stil und Medium im Film. In: E. Panofsky, *Stil und Medium im Film & die ideologischen Vorläufer des Rolls-Royce-Kühlers* (S. 19–57). Frankfurt a. M.: Dumont.

Panofsky, E. (2001 [1953]). Die altniederländische Malerei. Ihr Ursprung und Wesen. Köln: Dumont.

Panofsky, E. (2002 [1955]). Ikonographie und Ikonologie. Eine Einführung in die Kunst der Renaissance. In: E. Panofsky, *Sinn und Deutung in der bildenden Kunst* (S. 36–67). Köln: Dumont.

Panofsky, E. (2002 [1955, 1975]). *Sinn und Deutung in der bildenden Kunst*. Köln: Dumont.

Penz, O. (2010). Schönheit als Praxis. Über klassen- und geschlechtsspezifische Körperlichkeiten. Frankfurt a. M.: Campus.

Peez, G. (2006). Fotoanalyse nach Verfahrensprinzipien der objektiven Hermeneutik. In: W. Marotzki & H. Niesyto (Hrsg.), Bildinterpretation und Bildverstehen: Methodische Ansätze aus sozialwissenschaftlicher, kunst- und medienpädagogischer Perspektive (S. 121–142). Wiesbaden: Verlag für Sozialwissenschaft.

Peichl, J. (2010). Jedes Ich ist viele Teile. Die inneren Selbst-Anteile als Ressource nutzen. München: Kösel-Verlag.

Petersen, S. (16.07.2016). *20 Jahre „Pulp Fiction": Ein Kultfilm, der das Kino veränderte – Kultur – Schweizer Radio und Fernsehen*. Abgerufen von Schweizer Radio und Fernsehen (SRF): http://www.srf.ch/kultur/film-serien/20-jahre-pulp-fiction-ein-kultfilm-der-das-kino-veraenderte (letzter Aufruf: 31.10.2016).

Pilarczyk, U. (2009). Gemeinschaft in Bildern. Jüdische Jugendbewegung und zionistische Erziehungspraxis in Deutschland und Palästina/Israel. Göttingen: Wallstein.

Pilarczyk, U. (2014). Das Anti-Bild. In: A. Przyborski & G. Haller (Hrsg.), *Das Politische Bild. Situation Room: Ein Foto – vier Analysen*. Opladen: Barbara Budrich.

Pilarczyk, U. & Mietzner, U. (2003). Methoden der Fotografieanalyse. In: Y. Ehrenspeck & B. Schäffer (Hrsg.), *Film- und Fotoanalyse in der Erziehungswissenschaft. Ein Handbuch* (S. 19–36). Opladen: Leske+Budrich.

Pilarczyk, U. & Mietzner, U. (2005). Das reflektierte Bild. Die seriell-ikonografische Fotoanalyse in den Erziehungs- und Sozialwissenschaften. Bad Heilbrunn: Klinkhardt.

Pink, S. (2007 [2001]). *Doing Visual Ethnography*. London: Sage.

Pink, S. (2012). *Situating Everyday Life: Practice and Places*. London: Sage.

Polanyi, M. (1985 [1966]). *Implizites Wissen*. Frankfurt a. M.: Suhrkamp.

Prosser, J. (1998). Image-based research: a sourcebook for qualitative researchers. London: Falmer.

Przyborski, A. (2004). Gesprächsanalyse und dokumentarische Methode. Auswertung von Gesprächen, Gruppendiskussionen und anderen Diskursen. Wiesbaden: VS.

Przyborski, A. (2008). Sprechen Bilder? Ikonizität als Herausforderung für die qualitative Kommunikationsforschung. *Medien Journal, 2*, S. 74–89.

Przyborski, A. (2014). Macht im Bild. In: A. Przyborski & G. Haller (Hrsg.), *Das politische Bild. Situation Room: Ein Foto – vier Analysen*. Opladen: Barbara Budrich.

Przyborski, A. (Juni 2015). Interview in *Inszenierte Schönheit*. S. 128–131. (L. Knapp) *DIVA – Das österreichische Modemagazin*.

Przyborski, A. & Haller, G. (Hrsg.). (2014). Das politische Bild. Situation Room: Ein Foto – vier Analysen (Reihe: Sozialwissenschaftliche Ikonologie: Qualitative Bild- und Videointerpretation, Band 6). Opladen: Barbara Budrich.

Przyborski, A. & Slunecko, T. (2009a). Against reification! Praxeological methodology and its benefits. In: J. Valsiner, P. Molenaar, M. Lyra & N. Chaudhary (Hrsg.), *Dynamic Process Methodology in the Social and Developmental Sciences* (S. 141–170). New York: Springer.

Przyborski, A. & Slunecko, T. (2009b). Techno parties, soccer riots, and breakdance: actionistical orientations as a principle of adolescence – results of a process oriented research strategy. In: J. Valsiner, P. Molenaar, M. Lyra & N. Chaudhary (Hrsg.), *Dynamic Processs Methodology in the Social and Developmental Sciences* (S. 527–539). New York: Springer.

Przyborski, A. & Slunecko, T. (2012). Linie und Erkennen: Die Linie als Instrument sozialwissenschaftlicher Bildinterpretation. *Journal für Psychologie, 20* (3), S. 1–37.

Przyborski, A. & Slunecko, T. (2013). Ikonizität – medientheoretisch gedacht und empirisch beleuchtet. In: P. Loos, A. Nohl, A. Przyborski & B. Schäffer (Hrsg.), *Dokumentarische Methode* (S. 189–212). Opladen: Barbara Budrich.

Przyborski, A. & Wohlrab-Sahr, M. (2014). *Qualitative Sozialforschung. Ein Arbeitsbuch.* 4., erweiterte Auflage. München: Oldenbourg Wissenschaftsverlag.

Raab, J. (2001). Soziologie des Geruchs. Über die soziale Konstruktion olfaktorischer Wahrnehmung. Konstanz: UVK Verlagsgesellschaft.

Raab, J. (2008). Visuelle Wissenssoziologie. Theoretische Konzeptionen und materiale Analysen. Konstanz: UVK.

Raab, J. (2012). Visuelle Wissenssoziologie der Fotografie. Sozialwissenschaftliche Analysearbeit zwischen Einzelbild, Bildsequenz und Bildkontext. *Österreichische Zeitschrift für Soziologie. Sonderheft „Visuelle Soziologie", 37* (2), S. 121–142.

Rammert, W. (1998a). Technikvergessenheit der Soziologie. Eine Erinnerung als Einleitung. In: W. Rammert (Hrsg.), *Technik und Sozialtheorie* (S. 9–28). Frankfurt a. M.: Campus.

Rammert, W. (Hrsg.). (1998). *Technik und Sozialtheorie.* Frankfurt a. M.: Campus.

Reckwitz, A. (2003). Grundelemente einer Theorie sozialer Praktiken. Eine sozialtheoretische Perspektive. *Zeitschrift für Soziologie, 32* (4), S. 282–301.

Reckwitz, A. (2008). Unscharfe Grenzen: Perspektiven der Kultursoziologie. Bielefeld: transcript.

Reynolds, G. (2008). ZEN oder die Kunst der Präsentation: Mit einfachen Ideen gestalten und präsentieren. München: Addison Wesley Verlag.

Rogoff, I. (1998). Studying Visual Culture. In: N. Mirzoeff (Hrsg.), *The Visual Culture Reader* (S. 14–28). London; New York: Routledge.

Rorty, R. M. (1967). The Linguistic Turn: Recent Essays in Philosophical Method. Chicago: Chicago University Press.

Rosenberg, R. (2011). Dem Auge auf der Spur. Blickbewegungen beim Betrachten von Gemälden – historisch und empirisch. In: H. A. Wissenschaften (Hrsg.), *Jahrbuch der Heidelberger Akademie der Wissenschaften für 2010* (S. 76–89). Heidelberg: Universitätsverlag Winter.

Ruck, N. (2014). Schönheit als Zeugnis. Evolutionspsychologische Schönheitsforschung und Geschlechterungleichheit. Wiesbaden: Springer VS.

Sachs-Hombach, K. (2003). Vom Bild zum Film. Zur Begrifflichen Analyse wahrnehmungsnaher Kommunikation. In: Y. Ehrenspeck & B. Schäffer (Hrsg.), *Film- und Fotoanalyse in der Erziehungswissenschaft. Ein Handbuch* (S. 119–134). Opladen: Leske+Budrich.

Sacks, H. (1995 [1964–1972]). *Lectures on Conversation.* Oxford et al.: Blackwell Publishing.

Sacks, H., Schegloff, E. & Jefferson, G. (1974). A simplest systematics for the organization of turn-talking for conversations. *Language, 50,* S. 696–735.

Saxer, U. (1975). Das Buch in der Medienkonkurrenz. In: H. Göpfert, R. Meyer, L. Muth & W. Rüegg (Hrsg.), Lesen und Leben. Eine Publikation des Börsenvereins des Deutschen Buchhandels in Frankfurt am Main zum 150. Jahrestag der Gründung des Börsenvereins der

Deutschen Buchhändler am 30. April 1825 in Leipzig (S. 206-243). Frankfurt a. M.: Buchhändler-Vereinigung GmbH.

Saxer, U. (2012). *Mediengesellschaft: Eine kommunikationssoziologische Perspektive*. Wiesbaden: VS Verlag für Sozialwissenschaften.

Schaffar, A. & Körber, C. (2013). Verschlafener Wandel. *Medien & Zeit, Druck- und Digitalmedien – neu denken, 28* (2).

Schäffer, B. (1996). *Die Band. Stil und ästhetische Praxis im Jugendalter*. Opladen: Leske+Budrich.

Schäffer, B. (2001). Kontagion mit dem Technischen. Zur generationsspezifischen Einbindung in die Welt medientechnischer Dinge. In: R. Bohnsack, I. Nentwig-Gesemann & A.-M. Nohl (Hrsg.), *Die dokumentarische Methode in der Forschungspraxis* (S. 43–66). Opladen: Leske+Budrich.

Schäffer, B. (2003). *Generationen – Medien – Bildung. Medienpraxiskulturen im Generationenvergleich*. Opladen: Leske+Budrich.

Schäffer, B. (2013). Versprachlichung des Bildes in bildhafter Sprache oder: Ikonizität und Metaphorik – zwei Seiten einer Medaille? In: P. Loos, A.-M. Nohl, A. Przyborski & S. Burkhard (Hrsg.), *Dokumentarische Methode. Grundlagen – Entwicklungen – Anwendungen* (S. 224–242). Opladen, Berlin, Toronto: Barbara Budrich.

Schäffer, B. & Dörner, O. (Hrsg.). (2012). *Handbuch Qualitative Erwachsenen- und Weiterbildungsforschung*. Opladen/Berlin/Toronto: Barbara Budrich.

Schatzki, T. (1996). *Social Practices: A Wittgensteinian Approach to Human Activity and the Social*. Cambridge: Cambridge University Press.

Schegloff, E. & Sacks, H. (1973). Open up closings. *Semiotica, 8*, S. 289–327.

Schittenhelm, K. (2005). *Soziale Lagen im Übergang. Junge Migrantinnen und Einheimische zwischen Schule und Berufsausbildung*. Wiesbaden: VS Verlag für Sozialwissenschaften.

Schittenhelm, K. (Hrsg.). (2012). *Qualitative Bildungs- und Arbeitsmarktforschung. Grundlagen, Perspektiven, Methoden*. Wiesbaden: Springer VS Verlag für Sozialwissenschaften.

Schmidt, S. (2000). *Kalte Faszination. Medien, Kultur, Wissenschaft in der Mediengesellschaft*. Weilerswist: Velbrück Wissenschaft.

Schmidt, S. (2012). Der Medienkompaktbegriff. In: S. Münker & A. Roesler (Hrsg.), *Was ist ein Medium? 2. Auflage* (S. 144–157). Frankfurt a. M.: Suhrkamp.

Schmidt, S. & Zurstiege, G. (2007). *Kommunikationswissenschaft. Systematik und Ziele*. Reinbek: Rowohlt.

Schreiber, M. (2015). Freundschaftsbilder – Bilder von Freundschaft. Zur körperlich-ikonischen Konstitution von dyadischen Beziehungen in Fotografien. In: R. Bohnsack, B. Michel & A. Przyborski (Hrsg.), *Dokumentarische Bildinterpretation. Methodologie und Forschungspraxis*. (S. 241–260). Opladen, Berlin, Toronto: Barbara Budrich.

Schrøder, K. C., Drotner, K., Kline, S. & Murray, C. (2003). *Researching audiences*. London: Edward Arnold Publisherd Ltd.

Schütze, F. (1976). Zur soziologischen und linguistischen Analyse von Erzählungen. In: G. Dux & T. Luckmann (Hrsg.), *Internationales Jahrbuch für Wissens- und Religionssoziologie, Band 10* (S. 7–41). Opladen: Westdeutscher Verlag.

Schütze, F. (1978). *Die Technik des narrativen Interviews in Interaktionsfeldstudien – dargestellt an einem Projekt zur Erforschung von kommunalen Machtstrukturen. 2. Auflage*. Arbeitsberichte und Forschungsmaterialien Nr. 1. Bielefeld, Universität Bielefeld, Fakultät für Soziologie.

Schütze, F. (1982). Narrative Repräsentation kollektiver Schicksalsbetroffenheit. In: E. Lämmert (Hrsg.), *Erzählforschung* (S. 568–590). Stuttgart: Metzler.

Schütze, F. (1984). Kognitive Figuren des autobiographischen Stegreiferzählens. In: M. Kohli & G. Robert (Hrsg.), *Biographie und soziale Wirklichkeit. Neue Beiträge und Forschungsperspektiven* (S. 78–117). Stuttgart: Metzlersche Verlagsbuchhandlung.

Schwengel, H. & Höpken, B. (Hrsg.). (1999). *Grenzenlose Gesellschaft? Band II, Teil 2*. Pfaffenweiler: Centaurus.
Siefkes, D., Eulenhöfer, P., Stach, H. & Städtler, K. (Hrsg.). (1998). *Sozialgeschichte der Informatik. Kulturelle Praktiken und Orientierungen*. Wiesbaden: Springer Fachmedien.
Silverstone, R. (1994). *Television and everyday life*. London, New York: Routledge.
Simmel, G. (1996). Hauptprobleme der Philosophie. Philosophische Kultur. Band 14 Georg Simmel Gesamtausgabe in 24 Bänden. Frankfurt a. M.: Suhrkamp.
Simmel, G. (1996a). Der Begriff und die Tragödie der Kultur. In: G. Simmel, R. Kramme & O. Rammstedt (Hrsg.), *Hauptprobleme der Philophie. Philosophische Kultur. Band 13, Georg Simmel Gesamtausgabe in 24 Bänden*. Frankfurt a. M.: Suhrkamp.
Simmel, G., Kramme, R. & Rammstedt, O. (Hrsg.). (1996). Hauptprobleme der Philophie. Philosophische Kultur. Band 13, Georg Simmel Gesamtausgabe in 24 Bänden. Frankfurt a. M.: Suhrkamp.
Sloterdijk, P. (2004). *Sphären III. Schäume*. Frankfurt a. M.: Suhrkamp.
Slunecko, T. (2008). Von der Konstruktion zur dynamischen Konstitution. Beobachtungen auf der eigenen Spur. 2., überarbeitete Auflage. Wien: WUV.
Slunecko, T. & Przyborski, A. (2009). Kulturdialog als Mediendialog. *Zeitschrift für Psychologie*, 17 (2 – Dialogizität).
Soeffner, H.-G. (1989). Anmerkungen zu gemeinsamen Standards standardisierter und nicht-standardisierter Verfahren in der Sozialforschung. In: H.-G. Soeffner (Hrsg.), *Auslegung des Alltags – Alltag der Auslegung. Zur wissenssoziologischen Konzeption einer sozialwissenschaftlichen Hermeneutik* (S. 51–65). Frankfurt a. M.: Suhrkamp.
Soeffner, H.-G. (Hrsg.). (1989a). Auslegung des Alltags – Alltag der Auslegung. Zur wissenssoziologischen Konzeption einer sozialwissenschaftlichen Hermeneutik. Frankfurt a. M.: Suhrkamp.
Söntgen, B. (2012). Bei sich sein. Szenen des Privaten in den Fotografien von Richard Billingham und Nan Goldin. In: B. Brandl-Risi, G. Brandstetter & S. Diekmann (Hrsg.), *Hold it! Zur Pose zwischen Bild und Performance* (S. 96–111). Berlin: Theater der Zeit.
Stern, D. (1985). *The Interpersonal World of the Infant*. New York: Basic Books.
Stiegler, B. (Hrsg.). (2010 [1965]). *Texte zur Theorie der Fotographie*. Stuttgart: Reclam.
Straub, J. (2010). Das Verstehen kultureller Unterschiede. Relationale Hermeneutik und komparative Analyse in der Kulturpsychologie. In: G. Cappai, S. Shimada & J. Straub (Hrsg.), *Interpretative Sozialforschung und Kulturanalyse. Hermeneutik und die komparative Analyse kulturellen Handelns* (S. 39–100). Bielefeld: transcript Verlag.
Tannenbaum, F. (1938). *Crime and Community*. New York/London: Columbia University Press.
Till, B., Niederkrotenthaler, T., Herberth, A., Voracek, M., Sonneck, G. & Vitouch, P. (2011). Coping and Film Reception: A Study on the Impact of Film Dramas and the Mediating Effects of Emotional Modes of Film Reception and Coping Strategies. *Journal of Media Psychology*, 23 (3), S. 149–160.
Tinchon, H.-J. (2011). Psychophysiologische Medienforschung: Fernsehen mit Leib und Seele. Wien: LIT Verlag.
Valsiner, J., Molenaar, P., Lyra, M. & Chaudhary, N. (Hrsg.). (2009). *Dynamic Process Methodology in the Social and Developmental Sciences*. New York: Springer.
van Leeuwen-Turnovcová, J., Wullenweber, K., Doleschal, U. & Schindler, F. (Hrsg.). (2002). *Gender-Forschung in der Slawistik. Gender – Sprache – Kommunikation – Kultur* (= Wiener Slawistischer Almanach, Bd. 55). Wien: Institut für Slawistik.
ver.di. (30.06.2015). *Madsack: Druckerei schließt Ende 2016*. Abgerufen von ver.di – Verlage, Druck und Papier: https://verlage-druck-papier.verdi.de/ueber-uns/nachrichten/++co++db31e43e-1f24-11e5-ad56-525400248a66 (letzter Aufruf: 31.10.2016).
Vinken, B. (2013). *Angezogen. Das Geheimnis der Mode*. Stuttgart: Klett-Cotta.

Vitouch, P. (2007). Fernsehen und Angstbewältigung. Zur Typologie des Zuschauerverhaltens (3. Auflage). Wiesbaden: VS.
Wade, L. & Ferree, M. (2015). *Gender*. Beck.
Wahrig, G. (2000). *Deutsches Wörterbuch*. Bielefeld: Bertelsmann.
Warburg, A. M. (1992 [1920]). Heidnische antike Weissagungen in Wort und Bild zu Luthers Zeiten. In: A. M. Warburg & D. v. Wuttke (Hrsg.), *Ausgewählte Schriften* (S. 199–304). Baden-Baden: Saecula spiritalia.
Warburg, A. & Wuttke, D. (Hrsg.). (1992 [1920]a). *Ausgewählte Schriften*. Baden-Baden: Saecula spiritalia.
Warnke, M. (1993). Politische Ikonographie. In: Forschungsstelle Politische Ikonografie (Hrsg.), *Bildindex zur politischen Ikonographie* (S. 5–12). Hamburg.
Watson, J. (1968). *Behaviourismus*. Köln, Berlin: Kiepenheuer und Witsch.
Weller, V. (2003). HipHop in São Paulo und Berlin. Ästhetische Praxis und Ausgrenzungserfahrungen junger Schwarzer und Migranten. Opladen: Leske+Budrich.
Werle, R. & Lang, C. (Hrsg.). (1997). *Modell Internet? Entwicklungsperspektiven neuer Kommunikationsnetze*. Frankfurt a. M., New York: Campus.
Winnicott, D. (2006). *Vom Spiel zur Kreativität. 11. Auflage*. Stuttgart: Klett-Cotta.
Winter, R. (1997). Reflexivität, Interpretation und Ethnografie: Zur kritischen Methodologie von Cultural Studies. In: A. Hepp & R. Winter (Hrsg.), *Kultur – Medien – Macht* (S. 73–86). Wiesbaden: VS Verlag für Sozialwissenschaften.
Winter, R. (2001). Die Kunst des Eigensinns Cultural Studies als Kritik der Macht. Weilerswist: Velbrück Verlag.
Winter, R. (2010). Der produktive Zuschauer. Medienaneignung als kultureller und ästhetischer Prozess. Köln: Herbert von Halem Verlag.
Wohlrab-Sahr, M. (Hrsg.). (2010). *Kultursoziologie. Paradigmen – Methoden – Fragestellungen*. Wiesbaden: VS Verlag für Sozialwissenschaften.
Wohlrab-Sahr, M. (2015). Theorie fürs Große, Methoden fürs Kleine? Überlegungen zum methodisch gestützten Stabhochsprung in der Kultursoziologie. In: *Sociolgia Internationlalis. Europäische Zeitschrift für Kulturwissenschaft*. 53/1, S. 1–19.
Wolff, J. (2012). After cultural theory: the power of images, the lure of immediacy. *Journal of Visual Culture, 1* (11), S. 3–19.
Wopfner, G. (2012). Geschlechterorientierungen zwischen Kindheit und Jugend. Dokumentarische Interpretation von Kinderzeichnungen und Gruppendiskussionen. Opladen; Berlin; Toronto: Barbara Budrich.
Wopfner, G. (2015). Zeichnungen und Gruppendiskussionen in Triangulation – Zum Potenzial der dokumentarischen Interpretation anhand einer Untersuchung zu Individuierungsprozessen 11-/12-Jähriger. In: R. Bohnsack, B. Michel & A. Przyborski (Hrsg.), *Dokumentarische Bildinterpretation. Methodologie und Forschungspraxis. Band 4* (S. 171–193). Opladen, Berlin, Toronto.
Wulf, C. & Zirfas, J. (Hrsg.). (2006). *Pädagogik des Performativen. Theorien. Methoden, Perspektiven*. Weinheim, Basel: Beltz.
Zillien, N. (2008). Die (Wieder-)Entdeckung der Medien. Das Affordanzkonzept in der Mediensoziologie. *Sociologia Internationalis, 46* (2), S. 161–181.

www.ingramcontent.com/pod-product-compliance
Lightning Source LLC
Chambersburg PA
CBHW080523020526
44112CB00046B/2773